事実性と妥当性

国民はむしろ民主主義をより徹底的に実現することを
求めているように見えるのだが、それにもかかわらず、民主主義が
確立している国々においてすら、自由を保障するための既存の諸制度が
もはや十全に機能しているわけではない。

Faktizität und Geltung Beiträge zur Diskurstheorie des Rechts und des demokratischen Rechtsstaats

もちろん、こうした不安定さの奥にはより深いわけがあるように思われる――
すなわち、完全に世俗化した政治という旗印のもとでは、法治国家は徹底した民主主義（ラディカル・デモクラシー）がなくては
構築することも維持することもできない、という予感がそれである。

法と民主的法治国家の討議理論にかんする研究

Jürgen Habermas

［上］

ユルゲン・ハーバーマス著
河上倫逸・耳野健二訳

未來社

Jürgen Habermas
Faktizität und Geltung
Beiträge zur Diskurstheorie des Rechts und des demokratischen Rechtsstaats

事実性と妥当性（上）

——法と民主的法治国家の討議理論にかんする研究★目次

★下巻の目次

■凡例

・本訳書は、Jürgen Habermas: Faktizität und Geltung. Beiträge zur Diskurstheorie des Rechts und des demokratischen Rechtsstaats,1992, Suhrkamp のうち序言および第一章から第六章までを訳出したものである。残りの第七章から第九章および三つの補論、後記および文献リストはひきつづき下巻として刊行予定である。

・原注は巻末に一括掲載し、文献のうち邦訳のあるものは追加した。

・原書で異なる二つの言葉が用いられているにもかかわらず、翻訳にあたってやむをえず同一の訳語を当てざるをえなかった場合がある。この場合には、一方の訳語にルビを振ることで区別を示すことにした。具体的には次の場合がある。

妥当性：Geltung（妥当性）、geltend（妥当する）Gültigkeit（妥当性《ギュルティッヒカイト》）、gültig（妥当な《ギュルティッヒ》）

市民社会：Bürgerliche Gesellschaft（市民社会）Zivilgesellschaft（市民社会《ツィヴィールゲゼルシャフト》）

事実性と妥当性（上）

——法と民主的法治国家の討議理論にかんする研究

装幀——戸田ツトム

序言

ドイツではもうずいぶん前から、法哲学は哲学者の仕事ではなくなっている。私がヘーゲルの名前にほとんど触れず、むしろカントの法論に強く依拠しているとすれば、そこには、われわれには達成不可能な基準をもつ哲学モデルへのためらいが現れているのだ。法哲学がなお社会的リアリティとの接触を求める地域において、法哲学が法学部に移されてしまっているのはけっして偶然ではない。[☆1] しかしながら私は、ほとんど刑法の基礎にかんする議論に終始している専門法律学的な法哲学に、依拠することはやめたいと思う。[☆2] かつてヘーゲル哲学の諸概念によって結びつけられていた内容は、今日では、法理論、法社会学、法史、道徳理論、社会理論といったさまざまなパースペクティヴにもとづく多元主義的方法によって扱う必要があるからである。

このことは、私には望ましいことである。というのも、このようなやり方を取ることで、私は、しばしば誤解されているコミュニケイション的行為の理論の多元主義的構造を明らかにすることができるからである。哲学的基本概念が作りあげるものとは、もはや独立した言語でもないし、いずれにしても、いっさいを包含する体系などというものでもない――むしろ、もろもろの科学的認識を再構成によって習得する手段なのである。哲学は、もはやその能力からして基本概念の透明性しか扱えないのではあるが、多言語的な性質をもっているために、メタ理論の地平において驚くような首尾一貫性を明らかにすることができる。たとえば、コミュニケイション的行為の理論の基本想定もまた、さまざまな討議領域に分化している。だがそれらの基本想定は、それぞれの討議領域において、既存の論証コンテクストによって確証を与えられねばならない。

第一章では、コミュニケイション的行為の理論の基礎に関連する、事実性と妥当性の関係の若干の側面を一瞥しておきたい。この事実性と妥当性の関係は、本書のタイトルとしても掲げられている問題である。だがそれは、いうまでもなく、第一章で私がおこなうよりもはるかに広範な哲学的解明を必要とする。第二章では、社会学的法理論と哲学的正義論との間にひろがる広大な領域を取り扱うこころみをスケッチする。次いで第三章と第四章の二つの章では、古典的理性法の一部の再構成を、法の討議理論の枠内でおこなう。そのさい、私は、別の著作で展開した討議倫理の基本原則に従うことにしたい。[☆3] しかしまた本書では、法と道徳の補完的関係をタンナー講義とは別のかたちで定義している。[☆4] 第五章と第六章では、討議理論のこころみが法理論の中心的対象との関連で検証される。ここでは、ドイツ連邦共和国とアメリカ合州国で現在おこなわれている論争を引き合いにだしたい。というのも、これら二つの法的伝統だけが、私にとってある程度事情のわかる伝統だからである。第七章と第八章では、協議的政治という規範的内実をもつ概念の解明をおこなうとともに、法治国家が複合的社会の権力循環を制御するための条件について、社会学的観点から検討したい。そのさい、民主主義理論を主として正統化の諸局面のもとで論じたい。最後の第九章では、手続き主義的法パラダイムの概念によって、法理論的考察と社会理論的考察を結びつける。

ところで、私は以上のような諸研究を展開することによって、同時に、コミュニケイション的行為の理論は制度のリアリティに盲目であるとか、[☆5] まったくアナキズム的な帰結を導くものだ、[☆6] といった批判を退けたい。解放されたコミュニケイション的自由のもつ潜勢力は、たしかにアナキズム的な核心をもっている。だが民主的法治国家の諸制度は、もしこれが平等な主観的自由を効果的に保障すべきであるならば、そうした核心に依拠しなければならないのである。

専門法律学の議論については、法律の素人である私にとって望ましい限度を超えて、深くかかわりあわざるをえなかった。その間、法律学のもつ印象的で建設的な成果に、私はこれまで以上に敬意を払うようになった。私は、法と国制のパラダイム的背景理解を解明するための諸提案を、法学者の間で増大しつつある法的懐疑主義に——とりわけ、既存の法実務のもつ規範的諸前提の社会的効果を軽視する、おそらくは誤った現実主義に——対処するための議論のこころみと解する。政治的共同体の法的構造について十七世紀以来連綿とおこなわれてきた論争には、全体としての近代の道徳的‐実践的自己理解が現れている。それは、普遍主義的道徳意識という思想にも、民主的法治国家の自由な諸制度にも、等しく現れている。討議理論とは、科学主義的還元[☆7]や審美的同化[☆8]に対して独自の規範的特徴を擁護しうるよう、そうした自己理解を再構成するこころみなのである。この近代の自己理解は三つの妥当領域に分化しているが、それは崩壊させてはならないものである。実在する非理性の恐怖をほとんど比類のないほどにわれわれに教えてくれた世紀のあとには、分化されていない理性への素朴な信頼は、もはや跡形もなく破壊され尽くしている。しかしだからこそ、自らの偶然性を自覚した近代は、手続き的理性、すなわち自己に批判的な理性に依拠するのである。理性批判は理性そのものの産物である。われわれ——まさに言語的に構造化された生活形式のなかに存在する他ならぬわれわれ——は、この生活形式よりも高次のものだとか深い次元のものに訴えかけることはできないのだ、という徹底した反プラトン主義的見解に、このカント的な二重の意味は起因している。

　三十年前、ヘーゲル法哲学を唯物論的歴史哲学に転換させようとするマルクスのこころみを、私は次のような言葉で批判した。「マルクスは……市民的法治国家へのイデオロギー批判によって法的なものそれ自体の理念を、そして自然的権利という基盤を社会学的に解消することによって自然法の意図それ自体を、マルクス主義にとってはまったく信用ならないものへと貶めてしまったので、それ以来、自然法と革命を結びつける鎹《かすがい》は消失してしまった。国際化された市民戦争の当事者たちは、こうしたマルクスの置き土産をもはや取り返しのつかないかたちで分割してしまった。すなわち、一方は革命という遺産を、他方は自然法というイデオロギーを、受け継いだのである。☆9」

国家社会主義の崩壊と「世界市民戦争」の終焉ののち、敗北した側の理論的欠陥が明らかになった。すなわち、そうした党派は、社会主義のプロジェクトを具体的な生活形式の構想——そしてそれを暴力的に浸透させること——と取り違えていたのである。しかしながら、「社会主義」が解放された生活形式にとっての必要条件の総体であり、しかもそうした必要条件を関係者自身が了解によってはじめて形成しなければならない、とするならば、社会主義のプロジェクトについても、法共同体の民主的自己組織化がその規範的核心をなすことは明らかである。他方、勝利したと自認する側も、自分たちの勝利を喜べはしなかった。彼らは、近代の道徳的－実践的自己理解の遺産をまるごと相続したその瞬間に、恐怖をもよおさせるほどの規模をもつ世界社会のなかで、資本主義を社会国家とエコロジーによってなんとか飼い慣らすという課題に直面したのであり、そうした課題を前に、彼らもまた怖気づいているのである。彼らは、市場により制御される経済のもつシステム固有の論理をそのまま肯定している。ただし、国家官僚制のもつ権力媒体の氾濫には、少なくとも警戒してはいる。しかしその一方で、本当に危機に瀕しているある資源に対する感受性が、彼らにはまったくもって欠如している——すなわち、法的構造のなかに保存されてはいるものの、再生を必要とする社会的連帯、これである。

経済成長ならびに増大する生活水準の南北格差をエコロジー的に制限するという重大な挑戦。国家社会主義をとる社会を、分化した経済システムのメカニズムへと切り替えるという、歴史的に類をみない課題。南さらには東の貧困地域からの人口流入の圧力。民族・国民・宗教をめぐる新たな紛争、核兵器による威嚇、国際的な市場競争。今日こうした驚愕すべき状況を前にして、法治国家と民主主義の体制をもつ西側の諸社会では、政治が思考力を麻痺させ、自己意識を喪失している。修辞を凝らした美辞麗句が語られはするが、本音では意気阻喪している。国民はむしろ民主主義をより徹底的に実現することを求めているように見えるのだが、それにもかかわらず、民主主義が確立している国々においてすら、自由を保障するための既存の諸制度がもはや十全に機能しているわけではない。もちろん、こうした不安定さの奥にはより深いわけがあるように思われる——すなわち、完全に世俗化した政治という旗印のもとでは、法治国家は徹底した民主主義《ラディカル＝デモクラシー》がなくては構築することも維持することもできない、という予感がそれである。こうした予感からひとつの洞察を導きだすことが、本書での考察の目標である。すなわち、私的権利主体が平等な主観的自由の享受を最終的に手に入れることができるには、彼らは、政治的自律を共同で行使するなかで、正統的な利害と基準を自ら明らかにし、等しきものを等しく等しからざるものを等しからざるように扱えとする重要な条件に同意しなければならない、というのである。

　現代の状況が惹起する諸問題と一般的風潮について、私はなんら幻想を抱いてはいない。しかし、そうした風潮——とそこから生ずる悲観的な哲学——が蔓延しているからといって、民主的法治国家のもつ根底的意義を、これはもう無用のものだとして捨て去ることが許されるわけではない。そこで私は、この民主的法治国家の根本的意義について、複合的社会の諸状況にふさわしい新たな解釈を提案したいのである。もしそうするのでなければ、私は文学という別のジャンルを選ばなければならなかったであろう——たとえば、没落しつつある文化の成就されざる約束を、ただ後世のために記録したヘレニズムの作家の日記のように。

　補論として付した三つの論文のうち、二つはすでにドイツ語で公表されたものである。そのうちのひとつは、民主主義の手続き概念を歴史的連関のなかに位置づけるものである。もうひとつは、三つの異なる視点から、再三誤解を受けている憲法パトリオティスムスを説明したものである。六年前にハーバード大学でおこなわれたタンナー講義は、これまでのところ英語、オランダ語、イタリア語でのみ出版されているが、もともとは、一九八五／八六年度にフランクフルト大学でおこなった法哲学の講義である。

この同じ年、思いもかけないことであったが、ドイツ学術振興会のライプニッツ＝プログラムのおかげで、私は自分の選んだ五年間にわたる研究プロジェクトを開始することができた。こうした偶然のなりゆきにより、法理論の研究会を組織するきっかけがもたらされたのであった。そのおかげで、非常に刺激に富み、啓発的なコンテクストが私を取り囲むことになり、そのなかで私は当時取り扱っていた法哲学の問題をさらに深く徹底的に追求することができたのである。この共同研究からは、多くの他の出版物と並んで一連の研究書が産みだされたが[☆10]、私はこの共同研究を特別に幸運なものだと感じている。有能な共同研究者たちの積極的な協力がなければ、私は法哲学のプロジェクトに着手しようなどという勇気をもつことはなかったであろう。あるいは、このプロジェクトの実施に必要な専門知識を習得することもできなかったであろう。研究会の正規のメンバーである、インゲボルク・マウス、ライナ・フォルスト、ギュンター・フランケンベルク、クラウス・ギュンター、ベルンハルト・ペータース、ルッツ・ヴィンゲルトの諸氏には、本書の初期の草稿について有益なコメントを寄せてくださったことに対し、深い感謝の意を表したい。トーマス・A・マッカーシー氏にもまた、有益な指摘をしてくださったことに対して感謝申し上げる。クラウス・ギュンター氏の法律学の専門知識からはあまりに多くの御教示をいただいたので、彼を他の方々のように私の誤りに対して責任を免除することについて、ためらいを感じないわけにはいかないほどである——しかしここではっきり、彼には責任はないと銘記しておきたい。

フランクフルト、一九九二年七月

J・H

第一章　事実性と妥当性の社会的媒介のカテゴリーとしての法

主観的能力としての実践理性の概念は近代の産物である。これは、アリストテレスの概念理解を主観哲学の諸前提上に置き換えたものであるが、このことによって文化的生活形式と政治的生活秩序における具体化から切り離されるという短所が生じた。しかし長所もある。実践理性はいまや、個人主義的に解された幸福と道徳的に徹底化された個人の自律に関係づけられる可能性をもつようになったのである――つまり市民社会の構成員、すなわち国家市民および世界市民の役割を引き受ける私的主体としての人間の自由に関係づけられているのである。世界市民の役割においては、個人は人間そのものと一致する――つまり自我は個別的なものであると同時に普遍的なものでもある。この十八世紀的特徴を帯びた概念に対して、十九世紀には歴史の次元が付け加えられた。国際法の主体としての国家がナツィオンの歴史に関連づけられたのと同様に、主体としての個人は生活史にかかわりをもつことになった。この点をよく表わすのがヘーゲルの客観的精神の概念である。たしかにヘーゲルはアリストテレスと同様、社会の統一性は政治生活と国家の組織化に由来すると信じていた。全体が部分の結合によってはじめて構築されるにせよ、メンバーが集団に属したり部分が全体に属するのと同じように、個人は社会に帰属する――こうした想定を近世の実践哲学は手放しはしなかった。

しかしその後、近代社会があまりに複合性を高めてしまったために、これら両方の考え方――国家に中心をもつ社会と個人から構成される社会――を近代社会にそのまま適用することはもはや不可能になった。そのため、マルクス主義社会理論はすでに、国家にかんする規範的理論を放棄する、という結論に達している。しかし、官僚制的国家権力を資本主義経済とともに取り込む民主的に自己管理する社会というものには、実践理性によってなお歴史哲学的痕跡が遺されている。システム理論はこうした痕跡を消し去り、実践理性の規範的内実との関連をいっさい放棄する。機能的に特殊化された他の社会的サブシステムと同様、国家もまたひとつのサブシステムをなす。これらもろもろのサブシステムは、個人と社会がそうであるのと同様のかたちで、システム－環境として相互に関係しあう。ホッブズにおいて自然主義的に把握された諸個人の自己主張からルーマンの自己関係的に制御するシステムのオートポイエーシスまで、一貫して実践理性を取り除く試みが追求されてきた。実践理性の概念はかつて、倫理と政治、理性法と道徳理論、歴史哲学と社会理論といった関連のなかで説得力を有していたのだが、そのような説得力は、実践理性を経験主義的に残されたわずかな範囲で維持してみたり、あるいは実践理性の復権を試みたりしたところで、もはや取り戻すことなどできないように見える。

歴史哲学はただ、あらかじめ目的論的概念の助けによって歴史的過程に読み込んでおいた限度においてのみ、理性をその歴史的過程から読み取ることができるにすぎない。歴史からそうであるのと同様、人間の自然史的特性からも、規範的に理性的生活を志向する命令が取りだされたりはしない。歴史哲学とまったく同様にシェーラーやゲーレンの人間学もまた、これを無理に哲学的に利用しようとした諸科学から非難を浴びている――一方の弱点と他方の弱点がみごとに符合してしまったからである。しかし、根拠づけを放棄するコンテクスト主義にもそれほど説得力はない。コンテクスト主義による根拠づけの放棄は、人間学と歴史哲学による根拠づけの挫折に対応するものではあるが、事実的なものがもつ強固な規範的力への依存を克服することができないからである。「北大西洋」地域における民主的法治国家の賞賛すべき発展は、たしかに継承すべき成果をわれわれに与えてくれた。しかし、アメリカ憲法の父たちの幸福な遺産を偶然から享受できなかった人びとは、継承すべきものと批判すべきものを区別するための十分な根拠を、自分たちの伝統のなかに見いだすことはできない。

つまり、実践理性の内実が主観哲学の形態で破壊されてしまったため、実践理性の内実はもはや、歴史の目的論にであれ人間の特性にであれ、求めることはできないし、あるいは、たまたま成功裏に受け継がれてきた伝統の蓄積によって根拠づけることもできない。理性法的規範主義の痕跡は、このようなトリレンマのなかで消滅してしまったのである。このことから、おそらくは唯一残された選択肢の魅力が説明される。つまり理性をいとも簡単に否定してしまうのである。この点で、ポスト＝ニーチェ主義的な理性批判の過激な形式であれ、あるいは、関係者のパースペクティヴから拘束力や意味をもつすべてのものを中立化する社会科学的機能主義の冷徹な手法であれ、いずれにせよ同じである。だがしかし、人間科学において直観に反するものに依拠するつもりのない者には、こうした解決法はそれほど魅力的ではないであろう。それゆえ私は、コミュニケイション的行為の理論によって別の道を提示したのである。つまりコミュニケイション的理性が実践理性に取って代わるのである。これはたんに名称を変更しただけなどというものではけっしてない。

旧ヨーロッパの思考伝統では、実践理性と社会実践との間に短絡的な連関が作りだされていた。そのためこの領域は、規範的問題設定の視角から捉えられるか、あるいは——歴史哲学による分断のおかげで——規範的性質をひそかに隠しもった問題設定の視角から捉えられるか、このいずれかに変質してしまった。実践理性が個人の行為の基準になるとされ、それに応ずるかたちで自然法は——ヘーゲルにいたるまで——唯一正しい政治的・社会的秩序を規範的に特徴づけようとしてきた。しかし、言語的媒体と結びついてはいるが、道徳的なものとの排他的結合から解放された理性概念というものが、別の次元で理論として形成された。しかもこの概念は、現に存在する権能と意識の構造を再構成するという叙述的目的に奉仕し、機能的観察と経験的説明ともつながりを有している。☆1

コミュニケイション的理性を実践理性から区別する点は、何よりもまず、コミュニケイション的理性がもはや個々の行為者、あるいは国家や社会というマクロ主体に帰せられるものではない、という点である。むしろコミュニケイション的理性を可能にするのは、相互行為の網の目を作りだし、生活形式を構造化するための言語媒体なのである。その合理性は、了解という言語的テロスに由来するものであり、了解を可能にすると同時に制約する諸条件の調和ある結合体を作りだす。世界の何かについて相手と了解しあうために自然言語をつねに使用する者は、行為遂行的態度をとり、特定の諸前提に依拠することを余儀なくされる。とりわけ彼は、関係者たちが発語内的目標を無条件に追求し、相互主観的承認を必要とする批判可能な妥当要求に自らの合意を結びつけ、相互行為の帰結であるがゆえに有効な、合意により生ずる義務を引き受ける用意を示さなければならない、ということを前提しなければならない。このようにして対話の妥当基礎に内在するものが、コミュニケイション的行為を通じて再生産される生活形式にも伝えられる。超越化を可能にし、構造を形成し、隅々まで浸透する諸条件の脱中心化された連関のなかに、コミュニケイション的合理性は現れる。だがそれは、何をなすべきかを行為者に指示する主観的能力ではない。

　コミュニケイション的理性は、古典的形態の実践理性とは異なり、行為者の規範の源泉ではない。コミュニケイション的理性が規範的内実をもつのは、コミュニケイション的行為者が反事実的な語用論的前提にかかわりをもつかぎりにおいてのことである。すなわち、彼は理想化を試みなければならない——たとえば、同一の表現には同一の意味を与える、コンテクストを超えた妥当要求を言明のために主張する、相手に帰責能力つまり自律と誠実さを相互に想定しあう、という具合である。そのさいコミュニケイション的行為者は、弱い超越論的意味での「ねばならない」に従うのであるが、しかしだからといって、行為規則の命令の意味での「ねばならない」としてそれを受け取るわけではない——もっともこの「ねばならない」は、義務論的には道徳的命令の当為妥当に還元され、公理論的には関係する諸価値の相互関連に還元され、経験的には技術的規則の有効性に還元されるのではあるが。不可避の理想化という枠組みは、自らの結果に対して批判的に向けられる、自己を超越しうる事実的了解実践の反事実的基礎である。こうして、理念と現実との緊張関係は、言語的に構造化された生活形式の事実性そのものに入り込む。コミュニケイション的日常実践にとっては、そのような理想化をおこなう諸前提は過剰な負担であるが、しかしこの世界内的超越に照らしてのみ、学習過程は実施されうるのである。

つまり、コミュニケイション的理性は妥当要求の方向づけを可能にする。しかし、このコミュニケイション的理性それ自身は、実践的課題を克服するために内容的に特定の方向づけを与えるわけではない――コミュニケイション的理性は、情報を提供するものでもなければ、直接実践的なのでもない。それは一方で、命題的真理、主観的誠実さ、規範的正当性といった多様な妥当要求に広くかかわり、そのかぎりにおいて道徳的・実践的問題の範囲を超えるものである。また他方でそれは、洞察――つまり原則的に論拠による説明に立脚した批判可能な言明――だけを引き合いにだし、そのかぎりで、動機づけ、つまり意思の指導を目的とする実践理性に遅れをとっている。行為の拘束力ある方向づけという意味での規範性は、了解志向的行為の合理性全体と一致するわけではない。規範性と合理性は、道徳的洞察の根拠づけの領域で互いに重なり合う。そして、そうした道徳的洞察は、仮説的態度によって獲得され、合理的な動機づけの弱い力のみをともなうにすぎず、いずれにせよ道徳的洞察を動機づけられた行為へと自動的に転換することを保証するわけではない。[☆2]

私は、再構成的手法を用いる社会理論に立脚しつつコミュニケイション的理性の概念を重視しており、そのため右のような違いをはっきりさせておく必要がある。このような従前とは異なる文脈では、実践理性という古くからの概念もまた、ある程度発見的で別の意義を獲得するからである。実践理性はもはや、法と道徳の規範理論を指導する役割を直接果たすわけではない。意見形成的討議と決定作成的討議との相互関連には法形式で行使される民主的支配が内的に関連しているが、むしろこのような相互関連を再構成するための基準を、実践理性は提供するのである。このようなパースペクティヴから見ると、政治的意思形成、立法、裁判官の判決実務といった法治国家のコミュニケイション形式は、システム命令の圧力下にある近代社会での、生活世界の合理化というより包括的な過程の一部であるように見える。そのような再構成がなされたならば、たしかに同時に、不透明な憲法的現実の諸実践が評価されうるための批判的基準が得られるはずである。

　伝統的な実践理性の概念とは隔たりがあるにもかかわらず、法と民主主義にかんする現代の理論が古典的概念形成とのつながりをなお求めるのはけっして無理な話ではない。そうした現代の理論は、合理的に動機づけられているがゆえに暴力をともなわない合意過程のもつ社会統合力に依拠する。この合意過程は、もろもろの確信のなかになお保持されている共通性を基盤としつつ、相手との隔たりや相違が存在することを可能にする。今日では、こうしたパースペクティヴから道徳哲学者と法哲学者が依然として、しかもこれまで以上に活発に、規範的討議をおこなっている。この討議は、関係者と関与者の行為遂行的態度において規範的妥当性の問題だけを扱っており、そのため、社会科学的観察者により脱呪術化されて久しいはずの生活世界という制限された地平を離れようとしない。理性法にもとづく近代立憲国家の自己理解を崩壊させた例の厳然たる事実を十分に考慮していないのではないかという疑念が、そうした規範理論には投げかけられている。社会科学的客観化の視角から見ると、暴力的に安定化され、理性的に正統化された秩序のオルタナティヴを用いる哲学的概念形成は、初期近代の移行期の意味論、つまり政治的ヒエラルキー構造に立脚する社会から機能的に分化した社会への転換にともない時代遅れとなったとされる意味論、に属する。「実践理性」の概念の後継としてコミュニケイション的理性の概念に理論戦略上中心的な地位を与える者も、おそらくは、コミュニケイションのもつ非常に高度で特殊な形式を明らかにしなければならない、ということになろう。しかも、そうした形式は、観察可能な多彩なコミュニケイションのうちごく一部のみを明確にできるにすぎないのである。「そのような限定のために、了解という新たなパラダイムを十分に複合的な社会理論によってふたたび満たすことは、ほとんど成功しないであろう。[☆3]」

今日の政治理論と法理論は、事実性に注目する陣営と妥当性に注目する陣営に分裂しており、ほとんど対話ができない状態にある。規範主義的立場は社会的現実との接触を失う危険につねにさらされているし、また客観主義的立場はいっさいの規範的側面を消去してしまう。こうした規範主義的立場と客観主義的立場の緊張関係は、ひとつの警告として理解される。つまり、ひとつの専門分野からのみ問題を見るのではなく、異なる方法論（当事者 対 観察者）、異なる理論的目標設定（意味理解による説明と概念分析 対 叙述と経験的説明）、異なる役割に付随するパースペクティヴ（裁判官、政治家、立法者、クライエント、国家市民）、研究遂行の態度の相違（解釈学、批判言語学、分析哲学等々）を用いる用意が必要なのである。[☆4] 以下の研究はこうした広大な分野を扱う。

討議理論の試みは、これまでは、個人の意思形成の面から論じられてきた。それは、道徳哲学と倫理学の領域においても成果を収めてきた。ところが機能的観点から見ると、原理により指導された道徳というポスト伝統的形態がなにゆえ実定法による補完を必要とするのか、ということが根拠づけられる。[☆5] それゆえ法理論上の諸問題は、純然たる規範的考察の枠組みをはじめから超えている。法——および法治国家——の討議理論は、従来の法哲学・国家哲学の問題提起を受け継ぐにしても、研究方法については、これまでとは別の方法をとらねばならないのである。第一章と第二章の最初の二章を用いて、私は次のような相互に関連した二つの目標を説明したい。つまり、コミュニケイション的行為の理論はなにゆえに、法のカテゴリーに中心的な地位を与えるのか。そして、コミュニケイション的行為の理論はなにゆえに、法の討議理論にとって適切なコンテクストを形成するのか、と。

そのさい私の主要な関心は、社会学的法理論と哲学的正義論、両方のパースペクティヴを包摂する再構成的理論を展開することにある。第三章と第四章では、権利の体系ならびに法治国家の理念の規範的内実が、討議理論の視点から再構成される。すなわち、自由で平等な市民の法的自己組織化というかつての理想が複合的社会においてどのように解釈し直されるのか、このことを私は、理性法の問題提起を受け継ぐかたちで明らかにしたい。ここでは、法および民主的法治国家の討議的概念を現代の論議のコンテクストを踏まえて検討し、明らかにしたい。第五章は裁判実務の合理性問題を一般的に扱い、第六章では憲法裁判の正統性問題を扱う。第七章は、経験主義的な権力概念に依拠する民主主義理論と対立する協議政治のモデルが論じられる。第八章では、権力循環の法治国家による制御が複合的社会においてどのように機能するのか、という問題を扱う。この社会理論的洞察に関連づけられることで、法の討議理論は最終的に手続き主義的法パラダイムの導入を提唱することになる。この手続き主義的法パラダイムについては最後の第九章で明らかにするつもりだが、これこそは、市民的形式法モデルと社会国家モデルとの対立を克服しうる法パラダイムなのである。

*

法理論の領域では、社会学者、法学者、哲学者たちが、事実性と妥当性の関係の適切な定義を求めて論争している。そして、この難しい関係にどのような立場をとるかによって、彼らはそれぞれ違った前提や理論戦略を選択することになる。それゆえ、私はまず最初に、法理論に対する私の関心を根拠づける社会理論的問題設定を説明したい。コミュニケイション的行為の理論は、事実性と妥当性の緊張関係という問題をその基本概念のなかに取り入れている。この危険をともなう決断によって、コミュニケイション的行為の理論は、社会と理性の内的な結びつきという、どのようなかたちで媒介された結びつきであるにせよ、古典的理念をなおも受け継いでいる。つまり、一方での社会的生活の再生産が実施されるための制限と強制、他方での自覚的な生活遂行の理念、これらの間の結びつきについての理念を受け継いでいるのである。☆6 そうするともちろん、超越化する妥当要求という脆い基盤の上で社会の再生産がどのように実施されるかを明らかにするという課題を、コミュニケイション的行為の理論は引き受けることになる。そうした説明を可能にする候補として、法という媒体、とりわけ実定法という近代的形態でのそれは、好適である。というのも、そのような法規範が高度に人工的な社会を、それも自由で平等な法仲間の連帯的結合を可能にしているのであるが、そうした連帯的結合のもつ結束は、外的な制裁による威嚇だけでなく、合理的に動機づけられた合意の想定によっても成り立っているからである。

コミュニケイション的行為の概念のおかげで、了解志向的に使用される言語の発語内的拘束エネルギーには、行為調整という重要な機能が与えられることになった。そこで私はまず最初に次の点を取りあげることにしたい。すなわち、言語が理性を具体化する普遍的媒体として把握されるとすれば、事実性と妥当性の関係についてイデアリスムス哲学において作りあげられた古典的見解はどのように修正されることになるのか（I）。行為調整の様式そのものに入りこんだ事実性と妥当性の緊張関係には社会秩序の安定が必要だが、そのような安定に対する高度な要求は、容易には満たされない。生活世界、自然発生的制度、法が、批判可能な妥当要求に対するイエス／ノーの態度決定を通じてなされる社会化の不安定性を緩和しなければならない（II）。近代の経済社会においては、この一般的な問題は、伝統的な倫理から解放された戦略的相互行為を規範的に制御するという特殊な形態をとることになる。ここから、一方では主観的権利の構造と妥当性の意味が、他方では、自由で平等な市民の連帯的結合として共同生活の規則をみずから決定するという、法共同体の理想主義的構想が説明される（III）。

I　意味と真理――事実性と妥当性の言語内在的緊張関係

「実践理性」という基本概念を「コミュニケイション的合理性」という基本概念に置き換えると、社会理論にとっては、アリストテレスからヘーゲルにいたる実践哲学で論じられてきた問題設定と問題解決を放擲せずに済むという利点がある。つまり、ポスト形而上学的思考を前提とすることと引き換えに生活世界に発生する問題に対して無関心になるという事態を、回避できるというわけである。理論が素人の日常直観という土台への入口を自分で封鎖しないかぎり、方法論的根拠からして、関係者が客観的に直面している問題を無視することはできない。もちろん実践哲学は、「私は何をなすべきか」あるいは「長期的かつ全体的に見て何が私にとって善いのか」といった根本問題を、直接的に日常から引き受け、社会科学的客観化のフィルターを通さずに研究する。だが実践理性という根本概念の放棄は、そうした規範主義との決別を意味する。しかし、コミュニケイション的理性という実践理性の後継概念もイデアリスムスの遺産を受け継いでおり、この遺産は、説明を義務づけられた理論形成というかつてとは異なるコンテクストのもとでは、利点ばかりとは言えないものである。

今日、理性概念がどれほどプラトン的起源から懸け離れ、パラダイム転換を通じて変容してしまったとしても、理性概念にとっては、理想的な内実や理念との関係はともかく、境界設定的で理想化する概念形成との関係は、なお構成的な意味を失ったわけではない。理想化によって概念は、説明を要する所与の現実へのミメーシス的順応以上のものとなる。だが、コミュニケイション的理性の概念をこのように用いることがさらに社会的現実に帰属させられ、いわばそうした社会的現実に内含されているとすれば、理性と現実とのあらゆる種類の混同に対して、経験科学的に十分な根拠のある不信が頭をもたげてくる。すなわち、コミュニケイション的理性などというものは、いかなる意味で、社会的事実のなかで具現化されうるのか。そのような、見るからにまったく反直観的な想定を、なにゆえなさざるをえないのか。私はここで、コミュニケイション的行為の理論の梗概をあらためて述べようとは思わない。ただ、事実性と妥当性の関係は、まずは概念形成と判断形成の根源的地平において現れるのであるが、そうした関係が言語論的転回以後においてどのようなかたちをとるかということ、このことだけを述べるにとどめたい。

（1）叡智的なものと現象的なものの抽象的対立というカント形而上学の背景想定が維持できないものとなり、さらには、本質と現象という弁証法的過程において展開する二つの領域にもとづくヘーゲルの思弁的体系が説得力を失ってしまったのち、十九世紀という時代には経験主義的見解が広く普及することになった。それは、論理的な連関、一般的には概念的連関をもっぱら心理学的に説明する見解であり、そこでは、妥当性の連関は意識の事実的過程と同一視されたのであった。こうした心理主義に対して、アメリカではCh・S・パースが、ドイツではゴットロブ・フレーゲとエドムント・フッサールが、そしてイギリスではG・E・ムーアとB・ラッセルが、それぞれほとんど同様の、少なくとも類似した論拠によって反旗を翻したのである。彼らこそは、経験主義的心理学を論理学、数学、文法学の基礎科学とすることに反対することで、二十世紀の哲学への道を開くことになったのであった。

その中心的な批判をフレーゲは次のようなテーゼとして要約している。「われわれがわれわれの表象の担い手であるように、われわれはわれわれの思想の担い手であるわけではない。[☆7]」表象はそのつど、私の表象であるか貴方の表象である。つまり表象は、時間と空間のなかで同定可能な表象する主体に帰属しているはずである。ところが思想は、個人の意識の限界を超えている。思想は、たとえそれが異なる主体により、異なる場所、異なる時間に受け取られるとしても、その内容にかんしては厳密な意味で同一の思想であることに変わりはない。

そのうえ、単純な述語文の分析が示すところによれば、思想は表象的思惟の客体よりも複合的な構造をもつ。名、特徴づけの表現、状況提示的表現の助けによって、われわれは個々の対象を指示するのであるが、その一方で、そのような単独の術語が主語となるような文が、全体として命題を表わしたり、事態を表わしたりする。そのような思想が真であるならば、その思想を表わす文は事実を表わしている。思惟とは表象する意識であるという見解への批判は、このような簡単な考察によっても明らかである。ただ対象のみが表象において与えられているにすぎない。だが事態や事実は思想において把握されるのである。このような批判によって、フレーゲは言語論的転回の第一歩を踏みだした。それ以後、思想と事実は、もはや表象可能な対象の世界にそのまま安住することはできなくなった。思想と事実は、ただ叙述された事態、つまり文に表わされた事態としてのみ、捉えることができるにすぎないのである。

（2）思想は命題的に分節化される。これが何を意味しているかは、単純な確言文の文法構造を用いて明らかにすることができる。だがこの点には立ち入らない。重要なのはただ、思想の構造を読み取ろうとすれば文の構造に拠らねばならない、ということである。文とは、文法的言語における、真偽を判断する基本的要素である。それゆえ、思想を表象と区別する独自の地位を説明しようとすれば、言語という媒体に注目しなければならない。思想が個人の経験的意識という枠を超えていること、そして思想内容が個人の体験の流れから独立していること、これら二つの契機は、複数の言語表現が異なる名宛人にとって同一の意味をもつ、というかたちで整理することができよう。要するに、言語共同体の構成員は実践において、話し手と聞き手が文法的表現を同一のかたちで理解することができる、ということを前提しなければならない。同様の表現が多様な状況、多様な言語行為において用いられるとしても、そうした表現は同一の意味を維持すること、このことを言語共同体の構成員は想定する。ある記号タイプは、意味という記号の実質の地平においても、記号の対応すべき出来事が多様であるにもかかわらず、はじめから同一の記号として認識されうるのでなければならない。このようなタイプとトークンという具体的に把握された関係には、かつて哲学的イデアリスムスが本質と現象の関係として捉えた普遍的なものと特殊的なものとの論理的関係が反映されている。同じことは、概念や意味、そしてそれらの表現の現象形式にも当てはまる。叙述された思想を、一般的なもの、自己と同一であるもの、公共的に把握可能であるもの、つまり個人の意識を超越した何かとして解し、こうした思想を、特殊的でそのときにかぎってそうであるような、私的にのみ把握可能であるにすぎない表象、つまり意識内在的な表象から区別するものとは、言語記号と文法規則に根拠をもつ理念性である。文法規則こそは音韻・統辞・意味にかんして、いっさいのヴァリエーションを通じて不変かつつねに認識可能で明確な形式を言語的出来事に付与する。

(3) 概念と思想の普遍性がもつ理念性は、まったく別の種類の理念性と結びついている。あらゆる完全な思想はその特定された内容として、言明文によって表現されうる事態を含む。しかしあらゆる思想は、言明の内実もしくは内容を超えて、ある判断を要求する。すなわち、思想が真と偽のどちらであるかを問うのである。思惟し発話する主体は、あらゆる思想についてイエスかノーによって態度を決定することができる。それゆえ、思想のたんなる所有には、さらにそのうえに判断行為が付け加わる。肯定された思想あるいは真なる文こそが、事実を表わす。思想の肯定的判断、あるいは主張された言明文の確言的意味は、判断の妥当性もしくは文の妥当性《ギュルティッヒカイト》によって、理念性のもうひとつの側面を提示する。

表象する思惟への意味論的批判がすでに指摘しているところによれば、「このボールは赤い」という文は、赤いボールの個人的表象を表わすものでない。むしろこの文は、ボールが赤いという事態の叙述なのである。つまり、「p」を確言的様相において発言する発話者は、その肯定的評価もしくは肯定によって、対象の実在ではなく、その発言に一致した事態の存在にかかわっているのである。「p」をさらに拡張して、「ボールであるところのひとつの対象が少なくとも存在しており、かつその対象が赤い、ということが妥当する」という文に読み替えるならば、ただちに、「p」の真理妥当および「p」に一致する事態や状態の存在や実在性は、対象の存在や実在とのアナロジーによって理解されてはならないことがわかるのである。真偽を判断するための述語「である」は、実在と混同されてはならない。[☆8] そうでなければ、思想、命題、事態に帰せられるのは理想的即自的存在であるという、フレーゲとフッサールを、さらにはのちにはポパーをも虜にした意味でのプラトン主義的見解に陥ってしまうことになる。第三の世界とは、時空間的に限定可能な出来事の世界に対立する世界であり、一方で経験可能で操作可能な対象と出来事からなる客観的世界に対立するとともに、他方でそのつど特権的に捉えることのできる体験という主観的世界にも対立するのであるが、右のような哲学者たちは、無時間的な理念的構築物であるこの第三の世界についてのみ、意識哲学の建築術を援用しようと考えている。

だが、この意味でのプラトン主義者たちの三世界論は、主観的イデアリスムスの二元論に劣らず形而上学的である。というのは、三つの世界が相互にどのように関係しあっているかという謎がやはり残るからである。「無時間的なものですら、なんらかのかたちで時間的なものと関わらざるをえない」とフレーゲも考えている。[☆9] 意味と思想が理念的に存在する対象としてはじめて実体化されるのであれば、叙述と事実の関係だとか、理解や判断と思想との関係など、世界と世界との関係はきわめて困難な問いを惹起することになる。それは、形式的意味論がこれまで何十年にもわたって研究しながら、解決できなかった問いなのである。

（4）理念的な特性は、間主観的に確認可能で一般的、そしてこの意味で同定された内容というものを概念や判断に保障する。そしてそうすることで、思想に対して、体験の一連の流れから乖離した静態的な命題的構造を与える。つまり、この理念的な特性それ自体が、真理の理念とかかわるのである。しかし真理の妥当性の理念性は、意味の一般性の理念性とは違って、文法的不変性、つまり言語の規則構造そのものだけで説明されうるものではない。フレーゲに由来する形式的意味論は意味論的言語概念だけを用いるが、そのような言語概念は言語使用のいっさいの局面を無視し、これを経験的分析に委ねてしまう。そのため形式的意味論は、言語コミュニケイションの地平の内部においても真理の意味を解き明かすことができない。その代わりにこの形式的意味論は、言語と世界、文と事実、思想と思考力（思想を理解し評価するための主観的能力としての）における存在論的関係に依拠するのである。これに対して、Ch・S・パースは言語使用に形式的分析を適用することで、言語論的転回を首尾一貫して推し進めたのである。

フンボルトが対話についてそうしたように、パースは一般的にコミュニケイション、つまり記号解釈を言語的操作の核心と考えた。彼はこうした了解実践のモデルによって、概念形成という一般性を作りだす局面だけではなく、真なる判断の形成という超時間的な局面をも説明することができたのである。パースの場合、言語的に表象された世界という二重構造の概念の代わりに、ありうべき解釈者のために何かを言語的に表象するという三重構造の概念を使用している。[☆10] 解釈共同体の構成員は間主観的に共有された生活世界の内部において相互に、世界における何かについて了解するのであるが、可能的事実の総体としての世界は、そうした解釈共同体のためにのみ構成されるのである。「本当」であるのは、真なる言明において叙述されるものであり、この場合に言う「真」とは、ある者が言明を主張することで他者に対してなされた要求との関連でのみ、説明されうる。こうした主張の確言的意味によって、発話者は、自らの主張した言明の妥当性《ギュルティッヒカイト》について批判可能な要求をなすことになる。そして、解釈されざる妥当条件を直接自由に使用することは誰にもできないのだから、「妥当性《ギュルティッヒカイト》」とは、「われわれにとって妥当性が存在する」というかたちで認識論的に解されねばならない。発話者の正当な真理要求は、ありうべき反対者の異論に対して根拠を挙げて擁護されるべきであり、最終的には、解釈共同体全体の合理的に動機づけられた合意に依拠するはずのものなのである。

しかしこの場合、特定の生活形式をもつ特殊的解釈共同体を引き合いにだすのでは不十分である。たとえ、われわれが言語と議論の領域を放擲することができず、現実というものを、真なる言明において表象しうるものの全体性として理解しなければならないとしても、このような現実との関係は、われわれから独立したもの、その意味で超越的なものとの関係を逸してはならないのである。あらゆる真理要求によって話し手と聞き手は、彼らの属する集団に特有の基準、つまりいま、ここのものとして局所化された特殊的了解実践に特有の基準を、超越する。それゆえパースは、「ファイナル＝オピニオン」つまり理想的条件下で到達した合意という反事実的概念を用いることで、内側からの超越とでも言うべきものを構成したのであった。「したがって現実とは、いずれにしても情報と推論から最終的に生みだされるものであり、それゆえ、我と汝などという奇特な考えとは無関係である。つまり、現実概念のこのような起源が示しているのは、この概念が本質的に共同体の概念を前提とし、しかもその共同体は無制限であり、かつ知識の明白な増大が可能である、ということなのである。[☆11]」パースは真理を合理的な承認可能性として説明している。つまり、社会的空間と歴史的時間において理想的に拡大された、判断能力をもつ解釈者からなる聴衆というコミュニケイション的条件のもとで、批判可能な妥当要求に応答することとして説明しているのである。

(5) このように真理の理念を語用論的に解釈することによって、われわれは事実性と妥当性の関係を論ずることになる。この関係は、了解実践にとって構成的であり、そのかぎりで、社会の高次の現実にとって重要である――このような現実には、パースの言う探求者の共同体［community of investigators］も含まれるのであり、しかもそれは道具的行為や科学の方法的実践によって対象化された自然の現実とは異なっている。概念的一般性の理念性が提示した問題とは、そのつど言語的表現が異なるにもかかわらず同一の意味が維持されるのはいかにしてなのか、これを言語の規則構造にもとづいて説明しなければならない、というものだった。だが、間主観的な承認や容認を追求するいま、ここでの真理要求が、解釈者の個別的共同体で通用するイエス／ノーの態度決定の基準の手に負えなくなるのはいかにしてなのか、というさらに大きな問題を真理妥当性の理念性はわれわれに突きつける。このような超越化の契機によってはじめて、真理要求を志向する正当化活動の実践とたんに社会的慣習によって規定されるにすぎないその他の実践とが区別されることになる。パースの場合、無制限のコミュニケイション共同体を引き合いにだすことで、絶対性という永遠性の契機（もしくは超時間的性格）は、開かれてはいるが目標志向的な解釈過程の理念に取って代わることになった。そうした解釈過程は、内側から、つまり世界の中の有限の実在のパースペクティヴから社会的空間と歴史的時間の限界を超越する。パースによれば、時間の次元については、無限のコミュニケイション共同体の学習過程がいっさいの時空間的な隔たりを埋める架け橋になるとされる。また世界の次元については、超越する妥当要求の絶対的要求のために十分充足されたものとして前提されねばならない諸条件が、実現されるとされる。この場合、「十分」だとされる充足の尺度とは次のようなものである。つまり、そのつどの論証実践を、無制限の解釈共同体の不可避的に想定される普遍的討議の時空間的に局所化された構成要素として位置づけることができる、というものである。こうした一連の試みによって、事実性と妥当性の緊張関係はコミュニケイション前提へと場を移すことになる。このコミュニケイション前提は、おおよそは充足されるべき理想的内実を有するものであるが、すべての関係者がある言明の真理を主張・否定し、その妥当要求の正当化を試みたいと考えるときにはつねに、事実的に認めなければならない前提なのである。

パースは認識論および科学論の問題提起を記号論的に変形するという目標をなによりも追求しているのだが、右のようなモデルでは、学者共和国の論証実践を念頭に置いている。しかし、研究者のコミュニケイション共同体内部での了解について妥当するものは、おおむね日常のコミュニケイションにも妥当する。というのも、発話行為の理論は、日常のコミュニケイション実践についても研究者共同体とほとんど同様の構造と前提を明らかにしているからである。この場合も関係者たちは、自らの発言に妥当性《ギュルティッヒカイト》を要求することで、世界の何かについて相互に了解する。たしかに、論証により制御された研究過程とは異なり、日常実践では、言語はもっぱら、もしくは主として、叙述的機能だけが利用されるわけではない。むしろこの場合は、いっさいの言語機能と世界との関係が重要なのであり、その結果、妥当要求の範囲が真理要求よりも広大なものになってしまうことになる。しかも、こうした妥当要求は、つまり確言的要求と並んで主観的誠実性と規範的正当性に対する要求もまた、暗黙のうちに討議によって受諾する可能性に依拠していることには変わりないにせよ、まずはまじめに、かつ正しい意図とともになされるのである。

以上の理由から、拡大された妥当性の範囲の生活世界的位置づけによって、無限のコミュニケイション共同体のパース的構想を科学者の協同的真理探究を超えて一般化することが必要となる。パースは、科学実践において準拠すべき論証前提のなかに事実性と妥当性の緊張関係が存在することを暴露してみせたが、このような緊張関係というものは、多様な種類の論証のコミュニケイション前提のみならず、個々の言語行為の語用論的前提およびこれによって結合された相互行為連関の語用論的前提にいたるまで、追跡することができるのである。☆12

II　内側からの超越——不合意のリスクの生活世界的ならびに古代的な克服

このように論争の余地があり説明を要する詳細な点についてどのような態度をとるにせよ、言語的表現の意味と言明文の妥当性の説明によって、われわれは言語媒体と結合された理想化に触れることになる、と言わねばならない。つまり、概念と意味の一般性のもつ理念性は言語の意味論的分析によって、妥当概念の理念性は了解志向的言語使用の語用論的分析によって、それぞれ捉えられるのである。それだけではなく、発話行為の発語内的拘束力が多様な行為者の行為計画の調整のために必要とされるとすれば、言語そのものに内在する理想化は行為理論的意味をも獲得する。言語的了解を行為調整のメカニズムと見なすコミュニケイション的行為の概念によって、自らの行為を妥当要求に従わせる行為者の反事実的想定も、社会的秩序の構築と維持に対する直接的な重要性を得る。というのも、そうした社会的秩序は規範的妥当要求の承認という態様で存続するからである。換言すれば、言語と言語使用のなかに組み込まれた事実性と妥当性の緊張関係は、社会化された個人の統合、少なくともコミュニケイション的に社会化された個人の統合のやり方にふたたび現れる——そしてそうした緊張関係は、関係者によって解消されねばならない——ということになる。のちに見るように、実定法を通じて実施される社会統合においては、こうした緊張関係は独特のやり方で安定化されるのである。

(1) 明白な暴力行使なしに生ずるあらゆる社会的相互行為は、当事者の一方の行為が他方の行為に「接続」するように複数の行為者の行為計画が相互に調整されうるのはいかにしてなのか、という問題の解決法として理解されうる。そのような継続的な接続によって、相当程度衝突なしに意図と行為を網の目状に結びつけうる程度にまで、つまり行動範型、社会秩序全般を成立させる程度にまで、二重の偶発性にもとづく選択可能性の幅が縮減されるのである。言語が情報とリダンダンスの伝達媒体としてのみ利用されるかぎり、行為調整は、目的行為的に互いに作用しあう行為者の相互的影響関係を通じてなされる。ところが、発話行為の発語内的力が行為調整の役割を果たすやただちに、言語そのものが社会統合の第一次的源泉であることが明らかにされる。この場合にかぎり、「コミュニケイション的行為」が語られるべきである。この場合、行為者は話し手と聞き手の役割を果たしつつ、共通の状況解釈について意見を交換し、了解過程を通じて、つまり発語内的目標を無条件に追求するという手法によって、それぞれの計画を互いに調整しあう、ということを試みる。もちろん、言語の拘束エネルギーが行為計画の調整のために動員されうる場合というのは、関係者が観察者の客観化する態度を放棄する場合、直接的には、二人称で表現される相手方と世界の何かについて了解しようとする発話者の行為遂行的態度を優先しつつ自己成果志向的行為を放棄する場合、にかぎられている。こうした条件のもとでは、発話行為の提示は行為調整的効果をねらいとすることができる。なぜなら、この誠実な提示に対する聞き手の肯定的態度から、相互行為の結果にとって重要な義務が発生するからである。

コミュニケイション的行為が依拠する了解志向的言語使用が機能する場合というのは、参加者が、自らの発話行為において主張された妥当性《ギュルティッヒカイト》について合意か不合意かを断定するとともに、これら合意・不合意をその後の行為過程のなかで共同で考慮する場合のことである。あらゆる発話行為とともに、間主観的承認を目指す、批判可能な妥当要求がなされる。発話者が妥当要求によって同時に、なされた要求を必要に応じて正しい態様の根拠によって裏づけうる十分に信頼できる保障を与えることで、発話行為の提示は調整作用をもつようになる。だが、そのような無条件的な妥当要求は、その要求からして、地域的でその場に受け入れられて定着したいっさいの基準を超えているのであり、こうした妥当要求によって、パースが科学的言明の真理妥当の例によって分析したあの理想的緊張関係が生活世界の事実性に入り込んでくる。批判可能な妥当要求の応答可能性という理念には、コミュニケイション的行為者自身によって引き受けられ、それゆえ超越論的次元から生活世界の次元へと引き下ろされた理想化というものが必要である。発話行為の不可避の語用論的前提、つまりコミュニケイション的日常実践の核心部分に、超越論的前把握の理想化の力を移し変えるために、コミュニケイション的行為の理論は叡智的なものの王国を脱超越化する。この力をパースは、科学的論証実践といういわば非日常のコミュニケイション形式を用いて証明したのであった。さらに最も単純な発話行為の提示、つまりイエス／ノーの最も慣習的な態度決定が正当化される、つまり合理的に承認可能であるためには、潜在的な根拠が、したがって、そうした根拠に説得力を認める無制限な解釈共同体という理想的に拡大された聴衆が、念頭に置かれる必要がある。

（2）われわれは概念と意味の一般性の理念性と妥当概念の理念性とを区別してきた。これら二つの局面は、一方は言語そのものの規則構造から説明されるし、他方は了解志向的言語使用の諸前提から説明される。この理想化の二つの次元の理念性は、言語コミュニケイションそのものに組み込まれているのであり、コミュニケイション的行為を通じて、空間と時間を互いに絡み合いながら広がっていく相互行為の社会的現実性の構成にまで関与している。意味の一般性の理念性が、コミュニケイション的行為の連関を特徴づける。なぜなら、使用された表現が同一の意味をもつことを関係者が共通の（あるいは翻訳可能な）言語にもとづきつつ想定しない場合には、そうした関係者は、世界の中の何かについて相互に了解しようとする意図をまったく把握することができないからである。誤解が誤解であることがはっきりわかるのは、このような条件が満たされる場合である。言語表現が同一の意味で使用されているという想定は、観察者の観点からはしばしば、そしてエスノメソドロジーの観点のもとではつねに、不適切なものであることがわかる。とはいえ、こうした前提が反事実的前提として了解志向的言語使用にとって不可欠の前提であることには変わりはないのであるが。

自らが解釈学的意味理解によってその対象領域を扱っているという事情を自覚しているあらゆる社会学は、このような事実性と妥当性の緊張関係を考慮しなければならない。しかしこのような社会学は、そうした事情があるからといって伝来の経験科学的自己理解を断念するには及ばない。なぜならそうした社会学は、言語能力によって取得された能力、つまり純然たる誤解により生ずるコミュニケイション障害を除去する能力を、コミュニケイション的に行為する主体それ自身に認めうるからである。誤解というものは、不可欠のものとしてなされた理想化をごくあっさりと打ち消してしまう。同様のことは、コミュニケイション的行為において不可避の、理想化をおこなうもうひとつの想定、すなわち、相互行為の参加者は互いに帰責能力を認め合わなければならないという想定にも当てはまる。つまり、彼らは自分の行為を妥当要求に志向させることができると互いに前提するのである。この合理性期待が誤っていることが判明するとただちに、関係者たち——仮想的参加者としての社会学者も含めて——は、行為遂行的態度をとりやめて客観化的態度に切り替えるのである。

しかし、妥当要求に絶対性の性格を保障すべき、コミュニケイション的行為の反事実的で高度な諸前提との関連で、別の問題がもちあがる。すなわち、この理想化の第二段階は、社会的現実性の構成を次のようにして確定する。つまり、コミュニケイション的に達成された合意によって、行為の調整、相互行為の複合的構成、行為結果の相互結合が可能になるが、このような合意は、批判可能な要求の間主観的承認に準拠するのであり、したがって、二重の否定に依拠するイエス／ノーの態度決定に、日常言語ゲームが機能するための中心的役割を与える。このような態度決定は、これが創出する社会的事実に理想的緊張関係を負わせる。なぜならそうした態度決定は、その正当化のために理想的に拡大された聴衆の同意を前提せざるをえない妥当要求に対応するものであるから。言明と規範（体験文も含めて）について主張される妥当性《ギュルティッヒカイト》は、その意味からして、空間と時間を超越するが、他方で実際の要求は、いま、ここで特定のコンテクストのなかでなされ、そして——事実を産みだす行為の帰結とともに——承認されたり、拒否されたりする。われわれの言明ならびに正当化実践において主張される妥当性《ギュルティッヒカイト》は、事実的に定着した基準の社会的妥当性や、慣れ親しんだ期待や制裁威嚇により安定化された期待の社会的妥当とは区別される。妥当要求がこのように二重の相貌をもつがゆえに、絶対性という理想的契機は事実的了解過程の奥底にまで浸透しているのである。つまり妥当要求というものは、要求としてはコンテクストを超えでてしまう。と同時にそれは、行為調整作用をもつ合意を実現しようとすれば、いま、ここで提示され、承認されねばならない――妥当要求にはコンテクストの不在ということはありえないからである。主張された合理的承認可能性のもつ普遍性はいっさいのコンテクストを超えでてしまうのではあるが、しかし現実場面でなされた拘束力ある承認があってはじめて、妥当要求は、コンテクストに拘束された日常実践を指導する役割を果たすことができる。

意味理解社会学は、こうした第二のより徹底的な事実性と妥当性の緊張関係が研究対象に内在していることを認識するのであり、それゆえこの社会学は、伝来の経験科学的自己理解を修正し、自らを再構成的手続きを採用する社会科学として捉えなければならない。再構成的な把握が必要なのは、恒常的に危険にさらされた反事実的想定を用いた不安定な社会化という条件下で、そもそも社会統合がどのようにして成立するのか、これを説明するためである。

(3) 社会統合の条件を再構成する第一歩として、生活世界の概念を扱いたい。その手がかりとなるのは、事実性と妥当性の極度の緊張関係の脅威にさらされている合意形成過程からいかにして社会秩序が生じうるべきなのか、という問題である。相互作用の形成が吸収しうるはずの二重の偶発性は、コミュニケイション的行為の場合には、了解メカニズムそのものに組み込まれたつねに存在する不合意リスクという特別にやっかいな形式をとる。この場合、あらゆる不合意は、行為調整の観点から見ると大きなコストをともなう。通常であれば、使用できる選択肢は以下のようにごくかぎられている。たんなる修正。対立する要求の調整ができず、共有されている確信という基盤が縮小する。出口が見えなかったり問題がこじれてしまって、討議が非常にやっかいなものになる。コミュニケイションを中止して討議に参加するのをやめる。自分の利益を志向する戦略的行為に態度を変更する。「ノー」と言いうることに依拠している、合意のための合理的動機は、たしかに行為期待の暴力なき安定化という長所を有している。しかし、生活世界のコンテクストこそは、確実な背景的合意による再発見を保障してくれるのだから、もしコミュニケイション的行為がそうした生活世界のコンテクストに組み込まれていないのであれば、不合意のリスクが経験つまり不意の偶発性によっていっそう増大することになり、了解志向的言語使用による社会統合などというものは可能性のないものだ、ということになろう。いわばもともと明示的な了解作用は、問題視されない共通の信念という枠のなかでなされている。同時にこの了解作用は、このすでに慣れ親しんだものという資源に依存している。日常実践においては、経験と異論、偶発性と批判によって不安定な状態が続いても、合意された解釈範型・忠実さ・慣行という広大で確固とした深層の基盤のおかげで、そうした状態は解消されるのである。

ここで私は、このような生活世界の形式語用論的分析に立ち入る必要はないし、討議と生活世界の間におけるコミュニケイション的行為の理論構成上の位置づけに立ち入る必要もない。生活世界は、発話状況の地平をなすと同時に解釈作用の源泉をもなすのであるが、その一方で、それ自体としてはコミュニケイション的行為によってのみ再生産される。[☆13] 本書の脈絡において生活世界の背景知についての私の関心を引くのは、前述語的なものと前カテゴリー的なもののもつ独特の性格である。この問題はすでに、日常実践と世界経験の「忘却された」意味基礎との関連でフッサールの注意を引いている性格である。[☆14]

コミュニケイション的行為をおこなうとき、われわれにとって生活世界とは、そのまま生活と発話の直接的基礎となるような無媒介な確信という態様をとる。コミュニケイション的行為の背景は、このようにいっさいに浸透し、潜在的であると同時にそれとは気づかれることなく存在しているのであるが、こうした存在は、知識と能力という高度ではあるが十分とは言えない形式で記述される。一方でわれわれは、知識をそもそも所有していることを反省的に知らずとも、知識を無意識のうちに使用している。そのようにして背景知に絶対的確実性を与え、主観的には熟知した知識としての質を与えるものが、客観的に見れば、背景知から知識の構成的傾向を奪う性質をもっている。つまりわれわれは、この種の知識を、それが偽でもありうることを意識せずに使用するのである。いっさいの知識が可謬的であり、そのようなものとして意識されると、ただちに背景知は厳密な意味での知識を提示するものではなくなる。背景知には、それが問題視される可能性との内的な関連が欠けているのである。なぜなら背景知は、それが言語化された瞬間に批判可能な妥当要求と結びつくが、主題化されたまさにこの瞬間に、それはもはや生活世界的背景としては機能しなくなり、背景知としての様相は崩壊してしまうからである。背景知は、それが背景知である間は偽として扱われることはありえない。すなわち背景知は、主題として取りあげられて問題化可能性の荒波に巻き込まれると、ただちに砕け散ってしまうのである。こうした背景知に固有の安定性を与え、何より偶発性をもたらす経験の圧力に抗する力を与えるものが、事実性と妥当性の緊張関係の独特の解消なのである。すなわち、現実との予期せざる接触があってはじめて、そのつどの所与のものを超えでる理想化という反事実的契機が可能になるが、このような反事実的契機は妥当性の次元それ自体では消滅する。だが同時に、暗黙知の説得力が由来するこの次元そのものは、損なわれずに維持される。

（4）行動期待を安定化させる事実性と妥当性の類似した融合が、コミュニケイション的行為を通じて得られた知識、つまり主題として自由に処理しうる知識の次元において、まったく別の形態で現れる――絶対的な権威要求をともなうように見える古代的諸制度がそれである。タブーによって保護された部族社会の諸制度においては、認知的期待と規範的期待は分離されることなく、動機と価値志向とに結びついた確信の複合体として凝固している。実力をともなう制度の権威は、社会的生活世界の内部で行為者に対して立ち現れる。いまやこの生活世界は、もはや参加者の形式語用論的パースペクティヴから背景知として把握されるのではなく、社会学的観察者のパースペクティヴから対象化される。もろもろの制度によって構成される生活世界は、相互に内的に結合した文化的伝承・正統的秩序・人格的同一性による、コミュニケイション的行為によって再生産される連関として受け取られる。

アーノルト・ゲーレンの人間学的制度理論は、原始的でアウラをまとった規範的合意という現象に目を向ける。それは分析的に生活世界の確信とは区別されうるものである。というのも、生活世界における合意とは、制度的基礎に深く依存しているにもかかわらず、明示的知識として文化的に伝承され、習得される行動期待にかかわるからである。[☆15] 神話的物語と儀式的行為の共同作用を持ちだすと、こうした知識を主題化するにはなぜ留保が必要なのかが明らかになる。コミュニケイションが儀式のかたちで制約されることで、記述的・評価的・自己表示的それぞれの内実が未分化なままの権威的妥当性は、問題視されることから守られている。このような結晶化された確信の複合体は、事実的なものの力を備えたかたちでの妥当性を要求する。この場合、事実性と妥当性の融合は、生活世界としていわば背後にある基盤的確信に本来的に精通しているという態様をとるのではなく、命令者として立ち現われ両義的な感情をわれわれに引き起こす権威という態様をとる。こうした妥当態様の両義性をデュルケムは、聖なる客体の地位を手がかりにして研究した。この神聖な客体は、恐怖と興奮の入り交じった感情を観察者のなかに引き起こし、同時に尊敬と戦慄を彼らの体内に呼び起こす。[☆16] こうした競合するもろもろの感情の共生は、今日でもなお、審美的経験において見られるところである。それは、バタイユとレリスといった思想家が文学的に産みだし表現したシュールレアリスムの衝撃のなかで育まれ、復活したのである。[☆17]

恐怖と魅惑を同時に催させる、実力をともなう諸制度の呪縛力について目を引くのは、今日では両立しがたく見える二つの要素が融合していることである。復讐の脅威と拘束力ある確信の力は共存するのみならず、同一の神話的な源泉から生まれる。人間によって加えられる制裁は二次的にすぎない。人間による制裁が罰するのは、制裁に先立って存在する、もともと強制的であると同時に拘束力をもつ権威に対する違背なのである。こうした権威から、いわば社会的制裁はその儀式的意味を得る。明らかに、妥当要求を志向する行為による社会的集合体の統合が保証されるのは、これに内在する不合意のリスクが妥当性の次元そのものにおいて食いとめられえた場合にかぎられる。インセストタブーへの違背に対する根深い反応が示唆する事情というのは、親族関係によって組織化された社会の核心部においては、行動期待の安定性は、拘束し威嚇する権威つまり呪縛する権威が与える確信によって保障されねばならなかったのであり、このことは、明白な根拠によって説得力を与えられた強制の非強制的性格が制裁的強制から不可逆的に分離してしまった現代にとっては、より以前の段階を示すものにすぎない、ということなのである。

　こうしたより以前の段階では、妥当性は事実的なものの力を保っている。それは、背景にとどまっているためにコミュニケイションから切断された生活世界の確信という形態であれ、コミュニケイション的にはじめから処分可能で行動を指導するが、呪縛的権威のもつコミュニケイション制限のもとにあり問題視されることのない確信という形態であれ、同じことである。

(5) 再構成の第三歩にいたって、われわれはようやく法のカテゴリーに到達する。コミュニケイション的行為の生活世界のコンテクストへの組み込みと原始的制度による行動規制は、相対的に未分化な小集団において了解過程というありえない基盤のうえに社会統合がいかにして可能であるのか、を説明してくれる。たしかに、批判可能な妥当要求に対するイエス／ノーの態度決定における不合意のリスクの可能性は、社会進化とともに拡大される。社会の複合性が増大し、自民族中心主義的な制約を受けたパースペクティヴが拡大されればされるほど、生活形式の多元化と生活史の個人化が強まり、生活世界の背景的確信が重なったり一致する領域は縮小される。そして、背景的確信の脱呪術化が進展するにつれて、神聖化された確信の複合体は、分化した妥当局面おのおのに応じて、コミュニケイション的に流動化した伝承の相当程度任意に主題化可能なもろもろの内実へと解体される。しかし、そうした社会的分化の過程が、機能的に特定化された課題、社会的役割と利害関係を否応なく増大させることを看過してはならない。これらは、コミュニケイション的行為を狭く限定された制度的拘束から解放してより広い選択可能性を与え、拡大する諸領域において、利害に導かれた個人的な成果志向的行為を可能にすると同時に要求するのである。

以上のように問題を整理することで、行為者自身の視点から見て、自律的になったコミュニケイション的行為が戦略的相互行為から明確に区別される社会秩序の妥当性はいかにして安定されうるのかという、近代社会に出現する問題をはっきりさせることができる。もちろんずっと前から、利益志向的行為は規範的秩序の枠内に存在してきた。国家的に組織された社会においては、自然発生的規範的秩序は法規範によってすでに部分的に取って代わられる。しかし、伝統的社会においては、法はなお、宗教的に昇華された神聖なもののもつ全能の力に依存している。たとえば、支配者によって制定された法は教会権力の管理するキリスト教自然法よりも劣位にあるというのは、ヨーロッパの法的伝統では周知の法のヒエラルキーであるが、このヒエラルキーは事実性と妥当性の宗教的結合のなかにその根をもっている。

以下では、私は広く世俗化された社会の状況を前提としたい。この社会では規範的秩序がメタ社会的保障なしに維持されなければならない。だがこのような欠落に対しては、いずれにせよ多元化が進み、分化の進む一方の生活世界の確信は、なんら十分な埋め合わせを提供するものではない。その結果、社会統合の負担はさらに行為者の了解作用によって担われるようになり、こうした行為者にとって、妥当性と事実性、つまり合理的に動機づけられた確信の拘束力と外的制裁による強制は、いずれにせよ、習俗と慣習によって規制された行為領域の外部で両立しえないかたちで分離して出現する。私はデュルケムとパーソンズとともに、相互行為の連関は、成果志向的態度をとる行為者の相互作用によるだけでは安定した秩序を形成することはできず、社会は最終的にコミュニケイション的行為によって統合されねばならない、と想定する。☆18

そのような状況においては、次の問題がいっそう先鋭化する。すなわち、宗教的権威から解き放たれ、強固な制度から解放されたコミュニケイション的行為の領域において同時に不合意のリスクが増大するとすれば、分化と多元化と脱呪術化の進む生活世界は、いかにして社会的に統合されうるのか、と。このシナリオによれば、近代の経済社会では実際にそうなのであるが、増加する一方の社会構造的に不可避の戦略的相互行為が解き放たれるときには、増大する統合の必要性は、ただ任意の処理をこととする了解メカニズムの統合能力ではどうにも手に負えなくなってしまう。[☆18a] 紛争事例においてコミュニケイション的行為者は、コミュニケイションの中断と戦略的行為のどちらかを選択しなければならない――未解決の紛争を延長するか、それとも決着するのかを選択しなければならない。ひとつの解決の仕方としては、行為者自身の了解によって成立した戦略的相互行為の規範的規律がある。その規則の逆説的な性質は、事実性と妥当性が、行為する主体自身にとって互いに排除しあう二つの次元として互いに分裂しているという前提によく現れている。成果志向的に行為する行為者にとって、状況のすべての構成要素は彼自身の選好に照らして評価された事実に変換される。しかしその一方で、了解志向的に行為する行為者は、共通に討議された状況理解に依拠しつつ、間主観的に承認された妥当要求に照らしてのみ有意味な事実を解釈する。しかし、こうして、行為主体にとって成果志向と了解志向が完全な二者択一の関係にある場合、社会的統合の結合に固有の規範、つまりすべての関係者に拘束力をもつ戦略的相互行為の規律に固有の規範は、行為者の視点からは同時に充足されえない相矛盾する二つの条件を満たさなければならない。一方では、そのような規則は事実的諸制限、つまり、行為者が戦略的行為の態度をとりつつ、客観的に望まれたかたちに自己の行動を適合させられていると感じるように、準拠枠を変更する諸制限、を描きだす。他方でそうした規則は、その名宛人に義務を負わせることによって、同時に社会統合力を発揮しなければならないが、これは、われわれの前提によれば、間主観的に承認された規範的妥当要求にもとづいてのみ、可能である。

したがって、探求されるべき規範は、事実的強制と同時に正統的な妥当性によって、その規範を順守する用意を現実のものとさせなければならない。このような態様の規範は権威をともなうものでなければならないであろう。そしてそうした権威は、あらためて妥当性に事実的なものの力を付与するが、この場合は、成果志向的行為と了解志向的行為とのすでに触れた両極化、したがって事実性と妥当性のすでに確認された不一致を前提としている。すなわち、前述のように、神聖なるもののメタ社会的保障が、原始的諸制度の両義的拘束力ならびに妥当性の次元そのものにおける妥当性と事実性の融合を可能にしていたのだが、そのようなメタ社会的保障は解体してしまったのである。このような神秘的結合の解消は、主観的行為自由に客観的法の強制力を与える権利の体系に見いだされる。歴史的に見れば、個人の行為自由の正統的な範囲を指示し、そのかぎりで私的利益の戦略的追求を対象とする主観的私的権利こそは、近代法の核心をなしているのである。

Ⅲ　法的妥当性の諸次元

ホッブズ以来、契約自由と所有権を基礎とする市民的私法の規則が、法そのものの原形だとされている。カントもまた『法論』のなかで、自然的な主観的権利から出発している。この主観的権利は、法的に保障された主観的行為自由の侵害に対して、あらゆる人格に強制権限を与える。この強制権限は、いっさいの正統的な強制手段が国家により独占されたのちには、個々の法的人格によって直接行使されてはならなくなったのであり、自然法から実定法への移行にともない、訴えの権限に変化したのであった。この主観的私的権利は、構造的には同一の、国家権力そのものに対する防禦権によって補完された。それは、生命・自由・財産に対する、国家機関の制定法に拠らない侵害に対して、私的な法的人格を保護するのである。本書での文脈からすれば、何より関心を向けなければならないのは、合法性の概念である。この概念を用いることで、カントは主観的権利から出発しつつ、法そのものの複合的な妥当性の態様を説明している。法的妥当性の次元において事実性と妥当性はあらためて結合されるのであるが、今度はこれら二つの要素は——生活世界的な確信や、いっさいの議論を拒む強固な制度のもつ強制的権威などのような——分解不可能な融合体として結びつけられているわけではない。法の妥当態様において、国家による法貫徹の事実性は、その自負からして自由を保障するがゆえに合理的な法制定の手続きのもつ、正統性を根拠づける力と結びついている。これら明確に区別された要素の緊張関係は強められていると同時に行為を決定するために用いられる。

(1) カントの場合、法的妥当性において安定化される事実性と妥当性の関係は、法によって作りだされた強制と自由の内的連関として描かれている。法は根本的に強制権限と結びついている。だがこの強制が正当化されるのは、「自由の妨害を阻止する」ためにのみ、つまり「万人の自由への干渉に抵抗するという目的」の故なのである。この「普遍的な相互強制と万人の自由」との内的結合は、法の妥当要求に表現される。☆19 法規則が定めるのは、「ある者の選択意思が他の者の選択意思と普遍的法則に従い一致されうるための」☆20 強制の条件である。一方で、「行為と法則のたんなる一致」として行動の合法性が強く求められている。☆21 それゆえ、主体にとっては、道徳的根拠とは別の根拠にもとづいて制定法を順守するということになる。「強制の条件」は、規則に合致した行動へのきっかけとしてのみその名宛人に知覚される必要がある。というのも、義務にもとづく行為、つまり道徳的に動機づけられた法への服従は、すでにその分析的根拠からして強制によっては貫徹されえないからである。しかし他方、道徳的観点のもとで——「自由の普遍的法則に従って」——名宛人の強制なき承認、つまり合理的に動機づけられた承認を得るに価する規則こそは、規範的に妥当《ギュルティッヒ》な規則なのであり、このような規則にもとづいてはじめて、万人の選択意思が万人の選択意思と「一致する」こと、つまり社会統合が可能になるのである。法の要求は、強制権限と関連してはいるのだが、それにもかかわらず、つねにその規範的妥当要求の故に――つまり「法則への尊敬」の故に――順守されうる、というのでなければならないのである。[☆22]承認の道徳的尊厳とは無関係にただ規範に客観的に合致した行動だけを求めるという行為規則のパラドックスは、カントの合法性概念によって解消されている。つまり、法規範はそのつど異なる局面において、強制法則であると同時に自由の法則なのである。

われわれは、法的妥当性の二重の局面を、まずはカントの法論によりながら明らかにしてきたが、この二重の局面は行為理論のパースペクティヴからも解釈しなおすことができる。強制と自由という法的妥当性の二つの構成要素は、その名宛人が行為者としてのパースペクティヴを選択できるようにする。経験主義的考察方法にとって、実定法の妥当性はなにより、法として妥当するものは法的に妥当《ギュルティッヒ》な手続きによって法的効力を付与されたものであるという、トートロジーとして定義される。そして、それは法的に効力停止の可能性があるにもかかわらず、さしあたり法としての効力をもちつづける。だが、こうした法的妥当性の意味は――一方での社会的ないしは事実的妥当性、他方での法の正統性ないしは妥当性《ギュルティッヒカイト》という――両者をいっしょに関係づけることではじめて説明される。[☆23]法規範の社会的妥当性は貫徹の程度、つまり法仲間の間で事実的に期待される承認可能性によって決まる。慣習と習俗の慣習的妥当性とは違って、たしかに制定された法は、慣れ親しみ伝統化された生活形式の自然なままの事実性を拠りどころにしているのではなく、法形式によって定義され、裁判に提訴可能な制裁による威嚇という、人為的に作られた事実性を拠りどころにしている。これに対して、規則の正統性は、その規則が合理的立法手続きによって成立したかどうか――すなわち、少なくとも語用論的、倫理的、道徳的観点から見て正当化されうるかどうかという点に最終的には止目しつつ、規範的妥当要求の討議による承認可能性によって判定される。規則の正統性は、その事実的貫徹とは無関係なのである。しかし逆に、社会的妥当性と事実的順守は、法仲間の正統性信念とともに変化する。この法仲間の正統性信念はさらに、正統性の想定、つまり当該規範が根拠づけ可能であるという想定に依拠している。法秩序が正統ではない、あるいはいずれにせよ正統であるとは見なされていないとすれば、そうであるほど、威嚇、状況の力、習俗、純然たる慣習といったその他の要因が、法秩序を実質的にいっそう強く安定させずにはいないのである。

一般に法システムは、全体として、個々の法規範よりも高度の正統性を有している。法システムの法的妥当性に不可欠の条件とは、ドライアーによれば、法システムが「第一に多かれ少なかれ社会的に有効であり、第二に多かれ少なかれ倫理的に正当であることである。個別規範の法的妥当性にとっての不可欠の条件は、それら個別規範が右の基準を満たす憲法に従って制定されており、それ自体として見るならば、第一に最小限の社会的有効性ないしは有効性のチャンスを、第二に最小限の倫理的正当化ないしは正当化可能性を、備えていることである。[☆24]」

法的妥当性は、一方では、規範順守による社会的妥当性の事実性と関連し、他方では、規範的承認の要求の正統性と関連するのであるが、このような二重の関連性のおかげで、同一の規範について客観化の態度と行為遂行的態度のいずれをとるのか、またそれに応じていかなる解釈をとるのか、法仲間は選択をしなければならない。この規則は、自己の成果を志向する行為者の「選択意思」に対して、法的命令の貫徹という期待について事実的制約を加える――とともに、規則侵害の場合に対して結果の予測計算を可能にしてくれる。これに対してこの規則は、自分以外の行為者と各自の行為の成果のために共通して維持されるべき諸条件について了解しあおうとする行為者の「自由意思」を、その規範的妥当要求――そして規範的妥当要求と批判的追検証の可能性――によって拘束する。この二者択一を決着することができないのは、行為者の視点から一致することのない契機が未分離のままだからではない。なぜなら、選択されたパースペクティヴにしたがって、法規範は別の種類の状況構成要素を形成するからである。すなわち、戦略的行為者にとって法規範は、その行為者が選択した領域を外的に制限する社会的事実の次元にある。またコミュニケイション的行為者にとって法規範は、法仲間どうしの合理的に動機づけられた合意が想定される義務的行動期待の次元にある。それゆえ、行為者はそのときどきで別の観点から、法的に妥当《ギュルティッヒ》な規定に対して、予測可能な結果をともなう事実の地位を付与したり、規範的行動期待の義務論的拘束力を付与したりしようとする。規範の法的妥当性《ギュルティッヒカイト》――ここにこそ眼目があるわけであるが――により両方が同時に保障される、ということになる。すなわち、一方では、規範順守の意味のみにおける行動の合法性。これは必要に応じて制裁によって強制される。他方では、規則それ自体の正統性。これによって、制定法への尊重にもとづく規範順守がつねに可能となる。

主観的私的権利についても、強制法則と自由法則という行為者の二重のパースペクティヴが看取される。これらの規則は、規則に合致した行動を可能にすることによって、個々の規範に対する行為者の戦略的態度をいわば許容する。それらの規則は、全体として正統的な法秩序の構成要素として、同時に規範的妥当要求をともなう。この規範的妥当要求は合理的に動機づけられた承認を目指し、名宛人に対して、義務という強制不能な動機による法への服従を要求する。この要求が意味しているのは、法秩序はつねに制定法への尊重にもとづいて規則順守を可能にさせねばならない、ということである。このような強制法の妥当態様についての分析から、実定法もまた正統的でなければならないという、法制定についての帰結も導かれる。

法秩序が保障しなければならないのは、権利を有するあらゆる人格が他のすべての人格によって承認される、ということだけではない。むしろ、「万人の選択意思の自由が万人の自由と……一致しつづけうる」ように万人の平等な自由を保障するかぎりで正当な法則、こうした法則に、万人による万人の権利の相互承認は依拠していなければならない。こうした条件を道徳法則はそれ自体として充足する。しかし実定法の規則にとっては、この条件は政治的立法者によって充足されなければならない。つまり立法過程は、法システムにおいて社会統合の本来的な場所をなす。自由な連帯的結合による法共同体では、共同生活を規律する規範的原則について合意がすでに伝統によって保障されているか、あるいは、規範的に承認された規則による了解について合意が導かれうるか、そのいずれかなのであるが、このような法共同体の構成員のパースペクティヴを引き受け、私的権利主体の役割の域を越えて国家市民の役割を担うということが、立法過程の参加者には求められるのである。われわれは、各自の利害の戦略的保障のために必要な、強制権限をともなう主観的権能を手がかりとしつつ、事実的強制ならびに正統性の妥当性との特徴ある合致というものを明らかにしてきたのだが、このような合致は、関係する国家市民がもはや成果志向的に行為する権利主体としてのみ参加することが許されない法制定過程を必要とする。正統化作用をもつ立法手続きにとって政治的な参加権とコミュニケイション的権利が構成的であるかぎりにおいて、これらの主観的権利は個別化された私的主体のそれと同一視することはできず、むしろ、了解志向的に行為する、相互主観的了解実践の参加者の態度に認められねばならない。したがって、事実性と妥当性の緊張関係を強めるとともにその処理について明確な方式を備えている近代法の概念には、ルソーとカントによって展開された民主主義の思想がすでに示されている。すなわち、主観的権利により構成された法秩序のもつ正統性の自負は、自由で平等なすべての国家市民による「一致し合意を作りだす意思」の社会統合力によってのみ、承認されることができるのである。

国家市民的自律の理念はさらに詳細に裏づけることができる。この国家市民的自律の理念についてまず想起されるのは、強制的法則は自由法則としての正統性を法制定過程において——そして法制定の過程の態様を通じて——示さなければならない、という事情だけである。そして、こうした法の実定化において事実性と妥当性の緊張関係がふたたび再生産されるのであるが、それはすでに制定された規範の妥当性の次元とは別の話である。たしかに合法的行動とは、制裁の威嚇の裏づけをもつにせよ、政治的立法者の決議により制定されたにせよ、なんらかの規範の順守として記述される。しかし、法制定の事実性は制裁による法貫徹とは次の点で区別される。つまり、前者における法的強制の許可は、立法者の（別様にも可能であり、原則的に訂正可能な）決議と結びついた正統性期待に由来するのである。法の実定性に結びつけられている期待とは、法制定の民主的手続きが制定された規範の合理的承認可能性の推定を根拠づける、というものである。法の実定性には、恣意的でたんに偶発的なだけの意思は表現されず、政治的に自律的な国家市民による、理性的と推定される自己立法に由来する意思が表現される。カントにおいても、民主主義原理は、法的に秩序づけられた利己主義システムの欠陥を埋めなければならない。このシステムは自分自身で自分を再生産することができず、国家市民の背景的合意を必要とする、というのである。この連帯の欠落は、成果志向的行為を対象とする主観的権利の純然たる合法的使用を容認するものではあるが、これと同一タイプの権利によって除去されるわけではなく、いずれにせよそのような権利だけでは除去されるものではない。制定された法にとってその正統性の基礎とは、名宛人の態度と動機を不可欠とする合法性によってのみ、保障されうるわけではない。

法秩序は、初期近代の身分制や絶対主義といった移行期の諸形式のように、全体社会的エートスのコンテクストに組み込まれ、超実定法や神聖法の権威に服従しているか、そうでなければ、主観的行為自由が他のタイプの主観的権利——選択意思の自由のみならず自律を目的とする国家市民的権利——の形態をとるか、そのいずれかなのである。というのは、宗教や形而上学の後盾がないとすれば、合法的行動を目的とする強制法が社会統合力を維持するには、法規範の個々の名宛人たちが全体として、同時に規範の理性的創造者として理解されるしかないからである。そのかぎりにおいて近代法は、国家市民の役割に集約され、最終的にはコミュニケイション的行為から生まれる連帯というものを基盤としている。しかし、のちに見るように、組織化された自己規律の実践のために法的な制度と手続きを通じて多様な形式をとる国家市民のコミュニケイション的自由は、強制法によって完全に取って代わられるわけではない。法システムは、コミュニケイション的に行為する行為者の了解作用に過剰に要求される社会統合の重荷を社会全体において取り除くのであるが、このような法システムにとって、法貫徹の事実性と法制定過程における妥当性を根拠づける正統性との内的連関は、ひとつの消極的要因を意味する。なぜなら、近代法の統合作用が、所与のものであれ、意図的に作りだされたものであれ、規範的合意からのみ、つまり連帯という源泉からのみ由来すること、あるいは第一にこれから由来すること、このことほど啓蒙された社会学者にとって不可解に見えることはないからである。

とりわけ、高度に複合的な社会の機能的命令によって、社会的事実性は作用する。この社会的事実性は、法貫徹という契機とは違って、法秩序に要求される正統性との内的関係をもはや有してはいない。規範的自己理解は、法システムに外部から侵入してくる社会的事実によって否定されうる。この場合は、事実性と妥当性は外的な関係にある。というのは、一方での妥当する法の意味内容、他方においては、法的決定が事実的に服する社会的限界、これら両方の契機は相互に独立して記述されうるからである。私はこの主題を次章で取りあげる前に、事実性と妥当性のここまでに明らかにしてきた内的諸関係について、つまり近代社会の法のインフラストラクチャーにとって構成的な事実性と妥当性の諸関係について、あらためて述べておきたいと思う。[☆25]

(2) フレーゲとパースによって実施された言語分析的転回ののち、プラトン主義的伝統に由来し、まずは存在論的に次いで意識哲学的に解釈された理念と現象する現実という古典的対立は、克服された。世界に出現する記号と言語的表現の事実性が、意味の普遍性と真理妥当性の理念性と内的に結びつくというかたちで、理念それ自身が、同時に言語的に具現化されたものとして把握される。記号と表現は、文法規則に従って記号を使用し、何かを語る（あるいは文字を書く）という再現可能な類型としての一連の行為から取りだすことができ、このような記号と表現という媒体においてのみ、言語的意味の意味論的普遍性はその理想的規定性を取得する。次いで、言明の妥当性《ギュルティッヒカイト》と言明が真と見なされることとの相違は、次のことによって説明される。すなわち、合理的主張可能性としての理想的妥当性という概念は、理想的諸条件のもとで、つまり妥当要求の討議的承認との関連づけがあってはじめて理解されうる。「妥当《ギュルティッヒ》な」が三価［dreistellig］の述語として理解されるとすれば、真理妥当の理念性は、われわれの正当化実践の高度な諸前提のなかにのみ、つまり、言語使用の地平にのみ表現されるにすぎない。これによって示されているのは、言明の妥当性《ギュルティッヒカイト》と理想的に拡大された聴衆に言明の妥当性を証明することとの内的連関である。「妥当《ギュルティッヒ》」であるものとは、事実的に投げかけられた異論に耐えうるものでなければならない。意味の普遍性の理念性がそうであるように、言語そのものにおける妥当性の次元は、事実性と妥当性の間の緊張関係を通じてのみ構成される。すなわち、真理と、真理要求の合理的承認可能性のための討議的条件とは、相互に他方を説明する関係にある。☆26

　コミュニケイション的行為の地平においては、行為者が行為を調整するための了解志向的言語使用によって、事実性と妥当性の緊張関係は社会的事実の世界へ移動する。記号を使用し何かを語ることの事実性は、意味と妥当性の両次元にとって不可欠な要素として理解されうるが、しかしその一方で、妥当要求とともにコミュニケイション的行為に入り込む言語内的な事実性と妥当性の緊張関係もまた、社会的事実性の要素として、つまり生活形式を再生産するコミュニケイション的日常実践の要素として、把握されなければならない。行為調整ならびに相互行為の結合が了解過程を通じて進展すると、間主観的に共有された確信が社会統合の媒体となる。行為者たちは、彼らが理解し、妥当《ギュルティッヒ》だと考えるものについて確信をもつ。それゆえ、問題視された確信は根拠を通じてのみ支持されるか、そうでなければ修正される。しかし根拠とは、自然主義的に説明されるような、意見を恣意的に述べたものとは別物である。むしろそれは、批判可能な妥当要求が承認されるための、討議の交換に不可欠な媒体なのである。根拠は、言明の意味および妥当性の両次元と内的に関連しているからこそ、合理的に動機づける力をもつ。この場合根拠は、確信を揺るがすこともできれば、不動のものとすることもできるのだから、そもそも両義的な働きをするのである。このような根拠というものによって、言語と言語使用に内在する事実性と妥当性の緊張関係が社会に入り込む。そうした社会における社会統合は、それが確信に依拠するかぎりにおいて、確信を否定する根拠によって（そして何より根拠の全カテゴリーの価値を否定することによって）ただちに不安定なものになってしまう。社会的事実を産出し継続させる妥当要求の承認は、根拠のコンテクスト依存的承認可能性に依拠するのであるが、そうした根拠は、よりよい根拠とコンテクストを変化させる学習過程により否定されるというリスクにつねに晒されているのであり、ここから社会的現実に侵入してくる理想的緊張関係が生まれてくるのである。

以上のような、コミュニケイション的社会化の構造的特質から、解釈と確信によって媒介され、シンボルによってあらかじめ構造化された生活世界に、つまり社会的構造全体に、なにゆえ妥当性の誤った想定が入りこんでしまうのか、このことが説明される。またそうした構造的性質は、妥当性の誤った想定に依存する社会的行動期待が、なにゆえせいぜい壊れやすい安定性を獲得するにすぎないのか、このことを説明する。この壊れやすい安定性は、根拠づけられた不合意による安定性の崩壊という恒常的危険を回避する社会統合作用のうえに成り立っている。根拠とはたしかに、コンテクスト依存的な合理性基準を背景としてのみ、意味をもつ。[☆27] しかし、コンテクストを修正する学習過程の成果を主張する根拠が、慣れ親しんだ合理性基準を掘り崩してしまうこともありうる。

われわれは、不合意のリスクならびにコミュニケイション的社会化に内在する不安定性に対処するための二つの戦略を明らかにしてきた。それらは、コミュニケイションのメカニズムの制限［Eingrenzung］と脱制限［Entschränkung］として言い替えられよう。コミュニケイション的行為に組み込まれたリスクは、問題なく自明である直観的確信によって制限される。というのも、そうした確信は、コミュニケイション的に処分可能で、意図的に動員可能ないっさいの根拠から切断されているからである。行動を安定化させるこうした確信によって生活世界的背景が構築されるのであるが、そうした確信は、けっして主題化されうることがなく、したがって、コミュニケイション的行為において初めて開示される次元、つまり確信と根拠の承認可能性とそれらのたんなる承認を区別する次元、とはまったく無関係なのである。事実性と妥当性の類似の融合が、宗教的世界像と偉大な諸制度の呪術的権威にともなう、行動制御的確信の妥当次元においても観察される。この種の権威は、規範的確信が表に現れず、主題化されることもなければ根拠と結びつけられることもありえないということと無関係である。それはむしろ、主題を規範的に限定し根拠を特定のものに固定化することで成立する。根拠のコミュニケイション的利用と根拠の動員が中止され、それによって批判が停止されることで、権威をまとった規範と価値は、コミュニケイション的行為者にとって、了解過程の問題化の対象になりえない準拠枠となる。規範と価値がコミュニケイション的に流動化され、承認可能性とたんなる承認とのカテゴリー的差異を考慮しつつ、根拠が動員可能なものとして恣意的に扱われるようになればなるほど、価値・規範・了解を通じて実施される社会統合は、コミュニケイション的行為者自身によって作りだされるものとなる。

複合的社会の近代的条件は、広範な領域で、利益に導かれるが規範的に中立化した行為を求めるのだが、そうした条件下である逆説的な状況が生じる。すなわち、無制限なコミュニケイション的行為は、自らに課された社会統合の負担を放棄することも、真剣に引き受けることもできないのである。コミュニケイション的行為はそれ自身の資源からして、自らに内在する不合意のリスクを、そのリスクの増大によってのみ、つまり討議を継続させることによってのみ、制御しうるにすぎない。無制限のコミュニケイションが、自分自身を否認することなしに、いわば社会統合作用から解放されうるためのメカニズムがどのように見えるか、よく考えるなら、それまで宗教に支えられ、慣習的倫理と結合していた法の完全な実定化こそは、行き詰まりの有効な打開策であるように見えるであろう。すなわち、コミュニケイション的行為に存在する不合意のリスクの制限と脱制限という両方の戦略を結びつけ、なおかつ両者を分業的に区別する規則システムが考案されるのである。

一方で、法貫徹の国家的保障は、呪術的権威による期待安定化に対する機能的等価物を提供する。世界像に支えられた制度が行動を制御する確信をコミュニケイションの制限を通じて固定するのに対して、近代法は、任意の動機によって規則に従うことを可能としつつ規則順守そのものは強制するので、確信ではなく制裁を用いる。これらいずれの場合にも、名宛人は自分の従うべき規範の妥当性を問題視することができないのであり、この点で、根拠づけられた不合意による脱安定化は避けられる。もちろん妥当性の態様そのものが変化しているのだから、このような「問題視不可能性」は別の意味、すなわち目的合理的意味を獲得する。権威に拘束された確信の妥当性の意味においては事実性と妥当性は融合しているが、これに反して、法的妥当性においては事実性と妥当性の両要素は離れればなれになっている——法秩序の貫徹された承認と、法秩序の正統性要求を支える根拠の承認可能性とは、区別されるからである。他方で、このような二重のコード化は、次の事情の参照を求める。すなわち、法の実定性と正統性要求が、原則としてすべての規範と価値を批判的に検討するコミュニケイションの脱制限をも考慮する、という事情である。法仲間は、自由な意見形成・意思形成において自分が名宛人として従う規則を自らも承認する、と想定してよいはずである。もちろん、こうした正統化過程は、不定形なまま浮遊する日常的コミュニケイションそのものの偶発性とは異なり法的制度化を必要とするのであり、それゆえに法システムの構成要素となる。このようなコミュニケイション制限が存在していることによって、異議申し立てがなされる継続的リスクは、討議を通じて保持されつづけ、理性的だと仮定された政治的意見形成・意思形成の産出力へと転化されるのである。

(3) このように見てくると、近代法は、コミュニケイションの作用領域の無制限化を原理的に維持したまま、コミュニケイション的行為者の過重な了解作用を社会統合の課題から解放するメカニズムとして考察される。この場合、二つの側面、すなわち実定性と、合理的承認可能性の要求は自明である。法の実定性が意味するのは、意識的に制定された規範構造体によって、人為的に産出された社会的現実が成立する、ということである。こうした現実は、その構成要素のいちいちが変更されたり無効とされうるのであり、それゆえ取り消されないかぎりで実在するにすぎない。実定法の妥当性とは、変更可能性という点から見れば、無効になる可能性がつねに存在しているにもかかわらず、特定の規範を有効であり続けさせる意思の、純粋な表現であるように見える。のちに見るように、こうした純粋な制定の意思主義を引き継いだのが、法実証主義のパトスなのである。また他方、法の実定性は、社会統合力を失うことなく、恣意的決定の偶然性つまり決断にのみ、根拠づけられることはできない。むしろ、法の実定性と正統性要求との結びつきから法は拘束力を得る。この結びつきには、妥当要求の求める承認可能性と、事実的に根拠づけをなす承認との構造的結合が現れているが、この構造的結合は、事実性と妥当性の緊張関係として、コミュニケイション的行為であれ、多かれ少なかれ自然発生的社会秩序であれ、これらにもともと行き渡っていたものである。この理想的な緊張関係は、法の地平においてさらに強化されて再現される。しかも、一般的規則承認を保障する法的強制と、規則の正統性要求そのものを満たす、つまり合理的に承認可能だとする自己立法の理念――すなわち、統合された国家市民の政治的自律という想定――との関係において、再現される。

このような法の妥当性の次元において維持された緊張関係からさらに、法貫徹(ならびに法の権威的適用)のために不可欠で、法の実定性が由来する政治権力が、みずから正統的な法の形式で組織化する必要性が生ずる。法そのものによって前提された権力を法的に変形するという要求に対応するのが、法治国家の理念である。法治国家では、自己立法という国家市民の実践活動は制度的に分化した形態をとる。法治国家の理念から法の自己適用の螺旋運動が開始されるが、この螺旋運動によって、法的に制御されない力という、法に外から侵入する事実性に対して、政治的自律という内的に不可避の想定が維持される。法治国家の具体化とは、法システムの規範的自己理解に抵触する諸関係の——非合法的な——力が法システムを凌駕することを、経験に導かれつつ防止する、原則的に開かれた一連の過程として理解される。この場合、事実性と妥当性の関係は、（法システムの観点から見れば）外的関係である、つまりそれ自体が規範的処理を必要とする規範と現実の緊張関係である。

　近代社会は、価値、規範、了解過程を通じて社会的に統合されているだけではなく、市場と行政権力を通じてシステム的にも統合されている。貨幣と行政権力は、必ずしも意図的に行為を調整するのではない、つまり相互行為の参加者の意識をコミュニケイション的に用いるのではなく、いわば参加者の背後にあって客観的に行為を調整する、社会統合のシステム形成的メカニズムなのである。市場の「見えざる手」は、アダム・スミス以来、こうした規律類型の古典的実例である。貨幣と行政権力という二つの媒体は法的制度化を通じて、コミュニケイション的行為により社会的に統合された生活世界の秩序へと根づくことになる。こうして近代法は、社会統合の三つの資源すべてに結びつけられる。市民によるコミュニケイション的自由の共同行使を必要とする自己決定実践を通じて、法はその社会統合力を最終的に、社会的連帯という源泉から獲得するのである。その一方で、私法と公法の諸制度によって、市場の整備と国家権力の組織化が可能になる。なぜなら、生活世界の社会的構成要素から分化した経済システムと行政システムは、法の形式で作動するからである。

　このようにして、法は連帯のみならず貨幣と行政権力とも関連づけられているのだから、さまざまな由来をもつ命令を、法はその統合作用において処理することになる。その場合、そうした命令がどのように互いに調和されるか、明確なかたちで法規範に銘記されているとはかぎらない。たしかに、さまざまに異なる法領域の素材には、政治と法制定が対処する規律要求の所以が認識されうる。しかし、国家機構、経済システム、その他の社会的諸領域の機能的命令においては、必ずしも規範的に十分純化されていない利害関係が貫徹されていることが珍しくない。なぜなら、そうした利害関係は非常に強固なものであり、その他ならぬ事実的貫徹能力を隠蔽するためにこそ、法形式のもつ正当化の力を利用しているからである。それゆえ、分化した経済社会に関連づけられた政治的支配の組織化手段として、近代法は、社会統合の非常に両義的な媒体であることを免れない。法が非合法的な力に正統性の外観だけを与えるというのは、珍しいことではない。法的統合作用が、連帯的結合をなす国家市民の同意に支えられたものなのか、それとも、国家の自己プログラム形成と社会構造的権力に由来し、こうした実体的基盤に支えられつつ不可欠の大衆的忠誠そのものを産みだすものなのか、この違いを法から明確に看取することは不可能である。

もちろん、法システムが全体としてメタ社会的保障に立脚したり批判に抵抗することができなくなればなるほど、自然発生的に制御された自己正統化の可能性はますます縮小される。近代社会で社会統合の重責を担わされた法は、社会的再生産の機能的命令の世俗的圧力を受ける。しかし同時に、法はそうした機能的命令を正統化すべく理想主義的に応えなければならない。貨幣と行政権力を通じて実施される、経済システムと国家機構のシステム統合作用もまた、法共同体の憲法的自己理解に従いつつ、国家市民による自己決定実践の社会統合過程に結びつけられるべきである。憲法の理想主義と法秩序の物質主義との、とくに社会的権力の不平等な配分を反映したにすぎない経済法のそれとの緊張関係は、法の哲学的考察と経験的考察という二つの立場の対立を引き起こすにいたった。私は、事実性と妥当性という法に内在する緊張関係についての考察をもう一度取りあげる前に、社会的事実性と近代法の自己理解との外的関係について、立ち入って考察しておきたいと思う——すなわち、そうした関係は社会学的法理論と哲学的正義論においてどのように論じられているのか、と。

第二章　社会学的法理論と哲学的正義論

コミュニケイション的行為を通して、言語のもつ合理性の潜勢力は社会統合の機能のために要求され、動員され、社会進化の過程において解放される。社会秩序が社会統合を担いきれなくなったために生じた機能的欠陥を、近代法は埋め合わすのである。事実性と妥当性の緊張関係は、コミュニケイション的行為の語用論的諸前提のもつ理想的内実によって、形式化されていない日常実践にはじめから組み込まれているが、こうした緊張関係は法の妥当性の次元で強められる。法的妥当性の理想的内実が、法共同体の意識的組織化と自己組織化というなにより理性法的に把握された理念として意識されるようになり、市場により操作される経済と官僚制化された行政の機能的命令に衝突するようになればなるほど、その規範的自己理解は社会科学的批判を呼び起こすことになる。一方では、貨幣と行政権力により操縦されたシステムは、全体社会的意識により媒介された社会的統合からけっして切り離されてはならないと、法は断固として要求しつづけなければならない。他方において、まさにこうした要求は法の社会学的脱呪術化の犠牲になっているように見える。社会がこの矛盾をどのように処理しているかということは、イデオロギー批判の研究と権力批判の研究が永らく扱ってきた主題である。私は、これらの要求と現実に対処する法批判の理論を次の点に関連するかぎりにおいて追跡したい。[☆1] すなわち、周辺化された法が、増大する社会的複合性を前にしてその機能を果たしつづけるべきだとするならば、そうした法は次第に規範性の外観を放棄しなければならない、というラディカルな異論を、そうした法批判の理論は帰結するのである。この主張は、それが仮に正しいとすれば、法の規範的自己理解と結びついた討議理論にとって、その基盤を危うくするであろう。そうした主張は、シニカルになってしまった現実との接触をはじめから失ってしまっている。法に対する社会科学的懐疑とは反対に、哲学的正義論は、近代的法秩序のもつ道徳的内実を断固として強調する。そこでの法の合理的構成は、よく秩序づけられた社会が整えられるための原理の根拠づけを目的とする。しかしこの合理的構成は、現代社会の現実からあまりにも隔たっており、そうした諸原則を現実化するための諸条件を特定化するのは困難である。

私はまず最初に、システム理論をとりあげて社会科学の論議を追跡し、法の客観主義的脱呪術化のもつ長所・短所を明らかにしたい（I）。次に、ロールズによって展開された法概念に拠りながら、純粋に規範的になされた哲学的正義論に付随する難点を示したい（II）。最後にマックス・ヴェーバーとタルコット・パーソンズに拠りながら、法システムは、外部からは社会的現実の構成要素として記述されると同時に、内部からはその規範的内実を再構成的に受け取ることができるという、二重のパースペクティヴを展開したい（III）。

I　法の社会科学的脱呪術化

国家と社会の分析における法のカテゴリーの位置づけは、ここ三世紀の間、そのときどきの学問の潮流によってさまざまに変化している。ホッブズからヘーゲルにいたるまで、近代自然法は法のカテゴリーを基本カテゴリーとして使用してきた。この法のカテゴリーによってすべての社会的諸関係が媒介されるべきだ、とされたのである。こうした法的思考形象は、よく秩序づけられた社会の正統化モデルを作りあげるのに十分であるように見えたわけである。正しい社会は、理性的な法プログラムにのっとって整備された社会だと考えられた。しかし、すでにスコットランド道徳哲学の自然社会論が、理性法の構想を批判して、実践、習俗、制度の自然発生的な生活連関は、形式法の概念による再構成を受けつけない、という懸念を示していた。アダム・ファーガソンとジョン・ミラーはいまだなお、古典的な政治学と現代の政治経済学の中間に、つまりアリストテレスからマルクスへの途上にある。[☆2] 経験主義者として彼らは、理性法の指令主義を批判している。理性法は、その規範的論拠によって、歴史的特殊性と社会文化的状況を無視するからである。初期の社会学者・人類学者として、彼らは合理主義にも反対している。合理主義は、日常的な社会的諸関係、原生的諸制度、根深い利害関係、階級構造からなるインフォーマルな構造体を、意思と意識によって構成された規則システムに解消しようとしたからである。

たしかに、近代の交換社会は、経済取引への参加を通じて、私人にいわば自然的自律と平等を保障するように見えたのであり、これが社会契約モデルの自明の前提と受け取られたのである。そして、このような市民社会の自由を自生的に保障する性格のゆえに、形式法による明確化の必要があったように見えるのである。たしかにこの直観は、ロックからカントとトマス・ペインにいたる自由主義思想家たちのそれぞれの立場から論じられているにすぎない。[☆3] しかしさらに、すべての契約主義的理論において、構造形成的諸制度を理性法的に構築するという目論見は、社会が全体として、本来自律的で平等な構成員の自由意思による連帯的結合という自覚的連関として理解されること、を意図している。[☆4] だがこの途方もない理念は、ある特定の背景があってはじめて説得力をもちうるにすぎない。その背景とは、市民社会とはなにより、当事者たちがそもそも自由で平等な存在として出会うための自然的基盤である——つまり、そもそも、成人男子の家長としてイメージされる商品所有者は、マルクスが言うように、需要と供給の均衡により成立する商品経済での平等を前提に、意図的になされる政治的社会形成以前にすでに、実質的には私的自治の能力をもつ権利主体の地位を占めてきた、ということである。たしかに、こうした背景は、自然状態を経済的にではなく権力理論的に定義している思想家たちの場合には後退している。しかし、少なくともホッブズによる自然状態の構成は、市民社会と同等の役割を果たすものとなっている。というのも、経済的競争関係が契約締結により法を定立する主体をはじめから含意しているがゆえに、市民社会は、いっさいの法的規律がなされる以前にすでに政治的社会形成の源泉として機能すべき領域として、想定されているからである。

明示的に構成されているか、暗黙のうちに想定されているかはともかく、こうした前提を踏まえると、スコットランド道徳哲学に由来する市民社会の経済分析が、なにゆえ理性法の伝統を根底から揺さぶることになったのか、わかるのである。アダム・スミスとリカードとともに発展した政治経済学は、匿名の法則性に則って運動する商品交換と社会的労働の領域として市民社会を捉える。ヘーゲルはこうした政治経済学の延長線上に、個人のいっさいの現実的自由が剝奪される「欲望の体系」という名称を市民社会に与えている。最終的には、政治経済学の批判者としてマルクスは、市民社会の解剖学において次の構造を明らかにしたにすぎなかった。つまり、資本の自己使用の過程が、自分自身から疎外された個人を無視して展開し、その結果、社会的不平等の苛酷な形式がますます強まってしまうという構造である。個人が意識的に連帯的結合を形成し、社会的過程を共同の制御下に置くことのできる、自由を可能とし自由の権限を付与する諸条件のアンサンブルによって、かえって市民社会は匿名で支配するシステムへと転化する。それは、無意識的に社会化された個人の意図から独立しており、固有の論理のみに従い、経済的に解読された自己安定化命令に社会全体を服従させるシステムなのである。

政治経済学と政治経済学批判がもたらしたこのようなパースペクティヴの転換により、法のカテゴリーは理論戦略上の中心的地位を失うことになった。社会生活の再生産があまりに複合性を高めたために、理性法という貧弱な規範的思考形象ではそれを捉えられなくなっただけではない。見たところ、社会統合のメカニズムが様相をまったく変えてしまった、つまり規範的な態様ではなくなってしまったのである。政治経済学の諸概念を用いる市民社会の解剖学によって、社会的有機体を支えている骨格を形づくっているのは法関係ではなく生産関係である、ということが暴露されたのであった。だがこの医学的イメージは、建築物という伝来の比喩にすぐに席を譲ってしまう。すなわち、社会においては、ある社会階級の他の社会階級に対する支配が、生産手段の私的処分権力という非政治的形式で行使されるのであるが、法はそうした社会の経済的基礎に対する政治的上部構造に属する、というのである。交換価値の生産と再生産の回帰的に閉じた循環は、近代法の社会統合作用の隅々にまで浸透した——つまり近代法は付随的なものにすぎないことになった。その結果、政治経済学により発見され分析された市場メカニズムが、社会理論においても重視されることになった。このような、意図的ではなく、行為者の背後で進行する匿名の社会化という現実主義的モデルは、法仲間により意図的に導入され、継続的に維持される連帯的結合という理想主義的モデルに取って代わるものなのである。

もちろんマルクスは、アリストテレスからヘーゲルまで古典的なものとして受け継がれてきた社会の全体性概念を放棄してはいない。個人が部分として組み込まれている社会的全体なるものが、転倒しているにすぎない。法的に構成された国家秩序という明白な統一性に対して、資本の自己使用という、システム的に作りだされた全体経済的過程の潜在的統一性が取って代わったのである。とりわけこの経済的過程は、消極的全体性とされており、歴史的哲学的には、意識的に作りだされた全体像というずっと維持されてきた古典的対照物に関連づけられる。ヴィーコからコンドルセまで自然の目的論が歴史の次元に移し替えられて以後[☆5]、社会は、意図的社会化という内在的本質を歴史的過程の経過のなかではじめて実現する、自分自身に関連づけられた生成する全体性として、そして、物質的生活過程の諸条件を共同の制御のもとに置く、資本の物神崇拝から解放された生産者の将来の連帯的結合として、捉えられることになった。

こうした無理のある構成は——他の批判はともかく——歴史的目的論の背景思想に対する批判であれ、全体論的な社会概念への懸念にであれ、持ち堪えることができなかった。だが理論史的には、マルクスによって鍛えられた厳格に客観化をおこなう視線は、多様な伝統を通じてさらに受け継がれることになった。この視線は、社会化のメカニズムを外部から観察し、価値・規範・了解過程による社会統合、さらには法を通じて進行する社会統合をも、ただの仮象にすぎないと捉える。最終的に、マルクス主義的機能主義の方向では歴史哲学的希望は消滅してしまう。そのため社会は、歴史のデュナーミクから切り離されることになり、加速されつつ隅々にまで浸透する蓄積過程が専横的に否応なく繰返されることで、物象化された社会的諸関係の世界として凝固してしまうのである。[☆6] このシステム理論のメランコリー的性格は、いまや否定的なかたちで強制的連関として解釈された全体性との強固な関係に起因している。[☆7] 社会の分化の進展と複合性の増大への洞察が、蔓延する道具的理性の抽象的全体との倒錯した関係をなおも禁止するならば、ただちに、この現状肯定的なシステム理論は、その批判能力を喪失し、等価交換を中心とする唯一の社会化メカニズムという哲学的基盤からも切り離されてしまう。

脱中心化され、多数のシステムが相互に併存し、機能的に分化した社会という概念を用いることで、システム機能主義は、マルクス・モデルの現実主義を凌駕している。そうした社会にとって、社会学的観察者はその科学ともども、他の複数のサブシステムと並ぶひとつのシステムにすぎないように見える。このように全体として底辺や先端をもたず、多数の中心をもつことで細かく分裂した社会においては、回帰的に閉じて境界を維持する多くの部分システムが、互いに自分以外の他の部分システムの環境となる。つまり、そうした多数の部分システムは、いわば同一平面上で並存しつつ、互いに観察しあい、直接干渉することなく他の部分システムの状態に再帰的に順応することによって、安定化するのである。モナド的に構想されたフッサール的意識主体の超越論的能力は、意識のモナドの主観性を剥奪されはしたが、モナド的に閉じたシステムによって引き継がれているのである。

ニクラス・ルーマンは、超越論的現象学の遺産をシステム論の立場から受け継いでおり、主観哲学を徹底した客観主義へ転換しているのである。これとは違ったやり方で同様の方向へと進んだのが、レヴィ＝ストロースからアルチュセールとフーコーにいたる構造主義社会理論である。自己の世界を構成し、あるいはより高次の段階では共通の生活世界を共有する、そうした主体というものは、システム理論であれ構造主義社会理論であれ、存在する余地はない。そしてこうした理論の登場とともに、行為者自身の意識を通じて実施されるいっさいの意図的な社会統合作用は、正当性を失うことになった。行為者の自己理解にもとづいて内的に展開された行為理論は、解釈学的手法を用いることで社会を対象とすることができるはずなのであるが、そうした手法はまったく放擲されてしまっている。マルクスのシステム分析を徹底化させることで、この新しいタイプの客観主義的社会理論は、全体論的基本概念と歴史哲学的基本概念のもつ狭隘さと規範的桎梏から解放されている。そのような負担から解放されることで、高度に複合的な社会の変容可能性、偶発性、多様性への視線が開かれることになったのである。

この新たなパラダイムは法社会学の研究にも裨益するものだった。法システム――あるいはその基礎にある諸構造――は、いわゆるイデオロギー批判によって失われた自律性の一部を取り戻したのである。法はもはや付随現象として妥当するのではなく、固有の論理に従うものとなる。もっとも法は、全体として脱中心化された社会においては、周辺的な地位に追いやられてしまい、いくつものシステムと討議の無秩序な多様性におけるひとつのシステム、ひとつの討議でしかなくなってしまう。関連する諸現象、つまり法的に構造化されたコミュニケイションや法的に制御されたコミュニケイションは、行為者の自己理解を客観主義的に看過しているのであり、関係者の直観知との関連を探求もしなければ発見もしない言語で説明されている。システム観察者は自己自身を環境におけるシステムとして把握するし、人類学者は現地のさまざまな実践や言語ゲームについて、その内奥には関知できない他者としてそれに対峙する。そうした、外部の他者として技巧的に観察するだけのシステム観察者や人類学者から見れば、あらゆる社会的な生活連関は、そのデュナーミクを喪失し、解釈学的に把握することはできず、自然科学的認識の手法によって反直観的知として集約される、第二の自然と化してしまう。

十八世紀における自然社会論・自然法論との初期の論争から構造主義とシステム理論にいたるまで、社会科学的反省は、社会契約的理論のもつ指令主義的で合理主義的なアプローチを徹底的に退けてしまったのみならず、法そのものを社会理論の中心的カテゴリーから引きずり下ろしてしまった。こうした理論史の流れのひとつのいちおうの終着点を示しているのが、ニクラス・ルーマンの法社会学である。[☆8] 古典的社会理論に比べて、ルーマンの法社会学は法に二次的な地位を認めているにすぎず、客観主義的記述を用いることで法的妥当性という内的に考察すべき現象を中立化してしまっており、この点できわめて首尾一貫した理論が形成されている。ここにルーマンの法社会学に対する私の関心がある。

ルーマンの法社会学では、法は、行動期待の安定化という機能的観点からのみ把握される。機能的に分化した社会においては、法は特化した機能だけを有している。すなわち、時間的、社会的、内容的次元におけるもろもろの期待を一致して一般化することで、偶然的に発生する紛争事例においても、法・不法の二元的コードによって拘束力ある決定が下されうるようにするのである。法システムは全体として、法にかかわるすべてのコミュニケーションを取り扱う。狭義において法システムは、法的状態を変更させる法的行為を含むが、その法的状態においては、法的行為はもう一度、法的手続き・法規範・法ドグマーティクの解釈と結合される。もちろん、この通常の法社会学の定義は特殊な意味を与えられているのであって、そこには、法の進化的分化は、実定化した法を最終的にオートポイエーシス・システムとして独立させる自律化として理解される、という想定が含まれているのである。この場合、法システムは、環境に対して回帰的に閉じたコミュニケイション循環として自己言及的に境界づけをおこなうのであり、システムの外的関係はただ観察を通じてのみ維持される。ところが、法システムは法カテゴリーを用いて自己の構成要素を記述し、法的行為を自分自身で構成し再生産するために、そうした自己主題化を利用する。「規範と法的行為が相互に他方を産出する関係にあり、さらに手続きとドグマーティクがこれらの関係を関係づける」[☆9]ようなかたちで、法システムの構成要素が互いに関連づけられるにつれて、法システムは自律化することになる。

こうした構想の第一の帰結は、閉鎖的であると同時に開放的であるモナド的法システムが、その他のすべての行為システムから分離されてしまうことである。自律化した法システムは、もはやその社会内的環境と直接的に交渉することはできないし、規制的にそれらに干渉することももはやできない。システム境界の向こう側での出来事との接触は、それぞれの環境の構成にもとづきつつ観察によって作りだされるため、オートポイエーシス的に閉じたシステムにとっては、自分自身に働きかけるきっかけだけが与えられるにすぎない。そうした法システムには、全体社会に対する制御機能は禁じられる。いずれにせよ法は社会を比喩的な意味で「制御する」ことができるにすぎない。つまり、法システムは自己自身を変容させることで、変容した環境として他のシステムに対して自己を表出し、そのような環境に対して他のシステムもまた、同様に間接的なかたちで「反応」することができる。この点には、あとでもう一度触れることにしたい。

第二の帰結は、われわれに非常に興味深いものである。それは、古典的社会理論にはなお残されていた法システムの規範的自己理解のいっさいの痕跡を解消してしまったことである。規範的行動期待を反事実的に維持された認知的期待として学習理論的に解釈することは、当為妥当性の義務論的次元を、したがって行為規範と命令の発語内的意味を消し去ってしまう。ルーマンはこうした思想を取り入れており、非学習の戦略を取りあげて規範的期待を説明している。「その場合、心理学者が考えているのは、そもそも自己の判断として学習する意欲をもたないという行動だけである――同じ戦略を選択するが、支配的道徳・制度・法により支えられている行動のことは考えていない。そこから、社会的規範こそが非学習の病理化を阻止してくれる、ということが明らかになる。[☆10]」存在と当為の区別、真理妥当性と当為妥当性の区別は、認知的期待との関係でのみ学習・非学習の二者択一を迫るのであり、二つの反応可能性だけに還元される。したがって、「規範的」とはすなわち、期待が違背された場合にも変更する用意のない認知的期待のことなのである。このような基本概念の転換を経て以降、機能主義的法社会学は、法の複合的妥当態様の意味に目を閉ざすようになってしまった。

　法の規範的局面についてのこのような経験主義的解釈によってはじめて、一方では道徳と、他方では政治と、法システムがいっさいの内的関係を解消するという想定が説得力をもつようになる。こうした解釈からさらに分析を進めると、法は法適用という特定の機能だけに還元されるということになる。そうすると、政治権力の成立・獲得・使用の民主的 - 法治国家的組織化と法との内的連関が看過されてしまう。

　最終的にはっきり言えるのは、法が自己制御的システムとして客観化される、ということである。このような記述のもとでは、法・不法についてのコミュニケイションは社会統合的意味を奪われる。そうすると、法規範と法的行為は、法仲間の連帯的結合内部での合理的に動機づけられた了解過程という想定といっさいの結びつきを失うことになる。紛争解決という法の統合作用がシステムの作用として記述されることで、そうした統合作用は、意図されざる社会化のモデルと同一視されるようになる。と同時に、法律的討議において表明される妥当要求と根拠もその内在的価値を喪失する。法律的論拠の意味は、別のかたちで動機づけられた決断の意外性を軽減し、その事実的承認を高める機能を果たすことに尽きる。社会学的観察者から見ると、参加者にとっては根拠づけと解されるものが、必然的な擬制の形式に矮小化されてしまう。「根拠は決定連関の保障として取り換えのきかないものであるから、法律家には、根拠が決定を正当化するのであり決定が根拠を正当化するのではないように、見えるのである。[☆11]」のちに見るように、法律的論証は、法の討議理論にとって中心的な地位をもつのであるが、システム理論から見れば、法・不法の二元コードの価値配分にかんする意見の相違が根拠のやりとりを通じて解消されるための、特定のコミュニケイションにすぎない。たしかに、機能的観点のもとでは、根拠とともに得られる発語媒介的効果は示されている。つまりそれは、法システムが自己の決定について確信を得るための手段なのである。しかし、根拠がもはや合理的な動機の内在的な力を自由に用いることができない——ルーマンの言い方で言えば根拠が根拠づけられない——とするならば、法システムにおいて築かれてきた論証文化はいったい何であったのか、ということになろう。「まったく根拠ではない根拠がなにゆえ用いられる」のか、これが説明されねばならないはずなのである。[☆12]

　社会科学による長い批判の過程の最後の段階において、システム理論は、理性法的な規範主義の最後の残滓を払拭したのである。外的観察のみをおこなう社会学の視角から見れば、オートポイエーシス・システムとして自己完結的に把握された法は、いっさいの規範的含意を、最終的には法共同体の自己組織化に関連する含意を、奪われることになる。オートポイエーシス・システムの説明に従うならば、ナルシストのごとく孤立して取り残された法は、いずれにせよ外部からきっかけを与えられた自分の問題にのみ反応しうるにすぎない。それゆえそうした法は、社会システム全体に圧し掛かる問題については、認識することも解決することもできない。と同時にそうした法は、そのオートポイエーシス的構造のゆえに、自己の産みだした資源にもとづいてその作用をなさねばならない。法はその妥当性をただ実証主義的にのみ、妥当する法から得ることができるにすぎない。ルーマンが裁判手続きに即して説明するように、法はそれ以上の正統性要求を捨て去ったのである。法システムが制御の形式で提供しうるアウトプットなど存在しない。環境への干渉は法システムには不可能なのだから。また、法システムに正統化の形式で与えられるインプットも存在しない。政治的意思形成過程、公共圏、政治文化は、法システムの理解できない言語を用いる環境を形成するから。法が環境にたいして産出するのは雑音にすぎない。つまり、法自身が環境をなすさまざまなシステムに対して、せいぜいその固有の内的秩序を変化させるよう促すことができるにすぎないのである。

法執行研究の成果の印象を踏まえて、法的介入の行動制御効果を一般に懐疑的に評価し[☆13]、周知の見解とは反対に、立法過程を厳格に法内在的過程へと抽象化するつもりがあるにせよ、たしかに、法とそれ以外の社会的機能システムとの相互的無関心は、経験的に観察可能な相互依存とは合致していない。ここで私は批判とその弁解に詳しく触れることはできない[☆14]が、グンター・トイプナーが引きだした結論を指摘しておきたいと思う。それは、それぞれ固有の討議をおこない、互いに両立されえない現実構成を用いざるをえない多様な部分システムへと社会が断片化してしまったことから、彼が引きだした結論である。この法律的構成主義は理論的にも経験的にも、法システムの自己言及的閉鎖性は、法システムと他の「認識的世界」とのコミュニケイションの可能性にとって何を意味するのか、という問いを扱っているように見える。「近代社会には認識的最小限とでもいったものが存在するのであろうか。つまり、いっさいの自律化にもかかわらず社会的討議の分母として役立つものが。さまざまな自律的な社会的認識の間に共通の変化だとか共通の進化とでもいったものが存在するのであろうか。それとも、ある認識が別の認識枠組みを通じて再構成されるというかたちでのみ、認識の結合が作りだされうるにすぎないのだろうか[☆15]。」トイプナーはこの問題を二つに分けて取り扱っている。一方は、経済、技術、精神医学、一般科学といった他のシステムにおける「事実知」の処理という受容的側面である。そうした知は、法コードに翻訳され、そうすることで再構成されねばならないが、法システムそれ自身は、そのようにして含入された他システムの知の信頼性に対して「十分な認識的権威」の役割を果たすことはできない。そして他方は、他の社会的諸領域による、間接的ではあるが恒常的な制御的側面である。トイプナーは、これら二つの方向のコミュニケイションのいずれについても、「一般的な社会的コミュニケイション」という媒体を想定せざるをえない、と考えている。他のサブシステム、討議、知識領域などへの制御的側面について、トイプナーは、法と社会の「相互干渉」(彼はこれを「平行進化 Koevolution」」と「相互浸透［Interpenetration］」とは区別する。)という概念によって、経済、政治、教育、家族などとの、たんなる「きっかけ」以上の現実的接触というものをオートポイエーシス的法に認めている。そうした部分システムは相互に同一のコミュニケイション的出来事を通じて接触するがゆえに、自らのコミュニケイション活動において、それぞれ多様なシステム言及をともなう行為が「重なりあう」ことができる、とされる。

たとえば賃貸借契約の締結の場合、法的行為は経済的取引行為のみならず関係者の生活世界における出来事とも「重なりあう」のである。「法－生活世界－経済のシステムの相互干渉を通じて、それぞれの部分システムは、たんに相互に観察をしたり、自分自身を制御する以上のことをおこないうる。[☆16]」部分システムは、相互にコミュニケイションすることができる。というのも「あらゆる特殊的コミュニケイションとは……いずれにしても――文字通り同時に――一般社会的コミュニケイションであるから。[☆17]」「生活世界」という彼の理論にそぐわない表現が示しているように、トイプナーは、部分システムの特殊的コードの土台となるような、すべての社会的コミュニケイションに共通のコミュニケイション媒体というものを想定せざるをえなくなっている。「さまざまな部分システムは、社会的コミュニケイションの交流を利用し、この交流から特殊的コミュニケイションを新しい要素として取りだす。[☆18]」さらにそのうえ、個々のコミュニケイション的行為に付随する相互干渉は、いくつもの構成員資格にもとづく役割の相互干渉として構造的に凝固されることもありうる。このような提案が理論に合致したかたちで理解されるとは、私には信じられないのである。

一方では、法的討議は自己再生産にとらわれているのであり、外界に対する自己の内的な像だけを構成するにすぎない、とされる。しかし他方で、法的討議は、「一般的社会的コミュニケイション」を変形することで、一般的社会的現実構成に、そして同じ手法によって他の討議世界の現実構成にも、「影響を及ぼす」ことができる、とされる。これら二つの言明が一致することは困難である。第一の言明が正しいとすれば、同一のコミュニケイション的行為が、少なくとも二つの異なる討議に属することになる。しかし、二つの発言の同一性は、客観的にのみ認識可能なのであって、関係者の討議の観点から認識可能ではありえない。もしそうでないとすれば、これら二つの言明の間には、相互に浸透し合わないコミュニケイション循環の回帰的閉鎖性を克服するような翻訳関係が存在しなければならないはずである。このような理解を裏づけてくるのが、次のような注目すべき一節である。「法的行為というものは、同時に——その裏面として——一般社会的コミュニケイションの出来事なのである。ひとつの同じコミュニケイション的出来事が、二つの異なる社会的討議にかかわりをもつ。つまり、制度化された特殊的な法的討議と漠然とした一般的コミュニケイションとに。法とその他の社会的討議との相互干渉とは、これらの討議が多次元を包摂する普遍的討議に解消されることを意味するのではないし、それらの討議の間で情報が「交換」されることを意味するわけでもない。むしろ、情報はそれぞれの討議において新たに構成されるのであり、相互干渉は、二つのコミュニケイション的出来事の同時性以外になんら付け加えるわけでもない。」[☆19] ここに言う同時性とは、参照言語に応じて異なる意味をもつ発言の同一性を保障するだけではない。記号使用における同一のものがあるとすれば、それは、そのときどきの意味の違いにもかかわらず読み取られ、観察者の視点から確定されなければならないであろう。このような観察者の地位は、システム理論の前提によれば、全体社会的主体と同様、存在しないのであり、それゆえコミュニケイション的出来事は、少なくともいくつもの討議のひとつにもとづいて、同一のものとして同定されうるのでなければならない。このような問題のある作用は、いずれにしても、社会全体を循環する一般的コミュニケイションという媒体があるからこそ、可能なのである。しかしその場合、この媒体は、特殊コードとして固定された「他言語」による翻訳を可能にし、さらに他言語間においては直接は遮断されている情報交換を媒介する、自然言語のような機能を果たさなければならないであろう。ここでは他の場合と同様、自己言及的に閉じた討議を「コミュニケイションの社会的継続性によって」測る「社会的首尾一貫性のテスト」が有効ではないだろうか。トイプナーがこの手法で第二の言明に説得力をもたせようとするならば、彼は社会全体について、コミュニケイション循環を前提しなければならないはずである。このコミュニケイション循環は、たしかにオートポイエーシス的閉鎖性より前の段階ではあるのだが、それにもかかわらず、情報内容を取りだし伝達することにより、特殊的討議の通訳として機能するのである。

トイプナーは経験的証明のために、彼にとっては重要な理論の建築術を破壊するような想定を受け入れざるをえなくなっている。完全に脱中心化された社会においては、全社会的なコミュニケイションはもとより、社会全体の自己主題化と自己作用にも、存在する余地は残されていない。このような社会はなんら中心というものをもたず、ただ固有の言語によって自分自身とコミュニケイションしうるにすぎない部分システムに分解されてしまっているからである。そこでトイプナーは、この社会の失われた中心の代わりに「生活世界」を据える。この生活世界を構築するのが、社会の全域を循環し、すべてのコードから翻訳可能なかたちでの自己関係的構造を示す言語である。システム相互干渉は、「システムと『生活世界』との観察だけではなく、両者のコミュニケイション的接続が可能であること」[☆20]を意味するのであり、機能的に特殊化したコードにより翻訳される以前の、一般的コミュニケイション＝メディアを必要とする。このコミュニケイション媒体は、日常言語とまったく同じに見える。それは、貨幣や権力といった制御媒体の分化を許容するが、それ自体としてシステムのメカニズムとして把握されるものではない。こうした提案は、オートポイエーシス・システムとして法を理論化することとは相容れない。むしろそれは、コミュニケイション的行為の理論の方向を指し示している。コミュニケイション的行為の理論は、日常言語の媒体と結びついた生活世界を、環境に適応しつつ、特殊コードによって制御されるシステムから区別するのである。

このような構想であれば、特殊化されていない日常言語よりも特殊的ディスクルスのほうがあらゆる点で優れた問題解決能力を有している、といった考え違いを犯すこともない。たとえば手のような人類学上の万能の道具と同様、複合的な文法をもち再帰的に構造化されている日常言語には多機能という長所がある。日常言語は実践的に無制限の解釈能力と循環領域を有するため、分化した部分システムの外的コストにも対処しうるのであり、そのかぎりで全体社会的問題状況にも敏感に反応することができる。この点で日常言語は、特殊的コードよりも優れているのである。日常言語による問題定義と問題処理は、費用と効用、命令と服従など特殊的コードによって一元化された諸局面に比べて、たしかに厳密さを欠いており、低い水準の分化に拠りつつそれほど精密ではないかたちでなされる。しかしまさにそのために、日常言語はただひとつのコードにのみ縛られるのではない。日常言語はそもそも多言語的性質を有するのであり、特殊化という代償を支払う必要はない――つまり他言語で語られる問題に耳を塞ぐ必要はない――のである。

以上を考慮するならば、生活世界の機能的特殊化は、要するに次のようなかたちをとることがわかる。すなわち、生活世界の構成要素――文化、社会、人格構造――は、たしかに多元的機能をもつ言語の境界内部で分化するが、この媒体を通じて相互に関連づけられるのである。これと区別されるのが、特殊コードの導入により生起する、システム形成的な分化である。この分化を通じて、生活世界の社会的構成要素から、そしてこれらからのみ、貨幣により制御される経済と権力により制御される行政という機能システムが生まれてくる。☆[21] こうした前提のもとでは、法は、システムと生活世界との蝶番の機能を果たす。そうした機能は、法システムの孤立性と自閉性という観念とは相容れない。トイプナーが「相互干渉作用」として記述するものは、一方でのコミュニケイション的行為を通じて再生産される生活世界、他方での相互に環境を形成しあう社会的機能システム、これらの間での、独特の二重の地位と媒介機能から生じるのである。生活世界のコミュニケイション循環は、日常言語的情報の届かない貨幣と行政権力という媒体に突き当たると、途絶えてしまう。なぜなら、この特殊的コードというものは、より豊かに構造化された日常言語から分化しただけではなく、切り離されてしまっているからである。たしかに、日常言語は理解の普遍的地平を形成する。日常言語は原理的に、すべての言語にもとづいていっさいを翻訳することができる。しかし逆に、この日常言語は、すべての名宛人に対して行動を引き起こすために情報を操作することはできない。日常言語は、特殊的コードへ翻訳されるためには、貨幣と行政権力という制御媒体を用いてコミュニケイトする法に依拠せざるをえない。いわば、法が変圧器のように機能するわけである。つまり、社会統合的で全社会的なコミュニケイションの網の目が破れないように、法が目配りをしているのである。法の言語を用いてはじめて、規範的内実をもつ情報が社会全体を循環することができる。生活世界とシステムに等しく開かれた複合的な法コードへ翻訳されない場合には、媒体に制御された行為領域においては、規範的内実をもつ情報は制御媒体へと伝えられることもありえないのである。[☆22]

II　理性法の復活と当為の無力化

このように理性法的規範主義は社会科学によって破壊されてしまったが、しかし同時に、七〇年代はじめに驚くべき反応を引き起こすことにもなった。すなわち、実践哲学の問題提起が一般的に復権されることで、法哲学は、理性法の伝統を尊重する方向にあっけなく転換してしまったのである。遅くともロールズの『正義論』(一九七一年)以後、振り子は逆に振れてしまった。そのさい哲学者と法学者だけでなく経済学者までをも巻き込んで活発な論議が戦わされたのであるが、それは、十七・十八世紀の理論を何のこだわりもなく参照する議論であり、法の社会科学的脱呪術化にはまったく注意を払う必要などない、といった風情であった。政治経済学と社会理論がもたらしたパースペクティヴの転換にまでメタ批判的に立ち戻ることなく、理性法的な議論をそのまま再登場させたために、政治経済学と社会理論との連関は破壊されてしまった。もちろんその間には、規範的討議の内部でも、当為の無力さについての問いがふたたび登場した。この問題によって動機づけられることで、すでにヘーゲルは、近代市民社会の国制が人倫的理念の現実化の一部であることを確認するために、アダム・スミスとディヴィッド・リカードを研究したのである。[☆23] ロールズの関心は、試験的に展開された正義の理論を政治的に承認するための条件を探ることにあるが、右のような見方からすれば、ロールズのこの関心も、いったん排除された問題の復権のように見えるのである。そこで重要なのは、次のような古い問題である。すなわち、ヘーゲルとマルクスによって考え抜かれた理性と革命の弁証法への歴史哲学的信頼が歴史的にもはや破産してしまったのちに、正しい社会という理性のプロジェクト、抽象的にわからず屋の現実に対峙するこのプロジェクトが、いかにして実現されうるのだろうか、と——そして、なお実践的に可能性が残されており、道徳的にも要求できるとすれば、改革主義的試行錯誤くらいである、ということになるのである。[☆23a]

ロールズは『正義論』において、近代的生活条件のもとで「よく秩序づけられた」社会の理念を展開した。よく秩序づけられた社会が形成するのは、自由で平等な法仲間の正しい共同が可能となるシステムである。そうした社会の基本的諸制度は、公正としての正義に照らして根拠づけられるがゆえに、すべての市民の合理的に動機づけられた同意を得るに価する、そうした図式によって整えられねばならない。ロールズは、正義の二つの最高原理を根拠づけるために、契約主義モデルに拠りつつひとつの手続きを提案している。それは、政治的正義という道徳的内容をもつ問いに対して非党派的評価を下すための観点を解明したものと解することのできる手続きである。「原初状態」においては、正当化過程に参加する当事者たちはさまざまな制限（とりわけ、平等、独立性、将来の社会における自己の地位についての無知）に服する。こうした制限のおかげで、目的合理的考量によって根拠づけられた合意が同時に全員の利益でもある、つまり規範的意味において正しいもしくは正当である、ということが保障されるのである。[☆24]

よく秩序づけられた社会というモデルは、アメリカ風の用語で言えば「リベラル」、ヨーロッパ的観点では「社会民主主義」に相当するものであるが、ロールズはこのモデルの規範的正当化の第一段階において、すでに自己安定化の問題に取り組んでいる。『正義論』第八六節でロールズは、「正と善の一致」を証明しようとしている。原初状態において理性的原理について意見の一致を見いだした当事者たちは、人工的な産物であり、構成された存在にすぎない。彼らを、正義原理に則って整えられた社会の現実的諸条件のもとで生活する生身の市民と同一視してはならない。理論のなかで前提されている理性的市民は、道徳的にも行為すること、つまり個人的利益よりも忠実な国家市民としての義務を優先させることが期待されるのであり、それゆえ、生身の市民と同一視されるものではないのである。たしかに、正義の感覚は、正しく行為するという希望を創出するかもしれない。だがそれは、苦痛を避けたいという希望のように、無意識的に作用する動機ではない。そのため、ロールズは、「善の弱い理論」に依拠して次のことを示している。すなわち、正当な諸制度が創出する諸関係というものは、自ら自由に選択した生活計画を平等な諸条件のもとで追求することが万人の利益となる、そうした諸関係である。そこでは平等な諸条件が他の人びとにも帰属するため、彼らもまた自らの生活計画を追求することができるのである。よく秩序づけられた社会においては、正義の要求を満たすことが同時に私にとっても善い、というわけである。あるいはヘーゲルの言葉で言えばこうなろう。個々人の道徳性は、正しい社会の諸制度のなかにその倫理的コンテクストを見いだす、と。つまり正しい社会の自己安定化は、法的強制ではなく、正しい諸制度のもとでの生活における社会化の力によって生みだされるのである。言いかえれば、そのような生活とは、市民の正義の枠組みをなすと同時に、そうした志向を揺るぎないものとするのである。

しかしこうしたいっさいが妥当するには、正しい制度がすでに存在しているという前提が不可欠である。そうした正しい制度が所与の状況下でいかにして確立されうるのか、というのはまた別の問題である。哲学的正義論にとってこの問題は、語用論的観点から設定されるのではなく、さまざまな価値信念の多元主義という政治・文化的条件に着目するというかたちで設定される。そうした条件のもとで、正義論は国家市民という同時代の公衆の共感を得なければならない、というわけである。このような論証の第二段階で問題になるのは、妥当《ギュルティッヒ》だと前提された理論の適用の問題ではなく、よく秩序づけられた社会という規範的–理論的に展開された構想が、了解の用意のある市民の同意を事実的に得るようなかたちで、既存の政治的文化と公共圏のコンテクストにおいてどのように位置づけられるのか、という問題なのである。この連関においては、「反省的平衡状態」の概念は、ロールズ自身によっても十分明確にされてはおらず、あいまいな役割を果たしているにすぎない。

この反省的平衡状態は、すでに理論構築の段階で重要な役割を果たした方法を表わしている。理論構築の段階においては、反省的平衡状態はそもそも再構成的理論の特徴的な手続きを示すのであり、そこでは、判断能力ある主体の直観知が合理的形式での範例的言明として表示されたのであった。だがこの合理的再構成の手続きは、第二段階では別の役割を担うことになる。この第二段階では、正義論はそれが組み込まれたコンテクストに再帰的に立ち戻り、その言明がなにゆえ、そしていかにして、われわれの日常実践に定着した諸制度ならびにわれわれの政治的文化の最良の伝統の規範的実質を示しうるのか、これを明らかにする。この理論は、説得力ある原則が国民の潜在的な根本確信だけを表わすことを証明することによって、自らが政治的生活のなかに存在しうる、というわけである。「政治哲学の目的は、それが民主的社会の公共的文化にかかわる場合には、共通感覚にすでに潜在的に存在すると考えられる共有された知識と原理を分節化し明確にすることにある。あるいは、まあるように、共通感覚があいまいで不確実であるとすれば、政治哲学の目的は、その最も根本的な確信と歴史的伝統に適した特定の概念と原理とを共通感覚のために提供することにある。[☆25]」ロールズは七〇年代を経るなかで、正義論の厳格な普遍主義的根拠づけ要求を緩和しており、そのために、次のような二つの意味の相違が曖昧になっている。つまり、一方では理論の根拠づけのコンテクスト、他方では、原則にかんする公共的啓蒙、つまり哲学の専門家の間ですでに支持されている理論の原則の政治的推奨のコンテクスト、これら二つにおいて、最良の規範的直観を引き合いにだすことに由来する意味が区別されていたのである。正義論そのものは、理性的に考えれば「われわれの」誰ひとりとして拒否しえない文化的特長を帯びた現実の直観にのみ立脚しているのだ、とロールズは信じている。だがロールズがそのように信じれば信じるほど、一方における正義原理の哲学的根拠づけという営為、他方における共同生活の規範的基礎にかんする具体的法共同体の政治的自己了解の試み——これに対して哲学者はせいぜい触媒機能ないしは解明的機能をもちうるにすぎない——、これらの間での境界線はますます不明瞭になってゆく。

さて、この脈絡において重要な意味をもつ第二の概念、「重合的合意」の概念も、同様の曖昧さをもつことを忘れてはならない。しかしその後ロールズは、哲学的根拠づけをおこなう第一段階を、承認のための考察をおこなう第二段階とはっきり区別しなければならないことを認識している。「ここで（第二段階において）、重合的合意の思想を導入したのは、仮に、包括的な宗教的教理、哲学的教説、道徳的教説が互いに相争うという多元性が民主的社会につねに見られる場合、いかにして自由な諸制度は、それが維持されつづけるのに必要な忠誠を得られるのか、これを説明するためである。[☆26]」たしかにこの一節についても、競合する読み方が可能である。すなわち、『正義論』で取り扱われた、正しい社会の自己安定化の問題が、世界観的多元主義の事実性を考慮して深化されさえすればよいのだろうか。それとも、「重合的合意」の概念とは、正義論に照らして既存の諸制度の改革的改良に不可欠である熟慮にもとづく承認の基準が、所与の状況下にある理論に対してどのように確保されうるのか、という問いに対する解答なのだろうか。以下で私は、後者の読み方を前提とすることにしたい。

多元的社会においては、正義の理論は、厳格な意味でポスト形而上学的な構想だけを採用する場合、つまり競合するもろもろの生活形式と世界観の対立のなかでいずれの陣営にであれ与することを避ける場合に、承認を当てにしてよいことになる。理性の公的使用もまた、多くの理論的問題についてはもとより、実践的問題についてはなおのこと、目標たる合理的動機づけによる合意をもたらすものではない。その原因は、理性の理想的要求そのものが有限の精神に課す立証責任にある。このことはそもそも、学問的討議にも当てはまる。実践的討議ではさらに、理想的条件のもとでの善き生活という問題は、あらかじめ妥当《ギュルティッヒ》なものとして前提された生活設計の地平の内部においてのみ理性的解答を得る、という事情が付け加わる。ところで、近代の生活諸関係を念頭に置いて構成された正義の理論は、対等の立場で共存するさまざまな生活形式と生活計画の多様性を考慮しなければならない。こうした生活形式や生活計画には、多様な伝統と生活史のパースペクティヴからすれば、理性的なかたちでの不合意が存在する。[☆27]それゆえ正義の理論は、「重合的合意」を理性的なかたちで期待しうる、政治的‐道徳的原則にかかわる問題の狭い範囲内だけを扱わなければならない。というのも、このことはまさに、世界観的に中立的で普遍的に承認可能な価値にかかわる問題であるから。普遍化可能な利益を具体化する原則や規範こそが求められているのである。

ロールズはこれを次のようなかたちで提案している。すなわち、ポスト形而上学的な正義論は、善の弱い概念、つまり形式的にのみ定義された善の概念を用いつつ、倫理的であれ、宗教的・形而上学的であれ、包括的ではあるがコンテクスト依存的であるさまざまな自己解釈と世界解釈が「重なり合う」一群の規範的言明を提示するのである。もっともすぐに付け加えておきたいのだが、以上のかぎりにおいて、互いに争う世界像は、論拠を挙げておこなう公共的議論をそのまま受けて立つという、ポスト形而上学的思考の諸条件に従わなければならない。「希望はこうである。すなわち、こう言ってよければ、このような回避の方法においては、互いに争う政治的見解の間に存在する違いは、完全に除去することは無理としても、少なくとも、相互の尊敬にもとづいて社会的協同が維持されうる程度にまで緩和することはできる。あるいは、もしこの期待が大きすぎるとすれば、強制によらない自由な同意が必要な場合に、公共的了解はいかにして、われわれの社会的世界の歴史的な状況と制約とに合致しつつ成立しうるのかということ、このことをわれわれはこの方法のおかげで納得することができるだろう。[☆28]」

このような考察によってロールズが何を獲得し、何を獲得しなかったのか、まったく明らかではない。たしかに彼は、彼が提案したように、リベラルな根本確信が伝統と慣習を通じて日常実践と個々の市民の直観のなかにあらかじめ根づいている場合には、正義の規範的理論は文化とのつながりをもつことができる、ということを示してはいる。このような特徴をもつ環境は、今日では、合州国の多元主義的文化に該当するだけにとどまらない、とロールズは信じている。すなわち、要請された正義の原理が、社会の根本的な諸制度において具体的形態を受け入れるその度合いに応じて、その多元主義が展開され先鋭化されざるをえない、とも彼は確信している。しかし私の立場からすると、ポスト形而上学的正義論とその成立のアメリカ的コンテクストとの合致は、ロールズが「アメリカ的リベラルに典型的な原則と直観を体系化しようとしたにすぎない」ということを意味するものではない[☆29]。リチャード・ローティは、ロールズの「徹頭徹尾歴史的で反普遍主義的な態度」を批判している[☆30]。すなわち、ロールズがおこなったのは、道徳的－政治的な問題の客観的判断を手続き合理的に説明することではけっしてなく、現代アメリカにおける正義の直観を「歴史社会学的に記述すること」だけだった、というのである。

　ローティのコンテクスト主義的な矮小化は、納得できるものではない。そうした控えめな解釈目標では、ロールズが自分の理論のために費やした膨大な根拠づけの努力を説明できないからである。ローティは、ロールズが区別している二つの論証段階をひとつにまとめてしまっており、反省的平衡状態が正当化の文脈で有する再構成的意味を実存解明もしくは倫理的自己了解の意味と取り違えている。この後者の意味を正義論がもつのは、正義論がその固有の成立コンテクストを明らかにするのに適している場合である。もし正義論がはじめから発達過程の自己反省を意図し、そのなかで生まれ育ったリベラルだけが再認識できる特定の政治的伝統を概念化しているにすぎないとすれば、承認可能性条件の再帰的確認という理論的根拠づけを超える第二段階は、その意義を失ってしまうことになろう。もしそうであれば、ロールズは、規範理論と改革主義的実践の理性法的な隔たりをはじめから避け、普遍的な理論的妥当性要求を撤回していたであろう。その場合、ドイツの文化と歴史にはアメリカ的憲法伝統の等価物が見られないのだから、たとえば二つの正義原理はドイツ人にとっては妥当性《ギュルティッヒカイト》を要求しない、とロールズは認めざるをえないはずである[☆31]。だが私はそうした譲歩を容認する徴候はないと思う。というのは、理論に合致した政治文化（それはさしあたりはドイツ連邦共和国にも存在する）の欠如は、原初状態における当事者たちの十分に熟慮された判断に従って妥当《ギュルティッヒ》とされる正義原理の否定、として片づけてはならないからである。この非党派的判断は、すべての人びとが、したがってジェファーソンの幸いなる遺産に与れない人びとも、追体験できるはずなのである。当事者たちが合意に達するためのコミュニケイション前提が明らかにする道徳的観点とは、特定の文化の特権に属するのではなく、より根本的に、コミュニケイション的に行為する主体の相互承認の対称性に根づいているのである。

こうした実践的問題の非党派的評価を可能にしてくれる抽象的条件は、道徳的洞察にもとづいてわれわれが行為しうるための条件と一致しないのであり、それゆえ、ロールズは、理論に合致した政治的文化を招来させるような推進力を探求している——そしてこの文化を、階級闘争と人種闘争を通じて繰り返し問い直され、しかし徹底した解釈によって新たな活力を与えられた、二百年以上も連綿と続く憲法伝統という特権的な場所に見いだしたのである。しかしながら、これを言葉どおりに理解するならば、理論の政治的説得力をもつのは、相応の若干のコンテクストだけにかぎられることになる。

このような結論に触発されて、ロナルド・ドゥウォーキンはより偶然的ではないコンテクストを探求したのである。彼はいずれにせよ、幸運にもその恩恵に浴すことのできた伝統から覚醒されえた潜在的な力に、リベラルな諸原理の有効性を依存させようとはまったく考えていない。それゆえドゥウォーキンは最近になって、いわば宙ぶらりんの抽象的な正義原理を根拠づける負担を理論に求めるだけではなく、そうした原則を倫理的に定礎するという課題を理論に課している。彼はポスト形而上学的正義概念を、包括的だが具体的に構想され、それゆえ動機づけもおこなう成功した生活の設計から、切り離すことに反対している。ドゥウォーキンは、善なるものに対する正しきものの義務論的優位に、リベラルな倫理を取って替えようとしている。この倫理はたしかに、優先されるべき生活志向について当然ながら不合意が予期されるにせよ、これと折り合うことができる十分な形式性を備えている。しかし、その一方でこの倫理は、抽象的でリベラルな原則のために動機づけの連関を形成しうる十分な実質性も備えている。この理論は全体として、正義の義務論的構想をそれと調和する倫理に組み込むものなのである。「リベラリズムは善の理論ではなく正の理論であるという厳格な見解を採用するリベラルな哲学者たちは……人びとがいかなる理由からリベラルであるかを説明するという問題に直面する。……すなわち、政治的に行為するさいに善き生についての確信を放棄するために人びとが考える、自己利益と道徳のいずれかに由来する理由というものを、彼らは探求するのである。リベラルを標榜する者は自らの理論の限定された見方を拒否すべきであると私は思う。むしろ彼らが試みるべきなのは、善き生についての本性や特性についての見解を構築することによって、倫理と政治を結びつけることである。この善き生の本性や特性こそは、リベラルな政治道徳というものを、善き生についての説得力ある哲学的見解と断絶するのではなく、むしろ連続しているように思わせてくれる。[☆32]」

ドゥウォーキンの独自の構想には、たしかにひとつの矛盾が示されている。それは今日、ポスト形而上学的思考という前提のもと、一般的な妥当性《ギュルティッヒカイト》を主張するあらゆる倫理が巻き込まれるディレンマである。すなわち、そうした倫理が実質的言明をなすかぎりにおいて、その諸前提は、特定の歴史的な自己解釈や価値解釈、もしくはまったく個人的な自己解釈や価値解釈が成立したコンテクストに刻み込まれてしまうのである。そうした倫理が十分に形式的であるかぎり、その核心は、自己了解のための倫理的討議の手続きを解明することにその眼目がある。この点についてはここではこれ以上は立ち入る必要はない。[☆33]いずれにせよ、理論の理想的要求と社会的事実性との隔たりを架橋しようとするロールズの試みの弱点は、倫理学の理論では克服できない次元にある。なぜなら、規範的考察が折り合おうとする、これに抵触する現実とは、相争う生活理念と価値志向の多元性によってのみ構築されているわけではなく、制度と行為システムという堅固な素材によっても構築されているからである。

理論構成の第一段階において、ロールズも、まず抽象的に根拠づけられた正義の原則の法治国家的制度化という問題を扱っている。さらに彼は、国家的制裁の局面についても看過していない。この局面では、強制的法が——正義感覚にのみ訴えることのできる道徳とは異なり——外的なやり方で名宛人の行動と結びつけられる。だが、実定法と政治的正義との関係は、明らかにされないままである。ロールズは法の正統性の問題に集中しており、法形式それ自体を、したがって法の制度的次元を主題とはしていない。法的妥当性に特有の事柄、すなわち法そのものに内在する事実性と妥当性の緊張関係が、考慮されていない。それゆえ、法の正統性要求と社会的事実性との外的な緊張関係もまた十分には把握されていないのである。規範に対立する現実は、再帰的考察の加えられる第二段階では、正義の理論を承認するための文化的諸条件に還元されてしまっている。政治的伝統を背景とし、同時代の多元的社会の公共的コミュニケイションという文化的コンテクストにおいて、正義の原則は説得力をもつ、ということをロールズは考察しているのである。事実的に制度化された決定過程や社会的・政治的な発展傾向は、場合によっては、法治国家原理に抵触したり、よく秩序づけられた社会の諸制度を嘲笑的に映しだすのであるが、ロールズはそうした決定過程と発展傾向を引き合いにだしてはいない。

ロールズの正義の「政治的」構想は、かつてヘーゲルが道徳と人倫の関係というタイトルで論じた問題への解答である。古典的理性法の場合は、規範と現実の関係という問題は、ロールズとは違った次元で設定されている。理性法は、道徳と法の区別から出発して、実定法そのものに内在する事実性と妥当性の緊張関係を考慮した。そのかぎりでこの理性法は根本的に、道徳的に構築された正義の理論よりも現実主義的な姿勢をとっていた。それは、いわば政治過程のもつ現実に全面的に対処するものだった。ロールズがこの問題提起を取り入れようとしたのであれば、彼はその論証の第二段階においては、理論に合致した政治的文化の諸条件の反省では十分ではなかったはずであり、法治国家およびその社会的基盤の歴史的発展について、規範的に導出された再構成をおこなわねばならなかったはずなのである。

こうした複合的な課題には、政治的・文化的諸連関の理念史的確認を超えた、経験的検証が必要である。もちろんそのためには、観察者の視点からいわば法システムの規範的自己理解の正体を暴露する、これまで論じてきた社会理論的考察法では不十分である。法の社会科学的分析がその外的把握を、内的視点をとる再構成と結合するのであれば、規範理論はもはや、国家市民からなる公衆の政治意識を通じて直接現実に接続しようとする必要はない。むしろ、もろもろの具体的社会の法治国家的発展の再構成のために要求される規範理論は、それぞれに該当する政治過程の批判的記述全体のなかに組み込まれうる。こうした、いわば法システムの再構成と脱呪術化を等しく対象とする分析という二重のパースペクティヴは、[☆34]デュルケムとマックス・ヴェーバーからパーソンズにいたる古典的社会理論のなかに興味深い手がかりを見いだすことができる。

III パーソンズ対ヴェーバー——法の社会統合的機能

哲学的正義論は、社会科学的法理論がはじめから考慮している制度化の次元を欠いている。経験的行為システムとしての法を度外視するなら、哲学的概念は空虚である。だが逆に、法社会学が客観化をおこなう外からの視線に固執し、内的にのみ利用可能なシンボル的次元の意味に無頓着であるならば、社会学的観察は盲目にとどまる危険に陥る。こうした危険に対処しようとしたのが、とりわけ新カント主義の刺激を受けた社会理論である。それは、社会的秩序には理念と利害（マックス・ヴェーバー）や文化的価値と動機（パーソンズ）が浸透している、という観念にもとづく。これらの理論によれば、制度化された行為とは、類型化された状況下での、文化的に承認された価値の選択的実現として理解される。社会的秩序は、具体的な適用条件を考慮して価値を特殊化し、所与の利害状況と統合することを通じて、規範的行為期待に現実性を与えるのである。マックス・ヴェーバーは二元論的人間学を導きの糸としており、それによれば、行為する主体は内的窮乏の問題と外的窮乏の問題の両方に直面し、理念的財と物質的財の両方を追求する。タルコット・パーソンズもまた、互いに調整されねばならない価値の志向と欲求の傾向性から出発している。これらの人格理論的諸想定から独立して、行為調整の形式的問題から制度の類似した概念が展開されている。

行為者にとっては、あらゆる状況において、行為において実現されるよりも多くの可能性が開かれている。相互行為のすべての参加者は、自己の成果期待にもとづいて、可能な範囲の選択肢のなかからひとつの選択肢をそのつど選ぼうとするだろう。この場合、それぞれ独立して選択したにもかかわらず偶然的にそれが一致したとすれば、そこから継続的な争いが発生せざるをえないことになる。他の行為者の予期される決定への期待とともにそのつどの自己の決定を下すために、関係者が互いに期待される期待によって再帰的態度をとったとしても、右のような継続的紛争は安定させることはできない。期待されるさまざまな利害と成果計算が偶然的に一致しただけでは、けっして社会的秩序は生まれない。それゆえ、さまざまな行動範型の形成と安定性を説明するために、デュルケムは、あらかじめ慣れ親しんだ価値合意と、間主観的に承認された価値への参加者の志向を要請したのである。しかしこの場合には、自由に決定を下しうる行為者がいかにして規範そのものに拘束されるのか、つまりいかにして規範によって適切な価値の実現を義務づけられるのか、が説明されねばならない。行為者たちが、たとえ緩やかであるとはいえ規範的要求の強制を道徳的強制として受け入れる、つまり自己の動機とする場合にのみ、彼らはそうした強制を外的に迫る実力として経験しないであろう。デュルケムが試みているのは、超個人的秩序への拘束を個人的洞察によって根拠づけ、したがって純然たる選択の自由とは別物であるような、カント的自律の社会学的解釈なのである。そのために要求されるのは、妥当な規範の道徳的権威と人格構造に根をもつ自己制御との対称関係である。パーソンズが言うように、制度化された価値に内面化された価値が対応しなければならない。規範の名宛人は、その規範に具体化されている価値を内面化したときにはじめて、それに対応する規範に従うよう十分に動機づけられることになる。

たしかに、行為者の価値志向に動機的基礎を創出する内面化というものは、通常はけっして抑圧から解放された過程ではない。むしろそうした過程は、個々人に自律の意識をもたらす良心的権威として結果的に生じるのである。このような自律の意識においてのみ、「妥当な」社会的秩序に独特の義務づけ的性格が、自発的に「拘束」される名宛人を得ることになる。

　これに一致しているのが、社会的秩序はただ正統的な秩序としてのみ継続的に存在しうる、とするマックス・ヴェーバーの見解である。「秩序が妥当するとは、社会的行為の経過の、習俗や社会的利害によって条件づけられたたんなる合法則性以上を意味すべきである。[☆35]」この場合、「習俗」とは、無意識的でいわば機械的な慣行にもとづいており、その一方で、「正統的に秩序づけられた行為」は、妥当《ギュルティッヒ》だと想定される諒解への意識的志向を要求する。「諒解ということで、以下の事実を理解することにしたい。すなわち、他者の行動について期待によって方向づけられた行為は、そうした期待が充足されると見なすべき経験的に『妥当する』可能性を有する。というのは、合意がなされていないにもかかわらず、他者たちがその期待を自己の行動にとって意味上『妥当《ギュルティッヒ》』なものとして実践的に取り扱おうとする蓋然性が、客観的に存在しているからである。……そのような『諒解』の可能性への定位により条件づけられ、そしてそのかぎりでの共同行為の総体を、『諒解行為』と呼ぶことにしたい。[☆36]」たしかにヴェーバーはこの個所で、他者の行動が期待されるための動機はどうでもよい、と説いている。しかし、そうした動機には、少なくとも「正統的な秩序」という適正な想定も含まれているはずである。そして、この正統的な秩序は、そこに具体化された理念や価値が間主観的に承認されねばならないかぎりにおいて、価値合意に立脚しているのである。「われわれは、（a）行為が実際の「格律」によって（全般的にあるいはほぼ全般的に）定位されている場合にのみ、社会的関係の意味内容を「秩序」と呼ぶことにしたい。（b）そうした格律による事実的定位が行為にとってなんらかの意味で妥当なものとして、つまり拘束力をもつ、あるいは範例的なものとして見なされるがゆえに（つまり実際に重要視されるがゆえに）、そうした定位も生ずるのであり、われわれはそうした場合にのみ、右の秩序の「妥当」を語ることにしたい。……目的合理的な動機によってのみ保持される秩序は、ただ習俗により、行動の習熟性の結果として生起した、これらによる定位よりも、つまり内的態度のきわめて頻出する形態のひとつよりも、一般にはるかに不安定である。だがこの秩序は、範例性や拘束性、こう言ってよければ『正統性』の威信とともに出現する秩序よりも、なおいっそう不安定である。[☆37]」

正統的に秩序づけられた行為においては、相互的に想定された諒解は、「他の動機と並んで秩序が、範例的もしくは拘束的なものとして、つまり妥当すべきものとして、少なくとも行為者たちの一部の念頭に浮かんでいること」、このこととかかわっている。しかし他方で正統的な秩序は、当該価値の内面化を通じて内面的心理に根ざす規範的諒解にのみ立脚するわけではない。その妥当性が宗教的権威によって、あるいは純道徳的に価値合理的信念によって根拠づけられるのではないかぎり、つまり相応の内面的制裁（救済財の喪失への畏れ、羞恥や罪の意識）と自己拘束能力によって保証されるのでないかぎり、妥当性には外的保障が必要なのである。これらの場合には、社会的秩序の正統性期待は慣習や法によって安定化される。周知のようにマックス・ヴェーバーが「慣習」について語るのは、社会的妥当性が、「実際に歴然とした一般的不同意」を避ける行動によって外的に保障されている場合である。また「法」について語られるのは、全般的に規範に合致した行動が、「強制機構」の側からの外的強制の威嚇によって保障されている場合である。正統的に秩序づけられた行為にかんして想定されうる諒解は、正統性の根拠に付加された内的保障と外的保障の態様に応じて修正される。そうした諒解は、根拠と経験的動機の合成物に立脚しているのであり、そこでは、根拠が神話的物語、宗教的世界像、形而上学的教説のいずれかから導きだされているのか、それとも世俗的由来をもち、実践理性の語用論的‐目的合理的使用、倫理的使用、道徳的使用のいずれかから生まれてくるのか、この違いによって根拠が区別されるのである。

このような諒解は、秩序に社会的妥当性を保証し、したがって一般的に期待されるべき事実的効果を保証するのであるが、こうした諒解の混合的な妥当性の基礎には、制度そのものの両義的性質が反映されている。一般化された行動期待が、規範的妥当要求を正当化する理念と結びつく場合にのみ、利害はそうした一般化された行動期待を通じて継続的に充足されうる。また理念は、これに推進力を付与する利害と結びつけられる場合にのみ、経験的に貫徹されうる。以上から、正統的な秩序は「上から」と同様「下から」も分析されるという結論が、方法論的に得られる。つまり再構成的手法をとる社会学は、これら両方の視点を正しく評価しなくてはならないのである。このようにして、社会学的法理論は、哲学的正義論とのつながりをも得ることができ、同時にその限界を超えることもできるのである。

裁判官や国家市民といった参加者のパースペクティヴからなされるべき再構成的分析は、規範的実体に具体化された意味内容を対象とする。つまり、法システム（もしくは個々の規範）の正統性要求や理想的妥当性を説明するための理念や価値を対象とするのである。観察者のパースペクティヴからなされるべき経験的分析は、正統性への信念、利害状況、制裁、事情といったもの全体を対象とする。つまり、法的に制度化された行動期待の経験的妥当性と事実的貫徹性を説明するための行為状況の論理を対象とするのである。マックス・ヴェーバーは、法律学的考察法と社会学的考察法との適切な区別をおこなった。前者は法規の客観的意味内容にかかわり、後者は法的に規律された実践にかかわる。この実践にとっては、「たとえば、規定された法規の『意味』と『妥当』にかんする人間の表象も、重要な役割を果たす」のである。[☆38]

ヴェーバーは、法社会学をこのような区別で開始している。法律学的考察法が問うのは、「何が法として理念的に妥当するのかという問題である。これは、いかなる意味が、換言すれば、いかなる規範的意味が、法規範として出現する言語的構成物に論理的に正しく帰属すべきなのか、このことを言い表わしている。これに対して

（社会学的考察法の問いとしては）、共同行為に参加する人間が……特定の秩序を妥当しているものと主観的に見なし実際に従う可能性、つまり自己の行為をその秩序に定位する可能性が存在しているがゆえに、共同体の内部でどのような秩序が生起するのか、という問題が提起される。[☆39]」たしかにヴェーバーは、再構成的概念分析研究を一括して法律学の仕事に組み入れている。この点で彼は、法ドグマーティク、法理論、法哲学を十分に区別していない。ちなみに法哲学が軽視されていることについては、ヴェーバーが道徳理論における認知主義的立場（現代であればロールズや討議倫理学によって代表されるようなそれ）に懐疑的で否定的な姿勢をとっていることに起因する。このような、意味と妥当性の諸条件の再構成を法ドグマーティクにのみ帰するという非常に限定された考え方は、当事者と観察者という二つの方法論的パースペクティヴについて、ヴェーバーが少なくとも暗黙理に念頭に置いていた両者の結びつきよりも、対立のほうを強く際立たせてしまうことになる。むしろ彼は、自分の法社会学の考察のなかで両者の関連をこそ重視すべきだったのである。正統性への信念において前提されている理想的妥当性の諸条件は、法秩序の社会的妥当性にとって、必要条件ではあるが十分条件ではない。というのも、法秩序とは、理念と利害を完全なかたちで一致させることはないが、理念による利害の解釈を通じて、根拠と妥当要求にもまた事実的効果を与えてやる、そうした「正統的秩序」なのだから。

法の歴史と類型にかんするヴェーバーの実質的研究において、再構成的分析は重要な役割を果たしている。クラウス・エダー[☆40]、ライナー・デーベルト、私の三人の研究と一致するのであるが、ヴォルフガング・シュルフターは、ヴェーバーによって分析された法発展の内的諸側面を詳細に解明する試みをおこなった。ヴェーバーは、専門的な法領域への絶えざる分化と並んで、一方における法プログラムと法的手続きの一般化および体系化による形成、他方における法の認知的妥当性の基礎の変化、これら二重の観点から法の合理化を追跡している。法的決定の根拠づけ地平の変容を、シュルフターは道徳意識の発展段階モデルにならって再構成している。この道徳意識の発展段階は、L・コールバーグがJ・ピアジェにならって個体発生について証明したものである。☆41 シュルフターは、法内在的観点のもとで実施された分析を要約して述べている。「出発点となるのは、一方での、宣示された法、伝統的な法、発見された法、制定法という区別、他方での法の形式的合理化と実質的合理化の区別、これらのヴェーバーによる区別である。私のテーゼは次のようなものである。すなわち、ヴェーバーは法の形式的側面と実質的側面を区別したのであり、これら二つの観点から、必ずしも同じ比重を与えたわけではないが、法の合理化を論じた。それゆえ、法的手続きの合理化と法的基礎の合理化の両方が存在しており、これら両者は、歴史的‐経験的には関連しているが、分析的には区別されねばならないのである。法手続きが論理化される一方で、法の妥当基礎は抽象的で普遍的になる。と同時に、この法の妥当基礎は、法を超越した原理から法に内在する原理へと変換される、つまりは世俗化されるのである。☆42」

ここでの連関においては、私にとって重要なのは、法社会学もまた、近代法システムで前提される「合法性についての諒解」の妥当性条件の高度な再構成に依拠している、という方法論的観点である。すなわち、このパースペクティヴからすると、法の実定化およびこれに連動した法と道徳の分化は合理化過程の結果であって、この合理化過程は、たしかに法秩序のメタ社会的保障を破壊しはするのだが、しかし、法の正統性要求に含まれる処分不可能性という要素まで消去してしまうわけではない、ということがわかるのである。宗教的世界像の脱呪術化は、神聖法と世俗法という「二重の王国」および法のヒエラルキーを掘り崩すことによって、破壊的効果だけをもたらしたわけではない。それは、道徳と法の基本概念を同時にポスト慣習的な根拠づけ水準へと転換することによって、法的妥当性の再組織化をもたらしたのである。行為規範と行為原理の区別、原理により導かれた規範産出および規範的拘束力をもつ規則についての合意の概念、私的自律［＝私的自治］をなす法的人格の法制定の力の概念、等々、これらとともに実定的に制定された規範の観念、つまり変更可能であり批判可能であると同時に正当化を必要とする規範の観念が作りだされた。ルーマンは法の実定性について、「法は決断によって制定される（すなわち選択される）のみならず、決断にもとづいても（つまり偶発的で変更可能なものとして）妥当する」[☆43]と定式化しており、あまりに狭歪に捉えすぎている。実際は、ポスト形而上学的な法の実定性とは、法秩序が、合理的に正当化された普遍主義的原則に照らしてのみ構成され継続形成されうる、ということも意味しているのである。

マックス・ヴェーバーは、合理的な合意によって制定された協約にもとづく目的団体をモデルとして、法的に規制される行為――つまり共同行為とは区別される社会行為――を分析しており、そうすることによって、行為理論の地平においても制定原理と根拠づけ原理との内的連関を考慮している。すなわち、そのようなモデルには、理念型の手法によって二つの要素が包括される合法性の諒解が想定されているのである。すなわち、制定された協約は、一方で妥当な団体法と一致することで実定的に制定され、他方で合理的に合意がなされるがゆえに、妥当するのである。そのような協約のもつ特殊な合理性とは、根拠づけられた合意にもとづいてのみ、構成員が国家の承認を受けた規則の強制に服する、という点にある。たしかにヴェーバーの見解によれば、合法的秩序は、そのような合理的に目指された諒解という想定にもとづいてのみ正統的なものとして妥当しうるわけではなく、「正統的なものとして妥当する、人間の人間に対する支配にもとづいた強制――と従順――によって」[☆44]も妥当しうる。しかし、合法的支配は法の形式を整えることによってのみ正統的だとされうるのだから、この代案にはさらに説明が必要である。

「合法的支配」の妥当性の逆説的な基礎は、合理性概念の不明確な使用に起因しているだけではない。[☆45]ヴェーバーがその支配の社会学の枠内で企てた、きわめて限定されたかたちでの近代法の取扱いにも、起因しているのである。彼は法の合理化をその内的側面から解明し、分析的手法を用いて近代法の妥当性の基礎を再構成しているが、それにもかかわらず、彼のそうした手法は、合法的支配の権限形式での組織化と行使のために法が果たす諸機能の価値懐疑的特性を克服できていないのである。ヴェーバーの場合、法の諸類型は一般的に、合法的支配の諸類型を考察するための導きの糸となっている。つまりこの場合、近代法は、合理的国家機構の官僚制的支配ともっぱら機能的に関連づけられており、社会統合という法の固有の機能には、適切な注意が払われていない。ヴェーバーに従えば、法治国家の正統性は、最終的には、政治的意思形成の民主的形式から生ずるのではなく、政治的支配を法形式で行使するための諸前提からのみ――つまり、制定法の抽象的規則構造から、そして裁判の自律性ならびに行政に対する制定法による拘束と行政の「合理的」構造（行政実務の継続性と文書主義、権限別の官僚制組織、官職ヒエラルキー、公務員の専門教育、官職と人格の分離、行政機構と行政手段の分離等々）から、生ずるのである。このようなヴェーバーの見解には、政治的党派のエリート支配に適した特殊ドイツ的法治国家像が反映されている。

しかし他方、パーソンズのように、近代立憲国家を政治権力の法制化というパースペクティヴから考察するならば、別の法治国家像が生まれてこよう。このような法制化が進むと、近代法の合理的な妥当性の基礎が構造的に制約を受けるようになり、市民社会《ツィヴィールゲゼルシャフト》・政治的公共圏・国家市民資格に由来する民主的正統化の様式が広まることになる。パーソンズは、分化したさまざまな社会システムが発達してきた中心的核心部分のことを共同体システム（societal community）と呼んでいる。この共同体システムは、統合作用に特化したすべての行為領域を含む――つまり、一方では社会的連帯を保障するシンボル実践（儀式、宗教上の祭祀、国家行事など）が含まれ、他方では典型的な行為衝突を規律し、第一段階で制度化された行動期待の安定性を脅かす紛争が生じたときに援用される、第二段階の制度（法と道徳のようなそれ）が含まれている。道徳と法は、これら以外の制度的秩序の社会統合作用が不調な時に、いわばその賠償保障を引きうけるわけである。すでに部族社会においては、仲裁、神託、フェーデ、血讐といった古代的法実践とともに、そうした自己関係的な規範構造が形成されていた。[☆46] 法とは、制度化の過程そのものについて再帰的になった正統的な秩序のことなのである。共同体システムはこれはこれで社会全体の核心的構造をなすが、法はそれ自体として、そうした共同体システムの核心をなすのである。

ヴェーバーと違って、パーソンズは法の社会的進化を、支配の形式化における法の作用という局面からではなく、社会的連帯の保障という法独自の機能の面から追跡している。高度な文化をもたない未開社会では、法はなお、それ以外の規範的なさまざまな制度と一体である。法は明確な姿をとっていないのである。部族社会が高度な文化に移行してはじめて、部分的に自律的な法が形成されてくる。このような進化の歩みを特徴づけるのが国家の組織形式であり、そこでは、法と政治権力が注目すべき結びつきをなしている。一方で国家は、紛争当事者が所与のものとして服従すべき裁判と法貫徹の手続きの制度化を可能にする。他方で国家は、法形式による官職ヒエラルキーの形態ではじめて構成されるのであり、同時に行政的支配の行使のための法形式を通じて正統化される。そのようにして、国家的に承認された法と、法形式によって行使される政治権力は互いに競合することになる。

このような水準においてはじめて、法システムの周知の諸要素が形成されることになった。すなわち、将来のいいいい起こりうる事例に関係づけられ、あらかじめ権利主張を保障しておくための、法規範と決定プログラム、第一次的行動規範の設定と変更を可能にする第二次的法規範、権利主張を提訴可能性へと変形する裁判の組織化、制裁による威嚇の基盤となる法の執行、等々。

国家法がはじめて法システムの特殊的傾向を受け入れたがゆえに法を政治システムの一部として把握する、というマックス・ヴェーバーの理論戦略上の決断は、ある程度の説得力をもっている。それに比べると、ルーマンの理論戦略はあまり説得力がない。ルーマンによれば、近代において分化した法は政治からさらに切り離され、行政・経済・家族等と並ぶ固有のサブシステムとして独立化することになった。パーソンズは、これとは別のパースペクティヴをとっている。パーソンズはデュルケムと同様に、法発展は共同体システムの進化と関連している、と考えている。この共同体システムが近代社会においては、資本主義経済取引の束縛（ヘーゲルの市民社会の概念はこれを念頭に置いている）から解放された市民社会《ツィヴィールゲゼルシャフト》を形成するまでになるのである。civil society は Societal community という先駆的形態から、社会全体の社会的統合の中心的役割を受け継いだのである。

伝統的法から合理的根拠づけと実定性への転換の内的諸局面を、パーソンズは価値の一般化と参入［Inklusion］という観点からむしろ付随的に扱っている。近代法の妥当性の基礎の道徳的普遍主義が成立することで、自由で平等な法仲間の連帯的結合へすべての社会的構成員を継続的に組み入れることが可能になったのである。だがパーソンズは、とくに法発展を外的諸局面のもとで主題化している。初期近代の特徴は、貨幣媒体を通じて制御された経済システムが政治的支配秩序から分化するという構造形成的な過程にある。そして政治的支配秩序もこれはこれで、行政権力を通じて制御されるシステムの形態をとっていた。この経済と行政という二つのサブシステムの形成は、同時に経済と国家からの市民社会《ツィヴィールゲゼルシャフト》の独立を意味する。共同体の伝統的形式は、宗教的多元主義のもと、もろもろの文化的行為システムから距離をとる近代的な市民社会《ツィヴィールゲゼルシャフト》となった。こうした分化の過程とともに、新たな統合の必要性が生まれてくるのであり、この必要性に実定化された法は三つの方向で応えたのであった。[☆47] 貨幣と行政権力という制御媒体は、市場と官僚制組織の法的制度化を通じて生活世界と結びつく。同時に、従来は発生した紛争を慣習、誠実、信頼に拠りつつ倫理的に解決するためのものだった相互作用の諸連関が、法制化されることになった。つまり紛争事例において当事者が権利主張をなしうるように、形式的に再組織化されることになった。そして、潜在的なすべての社会的諸関係が法制化されると、それを補う不可欠の要因として、公共的・法的に制度化された国家市民資格の普遍化が生じた。国家市民の資格の核心をなすのは、政治的参加権である。これは、市民社会《ツィヴィールゲゼルシャフト》の新たな交流形式、つまり自由意思にもとづく連帯的結合という、基本権にもとづいて保護されたネットワーク、そして、マス・メディアを通じて作りだされた政治的公共圏のコミュニケイション形式、これらのなかで行使される権利である。

　法の実定化は、法の妥当性の基礎の合理化から否応なく生じる。それゆえ、構造的に分化した生活世界と機能的に独立したサブシステムをともなう複合的社会にかんして、近代法がその行動期待を安定化させようとすれば、近代法は、市民社会《ツィヴィールゲゼルシャフト》へと変形されたsocietal communityの監督者として、信頼に足る正統性要求の抽象的形式をもちつつ、伝来の連帯的性質を維持しなければならないことになる。近代法はこうした要請を、国家市民資格の一般化と具体化を通じて実現した。「平等な者によって根本的に構成されたsocietal communityは、宗教、民族的出自、地域・地方、社会階層における世襲的地位といった、古くからの個別的なメンバーシップの属性の正統性を掘り崩す長い過程の『終着点』であるように見える。……平等というこの基本的なテーマは、長い前史をもつものであるが、『自然権』の概念においてはじめて明確なかたちをとるにいたった。……現在合州国で浮き彫りになっている貧困と人種問題は、主として、強い道徳的反感に起因している。つまり、さまざまな集団間での近代的平等主義についていろいろと議論がなされたにもかかわらず、劣悪な人種とは言わないにせよ、生まれつきの『下層』階級という概念が近代社会で生じたことへの反感に起因しているのである。[☆48]」自由意思による連帯的結合を形成する法仲間による、公共的で他者の参入を許容する意見形成過程・意思形成過程の基盤として市民社会《ツィヴィールゲゼルシャフト》を作りだすこととの関連で、パーソンズは最終的に、教育機会の平等化つまり文化的知識と階級構造との分離、の意義を強調している。「新しい局面の焦点は教育革命である。それはある意味で、産業革命および民主主義革命の主題、つまり機会の平等と市民権の平等を総合する革命に他ならない。[☆49]」パーソンズはこのような「教育革命」の概念によって、対応能力をもつ政治的公共圏の政治的－文化的条件にも触れているのである。これはまさに次の意味でロールズの関心の的になっている点である。つまり、近代的法システムの正統化要求が、現実化された国家市民的平等というかたちで事実的に充足されればされるほど、法治国家的に構成された正統化過程の価値基準は、組織化されていない公共的コミュニケイション過程にますます依存するようになるのである。

パーソンズにとって近代法は一種の伝導ベルトとして捉えられている。というのも、この近代法を通じて、連帯つまり、われわれが具体的生活諸関係によって精通する相互承認という高度な構造が、抽象的ではあるが拘束力のある形式で、複合的社会の匿名化されシステム的に媒介された諸関係へと伝達されるからである。このようなパーソンズの見解を経験的に例証してくれるのが、T・H・マーシャルがイギリスを例として研究した国家市民権の拡大である。[☆50] マーシャルが提示した「市民権」「政治権」「社会権」の区別は、法律学の周知の分類に従っている。その分類によれば、自由主義的防禦権は、生命・自由・財産に対する国家の制定法に拠らない侵害から私的権利主体を保護する。政治的参加権は、意見形成と意思形成の民主的過程への参加を能動的市民に保障する。社会的請求権は、最低限度の所得と社会保障を福祉国家のクライエントに保障する。マーシャルのテーゼによれば、西欧社会の国家市民資格は、過去二、三世紀の間にこの順序で徐々に拡大されながら確立されてきたのである。

国家市民のこのような概念は、近時の論議のなかで新たに注目を集めている。マーシャルが研究したのは、なにより資本主義的近代化の過程との関連で次第に市民が参入するようになる様であった。しかし、国家市民的権利の拡大を社会進化の成果として表わす図式は、明らかに狭すぎる。これに対して、A・ギデンスは闘争と社会運動の役割を強調した。[☆51] たしかに、経済的な動機による階級闘争の強調は一面的である。別の種類の社会運動、とりわけ難民の移動と戦争もまた、さまざまな次元で国家市民の資格の拡大を推し進めたのである。[52]新たな参入関係の法制化を促した諸要因が、逆に国民の政治的動員に、したがってすでに存在する市民権の活性化にまで、影響を及ぼしている。[53]最終的に、マーシャルによる権利の分類は、文化的諸権利だけではなく、今日とりわけフェミニズムとエコロジーの運動で追求されているような、新しい種類の市民権にまで拡大されている。だがそこには、社会学的考察法より内的解釈を用いる法律学的考察法によって解明されるような問題点が、よりいっそう明確に現れている。

マーシャルとパーソンズは国家市民資格の概念を、全般として直線的に進んだ発展に結びつけているのだが、このような発展はいずれにせよ、社会学者が一般的に「参入」と呼ぶものに相当する。ますます機能的に分化し続ける社会においては、より増大しつつある部分システムに参入し参加する権利を、よりいっそう多くの人がより広範な権利として獲得することになる——市場、企業、職場、行政機関、裁判所、軍隊、学校と病院、劇場と博物館、政治団体と公共的なコミュニケイション手段、政党、自治体、議会、これらのいずれが問題になるにせよ。このことは、個々人から見れば、組織構成員の資格の数が増加し、選択可能な範囲が拡大している、ということである。しかしながら、直線的発展というこのような像が描かれるのは、自律性の増減に無関係な説明をしているからである。このような説明は、個々人が自らの身分の民主的変更を引き起こすための能動的国家市民資格の事実的利用というものについては、盲目なのである。[54]政治的参加権だけが、国家市民の有する再帰的で自己関係的な法的地位を根拠づける。これに対して、消極的自由権と社会的給付請求権はパタナリスティックに付与される。法治国家と社会国家は原理的に民主主義なしに可能である。というのも、三種類の権利すべてが制度化されている場合であっても、防禦権と給付請求権はヤヌスの双面のごとく表裏の関係にあるからである。歴史的に見れば私的所有者の社会的地位を決定づけてきた自由主義的権利は、機能的観点から見ると、市場に制御される経済システムの制度化として把握されるが、その一方で、この権利は、規範的観点から見ると、私的主観的な特定の自由を保障する。社会的権利は、機能的観点から見ると、福祉国家的官僚制の設営を意味し、規範的観点から見ると、社会的富の公正な分配に対する補償的要求を保障する。たしかに、主観的自由であれ、社会的保障であれ、政治的権利の効果的実現を可能にしてくれる社会的自律の法的基礎としても考察されうるところである。しかしその場合重要なのは、経験的な連関であって、概念的に必然的な連関ではない。なぜなら、自由権と給付請求権は、国家市民の役割から私的な事柄を重視する傾向への脱却を意味し、そうすることによって、クライエントに配慮し給付をおこなう福祉行政の諸関係へと還元されるからである。

そうした権利によって制度化される経済と国家が、システムの固有の論理に従い、国家市民をたんなる組織構成員という些末な役割に矮小化してしまえばしてしまうほど、国家市民が私人化し、クライエントとしての利益を基に国家市民の役割を行使するというシンドロームが、ますます蔓延するようになる。経済システムと行政システムは、自己を環境から切り離し、貨幣と行政権力による固有の命令にのみ従う、という性向を有している。こうしたシステムは、国家市民の共同実践を通じて自ら決定する法共同体のモデルを破壊してしまう。一方での私的・国家市民的自律の拡大、他方でのパタナリスティックに付与された権利の受動的享受というフーコー的規律化、[☆55] これら両者の間での緊張関係は、社会国家的大衆民主主義の市民身分そのものに内在している。それゆえ、この種の緊張関係に敏感であろうとする社会学者は、法システムの内的パースペクティヴからの市民権の合理的再構成を放棄してはならない。パーソンズも、システム理論の基本概念を用いたために、マックス・ヴェーバーが法の合理化として再構成したものを十分に捉え尽くすことができなかった。というのも、パーソンズは「参入」と「価値の一般化」を論ずるにあたって、これらを、近代的法治国家において具体化された社会統合的法概念の規範的内実が外見的にのみ中立的な基本想定の背後でシステム統合の多様な諸次元を通じて消滅する、そう

した次元として扱っているからである。☆56

こうした誤解を避けるために、私は第三章と第四章で、権利の体系と法治国家の原理を討議理論の観点から分析することによって、国家市民資格の概念を、なによりその規範的内実に注目しながら再構成したいと思う。だがその場合、「法［Recht］」と「権利［Rechte］」の用語法によって引き起こされた、哲学的正義論に見られる混同を避けなければならない。「権利」は、道徳的な意味でも法律学的な意味でも用いられる。そこで私は、法と道徳をはじめから区別しておくことにしたい——つまりロールズとは異なり、純粋に規範的な妥当要求という同一の地平に存する政治的正義と道徳を、あえて区別することにしたいのである。「法」については、私はこれを、体系的根拠づけならびに拘束力ある解釈と貫徹への要求をともなう、近代的な制定された法のことだと解する。法は、ポスト慣習的道徳と同様に文化的知の形式で表わされるだけではなく、社会的制度システムの重要な構成要素をもなす。このような法は、知識体系であると同時に行為システムでもある。つまり、規範命題と規範解釈のテクストとしても、あるいは、制度つまり行為規制の複合体としても、理解される。行為システムとしての法において動機と価値志向が相互に結びついているがゆえに、法規によって直接、行為の効果が発生するのである。道徳的判断にはそのような効果は存在しない。他方で、法制度は、その相対的に高度な合理性のゆえに、自然発生的な制度的秩序とは区別される。というのも、法制度として具体化されているのは、ドグマーティシュに形成された知識体系、つまり明晰に言語化され、学問的水準にまで高められ、原理により導かれた道徳と結合した知識体系であるから。

このような法の概念によって、哲学的分析は、「二重のパースペクティヴ」にもとづく経験的分析へと確実に転換することができる。しかしその一方で、パーソンズ理論であれルーマン理論であれ、システム理論の手法を断念することになるが、だからといってそれは、全体的社会概念への回帰によって購われることになってはならない。「国民」もしくは「自由で平等な法仲間の連帯的結合」は、法システムの構成要素として不可欠ではあるが、社会全体のモデルとしては不適切なのである。

生活世界というコミュニケイション理論上の概念もまた、部分からなる全体という思考形象とは縁を切っている。生活世界は、社会的空間と歴史的時間のなかで細かく枝分かれすることで形成された、コミュニケイション的行為の網の目から成り立っている。そしてそうしたコミュニケイション的行為は、社会化された個人のアイデンティティに依存しているのみならず、それに劣らず、文化的伝承と正統的秩序にも立脚しているのである。それゆえ生活世界は、構成員を有する大規模組織、連帯的結合、個人を集めた団体、構成員を統合した集合体、これらのいずれでもない。社会化された個人は、文化的伝承に示された諸関係や正統的秩序のなかで安定化された諸関係により支えられた相互承認があってはじめて、自らを主体として確認することができる――そしてその逆もまた成り立つ。生活世界の中心となるコミュニケイション的日常実践は、文化的再生産、社会統合、社会化の共同作用にもとづき同じ起源から生まれてくる。文化、社会、人格は相互に前提しあっている。[☆57] 法仲間の連帯的結合としての法秩序という法律学的概念は、たしかに哲学的討議は今日にいたるまでこれに固執し続けているが、社会理論にとってはあまりに具体主義的にすぎるのである。

コミュニケイション的行為の理論の観点から見れば、「法」という行為システムは、再帰的となった正統的秩序として生活世界の社会的構成要素に帰属している、と断定することができる。生活世界がただ文化と人格的構造とともにのみ、コミュニケイション的行為の流れを通じて再生産されるのと同様に、法的行為もまたひとつの媒体をなす。というのも法制度は、間主観的に共有された法的伝統と同時に法規則の解釈・顧慮の主観的能力とかかわるだけではなく、法的行為を通じて再生産されるからである。社会的構成要素の一部として、このような法規則はより高度の段階の正統的秩序をなす。だが同時にこうした規則は、法シンボリズムならびに法的社会化により獲得された権限というかたちで、生活世界の残りの二つの構成要素においても別の姿で現れる。三つの構成要素すべてが、同じ起源に由来しつつ法的行為の産出にかかわっているのである。法を志向するすべてのコミュニケイションは法に関連する。この場合、法規則は、制度化過程において実施された社会統合に再帰的にかかわることになる。しかし、法コードは、生活世界の社会統合的了解作用がなされるための日常言語という媒体と結びついているだけではない。法コードはさらに、生活世界に由来する情報を、権力により制御された行政と貨幣により制御された経済の特殊的コードにとっても理解可能な形式へと変換するのである。そのかぎりにおいて、法の言語は、生活世界の領域に限定される道徳的コミュニケイションとは違って、社会全体を包括するコミュニケイション循環のなかでの、システムと生活世界との間の変換機として機能することができるのである。

第三章　法の再構成（1）——権利の体系

これまでの考察は、法のカテゴリー、とりわけ近代法のそれをコミュニケイション的行為の理論の観点から説明するという、予備的な目的をもつものであった。まさに批判的社会理論は、規範と現実の関係を観察者の視点から記述するだけでは満足しないのである。私は第七章で、民主的法治国家秩序の規範的要求と社会的文脈の事実性との外的緊張関係に立ち戻るつもりであるが、その前に第三章から第六章において、そうした近代的法秩序の自己理解を合理的に再構成しておきたい。この点に関連して、市民がその共同生活を実定法という手段によって正統的に規律しようとする場合に市民が相互に承認しなければならない権利、これを私は出発点としたい。このような定式化には、権利の体系の全体に事実性と妥当性の内的緊張関係が遍く浸透していること、つまりそうした緊張関係が法的妥当性のアンビヴァレントな態様の特徴をなしていること、このことが示されている。

すでに第一章で見たところであるが、近代的法理解にとっては、主観的権利の概念が中心的な役割を果たしている。この主観的権利の概念は、主観的行為自由の概念に対応している。つまり、主観的権利（英語にいうライト［rights］）とは、主体が意思を自由に行使しうる領域の限界を定めるものである。しかもこの主観的権利は、権利の担い手と解されたすべての個人もしくは法的人格のための平等な行為自由を定義するのである。一七八九年の『人および市民の権利宣言』第四条では、次のように規定されている。「自由とは、他人を害しないすべてをなしうる、という点にある。したがって、人間の自然的な権利の行使は、社会の他の構成員に同じ権利の行使を保障する限度において、限界づけられる。この限界は、制定法によってのみ確定することができる。」この条項にならって、カントは一般的法原理の定式化をおこなっている。すなわち、一般的法則に従って万人の自由と調和しうる行為、つまりその格率に従って各人の選択意思の自由が一般的法則に従って万人の自由と調和しうる行為、こうした行為はなんであれ正当である、と。さらにロールズはこうしたカントの定式化を受け継いで、正義の第一原則の定式化をおこなった。「誰もが、等しい基本的自由の最大限に包括的な体系への等しい権利をもつべきである。しかもこの等しい権利は、自分以外の他の人びとの等しい体系と一致するものでなければならない。[☆1]」こうした制定法の概念は、権利の概念にすでに含まれている平等な取扱いという理念を包含している。つまり、一般的で抽象的な制定法の形式において、すべての主体は平等な権利を与えられるのである。

　経済社会とは、倫理的に中立化された行為領域のなかで、各自の利益を追求する成果志向的な個別的主体による脱中心化された決定に依拠する社会なのであるが、右のような制定法の基本概念的定義は、なにゆえ近代法が、とりわけ経済社会の社会的統合に適しているかを明らかにしてくれる。しかし法は、複合的社会の機能的要求だけに応えるわけではない。最終的にコミュニケイション的に行為する主体の了解作用を通して、つまり妥当要求の承認可能性を通じて実施される、社会統合のやっかいな諸条件をも満たさねばならない。近代法は規範的要求を、道徳の負担を払拭した個人ではなく、複数の行為自由の両立を保障する制定法に向けるのである。[☆2] そうした制定法は立法手続きからその正統性を得ており、さらにこの立法手続きは国民主権原理に立脚している。国家市民の政治的自律の行使を保証する権利を援用することで、正統性が合法性から成立するというパラドックスが説明されねばならない。

　パラドックスであるというのは、一方で、主観的権利としての国家市民の権利が、個人に選択意思の自由の領域を付与するすべての権利と同一の構造を有するからである。政治的権利は、たんに合法的な態度を義務づけるにすぎない、つまり規則に合致した態度に対して動機を要求しないのだから、権利を使用する様式の違いを度外視すれば、政治的権利もまた主観的行為自由として解釈されうるはずである。他方で、民主的立法手続きにおいては、手続きの参加者は公共の福祉を志向する規範的期待に従わなければならない。というのも、この民主的立法手続きそれ自身は、共同生活の規則にかんする国家市民の了解過程からのみ、正統化の力を得ることができるにすぎないから。近代の諸社会においても、法は、コミュニケイション的行為の社会的統合力との内的連関を維持してはじめて、期待安定化の機能を満たすことができるのである。

主観的 - 私的自由と国家市民的自律との間には、以上のような問題をはらんだ連関が考えられるのだが、私はこうした連関を法の討議概念を用いて解明したいと思う。そのさいひとつやっかいな問題があるが、これを私は二つの異なるコンテクストで扱いたい。私的自律と公的自律を基本概念上十分なかたちで調和させることは、これまでのところ成功をみたためしがないのであるが、このことは、法ドグマーティクの内部では主観的権利と公法との不明確な関係によって示されており、理性法の伝統の内部では人権と国民主権の激しい競合関係に示されている(Ⅰ)。いずれの場合においても、この難点は意識哲学の諸前提だけではなく、自然法のもつ形而上学的残滓、つまり実定法を自然的権利や道徳的権利に服従させることにも起因している。だが実際のところ、実定法とポスト慣習的道徳は、崩壊しつつある実質的人倫という同じひとつの源泉から分化してきたのである。カントによる法形式の分析は、法と道徳の関係について議論をおこなうためのよい手がかりを与えてくれる。そしてそれを踏まえつつ、カントの法論の構造に見られるものとは違って、民主主義原理は道徳原理に服従するものであってはならない、ということが示される(Ⅱ)。このような転換点を確認したうえではじめて、権利の体系が討議原理を援用しつつ根拠づけられ、そうすることで、私的自律と公的自律、人権と国民主権、いずれにおいても、なにゆえにそれぞれが互いに前提しあっているかが説明されることになる(Ⅲ)。

I　私的自律と公的自律、人権と国民主権

（1）ドイツの民法ドグマーティクはわれわれの法理解全体の基準となってきたものであるが、そのなかで主観的権利の学説は、なによりイデアリスムス法哲学の影響を受けて成立した。サヴィニーによれば、法関係は「個々の人格に帰属する力、すなわち個々の人格の意思が支配をなす領域を支配する——しかもわれわれの承認にもとづいて支配する。[☆3]」ここではまだ、主観的行為自由と法仲間による間主観的承認との連関が強調されている。だがサヴィニーの考察が進むにつれて、私法にとってのその核心的意義がさらに強調されている。つまり、「主観的意味での権利」は、人格の不可侵性つまり個人の意思の自由な行使を前提としつつ「独立的な支配の領域」を保障するがゆえに、それ自体で正統であるべきだ、とされるのである。[☆4] プフタにとっても権利とは本質的に主観的権利である。「権利とは、意思の力の主体としての人間に等しく認められる自由を承認することである。[☆5]」この見解によれば、主観的権利は消極的権利であり、自由・生命・財産に対する不当な干渉を防止するための訴えを根拠づけることにより、個人の行為の作用領域を保護する。こうした権利保護を受ける領域では、私的自律はなによりも、契約締結あるいは財産の取得・譲渡・遺贈の権利によって保障される。

十九世紀の後半には、私法が自分自身によって正統化をおこなうには、権利主体の私的自律が個人の道徳的自律を基礎としていなければならない、という事情がますます強く意識されるようになった。法そのものがイデアリスムス的根拠づけ、とりわけカントの道徳理論による支えを失ったために、「個人の支配力」という外皮だけが残され、本来保護されるべき正統的な意思自由という規範的核心は消滅してしまったのである。カントにおい

ては、法原理によって意思自由と人格の自律的意思とを関連づけたがゆえに、正統化の力が産みだされた。だがこの結びつきが解消されてしまったあとは、実証主義的理解に従い、法は特定の決定と権限に事実的拘束力を付与する形式でしか残ることはできなかったのである。ヴィントシャイト以降、主観的権利とは、法秩序において客観的に具体化された意思の力を個人に転用する、法秩序の反射である、とされたのである。「権利とは、法秩序によって付与された意思の力もしくは意思支配のことである。[☆6]」

さらにそののちには、イェーリングが功利主義的解釈を権利概念の定義にもちこんだ。意思ではなく効用が法の実質をなす、というのである。[☆7]「主観的権利は、概念上は法秩序によって個人に付与された法の力であり、その目的からすれば、人間の利益を充足するための手段である。[☆8]」享受と利益をもちだすことで、私法上の主観的権利を権利一般にまで拡大することが可能になった。おそらくこうした主観的権利から、第三者の干渉を排する、これこれについての誰それの権利というものだけではなく、絶対的あるいは相対的な、組織的な給付への請求権も生じたのである。最終的には、ハンス・ケルゼンが主観的権利について、客観的 - 法的に保護された利益、客観的 - 法的に保障された意思自由（ヴィントシャイトの意味での「意思の承認」）という一般的定義を与えた。同時に彼は客観的法について、それまで強い影響力をもっていたトーンの法的妥当性の命令理論的内容との関連を断った。ケルゼンによれば、主観的権限は命令者の意思によって正統化されるだけではなく、当為妥当性を具備している――つまり法規は、当為妥当性にもとづく行為自由を規定する、というのである。しかしこの「当為」は、立法者が制定された法に刑罰規範を結びつけることでその決定に妥当性を与える場合と同じ妥当性を指すのであり、それゆえ、義務論的なものではなく経験的なものとして解釈される。国家によって制裁権力が付加されることで、立法者の意思は「国家の意思」と化すわけである。

ケルゼンの見解は、サヴィニーから始まった私法ドグマーティクの終着点を示している。というのも、ここにおいて、個人主義的に解された主観的権利の道徳的内実ははっきりと言及されなくなったからである——つまり、道徳的観点から私的自律のために保護されるに値する人格の、他ならぬ自由意思と支配力、を失ったのである。ケルゼンは、人格の法律的概念を道徳的人格から切り離しただけではなく、自然的人格からも切り離した。完全に自律化した法システムは、自己産出した擬制を用いざるをえないからである。こうしたシステムは、ルーマンがそののちにさらに自然主義的転換を推し進めることで示したように、自然的人格を法システムの環境へと追いやってしまった。法秩序それ自体が、主観的権利によって、権利の担い手たる権利主体に論理的地位を与えてやるのである。「権利主体が……関係点として措定されることで、権利主体もしくは人格が主観的権利を『もつ』のかどうかの判断が空虚なトートロジーに陥ることを避ける、ということが可能になる。……なぜなら、人格に権限を付与する、人格に義務を課すとは、権利を権限づける、義務を義務づける、要するに規範を規範化する、ということを意味するのだから。[9]」法システムを道徳的人格と自然的人格から解き放つことで、法ドグマーティクには、主観的権利を純粋に機能主義的に把握する道が開かれる。ここに主観的権利の学説はシステム機能主義にバトン・タッチされ、その方法論上の設定を通じていっさいの規範的考察と手を切ることになったのである。[10]

主観的権利が客観的法に「服従」し、それにともない道徳的空洞化が進展することに対して、たしかにナチス体制下[11]での私法秩序の転換によって、一九四五年以後、道徳的に根拠づけられた反動が引き起こされはした。しかし、私的自律と道徳的自律との連関を自然法的に復権させる試みは、長くは説得力をもちつづけることはできなかった。その正統的自由主義がもたらしたのは、私法秩序を資本主義的経済取引の枠組みとして解する機能主義的解釈を促すような、個人主義的に単純化された主観的権利理解の焼き直しにすぎなかったのである。「主観的権利の概念は、次のような見解を生き生きと保持している。すなわち、私法およびこれが根拠づける権利保障は、結局のところ、社会における個々人の自由を保全するために存在するのであり、個人の自由とは、私法がそのために存在するところのもろもろの基本的理念のひとつなのである。なぜなら、主観的自由の思想に表現されているのは、私法とは、相互に独立し、各自の決定に従って行為する法仲間の法である、ということだからである。[12]」

　このように主観的権利の概念は次第に機能主義的に解釈されるようになってきたのであるが、こうした傾向に対してL・ライザーは別の試みをおこなっている。つまり、個人主義的な想定を社会権の立場から修正し、そうすることで私法にふたたび道徳的内実を復活させようとしたのである。ライザーは、サヴィニーによる基本概念上の転換点にまで立ち戻るのではなく、市民的私法の核心部分の社会国家的実質化を手がかりとしつつ、以前のまま維持されてきた主観的権利の概念を古典的な行為自由に限定しようと考えたのである。この根源的権利はやはり、「社会における人格の自己主張と自己責任」を保障する、とされる。しかしまた、この権利は社会権によって補われなければならない。「個人を取り巻き、他の個人との結びつきを可能にし、秩序構造として規律された作用連関へ、個人を法によっても組み入れること、つまり個々人が構成員の地位を占めるための法制度を形成し保障すること、これこそは、個人主義的な（私）法的地位の承認と同じくらい倫理的・政治的に重要である。[13]」ある個人が「個人を超えた巨大な秩序に組み入れられている」[14]場合には、その個人に権利保障を与えようとしても、「第一次的」権利ではあまりに弱すぎる、というのである。しかしこうした救済の試みは、もっと抽象的に考えなければならない。たしかに私法は、市民的形式法から社会国家の実質法へのパラダイム転換を通じて解釈しなおされた。[15]しかしこの再解釈は、二つのパラダイム間において別のかたちで解釈された基本概念と原理の修正で終わるものだと考えてはならないのである。

　とはいえ、ライザーは、個人主義的解釈によって忘却されていた、主観的権利の間主観的意味をふたたび思いださせてくれた。主観的権利は、共同する権利主体の相互承認に依拠する、というわけである。主観的権利だからといって、必ずしもはじめから法仲間が互いに孤立していると想定される必要はない。ライザーはそうした想定を修正しようとしたのである。権利主体とは互いに等しい権利を認められた主体であり、私人とはそうした権利を戦略的に使用することで相互にゲームの敵手として対立するのであるが、これら権利主体と私人は、ひとつの人格のなかで結合されはするものの、同一というわけではない。「結局のところ、権利とは拳銃でもなければ一人芝居でもない。それは関係性であり社会的実践であって、いずれにしてもこれらの本質的側面においては、権利とは相互関連が成立していることの表現なのである。権利とは、他人に義務を課し、他人に権原を付与する公共的規定である。少なくともそれは、外面的には社会的共同の一形式であるが、要するにその精髄は共同そのものなのである。[☆16]」主観的権利とは、もともとその概念からして、財産を所有することで相互に対立しあう、原子論的で孤立した個人とは無関係である。むしろ主観的権利は、法秩序の要素としては、互酬的な権利義務関係のなかで自由かつ平等な法仲間として承認された主体の共同を前提する。この相互的承認は、ここから訴訟を提起しうる主観的権利が導かれるのであり、それゆえ法秩序にとって構成的な意義を有している。この意味で主観的権利は客観的法と同じ起源に由来する。いうまでもなく、客観的法の国家主義的な理解は誤りである。なぜなら、客観的法は、主体が相互に認め合う権利から生まれてくるから。法秩序そのものの基礎である承認関係の間主観的構造を明らかにするには、社会権を追加するだけでは不十分である。だがそうした構造の誤認は、ドイツ民法ドグマーティクのイデアリスムス的出発点であれ、実証主義的末裔であれ、いずれにとっても特徴的なものであった。

つまり、政治的立法過程よりも高度の正統性を主張する、道徳と関連づけられた主観的権利が規範的に独立化することで、主観的権利の学説は産声を上げたのである。その自由保障の意味によって、主観的権利には民主的法制定とは無関係の道徳的権威が認められる、とされた。そうした権威とは、法理論そのものの内部ではまったく根拠づけることのできない権威である。こうしたことへの対応が、客観的法によって主観的権利を規定するという抽象的従属関係において終了する、主観的権利の学説の発展だった。この発展のなかで、客観的法の正統性は最終的に、制定法実証主義的に解された政治的支配の合法性のなかにとどまることになった。しかしこのような学説の発展は、主観的私的権利が有する中心的意義と結びついた真の問題を隠蔽している。すなわち、実定法はどこからその正統性を得るのかということが、それでは十分に説明されないのだ。もちろん、民主的立法過程にいっさいの正統性の源泉がある。そしてその民主的法制定過程はこれはこれで国民主権の原理にもとづいている。しかし制定法実証主義は、主観的権利の独自の道徳的内実――コーイングの強調する個人的自由の保護――が保全されるようなかたちで、国民主権の原理を位置づけたわけではなかった。つまりいずれにせよ、法的に認められた主観的行為自由の間主観的意味が、したがって私的自律と公民的自律の双方がそのまま主張されうる関係が、誤って理解されていたのである。

(2) サヴィニーはイデアリスムス的自由概念に依拠しつつ、次のことを前提することができた。つまり、自由を保障する消極的・手続き的権利の体系としての私法は、理性の根拠によって、つまり自分自身によって正統化される、というのである。カントの場合、よく秩序づけられた利己主義のシステムを根拠づけるとされる一般的制定法について、その正統化の問題に明確な解答が与えられたわけではなかった。そもそも『法論』においてすら、道徳原理・法原理・民主主義原理（カントが共和的統治様式を定義するときに用いた民主主義原理のこと）の関係は、結局のところ不明確なまま残されている。右の三つの原理はすべて、同じ自己立法の理念をそれぞれの様式で表わしたものである。ホッブズは、道徳的根拠を援用せずに、関係者の啓蒙された自己利害によってのみ、市民的諸権利の体系の設立を正当化しようとして失敗したのであるが、カントは自律を自己立法として捉えることで、そうしたホッブズの失敗を克服しようとしたのである。

カントのパースペクティヴからホッブズの立場を見なおすならば、ホッブズはむしろ、無制限な絶対主義の擁護者よりも民主主義抜きの市民的法治国家の理論家として解釈するほうが説得力がある。というのも、ホッブズによれば、主権者は近代法の言語でしか命令を下すことができないからである。この主権者は内政的には、一般的制定法に従って私人に主観的自由を保障する秩序を確保する。「なぜなら支配者が国家の内部で与えることのできる幸福とは、市民が内外の戦争から守られ、自己の努力によって獲得した財産を安んじて享受できるようにすること、これ以外にはないからである。[☆17]」

こうしてホッブズは、市民の臣民的地位に私権を一貫して付与するが、しかしこの場合、正統化問題は当然ながら、すでに根拠づけられた法秩序の内部では解決されえない、つまり国家市民の権利と民主的立法の手続きを通じて規律されうるわけではない。正統化問題は国家権力の創設と同時に一発で解消してしまう、より正確に言えば消滅してしまうのである。つまりホッブズが示そうとしたのは、絶対主義体制の社会は、全体として、すべての関係者の目的合理的考量にもとづいて道具的秩序として正当化される、ということだった。そのため、法形式による政治的支配の行使の規範的根拠づけという課題は、余分なことにすぎなかった。法的に構築された支配それ自体は、すべての関係者の選好を通じて秩序づけられた利己主義のシステムを維持するためのものとして描かれており、そのため、法そのものに内在する事実性と妥当性の緊張関係は、解消されている。つまりこの場合、道徳的に命じられているように見えるものは、合理的な利己主義者、あるいはカントの言い方では「悪党の集団［Volks von Teufeln］」、こうした者たちの利害に導かれた行為から自生的に成立する。市民的私法秩序の功利主義的根拠づけ――「できるだけ多くの者ができるだけ長く安寧でいられる[☆18]」こと――が、そもそも概念的根拠からして不法をなしえない支配者の主権に、実質的正当性を付与しているのである。

もっともホッブズはこのことを証明するために、なにゆえそうした秩序が事後的に、つまりすでに市民状態にある読者の視点からすべての関係者の利害を等しく充足するのか、ということを示す必要があるだけではない。彼はそのうえ、そもそも自然状態において、なにゆえそうしたシステムが、個々のばらばらで目的合理的に行為する主体おのおのによって同じように選好されえたのか、を説明しなければならない。さてホッブズは、私法がその名宛人にそうするのと同様に、自然状態における当事者に成果志向的態度を帰せしめており、そのため、契約という私法的概念装置を援用することで始源的社会化行為を構成しようとしたのは、当然のなりゆきであった――それは他でもない、全員が互いに、自分たちの措定した主権者のために締結する支配契約のことである。そのさいたしかにホッブズはある事情を考慮していない。それぞれの選好に規定された主体は、一人称単数のパースペクティヴから決定を下す。しかしこれは、自然状態における当事者が、自然的行為自由つまり相互に衝突するが無制限な行為自由と引きかえに、一般的制定法によって両立可能で限界づけられた私法的自由を手に入れる、という結果を検討するパースペクティヴではない。このように、自然状態の永続的闘争から、相互に自由を部分的に放棄することで成立し、強制により支えられた共同関係へと移行するにあたっては、合理的な動機づけが自然状態における主体にするが、それは次の二つの条件のもとではじめて可能になった。

第一にそうした主体は、相互性の原理に立脚した社会的関係がそもそも何を意味しているのか、理解できなければならないであろう。というのも、自然状態の仮想的存在である私権の主体は、いっさいの社会化がなされる以前の段階では、他者のパースペクティヴを引き受け、二人称のパースペクティヴから自分自身を見直すことを、まだ学んでいないからである。このようなパースペクティヴに立つことができるようになってはじめて、彼らにとって自己の自由とは、もはやさまざまな事実的抵抗と衝突する自然的自由のことではなく、相互承認にもとづいて構築された自由として立ち現れる。契約という道具を使用するために、主体は、相手とパースペクティヴを相互に交換する社会的認知上の態度を自在にとりうる必要があろう。しかしそうした態度を主体がとりうるのは、契約理論的に説明されるべき社会状態が成立してからのことだとされる。第二に、契約締結の当事者は、別のかたちでも、自然的自由から距離をとることができなければならないであろう。つまりそうした当事者は、一人称複数の社会的パースペクティヴを暗黙のうちにとってはいるのだが、自然状態にある主体には未知のものなのであろう。著者たるホッブズとその読者は、つねにこのパースペクティヴをとることができなければならないであろう。著者たるホッブズの諸前提のもとでは、主体は次のことは禁じられている。つまり、一般的制定法に従って各人の選択意思を制限する強制の相互的性質が、全員の等しい利害に関係し、したがってすべての関係者により求められうるものなのかどうか、このことを各人が評価しうるような立脚点をとることが禁じられているのである。そのために考慮すべき道徳的根拠について、ホッブズは黄金率――汝が汝に為さるることを欲せざることを、他人に為すなかれ――を取り扱う箇所において、付随的に自然法則としての地位を承認している。[19] だがしかし、すべての個人の啓蒙された自己利害によってのみ、よく秩序づけられた利己主義のシステムの整備を根拠づけるという、ホッブズが設定した証明目標の自然主義的諸前提は、右のような自然状態の道徳的解釈とは矛盾している。[20]

偶然的に相互に遭遇する合理的行為者たちの利害状態と効用計算の組み合わせを基に、いかにして権利の体系が説明されうるのか、という経験的な問題提起は、鋭敏な洞察力をもつ研究者の注意を繰り返し引いてきた。しかしこれには、ゲーム理論のような現代的学説をもってすら、満足のゆく解答は与えられていない。まさにこのような理由からして、こうした試みの失敗に対するカントの対応策は、依然として注目に値する。

カントが見るところでは、主観的権利それ自体は、私法から取りだされたモデルによって根拠づけられうるものではなかった。ホッブズは社会化契約の正統化様式と私的契約との構造的差異を考慮しなかった、とカントはもっともな批判を投げかけている。自然状態での契約締結当事者には、実際のところ、たんなる利己主義とは違った態度が期待されねばならない。「市民的体制を設立する契約は非常に独特の態様をとるので、……それが締結されるための原理にかんして、他のすべての契約とは本質的に区別される。[☆21]」通常、当事者は契約を「特定の目的のために」締結するが、社会契約は「それ自体が目的」である。というのも、社会契約が根拠づけるのは、「すべての者に彼の物が付与され、彼以外のいかなる者の干渉からも保護されうるよう強制する公共的制定法のもとで（生活するため）の、人間の法」だから。[☆22]カントによれば、当事者たちは、彼らが立法権能を委ねた主権者による法制定に同意をするわけではない。むしろ社会契約の特性とは、そもそもなんら特定の内容をもつわけではなく、それ自体として、法原理の支配下での社会化のモデルを提供する点にある。社会契約は、権利が正統的な妥当性を得るための諸条件を行為遂行的に確定する。なぜなら「法とは、各人の自由と万人の自由との一致という条件によって各人の自由を制限することであり、そのかぎりで万人の自由は一般的制定法に従って可能である[☆23]」から。

このような見地からすれば、社会契約は、平等な主観的行為自由に対する唯一の「生まれながらの」権利を制度化するためのものだ、ということになる。カントは、この始源的な人権が個人の自律的意思によって根拠づけられると考えた。つまり、そうした個人というものは、あらかじめ道徳的人格として、制定法を規定する理性の社会的パースペクティヴを自在にとることができ、そうすることによって彼らは、まさに道徳的に、したがって賢明さだけに拠ることなく、自由が保障されていない状態を脱却することができる、というのである。同時にカントは、ただひとつの人権は権利の体系へと分化しなければならない、と考えている。そのような権利の体系を通じて、「人間としての、社会のすべての成員の自由」であれ、「臣民としての、ある成員と他の全員の平等」であれ、いずれもが実定的形態を受け入れるのである。これは「公的法則＝公法」の形式によって可能となるが、この形式は、自律的で合意をした国家市民の公共的意思の表明としてのみ、正統性を要求できるにすぎない。「この点については、国民全体の意思以外のいかなる意思もありえない（全員が全員について、したがって各人が自分自身について決定するのだから)。なぜなら、誰であれ自分自身については不正をなすことはできないから。」[☆24] 自由を保障する制定法の正統性についての問いは、実定法の内部で解答を見いださなければならず、それゆえ、社会契約は法原理を核心に据えることになる。すなわち、社会契約は民主的手続きの諸条件に、つまり手続きに立脚した結論それ自体がすべての関係者の合意された意思ないしは理性的合意を表わすような民主的手続きの諸条件に、立法者の政治的意思形成を結びつける。こうして社会契約においては、等しい主観的自由への道徳的に根拠づけられた人間の権利は、国民主権の原理と結合することになる。

個々人の道徳的自律に基礎をもつ人権は、国家市民の政治的自律を通してのみ、実定的形態を獲得する。法原理は道徳原理と民主主義原理を媒介しているように見える。しかしこれら二つの原理が相互にどのような関係にあるかは、まったく明らかではない。このような構成全体の要である自律概念について、カントはたしかにこれを、道徳的に判断する個人といういわば私的な視点から導入している。だが彼はこの概念を明らかにするにあたり、民主的に実施される公共的「立法」というルソーから借用されたモデルを援用しつつ、定言命法の法則の定式を使ってそれを語っている。概念的には、道徳原理と民主主義原理は互いに相手を説明する関係にある。ただ、法論の建築術のおかげで、このような関係がわかりにくくなっているにすぎない。さて以上のことが正しいとすれば、法原理は道徳原理と民主主義原理の中間項をなすのではなく、民主主義原理そのものの裏面をなすにすぎない、ということになる。これら三つの原理の関係が不明確である理由を、私は、ルソーと同様カントにおいても、道徳的に根拠づけられた人権と国民主権原理との間に自覚されざる競合関係があるからだ、と考えたい。

私はこの点に立ち入る前に、ここでひとつの補論を差し挟んでおきたい。それは、以上のような理論史的解明が、私的自律と公的自律の体系的考察のためにそもそもいかなる意味をもちうるのか、という点を明らかにしようとするものである。

（3）補論——人権と国民主権という二つの理念はいずれも、民主的法治国家の規範的自己理解を今日にいたるまで決定づけている。これらの憲法構造に根ざした理想主義は、政治的理念史の過去の一こまとして理解すればよい、というものではない。むしろ理論史こそは、事実性と妥当性の間、あるいは法の実定性とこれにより要求される正統性との間における、法そのものに内在する緊張関係の不可欠の構成要素であり、表現なのである。この緊張関係は軽視することも、容易に無視することもできない。なぜなら、政治的立法者の変更可能な議決に依拠した、制定された法の正統化の要求に対して、伝統と慣れ親しんだ人倫によって応えるようなことは、生活世界の合理化のためにますます不可能になっているからである。私は、文化的にも社会化との関連においても、解放された合理性の潜勢力に簡単に触れておきたいと思う。十八世紀後半の最初の大法典編纂以来このかた、法は、合理性の潜勢力の影響をますます強く受けるようになってきたのである。

十九世紀後半まで有効だった古典的自然法、とくにアリストテレスのそれ、さらにそれをトマスが変形したキリスト教的自然法の学説においては、なお全体社会的なエートスが表現されている。それは、国民の各社会階層を上から下まで包含し、さまざまに異なる社会的秩序を相互に結びつけるエートスである。そうしたエートスが垂直方向に生活世界の諸構成要素を貫くことによって、文化的価値範型と制度が人格構造のなかに固定された動機と行為志向に十分重なり合う、ということが可能になっていた。またそうしたエートスが水平方向に正当な秩序の隅々にまで行き渡ることによって、人倫・政治・法という規範的構成要素を相互に結びつけていた。だが、私が生活世界の合理化として解釈した一連の発展のなかで、このような結びつきは解体されてしまった。まず最初に、文化的伝承と社会化過程が否応なく反省の対象とされるようになり、その結果、そうした伝承と過程は徐々に、行為者自身によって主題化されるようになる。これと同様に、たんなる慣習に貶められた人倫にかんする慣れ親しんだ実践と解釈範型は、反省および自主的な判断形成という手法を通じてなされる実践的決定から、区別されるようになった。この場合に重要なのは、実践理性の使用が特殊化することであり、これこそが、われわれの文脈において問題になることなのである。「自己実現［Selbstverwicklung］」および「自己決定［Selbstbestimmung］」という近代的理念は、それぞれ別の主題を表わしているのみならず、異なる種類の討議を表わしている。つまり、倫理的な問題提起と道徳的な問題提起それぞれの固有の論理を対象とする討議を意味している。こうしたおのおのの問題提起の固有の論理は、さらに十八世紀の後半にはじまった哲学的発展のなかでより明確なかたちを与えられている。

アリストテレス以来「倫理学」と呼ばれてきたものは、十八世紀後半以降、新たに主観主義的意味を受け入れた。それは、個人の生活史にも間主観的に共有される伝統と生活形式にも等しく当てはまる。ルソーからキルケゴールを経てサルトルにいたるまで、次第に台頭してきた自伝的な告白文学と自己探求文学に連なり、あるいは反応しつつ、各自の生活への態度を変化させるというかたちでの反省が広まってきたのである。要するに、意識的で自己批判的な傾向への抽象的要求、つまり各個人のもつ代替不能で偶然的な生活史を責任をもって引き受けることへの要求が、徳のある生活の模範的教導、つまり成功した生活遂行という模倣に価するモデルに、はっきりと取って代わったのである。自己認識と実存的決断が結合されたこの自己了解という課題こそは、徹底化された内面性が対処しなければならない問題なのである。このような、あらかじめ事実的に存在しアイデンティティを作りあげるもろもろの可能性を深く追求することの要求を、ハイデガーは「構想の投企［der geworfene Einwurf］」という定式で語った。[☆25] このように生活史の過程に反省が侵入することで、偶然性の意識、自己反省、自己の実存に対する責任、これら三者の間での新しい種類の緊張関係が産みだされた。こうした状況が、支配的な社会化範型を通じて拡大されれば拡大されるほど、倫理的-実存的討議あるいは臨床的討議が可能になるだけではなく、ある意味で不可避となる。というのも、そのような状況から生まれてくる衝突は、意思と意識によって解決されない場合には、激しい症状を示すことになるからである。

個人の生活遂行のみならず、文化的伝承もまた、しだいに自己了解的討議へと切り替えられることになった。シュライエルマッハーからドロイゼンとディルタイを経てガダマーにいたるまで、歴史的精神科学に連なり、またこれに反応しつつ、間主観的に共有されるおのおのの伝統の習得ということが問題視されるようになった。宗教的ないしは形而上学的自己解釈のかわりに、いまや歴史が文化と民族の自己確認の媒体となった。たしかに哲学的解釈学は歴史的諸科学の方法論上の問題から生まれてきたものではあるが、それはまた、歴史主義によって引き起こされた不安感への応答でもあった——つまり、一人称複数で実施される伝統の公共的習得という様式が、反省による破壊への応答だったのである。[☆26] 十九世紀を通じて、歴史主義とナショナリズムとの緊密な結びつきという旗印のもとで、ポスト伝統的なアイデンティティの最初の形態が出現した。しかしそれはまだ、その間に次第に解消されつつあった国民国家史的な教条主義に立脚したものだった。伝承は根本的に両義的な読み方が可能であるという多元主義によって、繰り返し自己了解のための議論が誘発され、それによって、自分たちがいかなる連続性にもとづいて生きているのか、いかなる伝統を中断させたり継続させようとしているのか、こうしたことを意識的に決定することが相争う当事者に求められている、ということがはっきりしたのである。集合的アイデンティティが、そのような脱中心化された公共的意識という、千々に分裂し動的となった形態でのみ形成されうるようになればなるほど、徹底した倫理的—政治的討議は、不可避であるのみならず可能にもなるのである。

生活史と文化的伝承に反省が加えられることで、個人的生活構想の個人主義と集合的生活形式の多元主義が促される。しかし同時にまた、共同生活の規範も再帰的になったことを忘れてはならない。すなわち、共同生活の規範のなかに、普遍主義的価値志向が貫徹されるようになったのである。この点に関連する哲学的理論では、十八世紀の末以来、規範意識の変化が見られるようになった。格律、行為戦略、行為規則はもはや、その伝承的コンテクストを引き合いにだすことで正統化されるわけではない。自律的行為と他律的行為が区別されることで、規範意識はまさに革命的な変化を被った。同時に、ポスト形而上学的思考の条件下では道徳的討議によってのみ裏づけられる正当化能力が、次第に要求されるようになった。この道徳的討議は、行為紛争を非党派的に規律することを目指す。よき生、失敗なき生を、私のそれであれ、われわれのそれであれ、テロスとして志向する倫理的考察とは異なり、道徳的考察は、自己中心的傾向や自民族中心的傾向から離れたパースペクティヴを要求する。各人に対する平等な尊重、全員の利害の等しい考慮という道徳的観点のもとで、正当に規律された間人格的関係についての、いまや明晰なかたちをとるにいたった規範的要求が、問題として取りあげられるようになる。ポスト伝統的な根拠づけ水準の段階においては、個人は、原理に導かれた道徳意識を形成し、自らの行為を自己決定の理念に従って方向づける。そして、個人的生活遂行の領域において自己立法もしくは道徳的自律と呼ばれているものは、政治的自由の理性法的解釈、つまり正義に適った社会を構築するための民主的自己立法の理性法的解釈を意味するのである。

　文化的伝承と社会化過程が反省の対象になるのに応じて、了解志向的行為の構造に内在する、倫理的および道徳的問いの論理が意識されるようになる。最終的には、実践的志向は、批判を拒む宗教的もしくは形而上学的世界像による支えを失い、ただ論証によってのみ、つまりコミュニケイション的行為の反省形式そのものによってのみ獲得されることになる。生活世界の合理化がどの程度進んでいるかは、コミュニケイション的行為に内在し、討議によって解放された合理性の潜勢力が、どの程度生活世界の構造に浸透しこれを流動化させているか、によるのである。このような問題化の進展に対して、個人の教育過程と文化的知識体系は、むしろそれほど抵抗となるものではない。このような倫理的・道徳的問題提起の固有の論理が貫徹されるようになると、近代という時代に遍く行き渡った規範的理念に対しては、これに代わるものをもはや正当化することはできなくなる。個々人の意識的な生活遂行は、自己実現という自己表示的理想、自由という義務論的理念、個人生活における可能性の拡大という功利主義的公理、これらによって作りあげられる。集合的生活形式の人倫を形づくるものとは、一方では、自己意識によって習得し、批判的に継承された伝統という地平における、疎外されていない連帯的共同生活のユートピアであり、他方では、行動期待と紛争を全員の等しい利害を考慮して規律するような制度をもつ、正当な社会である。そしてこうした正当な社会のひとつのヴァリエーションが、社会的な富の増大と正当なその分配という福祉国家的理念である。

このような考察のひとつの帰結は、本章の脈絡からするとことのほか興味深い。その帰結とは、右のようにして「文化」および「人格構造」が理想主義的に捉えられるようになればなるほど、宗教的基礎を奪われた法もそれに従わざるをえなくなる、というものである。すでに見たように、全体社会の統合の諸機能が法システムによって担われるようになればなるほど、生活世界の第三の構成要素、つまり正統的な秩序の総体としての「社会」は、法システムに集約されることになる。残り二つの構成要素における前記のような変化は、次のことを説明することができる。つまり、個人の生活遂行と文化にとってすでに基準となっていた生活理想と正義理念に矛盾しない源泉によってのみ、近代の法秩序は次第に正統化されうるようになったのである。法の正統性のための根拠は、認知的不一致を避けるために、普遍的正義と連帯という道徳的原則と、あるいは個人もしくは集団のもつ、意識的に構想され、自己責任をともなう生活遂行の倫理的原則と、両立しなければならない。しかしながら、これら自己決定と自己実現の理念は必ずしもそのまま調和するわけではない。それゆえ、理性法もまた、場合に応じて力点を変えつつ近代の正義理念と生活理想に対応したのである。

（4）人権と国民主権原理は、近代法がそれによって正統化されうる唯一の理念であるが、このことは偶然ではない。というのも、これら二つの理念として濃縮された内実とは、宗教的および形而上学的伝承に由来するエートス［Ethos］の規範的実質が、ポスト伝統的根拠づけのフィルターによって濾過されたあとに残った内実であるから。道徳的問題提起と倫理的問題提起が相互に区別されればされるほど、討議というフィルターにより濾過された規範的内実は、自己決定と自己実現の両方の次元にその姿を表わす。たしかに人権と国民主権は、これら二つと単純に結びつけられるわけではない。しかし、一方での人権と国民主権、他方での自己決定と自己実現という二つの概念対の間には、ある程度強調されうるような親和性が存在する。私は今日のアメリカ合州国での議論にならって、たんに「自由主義《リベラール》」および「共和主義」という名称で、次のような二つの政治的伝統を言い表わすことにしたい。つまり、一方では人権を道徳的自己決定の表現として捉え、他方では国民主権を倫理的自己実現の表現として捉えるのである。こうした理解によれば、人権と国民主権は相互に補完しあう関係というよりも、むしろ競合する関係にある。

たとえばF・マイケルマンはアメリカの憲法伝統のなかに、生得的な人権に基礎をもつ、制定法による非人格的支配と、国民の主権的意思にもとづいて自ら立法する、共同体の自己組織化との、緊張関係を認めている[☆27]。だがこの緊張関係を解消するために、二つの方向が考えられる。自由主義者《リベラーレン》は、個人の前政治的自由を保障し、政治的立法者の主権的意思に制限を加える人権の優位を要請し、また「多数者の専制」の危険に注意を促す。これに対して、共和主義的ヒューマニズムを主張する者たちは、国家市民の自己組織化のもつ道具化不可能な固有の価値というものを重視し、そうすることで、本来の政治的共同体にとって、人権とは意識的に獲得された本来の固有の要素としてのみ拘束力を得るにすぎない、と強調する。自由主義《リベラール》の見解によれば、人権は、なにか所与のもの、仮構の自然状態に由来するものとして、道徳的洞察に由来するが、他方で共和主義の見解によれば、自己自身を実現する集団の倫理的な政治的意思は、自己の真正の生活構想に合致しないものはいっさい承認してはならない。道徳的で認知的な契機を重視する立場と、倫理的で意思的な契機を重視する立場とがあるわけである。

以上に対して、ルソーとカントが考えたのは、人権の理念と国民主権の原理とが相互に他方を前提として解釈できるように、自律の概念によって実践理性と主権的意思を統合することだった。だがそれにもかかわらず、ルソーとカントいずれにおいても、二つの理念の完全に対等な組み合わせは成功していない。全体的に見れば、政治的自律にかんして、カントはむしろ自由主義《リベラール》的な解釈が、ルソーはむしろ共和主義的な解釈が優勢である。

カントは、道徳原理の「外的諸関係」への適用から「法の一般原理」を獲得しており、「人間であるがゆえに」あらゆる人間に承認される、強制権限を備えた平等な主観的自由への権利を、法論の出発点としている。この始源的権利は、「内的な我のものと汝のもの」を規律する。だがこれが、「外的な我のものと汝のもの」に適用されると、そこから主観的私権が生ずる（サヴィニーとドイツ民法ドグマーティクはここから出発することによって、カントの権利概念を継承したのであった）。この権利は、すべての人間に「喪失不可能」と認められ、「たとえ彼が望んだとしても、それを廃棄することはできない」[☆28]のであるが、このような権利により構築された体系は、それが公共的制定法の形態で分化する以前には、道徳的原則にもとづいて正統化されていた。つまり社会契約によってはじめて構成された国家市民の政治的自律とは無関係に、正統化されていたのである。そのかぎりで私法の諸原則は、自然状態においてすでに道徳的権利の妥当性を獲得している。そしてそのかぎりで、人間の私的自律を保護する「自然権」もまた、主権的立法者の意思より先行していることになる。こうした観点においては、市民の「ともに一致し結合された意思」の主権は、道徳的に根拠づけられた人権によって制限される。たしかにカントは、国民主権が人権に拘束されることを制限として解釈しているわけではない。なぜなら彼の前提によれば、誰であれ、国家市民の自律を行使するにあたっては、自然法的に保証された私的自律と矛盾する制定法に同意することは不可能であるから。しかしそうだとすれば、政治的自律は、国民主権と人権の内的連関によって説明されねばならないであろう。まさにこのことこそ、社会契約の構成が与えてくれるものだ、とされるのである。しかし、このように道徳から法へと進展する根拠づけの過程は、カントの法論の構成においては、社会契約論に中心的な地位を与えない。これがルソーの場合であれば、実際に社会契約が中心的な地位を占めている。

　ルソーは国家市民の自律の構築から出発しており、国民主権と人権との内的連関をあらかじめ前提している。主権者たる国民の意思は、一般的で抽象的な制定法の言語によってのみ表現されうるにすぎないのだから、そうした意思にこそ平等な主観的権利がはじめから含有されている、というわけである。これに対してカントの場合は、そうした権利は道徳的に根拠づけられた人権として、政治的意思形成に先立つと解釈された。それゆえルソーの場合、政治的自律の行使は、生得的な権利に拘束されるものではない。むしろ人権の規範的内容は、国民主権そのものの行使によって具体的なかたちをとる。国民の結合された意思は、一般的で抽象的な制定法という媒体を通じて、民主的立法の手続きに拘束される。つまり、すべての一般化不可能な利害を排除し、すべての平等な主観的自由を保障する規律だけを許容する手続きに拘束されるのである。このような理念によれば、国民主権の手続きに合致した行使は、同時にカントのいう始源的人権の実質をも保証するのである。

　しかしルソーは、カントよりも強く共和主義的伝統にとらわれているために、右のような説得力ある思想を首尾一貫して展開することができなかった。ルソーは、自己立法の理念に対して道徳的解釈よりもむしろ倫理的解釈を与えており、具体的国民の自覚的に選択された生活形式の実現として自律を捉えている。もちろんルソーは、国民主権の社会契約的構築を、社会化といういわば実存的行為として表象している。つまりそうした行為により、個別化され、成果志向的に行為する個々人は、倫理的共同体の公共の福祉を志向する市民へと転化する、というのである。こうした市民は、集合的全体の成員として、立法実践のマクロ主体としてひとつに融合してしまう。それはもはや、たんに制定法に従うだけの私人の個別的利害を考慮しない主体である。ルソーは、共和主義的共同体理解に含まれる、国家市民に対する過剰な倫理的要求を強調している。彼の念頭にあるのは、政治的な徳、つまり共通の文化的伝承を通じて統合され、かなりの程度同質的であり問題視されることのない共同体的エートスに由来する徳、これである。これに代わるものとしては、唯一、国家による強制だけが考えられるにすぎない。「個々人の意思が共通意思に関連づけられなくなればなるほど――つまり倫理が制定法に関連づけられなくなればなるほど、強制権力は強化されなければならない。つまり統治とは、それが善きものであるためには、国民の数が増えれば増えるほど、権力的にならざるをえない。[☆29]」

しかし、そうしたかたちでの自己立法の実践が、価値志向についてあらかじめ了解した国民の倫理的実質に立脚しなければならないとすれば、ルソーは次の点を説明することはできない。つまり、右のように要請された市民の公共の福祉への志向は、社会的に分化した私人の利害状況と、換言すれば、規範的に構成された共通意思は個々人の選択意思と、いかにして抑圧されることなく媒介されうるのか、と。そのためには、われわれにとっての善きものを越えて、すべての人の平等な利害にかかわるものを吟味しうる真正の道徳的観点が必要である。国民主権概念の倫理的解釈においては、最終的には、法原理の普遍主義的意味は消えてしまわざるをえないのである。

ルソーが想定したのとは異なり、明らかに、始源的人権の規範的内実は一般的で抽象的な制定法の文法によってのみ成立するわけではない。ルソーは、近代法の正統性要求に込められた、法の内容的平等の思想を重要視していたのであるが、この思想は、一般的制定法の論理的―意味論的性質によっては十分に説明されるものではない。普遍的命令の文法形式は、命令の妥当《ギュルティッヒカイト》性とは無関係だからである。むしろ、規範が全員の等しい利害を考慮しているという自負は、それが合理的承認可能性をもつことを意味している――つまり関与する可能性のあるすべての者が、十分な根拠にもとづいてその規範に同意できなければならない、というのである。そしてこのことはさらに、関連ある情報にもとづいてよりよき論拠による強制だけが用いられる、討議の語用論的諸条件のもとでのみ、可能となるにすぎない。法原理の規範的内実を取りだすことができるとすれば、それは、政治的意思がいかにして形成されるかを規定する語用論的条件からであったはずなのだが、ルソーは、意欲されたものの論理的‐意味論的性質のなかに規範的内実が含まれていると、はじめから想定しているのである。われわれが探求している国民主権と人権との内的連関は、政治的自律の行使の態様の規範的内実に内在する。そうした内実は、一般的制定法の形式によってあらかじめ保証されるわけではなく、討議による意見形成・意思形成というコミュニケイション的形式によってはじめて保障されるのである。

　こうした連関は、カントもルソーも十分に理解していない。というのも、意識哲学の諸前提のもとでは、理性と意思はたしかに自律の概念によって関連づけられている――そのようにしてのみ、自己決定の能力は主体に結びつけられる――それは、『実践理性批判』の叡智的自我であれ、「社会契約」の国民であれ、同じことである。理性的意思が個々の主体においてのみ形成されうるとするならば、個人の道徳的自律が全員の結合した意思の政治的自律に先立つとすることで、各人の私的自律をあらかじめ自然法的に保証しなければならない。理性的意思が、ただ国民もしくは民族というマクロ主体においてのみ形成されうるとするならば、政治的自律は、具体的社会の倫理的特質の自己意識的実現として理解されねばならない。この場合、私的自律は、一般的制定法の非‐差別的な形式によってはじめて、政治的自律の圧倒的な力から保護される。討議による意見形成・意思形成においては、了解志向的言語使用の発語内的拘束力を利用することで、理性と意思を結びつける――そしてすべての個人が強制なしに同意しうる確信を作りだすのであるが、右の二つの考え方には、こうした討議による意見形成・意思形成における正統化の力というものが、まったく看過されているのである。

　だが、討議（そしてのちに述べるように、その手続きが討議によって根拠づけられるところの交渉）が、理性的意思の形成される場を提供するとするならば、最終的には、法の正統性はコミュニケイション的な枠組みに立脚している、ということになる。すなわち、争われている規範が、これに関係する可能性のあるすべての関与者の同意を得ているのか、また得られる可能性があるのか、ということを、法仲間は合理的討議への参加者として吟味しうるのでなければならない。したがって、われわれが探求している国民主権と人権との内的連関は、次のことに求められる。つまり、政治的に自律的な法制定に不可欠のコミュニケイション形式が法的に制度化されうるための条件を、権利の体系が説いていること、これである。市民の私的自律は政治的自律に優越してはならないし従属してもならないのだから、こうした権利の体系は、人権の道徳的解釈にも国民主権の倫理的解釈にも還元されない。平等な主観的行為自由への権利が、道徳的権利として主権的立法者に対する外的制約として課されてもいけないし、そうした立法者の目的の機能的手段として道具化されてもいけない、ということを前提する場合にはじめて、人権と国民主権とに結びつけられるべき規範的直観は、権利の体系において完全なかたちで作用する。権利の名宛人と作成者が同一であるとする自己立法という理論装置を討議理論によって解釈する場合にはじめて、私的自律と公的自律が同じ起源に発することが明確になる。この場合、人権の実質は、先に触れた討議による意見形成・意思形成の法的制度化のための形式的条件を呈示する点にあるのであり、またそうした法的制度化において、国民主権は法的形態を与えられるのである。

II　道徳規範と法規範——理性道徳と実定法の補完関係

民法ドグマーティクと理性法という二つの理論史の発展を基に、同様の欠点から生ずる、難点を分析してきた。すなわち、前者における主観的権利と客観的法との内的連関、後者における私的自律と公的自律との内的連関、いずれにせよこれらを明らかにするには、権利の間主観的構造と自己立法のコミュニケイション的構造を真剣に受け取り、適切に解釈することが必要なのである。だがこの試みを実行にうつし、権利の体系を討議理論によって展開しようとすれば、その前にもちろん、法と道徳の関係を明らかにしておかなければならない。というのも、前節で分析された難点は、もっぱら誤った意識哲学的転換にのみ起因しているわけではなく、近代理性法が、実定法と自然法の区別を維持することで、伝統的自然法から大きな負担を引き継いだことにも起因しているからである。近代理性法はこの二重の法概念を維持しているが、これは社会学的に見れば説得力を欠くものであり、また規範的に見れば解決困難な問題をもたらすものである。この点に関連して、ポスト形而上学の根拠づけ水準では、法的規則と道徳的規則は両方が同時に伝統的人倫から分化してきたのであり、これらは、異なりはするが相互に補完しあう、二種類の行為規範として並立するのだ、ということを私は前提したい。そうすると自律概念は非常に抽象的に捉えられねばならず、法的規則と道徳規則のいずれの行為規範と関係するかによって、それぞれ独特の内容をもつことになる——つまり、一方では道徳原理として、他方では民主主義原理として。このようなかたちで自律概念の道徳理論的規定を避けることにすると、カントの法原理はその媒介的機能を失う。だがその代わりにカントの法原理は、法的規則と道徳的規則を区別するための観点を明らかにするのに用いることができる。つまりこの場合、市民の民主的自己決定実践に内在する人権は、その道徳的内実とは無関係に、はじめから法的意味での権利として解釈されねばならないのである。

『人倫の形而上学への序論』のなかでカントがとったやり方は、これとは別である。彼が出発点としているのは道徳的自由の法則という基本概念であり、そこから、それを限定することによって制定法を得ている。道徳理論が提供するのはその上位概念である。つまり、意思と選択意思、行為と動機、義務と傾向性、法則と立法などは、なにより道徳的判断と行為の決定のために用いられる。法論では、これらの道徳的基本概念が三つの次元で限定される。カントによれば、法の概念は第一に自由な意思にかかわるのではなく法仲間の選択意思にかかわり、第二にある個人と別の個人の外的関係にかかわり、第三に強制権限、つまり権利侵害が発生した場合に一方が他方に対して行使しうる強制権限にかかわる。法原理はこれら三つの観点において道徳原理を限定する。このような限定を加えることで、法律的立法には道徳的立法が、合法性には道徳性が、法的義務には道徳的義務が、それぞれ反映されているのである。

このような構成の根底にはプラトン的な観念が潜んでいる。つまり、法秩序は「目的の王国」という叡智的秩序を現象界において模写すると同時に具体化する、というのである。だがさらに、カントの形而上学的背景想定を別としても、自然法と実定法という法の二重化には、次のようなプラトンの遺産が受け継がれている。すなわちそれは、道徳的な帰責能力をもつ主体の理想的共同体――ジョーシア・ロイスからアーペルにいたる無制限なコミュニケイション共同体[☆30]――は、法という媒体を通じて歴史的時間と社会的空間の枠組みを与えられ、法共同体として時空間的に局所化された具体的形態をとる、という直観である。この直観はあらゆる点で誤りではない。なぜなら法秩序は、それが道徳的原則に抵触しない場合にのみ正統だと言えるからである。法的妥当性の正統性をなす諸要素を通じて、実定法は道徳との関係を維持するわけである。しかしこのような道徳との関連は、今日では、規範のヒエラルキーという意味で道徳を法の上位に置くものだと考えてはならない。法規範のヒエラルキーという観念は、前近代的な法の世界に属するものである。自律的道徳と、根拠づけを必要とする実定法は、むしろ相互に補完関係にある。

社会学的に見れば、伝統的法と制定法に内在する倫理とをなお一体のものとして包含していた全体社会的エートスから、法と道徳は分化してきたのである。このように法・道徳・人倫の混合物たる聖なる基礎が解体すると同時に、分化のプロセスがはじまる。すでに見たように、文化的知の地平では、法律的問いが道徳的問いと倫理的問いから区別される。制度的地平では、実定法が、たんなる習律へと貶められた習俗と慣習から区別される。道徳的問いと法律的問いは、たしかに同一の問題にかかわっているのであって、その問題とは、いかにすれば間人格的な諸関係が正統的に秩序づけられ、正統化された規範を通じて行為が相互に調整されるのか、あるいは、いかにすれば行為の衝突が、間主観的に承認された規範的原則と規則を背景としつつ、合意によって解決されうるのか、というものである。しかし、法と道徳がこの同一の問題にかかわるそのやり方は、おのおの異なっている。両者には共通点が存在するにもかかわらず、次の点でいちおうは区別される。つまり、ポスト伝統的道徳はただ文化的知の形式だけをとるにすぎないのに対し、法は同時に制度的地平において拘束力を与えられるのである。法はシンボル・システムであるのみならず、行為システムでもある。

法秩序とは自律化した道徳を、同じ起源をもつものとして補完するものだ、というのは経験的によく知られた見解である。だがこのような見解は、法とは道徳のある種の模写である――たとえば同一の幾何学図形が別の次元に投影されるような意味で――というプラトン的観念とはもはや一致しない。それゆえ、基本権はたしかに憲法規範という実定的形態で規定されてはいるが、道徳的権利のたんなる模写だと解してはならないし、政治的自律を道徳的自律のたんなる模写だと解してもならない。むしろ一般的行為規範が道徳的規則と法的規則に枝分かれしているのである。規範的観点からすると、このことから、道徳的自律と国家市民的自律は、同じ起源に由来し、ポスト慣習的根拠づけ要求の意味だけを表わす控えめな討議原理を援用することで説明されうる、ということが想定される。こうした討議原理は、実践的判断の非党派性という意味を表示するものであり、それゆえ、実質的人倫がその構成要素に解体されるポスト慣習的根拠づけ水準それ自体と同様に、規範的内実を有している。しかしそうした討議原理は、その規範的内実にもかかわらず、道徳と法に対してなお中立的であるような抽象化の地平に存在する。つまりこの原理は、行為規範すべてにかかわるのである。

D：すべてのありうべき関与者が合理的討議への参加者として合意しうるであろう行為規範こそは、妥当《ギュルティッヒ》である。

この定式は、説明を要する基本概念を用いている。「妥当《ギュルティッヒ》」という語は、行為規範と相応の一般的な規範的言明に関係している。つまりこの述語は、道徳性と正統性の区別にはまだ無関係な、規範的妥当性について特定されていない意味を表わす。「行為規範」とは、時間的、社会的、内容的に一般化された行動期待のことである。「関与者」とは、規範によって規律された一般的実践について予測される結果が、自己の利益に抵触するすべての者を指す。「合理的討議」とは、次のような了解の試みを言う。すなわち、コミュニケイション前提は、発語内的義務を通じて構成される公共的空間の内部で、主題と発言、情報と根拠について自由に主張を展開することを可能にするが、このようなコミュニケイション前提のもとで実施されるかぎりでの、問題ある妥当要求についてのあらゆる了解の試み、である。討議によって根拠づけられた手続きに規制されるかぎりにおいて、この表現は間接的には交渉にも関係している。

「D」の十分に抽象的な解釈にとって、たしかに、主題と発言の態様、その場合に応じた「説得力」ある根拠の種類が、あらかじめ制限されていない、ということが重要である。道徳原理とは、利害の等しい考慮という観点のもとでのみ正統化されうる行為規範のために一般的討議原理を特殊化することによってはじめて、生ずる。民主主義原理は、法の形式をとりつつ、語用論的、倫理的-政治的、道徳的根拠を援用することで——つまり道徳的根拠だけを援用するのではなく——正当化されうる行為規範のために同様の特殊化をおこなうことで、生ずる。ここで私は次章での分析に先立って、ある種のいくつかの根拠はそのつどの問題提起の論理から生じる、ということを説明しておきたい。道徳的問題提起においては、人類もしくは想像上の世界市民共和国が、万人の等しい利害を考慮した規律を根拠づける関係システムをなす。ここでの決定的根拠は、原理的に、万人によって承認されうるのでなければならない。倫理的-政治的問題提起においては、「われわれの」政治的共同体の「それぞれ」の生活形式が、意識的な集合的自己理解の表現とされる規律を根拠づけるための関係システムをなす。ここでの決定的根拠は、原理的に、「われわれの」伝統と強固な価値評価を共有するすべての構成員によって、受け入れられうるのでなければならない。利害対立は、競合する価値態度と利害状況との間で合理的な調整を必要とする。そのさい、直接関係する社会集団あるいは下位文化集団の全体が、妥協交渉のための関係システムをなす。妥協は、公正な交渉条件のもとでおこなわれるかぎり、原理的にはすべての当事者によって、根拠はさまざまに異なるにせよ、受け入れられうるものでなければならない。

　私がこれまで公にしてきた討議倫理の研究においては、私は討議原理と道徳原理を十分に区別してこなかった。討議原理は、そのもとで行為規範全般が非党派的に根拠づけられうるような観点だけを明らかにする。そのさい私が前提していたのは、この討議原理そのものは、コミュニケイション的に構造化された生活形式のもつ対等な承認関係に依拠している、ということである。このような討議原理の導入は、実践的問いはそもそも非党派的に評価されうるし、合理的に解決されうる、ということをはじめから前提している。この前提はきわめて重要である。だがその根拠づけについては、次章で暫定的に立ち戻るつもりの論証理論の研究において論じることにしたい。右の前提によって、問題提起の論理と適切な種類の根拠に応じて、互いに異なる討議（と手続きを規制する交渉）の間に類型ごとの区別が生ずるのである。そして、いかなる規則に従って語用論的、倫理的、道徳的問いのそれぞれに解答が与えられうるのか、このことが討議の各類型それぞれについて示されねばならない。[☆31] これらの論証規則に則ることによって討議原理は可能になる。道徳的な根拠づけ討議においては、討議原理は普遍化原則のかたちをとる。そのかぎりで、道徳原理は論証規則の役割を満たしている。この道徳原理は形式語用論的に——コミュニケイション的行為の反省形式として——論証の一般的諸前提にもとづいて根拠づけられる。[☆32] ここではこのことについては、これ以上は立ち入らない。道徳原理は、適用討議においては、適切性の原則を付加しなければならない。この点については、法律学の適用討議の観点からのちにあらためて論じる。[☆33] ここでの脈絡で何より重要なのは、民主主義原理が道徳原理から区別される局面である。

そのさい注意が必要である。なぜならこの分岐点においては、身に染みついた先入見に屈服してはならないからである。そうした先入見によれば、道徳はただ個人の責任に委ねられている社会的諸関係のみにかかわり、法と政治的正義は制度的に媒介された相互行為領域にかかわる、ということになる。[☆34] 私的生活領域と公的生活領域との間に引かれた、歴史的には偶然的で、社会構造によって異なるかたちをとる境界線に、討議理論的に解釈された道徳原理はそもそもとらわれはしない。つまりこの道徳原理ははじめから、道徳的規則の妥当性のもつ普遍主義的意味を真剣に受け取っている。そのためにこの道徳原理は、カントの場合であれば私的な個人によって引き受けられるとされた理想的な役割受任を、万人に共通して実施される公共的実践へと移しかえることを求める。しかも、政治的立法者の意思形成は、規律すべき事柄の道徳的側面にもかかわるから、私的行為領域と公共的行為領域における道徳と法の役割分担は、そもそも反直観的である。複合的な諸社会においては、道徳は法コードのなかで表現されることによってはじめて、広範な実効性をもつことができる。

民主主義原理と道徳原理との区別のための明確な基準を得るために、私は、民主主義原理は正統的な法制定の手続きを確定すべきである、という事情から出発したい。つまり、それ自体として法的に組織化された討議による法制定過程において、すべての法仲間の同意を得ることのできた制定法だけが、正統的な妥当性を主張することができる、ということになる。言いかえれば、この民主主義原理が明らかにしているのは、自由意思によって結成された連帯的結合の自由で平等な構成員として互いに承認しうる法仲間の自己決定実践の遂行的意味なのである。それゆえ民主主義原理は道徳原理とは別の次元に属している。

道徳原理は道徳的問題の合理的決定のための論証規則として機能する。しかしその一方で、民主主義原理は、実践的問いの合理的決定の可能性をはじめから前提しているのであり、しかも、討議（および手続きにより規律された交渉）においてなされるべき、すべての根拠づけの可能性、したがって制定法の正統性の淵源となる根拠づけの可能性、を前提している。それゆえ民主主義原理とは、政治的な事柄が討議によってはたして処理されうるのか、またいかにして処理されうるのかという――もともと論証理論によって説明されるべき――問いへの解答ではない。理性的な政治的意見形成・意思形成が可能であるという前提のもとでは、民主主義原理が述べるのはただ、そうした意見形成・意思形成はいかにして制度化されうるのか、ということだけにすぎない――そしてその答えは、コミュニケイション前提によって保障された法制定過程への平等な参加を万人に保証する権利の体系によって、というものである。道徳原理は特定の論証実践の内的構造の次元で作用するのに対して、民主主義原理は外的制度化の次元に関係づけられる。つまり民主主義原理のほうは、討議による意見形成・意思形成への平等な参加を保障し、実際の行為を生みだす効果をもち、しかもそれ自体として法的に保障されたコミュニケイション形式に従って実施される、そうした制度化の次元に関係づけられる。

こうした二つの次元の相違を成り立たせる第一の観点は、民主主義原理と道徳原理との区別である。第二の観点は、法規範とそれ以外の行為規範との相違である。道徳原理は、道徳的根拠を援用することでのみ正当化されうるすべての行為規範を対象とするが、民主主義原理は法規範だけを創出する。法規範の規則は、いずれにせよ自然発生的で素朴な相互行為、つまりいわば所与として存在する相互行為の土台から生じてくるのではない。法規範に付与される法形式は、社会進化の過程を経てはじめて成立する。道徳的観点のもとでのみ評価されるうる自然発生的な相互行為規則に比べて、法規範は人為的な性格をもつ——つまり法規範とは、意図的に産出される再帰的次元の行為規範、つまり自分自身に適用可能な一連の行為規範のことなのである。それゆえ民主主義原理は、正統的な法制定手続きを規定しなければならない、というだけではなく、法媒体それ自体の産出までをも制御しなければならない。権利が法共同体の構築にふさわしく、法共同体の自己組織化の媒体として適切であるとすれば、そうした権利はいかなる条件を満たさなければならないか、このことが討議原理の観点から根拠づけられねばならない。それゆえ、権利の体系によって同時に、共同体が自由で平等な法仲間の自由意思による連帯的結合として理解されうるような言語が、創りだされねばならない。

したがって、民主主義原理と道徳原理を区別するための二つの視点から二つの課題が導かれるのであり、そうした課題を、われわれがこれから探求する権利の体系は解決せんとするのである。つまり、権利の体系は理性的な政治的意思形成を制度化すべきであるだけではなく、自由に連帯する法仲間の共同意思として政治的意思形成を表現しうる媒体そのものを保障すべきものである。この二つの課題を特定されたかたちにするには、法律的な行為規則の形式をより厳密に定義しなければならない。

（2）私は以下で法の形式の規定を、法と道徳の相互補完的関係を基にして説明したい。このような説明は一種の機能的説明であり、法の規範的根拠づけのようなものではない。というのも、法形式とはそもそも、認識論的にであれ規範的にであれ、「根拠づけ」られるような原理ではないからである。先に触れたようにカントはかつて、行為様式の合法性あるいは法形式性を、法の創設者ではなく法の名宛人にかんする三つの抽象化によって特徴づけた。第一に法は、自由に自らの意思を拘束する名宛人の能力を捨象し、名宛人の選択意思を重視する。第二に法は、そのときどきに関連する行為計画の生活世界的複合性を捨象し、社会類型的に規定された行為者の相互行為的影響という外的関係だけを扱う。第三に法は、すでに見たように動機づけの態様を捨象し、規則と行為が合致すればそれで十分とするのであり、そうした合致がどのようにして成立したかは問わない。

このように法形式により限定された行為様式から、権利主体の独特の制約された地位が生ずる。道徳規範は、互いに同時に具体的共同体の構成員として、また代替不可能な個人として承認された、自然人どうしの間人格的関係と紛争を、規律する。[☆35]道徳規範が対象とするのは、生活史を通じて個別化された人格なのである。これに対して法規範は、法規範そのものによってはじめて産出される抽象的共同体の法仲間として承認された行為者の間での、間人格的関係を規律し、紛争を解決する。法規範もまた個々の主体を対象としてはいるが、それは、生活史によって確立された人格的アイデンティティを通じて個別化された主体ではもはやなく、法的に構成された共同体の社会類型的構成員の地位を占める能力をもつ主体なのである。つまり名宛人のパースペクティヴから見れば、法的関係においては、規範的洞察を通じて自らの意思に自ら従う人格的能力を捨象することになる。つまりこのような人格には、何より、目的合理的な決定を下す能力、つまり選択意思の自由だけが求められる。[☆35a]このように、道徳的（そして倫理的）帰責能力をもつ人格の自由意思を、各自の選好によって規定された権利主体の選択意思へと還元してしまうと、そこから合法性というより大きな問題が生じてくる。外的関係にかかわる事柄だけが、法的に規制されうる。なぜなら規則に一致する態度は、必要な場合には強制されねばならないから。このことによって、法形式が個々人を対象とするという効果が生まれてくる。もちろんこれは、法それ自体の間主観的基礎を否定するものではない。

以上のかぎりでカントの合法性概念は、法の形式的性格を分析するための有益な手がかりであると言えるけれども、この合法性の諸局面は、道徳を限定するものだと理解してはならない。むしろ私はこの合法性の諸局面を社会学的に考えて、道徳と法の補完関係として理解したいと思う。法形式の構築は、伝統的人倫の解体とともに発生した空白を埋めるために必要になった。なぜなら、理性的根拠のみに支えられた自律的道徳は、正しい判断というものだけを提供するにすぎないから。全体社会的エートスはたんなる習律、つまり慣習と慣習法へと貶められてしまい、その一方で、ポスト慣習的な根拠づけ水準への移行とともに、道徳的意識は、伝統的に慣れ親しまれた実践から切り離されてしまったのである。

自然発生的で、本来自明で、制度的に継続され、社会化範型を通じて動機づけられた行為志向というものすべてに対して、理性道徳は徹底して批判的である。選択された行為がその規範的背景もろとも、そのような道徳的な吟味のための視線に晒されるや、ただちにその行為は問題視されることになる。理性道徳は正義の問題に特化し、原則としていっさいを普遍化可能性という明確だが非常に狭い視角から考察する。理性道徳のテロスとは、道徳的に有意味な行為紛争に対して非党派的評価を下すことにある。つまり理性道徳によって可能となる知識とは、たしかに行為における志向に役立つべきであるが、正しい行為に役立つという性質をはじめから備えているわけではない。知識へと昇華された理性道徳は、すべての知識と同様に、文化的地平で再表象される。つまり、このような理性道徳はなにより、理解され、解釈され、伝承され、批判的に継続形成されうる文化的シンボルの意味内実という態様で実在する。当然ながら、文化的に拘束を解かれた道徳も可能的な行為に関係づけられる。しかしそうした道徳は、道徳的判断に実践のための推進力を付与する動機と、正当な道徳的期待が実際に充たされるよう配慮する制度とは、いわばそれ自体としてはなんら関係しない。文化的体系へと後退したこのような道徳と行為との関係は、動機づけられた行為者自身によって実現されないあいだは、仮想的なものにとどまる。そうした行為者は、良心的に振る舞う性質をもっていなければならない。それゆえ理性道徳は、相応の良心の審級、つまりそれに見合った超自我の形成をもたらす社会化過程に依拠する。理性道徳は、道徳的原則が人格システムのなかで内面化されて定着していることによってのみ、よき根拠のもつ弱い動機づけの力だけではなく、実際に行為を引き起こすという効果をもつことができる。

知識から行為への移行はやはり確実ではない——というのは、道徳的に行為する主体がおこなう自己制御は、高度な抽象化を通じてなされ、失敗の危険が大きいから。そして、そのようにして高度な権能を促す社会化過程は、必ずしも蓋然性をもたないから。適切な人格構造の相応の実質に依拠せざるをえない道徳というものは、行為者の動機を内面化とは別の方途、つまり行為の効果という点で理性道徳を補完する法システムの制度化という方途で確保するのでなければ、限定された効果しかもつことはできない。法とは知識体系であると同時に行為システムでもある。つまり、法は規範命題と規範解釈のテクストとして理解されるとともに、制度、換言すれば行為規則の複合体として理解される。行為システムとしての法においては、動機と価値志向が相互に絡み合っているがゆえに、法規には、道徳的判断それ自体には不可能な、行為を直接発生させるという効果がある。他方で、法制度はその相対的に高度な合理性の点で自然発生的な制度的秩序とは区別される。というのも、法制度においては、ドグマーティッシュに形成され、原理に導かれた道徳と結びついた知の体系が、堅固な形態を与えられるからである。このようにして法は、文化と社会の地平に同時に確立されているがゆえに、もっぱら知として存在する理性道徳の弱点を補うことができる。

道徳的に判断し行為する人格は、この知識を自分で取得し、精通し、実践へと転換しなければならない。そうした人格は、法的人格としてはきわめて高度な要求が課される。つまり（a）認知的要求、（b）動機的要求、（c）組織構成的要求がそれである。

（a）理性道徳は、争われている問題を非党派的に評価するための手続きを提供するにすぎない。理性道徳は義務のカタログを示すのではないし、ましてやヒエラルキー的に秩序づけられた一連の規範を示すわけでもなく、主体に自己の判断を下すよう求めるのである。しかも、そうした主体の道徳的討議において活性化されたコミュニケイション的自由は、解釈の争いにおいて可謬的な洞察をもたらすにすぎない。しかしそれは、解決が困難であるような、規範の根拠づけ問題というものではまったくない。なぜなら、万人に対する尊敬、配分的正義、援助を必要とする者に対する慈悲、誠実さ、実直さ、等々の原則それ自体は、通常は争いの対象とはならないからである。むしろ、勃発した紛争が、慣れ親しんだ、日常のコンテクストに編み込まれた相互行為の範囲を超えると、ただちに、高度に一般化された規範の抽象性によって適用問題が発生する。そうした、具体的ではあるが見とおしの立てにくい事例に決定を下すには、複雑な操作を必要とする。一方で、その状況に含まれる重要な指標が、競合するが不確定な規範候補に照らして発見され、説明されなければならない。他方で、できるだけ完全な状況記述に照らして、そのときどきの適切な規範が選択され、解釈され、適用されなければならない。根拠づけ問題と適用問題は、複雑な問題の場合には、個人の分析能力を超えることが珍しくない。この認知的な不確定性は、法制定の事実性を通じて吸収されてしまう。いかなる規範が法として妥当するかを、政治的立法者が決定する。そして裁判所が、妥当《ギュルティッヒ》ではあるが解釈を必要とする規範の解釈にかんする争いについて、すべての当事者に等しく説得力をもつよう、決定的な解決を図る。法システムは、法的人格を法の名宛人の役割に還元することによって、法／不法の判断基準を決める権限を彼らから奪ってしまうのである。法と道徳の相互補完性という観点からすれば、議会における立法手続き、裁判として制度化された判決実務、規則を精密化し、判決を体系化する法ドグマーティクの専門的作業は、個人にとっては、自分自身による道徳的判断の形成という認知的負担を取り除いてくれるものなのである。

（b）理性道徳は個人に対して、行為紛争の決定という問題だけではなく、意思の強さへの期待というものも課す。一方で、個人は紛争状況において合意による解決を探求する用意、つまり討議に参加し、あるいは代弁者として十分に討議にかかわる用意がなされているべきである。他方で個人は、道徳的洞察に従って、場合によっては自己の利益に反してでも行為する、つまり義務と傾向性を一致させるだけの力を奮い起こさねばならない。行為者は命令の作成者として、命令の名宛人としての自分自身と一致する、ということが必要なのである。原理に導かれた判断の認知的不確定性と並んで、承認された諸原理に導かれた行為についての動機の不確実性が問題になるわけである。この動機の不確実性は、法貫徹の事実性によって吸収される。理性道徳がその名宛人の動機の態度に十分に根づいていなければいないほど、そうした理性道徳は、動機と態度とは関係なく規範に合致した態度を強制する法に、依存することになる。このような強制的法というものは、その名宛人はただ結果志向的に思慮すればそれで済むように、制裁の威嚇によって規範的期待の裏づけを確保するのである。

さらに意思の弱さという問題から要求可能性という結果問題が生ずる。個人は、理性道徳にもとづきつつ、規範が事実的に万人に遵守されているという前提のもとで、規範の妥当性《ギュルティッヒカイト》を吟味する。一般的規範遵守の実践という条件下で、すべての関与者の、合理的に動機づけられた同意を得られた規範のみが、妥当《ギュルティッヒ》であるとするならば、そうした条件が充たされていない場合には、妥当《ギュルティッヒ》な規範を固持することはけっして要求しえない。各人が全員に対して、妥当《ギュルティッヒ》な規範の遵守を期待しうる、というのでなければならない。妥当《ギュルティッヒ》な規範が要求可能であるには、そうした規範が違背的行動に対して事実的に貫徹されうる必要がある。

(c)第三の問題、すなわち義務の帰責可能性の問題が、理性道徳の普遍主義的性格から生まれる。この場合に念頭に置かれているのは、しばしば——社会が複雑になればなるほどその度合いは高くなるのだが——共同の努力や組織的作用を必要とする積極的義務である。たとえば匿名の隣人に餓死しないよう注意するという明白な義務は、第一世界の数百万の住人が、第三世界の貧困地域の数十万を死なせてしまっているという事実と、明らかに矛盾する。そもそも慈善による援助は、そのための組織がなければ実現されえない。食料と医薬品、医療と住居等の施設の配分は、個人の主導権と行為領域をはるかに超えるものである。多くの研究が示すように、構造的な改良をおこなうとすれば、それにはさらに新しい世界経済秩序が必要となるであろう。制度によってのみ克服されうる類似の諸問題は、もちろん第一世界、さらにはその近隣地域にもある。道徳的意識が普遍主義的な価値志向をとればとるほど、一方での争いの余地のない道徳的要求、他方での組織的強制および改善への抵抗、これら両者の隔たりがますます大きくなる。その結果、匿名の行為連鎖と組織化作用を通じてのみ充たされる道徳的要求は、自分自身に適用されうる規則システムの内部においてのみ明確な名宛人を得ることができる、ということになる。しかし、法のみが本質的に再帰的である。法は、行動制御のための一次規則の産出に寄与する二次規則を含んでいる。法は権限を確定し組織を創設する。つまり、自然的法人格のみならず、各種の団体や組織体のような擬制された法主体をも含む帰責システムを、法は作りだすことができる。

道徳的分業というこの問い[☆36]は、要求可能性、意思の弱さ、決定可能性などと同様のかたちで、法による補完を機能的に必要とするポスト慣習的道徳の限界を示している。さらに、理性道徳のポスト慣習的な根拠づけ水準が従来伝統的に信頼されてきた他の諸制度から正統性の基盤を奪い去るということから、別の問題が生じる。従来の高度な道徳的基準というものが、もはや素朴に慣れ親しまれるものでなくなると、そうした基準は否応なく問題視されるようになり、批判の対象となった制度は正当化を必要とするようになる。だが道徳は、既存の諸制度を冷徹に評価するための視点を提供するものの、それ自身としては、そうした諸制度を再構成するための操作的手がかりを提供するものではない。そこで、実定法が、それ以外の諸制度に代わりうる行為システムとして用意される、ということになる。

たしかに法は、自然発生的諸制度という正統性を剝奪されて朽ち果てた複合体を再構成するために好適である、というだけではない。社会的近代化の趨勢のなかで、構成的にのみ克服されうる、新種の組織化の必要性が生じているのである。家族や学校といった伝統的な相互行為領域は、その制度的実質において法の形式化が進んでおり、市場、企業、行政といった形式的に組織化された行為システムは、法的に構築されることではじめて創出される。貨幣によって操作される資本主義経済や権限分配の形式で組織化された国家官僚制は、法的制度化の媒体によってはじめて成立する。

複合性を高める一方の社会では規制と組織化の必要性も増加しており、法コードの特殊化作用はそうした必要性に対応したものである。このような法コードの作用は、これまで考察してきた問題からもうかがえるように、道徳を補償する必要性だけでは説明することができない。法と道徳の本当の相互関係を認識するには、これまでとは逆に、法システムの側から道徳を考察することも必要である。理性道徳は、社会化過程と個々人の意識を通じて実効性をもつにすぎず、狭い範囲の行為だけにしか効力をもたない。しかし道徳は、これが内的に結びついている法システムを通じて、すべての行為領域に影響を与えることができるし、さらには、媒体により制御される相互行為のシステム的に独立した領域、つまり、一般化された法的服従による若干の道徳的要求を除いて行為者がいっさいの道徳的要求から解放されている領域にも、影響を与えることができる。一体性を失っていない人倫においては、生活世界のすべての構成要素は相互に結びつき、具体的な義務は諸制度と一致し動機に根ざしており、それゆえ、このような複合的でない諸関係においては、生活形式のエートスには社会統合の力が維持されている。高度な複合性の諸条件下では、いかにして道徳的内実は法的規制という経路を通じて社会全体へと浸透してゆくのか。われわれは、法システム全体を視野に収めてはじめて、この問題を評価することができる。

Ⅲ　基本権の討議理論的根拠づけ——討議原理、法形式、民主主義原理

市民の私的自律と公的自律を同等に発揮しうる権利の体系を根拠づけるために、これまでのさまざまな議論の

系をまとめることにしたい。そうした権利の体系は、市民たちが自分たちの共同生活を実定法という手段によって正統的に規律しようとする場合、相互に認め合わねばならない基本権を含まなければならない。古典的理性法の場合と同じく、この権利はまず非関係者のパースペクティヴから導入されねばならない。そのためにわれわれは、最初に若干の予備的な考察をおこなった。われわれは、主観的権利のドグマ史から出発し、正統性が合法性から生ずるというパラドックスを明らかにした。次いで自律概念の討議理論的解釈を試み、人権と国民主権との内的連関を明らかにした。そのうえで法と道徳の相互補完的な関係を考察し、法規範を一般的な行為規範から区別する形式の性質を明らかにした。興味深いことに、このような法形式そのものによって、主観的権利が近代的法秩序において占める特別な地位が生ずるのである。

法を一般的に、期待を安定化させる、道徳に対する補完物として位置づけるなら、法制定と法適用（たとえ法の構成的な自己適用であっても）の事実性は、道徳から解放された特定の種類の相互行為にとって構築的である。媒体としての法それ自体は、法的人格の地位を権利全般の担い手として定義する権利を前提している。こうした権利は、類型化され個別化された行為者の選択意思の自由、つまり条件節によって規定された主観的行為自由を、その内実としている。一方の側面、つまり成果志向的態度をとる行為者の利害に導かれた選択意思を、了解志向的行為の義務づけのコンテクストから切り離すことは、もうひとつの側面、つまり選択した行為を外から制限する強制的制定法を通じて行為を調整することの、裏面にすぎない。このことから、個々人に帰責可能な主観的自由を保障すると同時にそうした自由を相互に両立させるという、権利の根本的地位が説明されるのである。

こうした自由が保障する自律は、コミュニケイション的自由の義務からの解放としても説明されうる。私はクラウス・ギュンターに従って、「コミュニケイション的自由」を、了解志向的行為において相互に前提される次の可能性、つまり相手の発言およびそれにともなう間主観的承認にもとづく妥当要求に応ずる可能性、として理解する。[☆37] そこから生ずる義務は、法的に保護された主観的自由とはなんら関係のない義務である。コミュニケイション的自由とは、行為遂行的態度において相互に何かについて了解を得ようとし、相互になされた妥当要求への応答を互いに期待する行為者どうしの間でのみ、成立する。このようにコミュニケイション的自由が間主観的関係に依拠していることから、この自由が発語内的義務に結びついている理由が明らかになる。一方の者に、必要とあらば発話行為とともになされた要求を根拠づけてみせる用意がある場合にはじめて、他方の者に、批判可能な妥当要求に対してイエス／ノーの態度決定をなす可能性が与えられる。コミュニケイション的に行為する主体は、自分たちの行為計画を調整するにあたり、相互的な態度決定と妥当要求の間主観的承認を前提とするのであり、それゆえ、関係する当事者により共通して承認されうる根拠だけが重要である。コミュニケイション的な行為者たちに対して合理的に動機づける力をもつ根拠とは、つねに同一の根拠なのである。これに対して、主観的自由にもとづいて決定を下す行為者にとって、自己に決定的な影響を与えた根拠がはたして他の者によっても承認可能かどうかということは、まったく重要ではない。それゆえ、ある権利主体の私的自律は、本質的に、相互的な発語内的義務にもとづく公共的空間から退き、相互の観察とはたらきかけの態度をとるだけの消極的自由として理解される。私的自律とは、権利主体が弁明をおこなう必要のないかぎりで、つまり、自己の行為計画についてなんら公共的に承認可能な根拠を挙げる必要のないかぎりで、発揮されうるのである。主観的行為自由は、コミュニケイション的行為からの離脱ならびに発語内的義務の拒絶のための権限を与える。つまり主観的行為自由は、相互に認め合い要求しあうコミュニケイション的自由という負担から解放された私事性を根拠づけるのである。

それゆえ、主観的行為自由の権利を規定するカントの法原理が意味するのは、法コードは、コミュニケイション的自由の諸要求から権利主体を切り離す主観的権利のかたちで構築されるべきだ、ということなのである。しかしながらこの法原理は、主観的自由一般の権利のみならず、平等な主観的自由の権利を要求する。つまり、各自の自由は全員の平等な自由と一般的法則に従って両立可能である、とされる。このことによってはじめて、実定法は自らが正統化されているという自負をもつことができる。この正統化の自負を、われわれは法の形式規定という局面下ではまだ扱うことができなかった。だが、法原理のカント的定式化においては、「一般的法則」が正統化の負担を引きうける。そのさい、定言命法がつねにはじめからその背景をなしている。つまり一般的法則の形式が、主観的行為自由の分配を正統化する。なぜならこの一般的法則の形式には、制定法を吟味する理性のもつ、すでに承認済みの普遍化テストが表現されているから。こうしてカントの場合は、法が道徳に従属することになる。だがこの従属は、法という媒体それ自身において実現される自律の観念と相容れない。

　というのは、市民の自己立法という理念は、法の名宛人として法に従う者が同時に法の作成者として理解されうる、ということを要求するからである。平等な主観的行為自由の権利は、道徳的に根拠づけられ、政治的立法者によってただ実定化されるだけの権利として把握される、とするのでは、この理念を十分に把握したとは言えない。われわれは、合法性の概念をすでに用いているかぎりにおいて、道徳的に判断する人格として、始源的人権の妥当《ギュルティッヒカイト》性を承認することができる。しかし道徳的立法者としてのわれわれは、この権利が付与される、その名宛人としての権利主体と同一視されるものではない。おのおのの権利主体が道徳的人格の立場をとりつつ、明確化された制定法を自ら自己に与えることができると考えたとしても、そのような事後的で各人の私的な道徳的確認といったものでは、政治的に他律的な権利主体が総じて服する「制定法の支配」のパターナリズムを、けっして除去できるものではない。政治的に自律的な法制定だけが、法の名宛人にも法秩序全体の正しい理解を可能にしてくれる。なぜなら、法への服従のための合理的動機を破壊しない態様の法的強制とのみ、正統的な法は調和しうるからである。場合に応じて自らのコミュニケイション的自由を放棄し、法の正統性要求への態度決定を放棄すること、つまり個々の事例において、効用計算と恣意的決断をおこなう行為者の客観化的態度を優先させて、法への遂行的態度を滅却すること、こうしたことを、強制的法はけっしてその名宛人に強いるものであってはならない。法規範は、正統性に対する洞察にもとづいて遵守されうるものでなければならない。

つまり市民の自己立法の理念は、個々の人格の道徳的自己立法に還元されてはならない。自律は、もっと一般的で中立的に解されねばならない。それゆえ私は、さしあたり法と道徳から中立的な討議原理を導入したのである。討議原理は、法の形式による制度化という方途によってはじめて民主主義原理のかたちをとるとされ、そのうえでこの民主主義原理が法制定の過程に正統性産出力を提供するのである。民主主義原理が討議原理と法形式の結合に由来するということこそ、決定的な要となる思想である。私はこの結合を、段階的に再構成されうる、権利の論理的生成として理解する。この結合は、討議原理を——法形式それ自体にとって構築的な——主観的行為自由の権利に適用することから出発し、最終的には、政治的自律の討議による行使のための諸条件を法的に制度化することにまで行き着く。そして、この政治的自律の討議による行使によって、発端として抽象的に設定された私的自律が遡及的に具体化されうる。それゆえ民主主義原理は、権利の体系の核心としてのみ出現しうる。これらの権利の論理的生成は、法のコードと正統的な法の産出メカニズムつまり民主主義原理とが同じ起源に由来しつつ構築される、そうしたひとつの循環過程をなす。

このような過程を叙述するために、抽象的な段階から具体的な段階へと叙述を進めるが、そのさい具体化の筋道は、最初は外部からなされた叙述のパースペクティヴが、叙述される権利の体系の内部へと取り込まれる、というかたちをとる。そうした場合、この権利の体系が規定するのは、市民がその共同生活を実定法という手段によって正統的に規律しようとするならば、彼ら市民が相互に承認しなければならない権利、これである。「実定法」および「正統的な規律」という表現の意味は、さしあたりは明らかである。前記のようなかたちで社会的行動期待を安定化させる法形式の概念と、行為規範一般の正統性を審査するための討議原理を援用することで、われわれは、法コードを自ら作りだす権利のカテゴリーを抽象的に導入するために充分な手段を手に入れたことになる。こうした権利のカテゴリーは法的人格の地位を次のように規定する。

(1)最大限の平等な主観的行為自由への権利を、政治的自律にもとづいて具体化することから生ずる基本権。

これらの権利は、次の権利を不可欠の相関物とする。

(2)法仲間の自由意思による連帯的結合における構成員の資格を、政治的自律にもとづいて具体化することから生ずる基本権。

(3)権利の提訴可能性ならびに個人的権利保護を政治的自律にもとづいて具体化することから直接生ずる基本権。

これら三つの権利のカテゴリーは、討議原理の法媒体それ自体への適用によって、つまり水平方向での社会化のさいの法形式化という条件への適用によって、はじめから発生する。これらのカテゴリーは、まだ自由主義的な防御権の意味で理解されてはならない。なぜなら、これらのカテゴリーは、市民がその干渉から保護されねばならない国家権力の客観的－法的組織化がなされる以前の段階において、自由に連帯する市民相互の関係だけを規律するにすぎないから。しかも、権利主体が制定法の名宛人としてその役割をまずは互いに承認しあい、そうして、彼らが権利を要求し相互に主張するための資格を認めるかぎりにおいてのみ、これらの基本権は権利主体の私的自律を保障するにすぎない。その次の段階においてはじめて、権利主体はその法秩序の作成者という役割をも獲得する。つまり、

(4)市民が政治的自律を行使し正統的な法を制定するための、意見形成・意思形成の過程に参加する平等な機会を保障する基本権。

この権利のカテゴリーは、憲法解釈および(1)から(4)の基本権の継続的な政治的形成に再帰的に適用される。すなわち、これらの政治的権利が、自由で平等な国家市民の資格を根拠づける。こうした国家市民の資格によって市民は、私的自律と公的自律の解釈と具体化を目標としつつ実体的法的地位を変更することができるのであり、そのかぎりにおいて、この資格は自己関係的である。そうした目標を考慮することで、これまで挙げた諸権利は最終的に次の権利を含意することになる。

(5)所与の諸関係のもとで、(1)から(4)までに挙げた市民権を利用する平等な機会を保障するためにそのつど不可欠であるその度合いに応じて、社会的、技術的、エコロジー的に保証された生活条件を保障する基本権。

以下では、絶対的に根拠づけられた四つの自由権と参加権にだけ若干のコメントを加え、五番目の相対的な根拠づけをもつにすぎない参加権については、最終章で立ち戻ることにしたい。右で提案した基本権の討議理論的理

解は、人権と国民主権との内的連関を明らかにし、合法性から正統性が成立するというパラドックスを解消するものである。

(1)について。法形式をとる行為規範は、行為者に、主観的行為自由を行使する権限を与える。そうした制定法のいずれが正統であるかという問いは、主観的権利の形式を考慮するだけでは答えられない。万人が最大限の平等な主観的行為自由への権利を有するということは、討議原理を援用することではじめて示される。各人の権利と万人の平等な権利との両立可能性という条件を満たす規律だけが、正統である。カントの法原理は、こうした平等な自由への一般的権利と一致する。すなわちカントの法原理は、権利主体の私的自律を保護する正統的に配分された主観的権利の形態で法コードは形成されるべきである、ということだけを述べている。もっともこうした権利だけでは、法コードはまだ完全に制度化されていない。というのも、法コードは、特定の法共同体のなかで適用され、ある者が別の者を提訴しうる権利を確定しなければならないからである。

(2)について。法規則は道徳規則とは異なり、言語能力と行為能力をもつ主体一般の間で起こりうる相互行為を規範化するものではなく、具体的社会の相互行為連関を規範化する。このことはそもそも、法の実定性の概念、つまり法制定と法適用の事実性に由来する。法規範は歴史的立法者の決定に還元され、地理的に画定された法領域と社会的に画定された法仲間集団、要するに特定の妥当領域にかかわる。こうした歴史的時間と社会的空間における制約が生じるのは、正統的な強制のための手段を独占し、場合に応じてそれを行使する機関に、権利主体が強制権限を譲り渡すという事情があるからである。この世における権力独占とは、このことは世界政府にも当てはまるであろうが、有限のものである――つまり権力独占は、未来と宇宙に比べれば地域的に限定されたものにすぎない。それゆえ、法コードの設定によって生みだされるべき権利とは、法仲間の特定の連帯的結合への帰属を規定し、そうすることで構成員と非構成員の違い、市民と外国人の違いを許容する権利なのである。国家的に組織化された共同体においては、そうした権利は国籍の権利という形態をとる。国籍の対外的な側面は、当該国家の国際法上の承認に依拠するが、ここではこの点には触れない。国内的には、構成員としての資格という基礎のうえに、国家市民の意味での市民の資格を全体として作りあげる実体法上の地位が付与される。誰もが国籍の権利の一方的剥奪から保護されるが、国籍を放棄する権利を必然的に有するという帰結が、討議原理を適用することで導かれる。移住の権利には、構成員としての資格を取得するには移住先の構成員の（少なくとも想定上の）同意が必要である、という前提がある。と同時に、移住者の受け入れ、つまり国籍の権利を希望する外国人に法共同体を拡大するには、そうした移住希望者と受け入れ側の構成員の利害を等しく考慮した規律が必要である。

(3)について。最後に、法コードの法的制度化によって作りだされるのは、権利を侵害されたと感じるすべての者が自らの要求を主張しうる訴訟手段を保障すること、である。法が強制をその特質としていることから、妥当する法は紛争事例において、特殊的手続きを通して拘束力あるものとして解釈され適用される、ということになる。裁判所は制定法という枠組みを用いて、非党派的かつ権威的に紛争事例に判決を下すのであり、このような実行性を発揮しうる独立の裁判を法的人格が自由に利用しうる場合にはじめて、彼ら法的人格は裁判に訴える権利というかたちで、権利に結びついた強制権限を発動させることができる。このような場合、平等な権利保護、提訴のための平等な要求、法適用の平等つまり制定法の前での平等な取扱い、等々をすべての人格に保証する司法的基本権は、討議原理に照らして根拠づけられる。

要するに次のようにまとめることができる。すなわち、平等な主観的行為自由の権利は、構成員となる権利および裁判利用の保障と関連することによって、法コードそのものを作りあげる。つまり、こうした諸権利がなければ正統的な法も存在しない。もっとも、このような法的媒体の法的制度化にあたって問題になるのは、周知の自由主義的基本権ではない。この段階では、そうした防御権が阻止すべき組織化された国家権力がまだ存在しないことはもとより、それとは別に、法コードそのものに内在する基本権がいわば不完全なのである。これらの基本権は状況に応じて政治的立法者により解釈されることで具体化されねばならない。法コードは抽象的に成立するのではなく、実定法を用いて正統的に共同生活を秩序づけようとする市民たちが、特定の権利を相互に承認してはじめて成立する。他方でこれらの個々の権利は、前記の法カテゴリーを具体化している場合にのみ、法コード形成の機能を果たす。この意味で、人間の尊厳、個人の自由・生命・身体の不可侵、移転の自由、職業選択の自由、財産の保障、住居の不可侵、等々の古典的な自由主義的基本権は、平等な主観的自由の権利という意味での一般的自由権を解釈し具体化したものに他ならない。同様に、引渡しの禁止、庇護権、実質的義務をともなう地位、給付を受ける地位、国家市民の地位、等々は、法仲間の自由意思による連帯的結合の構成員という一般的地位を具体化したものである。そして裁判利用の保障は、手続き保障と法原則（遡及効の禁止、一事不再理、特設裁判所の禁止、裁判官の客観的・人格的独立の保障、等々）を通じて解釈される。

ここで、次の二つの観点を際立たせておきたい。一方では、最初の三つの権利のカテゴリーは、個々の基本権を個別具体的に作りあげるために充足されるべき指針である、つまりむしろ憲法制定者が志向すべき法原理である。他方で、憲法制定者は、法媒体を使用するかぎりにおいて、主権とは無関係にそれらの原理を志向しなければならない。なぜなら、そうした原理には、ホッブズとルソーにより説かれた、合理化をおこなう法形式それ自体の意味が表現されているからである。

(4)について。権利の生成にかんして、もちろんここまでは、われわれは理論家の視点をとることで外部から法形式に討議原理を適用してきた。理論家は、市民が実定法にもとづいて共同生活を正統的に規律しようとする場合に、どのような権利を相互に承認しなければならないか、ということを彼ら市民に説明する。このことから、前記の権利のカテゴリーの抽象的性質が説明される。だがここで、われわれは、市民が自分自身で討議原理を適用しうる場合に必要なパースペクティヴの転換を執りおこなわなければならない。なぜなら市民は、自分が名宛人として服すべき権利の作成者として自己を理解し、かつ同時に活動することによってはじめて、権利主体としての自律を獲得するからである。しかし権利主体としては、市民が自律を実現しうるための媒体の選択はもはや彼らの自由にはならない。どのような言語を用いるかを彼らは自由に選ぶことはできない。法コードは、権利主体にとってはむしろ、自己の自律を表現する唯一の言語としてあらかじめ与えられている。自己立法の理念は法の媒体それ自体において実現されねばならない。それゆえ、自分たちの制定する法が正統的な法であるかどうかを市民が討議原理に照らして評価しうるための条件が、それ自体として法的に保障されねばならない。その役割を果たすのが、立法者の意見形成・意思形成の過程に参加するための政治的基本権に他ならない。

このようなパースペクティヴの転換ののちには、もはやわれわれの視点から平等なコミュニケイション的権利と参加権を根拠づけることはできない。民主主義原理の法的形態を討議原理に付与する権利はいかに創出されねばならないか、これを熟慮しかつ——憲法制定者の役割をとりつつ——決定するのは、市民自身なのである。討議原理によれば、すべての潜在的関与者が合理的討議に参加した場合に彼らが同意しうるような規範こそが、妥当性を主張しうる。それゆえ、批判可能な妥当要求に対して態度決定をする各人のコミュニケイション的自由が平等に活用されるというかたちで、ここで探求されている政治的権利は立法にとって重要なすべての審議過程と決定過程への参加を保障しなければならない。コミュニケイション的自由の政治的使用の平等な法制化によって、討議原理の適用によって可能な政治的意見形成・意思形成の制度化が可能となる。制度化以前のコミュニケイション的自由は了解志向的言語使用の諸条件に関連づけられるが、これと同じように、コミュニケイション的自由の公共的使用の権限は、討議による審議過程・決定過程の法的に保障されたコミュニケイション形式と手続きに依存する。コミュニケイション形式と手続きは、これらに即して追求されるすべての成果がそれ自体として正統性の推定を獲得する、ということを保障しなければならない。つまり、万人のための平等な政治的基本権というものは、すべての法仲間のコミュニケイション的自由の対等な法制化から生じる。そしてこのコミュニケイション的自由は、国家市民の権利を実現することで政治的自律の行使を可能にするところの、討議による意見形成・意思形成の形式を要求する。

権利の体系をこのようなかたちで導入するならば、国民主権と人権の結びつき、つまり政治的自律と私的自律が同じ起源をもつことがよくわかる。市民の政治的自律の活動範囲は、ただ施行されるのを待つだけの自然的権利や道徳的権利によって制約されるわけではないし、個々人の私的自律は、主権者による立法のためにたんに道具化されるわけでもない。市民の自己決定の実践は、一方でのコミュニケイション的社会化の諸条件に根ざす討議原理、他方での法媒体、これら以外には何もあらかじめ与えられてはいない。討議原理が平等なコミュニケイション的権利と参加権を民主主義原理として立法手続きのなかで現実化するためには、法媒体が用いられねばならない。もちろん法コードの設定それ自体がすでに、法人格を産出しその不可侵性を保障する自由権を含意する。だがこうした自由権は、政治的自律の行使をはじめて可能にする不可欠の条件である。つまりそうした自由権は政治的自律の行使を可能にする条件として、立法者の任意の処理が不可能なものであるにもかかわらず、立法者の主権を制限することはできない。政治的自律を可能にする条件は、それが構築するものになんら制限を課すものではないのである。

討議原理であれ相互行為的関係の法形式であれ、おのおのそれ自体としてはなんらかの権利の根拠づけには不充分である。討議原理と民主主義原理が互いに強く結びつき、かつ私的自律と公的自律を相互に前提しあう関係として構築する権利の体系を作りあげる場合にはじめて、討議原理は法媒体を通して民主主義原理の形態を受け入れることができる。逆に政治的自律のあらゆる行使は同時に、歴史的立法者による、原理的に不完全な権利の解釈と具体化を意味する。このことは、そのために必要とされる政治的基本権にも当てはまる。すべての国家権力は国民に由来するという原則は、事情に応じて、言論の自由、情報の自由、集会の自由、結社の自由、信仰の自由、良心の自由、思想信条の自由、政治的選挙と投票に参加する権限、政党活動や市民運動の権限、等々といったかたちで特殊化されねばならない。拘束力をもつものとして権利の体系を解釈する憲法制定行為において、市民は政治的自律を始源的に行使することになる。それは、遂行的に自己関係するかたちで自らを構築するという政治的自律なのである。それゆえ、歴史上の諸憲法の基本権規定は、同一の権利の体系を文脈依存的に解釈したものとして理解される。

だが、この権利の体系は、自然法として憲法制定者にあらかじめ与えられているわけではない。ある特定の憲法制定解釈においてはじめて、そうした諸権利は意識されるのである。つまり、市民たちは、彼らが自分たちの共同生活を法によって正統的に規律しようと決定した場合には、すでにそうした企てにかかわっているのであり、彼らはこのような企てのもつ意味をたんに明らかにするために、自身を取り巻く状況の見地から権利の体系を解釈しなければならない。そのような企ては、討議原理の直観的理解と法形式の概念だけを前提する。それゆえ、唯一の権利の体系の説明は、そうした実践についての自己理解の多様な説明がどの点で一致するかを示す、ということ以上を意味しない。基本権についての「われわれの」抽象的な理論的説明は、あとになってから、人為的技巧であることが暴露される。歴史的にあらかじめ存在するさまざまな解釈とは無関係に権利の体系を単独で利用することは、誰にもできない。唯一の権利の体系は、超越論的純粋性というかたちで存在するものではない。むしろ二百年以上にわたるヨーロッパの憲法発展によって、われわれは十分なモデルを手にしている。実定法を用いた自己立法の間主観的実践には、必ずそれを導く理解というものが存在するのであり、われわれの有するモデルは、こうした理解を一般化して再構成するための範型を提供する。憲法創設とは政治的革命の成果を結晶化したものであることが珍しくないが、このような憲法創設の性格は、静的で、時間とは無縁で、歴史的変化に抵抗する諸規範の「固定化」という、誤解を招きやすいイメージを示唆する。たしかに法治国家の諸原理の体系上、たんなる制定法よりも憲法が法技術的に優先されることになっている。しかしこうした優先関係は、憲法規範の内実が相対的に固定化されているからにすぎない。のちにあらためて見るように、憲法とはそもそも、法制定のすべての次元において連綿と遂行され受け継がれてきた憲法解釈という様式でのみ、存続しうるプロジェクトなのである。

　権利の体系は私的自律と公的自律を平等に保障することによって、まず最初に法の実定性と正統性の緊張関係として理解された事実性と妥当性の緊張関係を、適切に処理する。私的自律と公的自律という二つの要素の結びつきは、法規範と討議原理の相互浸透によって可能になっているだけでなく、法の名宛人と法の作成者が表裏一体の関係にあることによっても可能になっている。一方において権利の体系は、成果志向的に行為する個別的主体の利害に導かれた選択意思を、平等な主観的行為自由の両立を可能にする強制的制定法という枠組を踏まえて促す。他方においてこの権利の体系は、立法の実践において公共の福祉を志向するとされる市民たちのコミュニケイション的自由を動員し統合する。ここでは、事実性と妥当性の緊張関係があらためて浮き彫りにされる。つまり、政治的基本権がコミュニケイション的自由の公共的使用を主観的権利の形式で制度化しなければならないという一見して逆説的な状況のなかに、事実性と妥当性の緊張関係が存在する。法コードにはそれ以外の選択はありえない。すなわち、コミュニケイション的権利と参加権は、これらの使用を欲するのかどうか、場合によってはそれをいかにして欲するのか、このことを自律的権利主体に委ねるような言語によって定式化されなければならない。自律的権利主体が法の作成者として自由な意思をはたらかせ、各自の利害の成果志向的実現から一般的に同意可能な規範についての了解へとパースペクティヴを転換させ、コミュニケイション的自由を公共的に使用しようとするのかどうか、このことの決定は法の名宛人の選択意思に委ねられるのである。

この違いは、権利の意味論的分析だけをおこなうならば見失われてしまう。ある人格に権利を承認するとすれば、その人格はあるXについて適切な要求をおこない、この要求を自分以外の人格に対して主張することができる。このような分析的地平では消極的権利が積極的権利から区別されはするが、しかしそれによっても、法形式の特質はまだ明らかではない。[☆38] 語用論の地平においてはじめて、合法性の諸局面が視野に入るようになる。われわれはそうした諸局面を、選択意思の自由、外的関係、強制権限といったカントの概念にならって分析したのである。これらの諸局面のもとでは、法の名宛人たちの主観的権利はコミュニケイション的自由の公共的使用と二義的関係をもつことが認められた。つまり、こうした権限は額面通りにも受け取られねばならない、言いかえれば、主観的行為自由の承認として理解されてよい。政治的市民権はまさに右のような形態の公共的使用を促すが、法は道徳とは異なり、主観的権利の了解志向的な使用を義務づけられるものではない。もっとも、この二義性の事実は、なお十分な規範的意味をもつものではあるのだが。[☆39]

たしかに、回帰的に自己に立ち戻り自分自身で正統化をおこなう循環過程として法システムが把握されねばならない、ということを前提する場合にのみ、合法性による正統性の成立はパラドックスであるように見える。だが、そもそもこうした事柄に矛盾するのが、自由の法的諸制度は自由に慣れ親しんだ国民のイニシアティヴがなければ崩壊してしまう、という事情である。そうした国民の自発性は、けっして法により強制されるものではない。それは自由を尊重する伝統にもとづいて再生され、リベラルな政治文化のもつ連帯的結合の諸関係のなかで維持される。もちろん、要求される国家市民の徳性のコストが僅少かつ少量ずつの犠牲で済むように、法的規制によって予防措置を講じることはできる。権利の体系の討議理論的理解は、二つの側面に視線を向けている。すなわち一方では、法制定の正統化の負担は、国家市民の資格から、討議による意見形成・意思形成の法的に制度化された手続きへと移し替えられる。他方では、コミュニケイション的自由の法制化は、自らは自由に処分しえない正統化の源泉を法が開発しなければならない、ということを意味する。

第四章　法の再構成（2）——法治国家の諸原理

法の再構成は、法の意義を明らかにするという目的を有する。前章では権利の体系を取りあげることで、近代的法共同体の構成員が宗教や形而上学の根拠に依拠せずに自らの法秩序をなお正統的だと見なすべき場合に、そこから出発しなければならない諸前提を確認した。しかし、権利の正統性と法制定過程の正統化はひとつの問題にすぎないのであり、支配秩序の正統性と政治的支配の行使の正統化はまた別の問題なのである。思考実験によって追構成された基本権は、自由で平等な法仲間のすべての連帯的結合にとって構築的である。こうした基本権には、市民の水平的社会形成がいわば発生時の状態で表現されている。しかし、国家市民的自律の法的制度化という自己関係的行為は、本質的な点で不完全である。というのは、この行為は自分自身で安定化することができないから。権利の相互的承認がなされる瞬間とは、永遠に比喩上の出来事でしかない。そうした瞬間はむしろ想起され、儀式化されうるものであるが、同時に国家権力の設立や機能的作用がなくては永続化されえない。権利の体系において遂行された私的自律と公的自律の結合がつねに維持されつづけるべきだとするならば、法制化過程は、私人の主観的行為自由と国家市民のコミュニケイション的自由だけを対象とするのでは不充分である。同時に法制化過程は、法制定と法貫徹の事実的拘束力が由来するところの、法媒体によってすでに前提された政治権力にも拡大されねばならない。法と政治権力が同じ起源に由来しつつ構築され、相互に概念的に関連していることから、さらに正統化の必要が生じてくる。つまり国家の制裁権力・組織化権力・執行権力が自らを法的に制御する必要性が生じてくるのである。それが法治国家の理念である（Ⅰ）。この法治国家の理念を私は、コミュニケイション的権力の産出（Ⅱ）とコミュニケイション的権力と結びついた、行政権力の利用（Ⅲ）のために充足されねばならない条件を基にして、明らかにしたいと思う。

Ⅰ　法と政治の構築的連関

（1）法とは、期待の安定化という固有の機能の観点から観察するかぎりで、権利の体系として描きだされる。もちろんこうした主観的権利は、集合的拘束力をもつ決定を下す組織によってのみ施行され貫徹されうる。逆にこうした決定はそれが有する法形式から集合的拘束力を得る。このような法と政治権力の内的連関は、主観的権利における客観法的含意のなかに映しだされている。この点はすでにわれわれも論じたところである。

平等な主観的行為自由の権利は、制裁威嚇をともなうことで実定的権利として維持され、規範の侵害や抵触する利害があってもそれに抗して主張されうる基本権として、具体化される。そのかぎりで、こうした基本権は、法規範が遵守されるための正統的な権力適用手段を有する組織の制裁権力を前提する。このことは、国家がいわば命令権力の「発動」のために、常設の実力組織を準備しておくという側面にかかわる。

法仲間の自由意思による連帯的結合において平等な構成員としての資格を得る権利は、時間的・空間的に限定された集団を前提する。メンバーはその集団に自らを同一化させ、自分の行為を集団の相互行為連関の一部と見なすことができる。そうした集団は、全体のために行為する権限をもつ中心機関を有する場合にのみ、法共同体として構築されうる。このことは、法的に組織化された共同生活のアイデンティティを内外に対して維持するために国家が組織化・自己組織化の能力を用いる、自己主張の側面にかかわる。

個人の法的保護の権利は、独立して非党派的に判決を下す司法への要求を根拠づける基本権として、具体化される。そのかぎりでそうした基本権は、国家的に組織化された裁判制度を前提している。そうした裁判制度は、紛争の権威的決定のために制裁権力を必要とし、また法の維持と継続形成のために国家の組織化能力を必要とするのである。

最後に、政治的-自律的な法制定の権利は、民主的立法過程への参加に対する平等な要求を根拠づける基本権として具体化される。こうした立法過程は、国家により組織化された権力とともに設立されねばならない。だがそれだけでなく、立法権として整備された政治的意思形成は、可決されたプログラムを実施し施行する執行権力に依存する。このことは、国家が合法的支配の官僚制的行使のための組織体として分化してきたという、中心的局面にかかわっている。国家権力は、公的行政の官職組織によってはじめて確固とした制度的形態を得る。国家機構の規模と重みと権限は、社会が自らの再生産過程に意図的・意識的に働きかけるためにどの程度法媒体を必要としているか、という点に依存している。自己への働きかけというこのダイナミズムは、私的自由権と政治的参加権の機会平等的利用のために社会的・文化的・経済的諸前提の充足への要求を根拠づける参加権によって、より促される。

要するに、権利は貫徹されねばならず、法共同体はアイデンティティを安定化させる力と組織化された裁判を必要とし、執行されるべきプログラムは政治的意思形成によって生みだされるのだから、国家は、制裁権力・組織権力・執行権力として不可欠である。もちろんこのことは、権利の体系に対する機能的に不可欠の補完を意味するだけでなく、本質的に主観的権利に含まれている客観的-法的な含意をも示している。というのも、国家的に組織化された権力は、いわば法と無関係に法の外部で成立するのではなく、法によって前提されるのであり、そうした権力それ自体も法の形態で成立するからである。政治権力は、基本権の形態で制度化された法コードを通じてのみ、その権力を発動することができる。それゆえ、ドイツ立憲主義は法治国家理念を用いることで、自由権と組織化された国家権力との短絡的な結びつきを作りだすことができた。☆1 そこでは、法治国家は市民の私的自律と法的平等を保障する、とされた。これに対して、権利の体系の討議理論的根拠づけは、私的自律と公的自律との内的連関を明らかにする。法が完全な規範的意味を得るのは、それ自体の形式によるのでもなければ、ア・プリオリな所与の道徳的内容によるのでもなく、正統性を産みだす法制定手続きによるのである。そのかぎりで、モール、ロテック、ヴェルカーその他の初期自由主義国法学の実質的制定法概念は、法治国家の民主的理念を解明するための優れた手がかりを提供してくれる。これらの法学者たちは「制定法」というものを、討議と公共性を特徴とする手続きによって国民代表の同意のもとで成立した、一般的で抽象的な規則だと解している。法治国家理念が要求するのは、組織化された国家権力は自らの機能を果たすために法を必要とせざるをえず、そのため国家権力の集合的拘束力をもつ決定は法の形式をとるだけではなく、正統的に制定された法によって国家権力自身が正統化されねばならない、ということなのである。政治的支配の行使を正統化するのは法形式それ自体ではなく、正統的に制定された法への拘束、これだけなのである。そして正当化のポスト伝統的水準では、すべての法仲間の討議による意見形成・意思形成において合理的に承認されうるような法だけが正統だと見なされる。

しかし逆に見れば、こうしたことは、政治的自律の国家市民による行使が国家に包含されることを意味する——つまり立法は国家のなかの権力として構築される。相互の権利を承認しあう市民たちの水平的社会化から、垂直的社会化を目論む国家の組織形式への移行にともない、市民の自己決定実践が制度化されるのである——政治的公共圏における非公式の意見形成、政党内外での政治参加、普通選挙・議会での審議・議決への参加、等々がそれである。主観的自由と内的に結合している国民主権は、さらに国家的に組織された権力とも結合するのであり、そのさい、「すべての国家権力が国民に由来する」という原則が制度的に分化した意見形成・意思形成のコミュニケイション前提と手続きを通じて実現される、というかたちをとる。討議理論的に把握された法治国家では、国民主権はもはや具体的に同定しうる自律的国民の総体として実体化されはしない。国民主権は、もろもろのフォーラムと団体によるいわば主体なきコミュニケイション的循環過程にまで引き戻される。このような匿名の形式においてのみ、コミュニケイション的に不定形化した権力は、国家機構の行政権力を国民の意思に拘束することができる。のちに見るように、民主的法治国家においては、政治権力はコミュニケイション的権力と行政権力に分化する。国民主権はひとつの集団、つまり統合された市民や議会に召集された代表といった物理的に把握可能な実在の内部にのみ限定されるのではなく、理性的に構造化されたもろもろの審議と決定の循環のなかで作用する。それゆえ、法治国家には支配者が存在しないという命題は、誤解の余地のない意味をもつ。[☆2]しかしこの解釈は、国民主権からラディカル・デモクラシー的内実を奪うものではないというかたちで精密化されねばならない。

以下でわれわれは法と政治権力の内的連関を再構成するが、そのさいはじめから次の誤解を避けなければならない。この考察において重要なのは規範と現実との隔たりではない。つまり、理念ではまったく手に負えない社会的事実性としての権力というものではない。むしろ法に内在する事実性と妥当性の緊張関係をこそ、注視しなければならない。さしあたりこの緊張関係は、法的妥当性の次元において――法の実定性と正統性の緊張関係として――、そして権利の体系の内部において――私的自律と公的自律の緊張関係として――、現れたのである。法治国家の理念を用いることでこのパースペクティヴは拡大される。われわれは権利から出発し、正統的な法による拘束を受けつつ行使されるべき、法形式によって組織された支配へと考察を進めることにしたい。法によって暗黙裡に前提された政治権力へ法を再帰的に適用することで、たしかに事実性と妥当性の緊張関係は別の次元へと移し替えられる。つまりこの緊張関係が、法治国家として組織された政治的権力のなかに登場するのである。政治的支配は、常設の実力手段によって裏打ちされた、威嚇の潜勢力によって成り立っている。しかし同時にこの政治的支配は、正統的な法によってその権限を与えられる。法的妥当性におけると同様、政治的決定の集合的拘束力においても、強制と規範的妥当要求という二つの契機が結びついている——だが、ここで両者の関係が逆転している。法はその実定性にもかかわらず、本質的に規範的妥当性を要求するが、権力は、その権限付与の働きにもかかわらず、集合的目標を達成するための手段として政治的意思を自由に利用することができる。それゆえ法は、これを経験的に観察するならば、政治権力が使用する形式としてのみ機能することが珍しくない。しかしながらこのような権力、つまり規範的に見れば、法の外部にあって、法を道具化しそのかぎりで非正統的な権力という倒錯した事実性は、はじめからわれわれの主題ではない。政治権力は自らを正統化するために必要な法と内的連関を有しているがゆえに、それ自体として事実性と妥当性の緊張関係をはらんでおり、概念的分析はこうした緊張関係だけを扱うのである。このような概念的関係は、規範と現実の対立と取り違えてはならない。この規範と現実の対立は、第八章で見るように、経験的分析によって捉えることができるからである。

（2）法と政治権力の複合体は、血縁により組織化された社会から、すでに国家的に組織化されていた初期の社会への移行の特徴を示すものである。そしてこうした国家的に組織化された社会を基に、高度な文化をともなう前近代的諸王国が出現した。しかし法と政治権力の結合は、それ自体としては、初期近世の移行段階の社会においてはじめて問題となった。ようやくマキアヴェッリ以降になって、聖なる伝承のコンテクストに由来する国家権力が自然主義的に把握され、権力者により戦略的観点から計算され、目的合理的に掌握されうる潜勢力として捉えられるようになった。このように新たなかたちでの行政権力が、暴力を独占する国家により集中的に掌握されるようになったために、理性法の理論家たちは、国家的強制をともなう法と法形式で組織化された権力との共同作用を説明する理論を考案せざるをえなくなった。ホッブズは一方で契約関係と制定法の規則的構造を考慮するとともに、他方でこの世でその意思が他のすべての者の意思に優越する主権者の事実的命令権力を考慮している。そこでは、主権的意思が立法機能を引き受け、その命令が法の形式を具備することで、支配契約にもとづいた国家権力が構築される。しかし制定法により制御された君主の意思の力は、本質的には、裸の決断にもとづいた意思の実質的暴力を超えるものではない。そうした意思は制定法の形式で抽象化された理性に従うが、それは意思の実質的暴力を利用するためにすぎない。このような構成においては、自然発生的命令権力の事実性は、臣民に主観的行為自由を承認する制定法の規則構造に、無媒介に抵触する。カントとルソーにおいては、自律へと昇華された（制定法と民主的手続きの）規則構造の理性が、統合された国民の主権的議決を指導するとされているが、それにもかかわらず、ホッブズに見られたような対立関係の痕跡は、彼らにおいてすら完全に根絶されているわけではない。カントの改革思想は、政治権力の自然的事実性、つまり法と道徳では歯が立たない政治の頑とした決断主義的核心に対するホッブズ主義的敬意を、清算しきっていない。[☆3]

法と政治権力の複合は事実的にはすでに長きにわたって、前国家的社会の自然発生的実質にもとづいて発展してきたのであるが、そのような自然発生的実質のもつ社会統合力は、理性法の主観哲学的基本概念のために今もって社会学的に把握され損なっている。近代においてはじめて勃発した現象――行政権力の集中、法の実定化、合法的支配、の同時発生――は、国家権力が伝統的支配の形式ではじめて成立したときの初期条件を覆い隠してしまった。部族社会においては、族長、神官、特権階級の構成員等、威信に支えられた社会的権力は、神秘的権力つまり聖なる背景的合意にもとづいて拘束力を発揮する承認された行為規範を用いており、そのため、国家として組織化された権力を保有する進化的段階にいたっていないにもかかわらず、紛争解決と集合的意思形成の諸制度を可能とする徴候をすでに見せていた。それゆえ法と政治の国家的複合は、自然状態という理性法的構成では考慮されえない、社会統合の古代的基礎のうえに打ち立てられていた。しかし私は、法と政治の発生を抽象的モデルのかたちで説明することを選んだ。そのほうが、概念的再構成という意図のもとで、膨大な人類学的資料のうち若干の重要点のみを強調するのに適しているからである。

（a）そこでまず私は、紛争解決と集合的意思形成の二つの類型を取りあげたい。それは、国家の制裁をともなう法も、法形式による政治権力も必要としないが、法と政治が相互に前提しつつ自らを構築するための基礎をなす。

私はパーソンズとともに、空間と時間のなかで網の目をなす社会的相互行為は二重の偶発性という条件下にある、ということを互いに期待する、ということを出発点としたい。[☆4] 行為者は、自分が原理的にあれかこれかいずれをも決定しうる、ということを互いに期待する。それゆえ、ある程度の安定した行動範型をともなう社会秩序は、行為調整のメカニズムに依拠しなければならない——通常であればそれは影響力と了解である。行為調整が成立しなければ、関係者自身によって問題として受け取られるアノミー的行為状況が生じてしまう。この種の調整問題は二つの典型的なかたちで現れる。すなわち、第一に、個人の矛盾を抱えた行為志向により惹起される紛争の規律が問題になる場合、第二に、集合的目標の選択と共同での実現が問題になる場合、である（個人間の紛争の規律か、それとも集合的目標とプログラムの追求か）。[☆5] 最も単純な場合を挙げるとすれば、第一の場合は、複数の行為者が同一の財をめぐって争い、この紛争を合意によって解決しようとする場合である。また第二の場合は、行為者の集団が、彼らが共同で克服しようとする難問に直面する場合である。前者の場合には、当事者たちは、「いかなる規則に従ってわれわれは共同生活を営むべきなのか」という問いに直面し、後者の場合には、「われわれはいかなる目標をいかなる手段で達成しようとするのか」という問いに直面する。紛争解決は、紛争事例における行動期待の安定化に関連し、集合的意思形成は、合意可能な目標の選択とその効果的実現に関連する。これらをパーソンズは、パターン維持［pattern-maintenance］と目標達成［goal-attainment］と呼んでいる。☆6

単純な相互行為はどのようなものであれ、価値志向的行為と利害に導かれた行為の純粋な二つの類型を両極端とする連続線上のどこかに、位置づけられる。間人格的行為調整は、ある場合には価値についての合意によって成立し、また別の場合には利害の調整によって成立する。たいていの場合はこれら二つの動機が混在している。しかし、どちらの局面を重視し主題化するかに応じて、行為者自身は異なる態度――つまり、了解志向的行為の遂行的態度か、あるいは自分の選好に照らして行為結果を志向する行為者の客観化をおこなう態度か――をとらねばならない。

行為者がいずれのパースペクティヴをとるかによって、行為調整の問題は異なるやり方で解決される。価値志向的行為の諸条件のもとでは、行為者は合意を追求し、引き合いにだす。利害に導かれた行為の諸条件のもとでは、行為者は利害調整もしくは妥協を追求する。了解実践はその目標設定の点で交渉実践と区別される。追求されるべき意見の一致は、一方では合意［Konsens］として、他方では利害についての同意［Vereinbarung］として理解される。前者の場合は規範と価値を考慮することが要求されるが、後者の場合は利害状況についての評価が要求される。

「合意」と「和解」は紛争解決の二つの類型を表わす。規範に導かれた行為の諸条件のもとでは、紛争事例において何をなすべきかを当事者が既存の価値合意にもとづきつつ確認することによって、紛争を解決することができる、という見通しがある。このような紛争解決の構造に適しているのが、道徳的権威をもつ者（たとえば神官）の裁定であり、適切な決定手続き（たとえば神託）である。利害に従う行為の諸条件のもとでは、通常であれば発生した損害に対する賠償というかたちで、自らの事実的権力地位とそれに対応した威嚇潜勢力を基礎とし

和解による紛争解決と集合的意思形成の基本的諸類型

問題 ＼ 行為調整の対象	間人格的紛争の規律	集合的目標の追求 目標設定	執行
価値志向	合意	権威による決定	組織化された分業を伴う命令権力
利害状況	和解	妥協形成	

つつ当事者が利害を調整することができる、という見通しがある。このような紛争解決の構造に適しているのが、交渉を斡旋する仲裁者である。だがこの場合は、仲裁者は当事者より上位の地位にあるわけではないから、拘束力のある決定を下すことはできない。[☆7] 他方で「権威」と「妥協」は、それに照らして目標設定についての不合意が解消されうる、意思形成の二つの原理を表わす。すなわち、個々人であれ家族であれ、圧倒的な名声を利用することで、共有された価値観を権威的に解釈することができる。あるいは、争っている当事者が、またもや権威の事実的な力を基礎として、納得しうる妥協に到達することになる。「組織をともなう命令権力」は、共同での目標実現には命令による組織的分業が必要である、ということを表わしている。

これら導かれた四つの問題解決戦略が、仲裁と集合的意思形成という部族社会の制度にもとづいて図式化されているのは偶然ではない。しかし、ここでは法人類学的事実は私の関心を引くものではない。[☆8] ただ、さらに考察を進めるために次のことが重要であるにすぎない。すなわち、ヒエラルキー的に階層化された家団体間での威信の格差と、長老・神官・指導者の（戦時と平時における）役割分化を通じて形成された社会的権力地位に支えられて、「和解」と「妥協形成」の技術が成立するのである。こうした社会的権力は、宗教的世界像と呪術的実践に根ざす規範構造によって与えられる身分体系に従って配分される。もっとも、それ以外の他の二つの技術、つまり合意による紛争解決と権威に導かれた集合的意思形成は、習俗・道徳・法がなお共存しながら結びついている規範的複合によって直接的に支えられている。

これらの想定から出発して、国家法と政治権力を同じ起源に由来するものとして構築することが、二段階モデルとして描かれる。第一段階は、紛争解決機能を独占する君主裁判官の地位をその特徴とし、第二段階は、集合的意思形成を政治的支配の組織的形式で可能にする、支配スタッフの法的制度化をその特徴とする。[☆9]

(b) 当初は名声と事実的に承認された社会的権力だけを用いうる指導者は、救済財の管理を引き受け、あるいは、神聖なものとして承認された、道徳的拘束力をもつ共同体的規範の独占的な解釈権限を掌握することによって、それまで分散していた紛争解決機能を取得することができる。聖なる法は、権力が正統化されうるための正義の資源を表わし、それによって法を司る指導者の身分に規範的権威が付与される。すなわち、習俗と道徳に結びついた前国家的な聖なる法によって、神命を受けた唯一の解釈者の地位に正統性が付与されるのである。このことによって、当初そうした身分の者にその地位を付与した事実的権力は、正統化された権力に転化する。もちろん社会的権力から政治的権力へのこうした変換は、同時に聖なる法の形式転換をともなう。というのも、紛争解決実践は、そのようにして正統化された権力保持者の手によって、たんなる道徳的拘束力のみならず、事実的に貫徹された法としての肯定的妥当性を得た規範に準拠するようになるからである。いまや裁判のために制裁威嚇を生みだすことのできる暴力資源を、法を司る指導者の自然発生的な社会的権力は用いる。前国家的権力は、宗教的権威にのみ由来する伝来の生ける法を肯定し、そうした法を、支配者により承認され、そうすることで拘束力をもつ法へと変容させる。これら二つの同時に進行する過程は再結合される。すなわち、聖なる法による権力の権威づけと社会的権力による法の承認は、表裏一体の関係にある。そうして、政治権力と国家的に承認された法が、法形式で組織化された国家権力が構築されるための二つの構成要素として成立する。

法と政治の構築

聖なる法により正統化された社会的権力		社会的権力により正統化された聖なる法
↓		↓
正統的な権力 →	国家法と政治権力	← 事実的に妥当する法

モデルの第二段階では、組織化された形式での政治的支配の行使、つまり国家的に組織化された支配を可能にする官職の制度化において、国家法と政治権力という同じ起源に由来する構成要素が結合する。いまや法が政治権力を正統化するだけではなく、権力が組織化の手段として法を利用しうることになった。国家権力の規範的権威は法のこのような道具的機能にもとづいて、法的拘束力をもつ決定を下す権限を獲得する。この段階においてはじめて、われわれは、厳格な意味における国家的に組織化された支配という概念を語ることができる。このような支配は、集合的目標を拘束力ある決定によって実現する機能をその特徴とする。他方で、国家的に組織化された刑罰執行は裁判実務の遂行に強制的性格を保証する。こうした権力の道具的機能によってはじめて、裁判所は国家の機関となる。国家とのこのような関係によって、法はこれはこれで、時間的・社会的・内容的に一般化された行動期待を安定化させる機能をもつようになった。つまりわれわれは、法と権力が互いに他方に対して果たす機能と、法と権力が社会全体のためのコードとして果たす固有の機能を区別するのである。[☆10]

法は、政治的支配に法の形式を付与するやただちに、権力の二元的コードの構築に貢献する。権力を用いうる者は、他者に命令を下すことができる。そのかぎりで、法は国家権力の組織手段として機能する。逆に権力は、裁判官の決定を遵守させるかぎりにおいて、法の二元的コードの構築に寄与する。裁判所は、何が合法であり何が不法であるかを決定する。そのかぎりで権力は法の国家的制度化

法コードと権力コードの機能的連関

機能／コード	固有の機能	相互的機能
権力	集合的目標の実現	法の国家的制度化
法	行動期待の安定化	政治支配の組織化手段

に貢献する。

近代においてはじめて、政治的支配は実定法の形式をとることで合法的支配へと発展することができた。政治権力が法の固有の機能、つまり行動期待の安定化のためになす貢献とは、法的安定性の創出である。この法的安定性のおかげで、法の名宛人たちは、自他の行為の結果を予測計算することができる。この観点のもとでは、法規範は、理解可能で、無矛盾で、精密で、通常は成文化された規定のかたちをとらなければならない。そうした法規範はすべての名宛人に周知されねばならない、つまり公的でなければならない。それは遡及的な妥当性を要求してはならない。さらにそうした法規範は、すべての人格とすべての比肩可能な事例に等しいやり方で適用されることで、当該の事実関係を一般的に規律し、それに法的効果を付与しなければならない[☆11]。以上に対応するのが、高度な無矛盾性と概念的明確さを法規則に与える法典編纂である。これこそ、法の総体に学問的処理を施しドグマーティッシュな形態を与えて体系化する、法律学の課題なのである。

他方で、国家的に組織化された権力の固有の機能のために法が提供する貢献とは、とりわけH・L・A・ハートのいう第二次的ルールの形成によって説明できる。そこで重要なのは、国家的諸制度に機能を付与したり、そうした制度を最初に構築する権限規範であり、あるいはまた、制定法プログラムが成立し行政や司法によって執行・適用されるための手続きを規定する、組織規範である。法とは、けっして行動制御規範だけに尽きるものではなく、国家権力の組織化と制御にも用いられる。法は、市民の私的自律と公的自律を保障するだけでなく、国家的諸制度・手続き・権限を産出する構築的規則という意味で機能する。

（3）しかしながら、法コードと権力コードの関係にかんする以上の分析からすると、法と政治権力はそれぞれが自己充足的な対等の交換関係を取り結んでいるという、誤解を招きやすい印象を与える。機能主義的に限定された分析視点から見ると、実際には法は権力コードの構築に寄与し自己の機能も果たす、ということだけをおこなう。実定法と政治権力との関係は、自分自身で安定化する循環過程が支配しうるように見える。しかし実際には、法形式それ自体は支配の実施の正統化には充分ではないという事情が、初期近世における権力の世俗化によってすぐに意識されるようになった。たしかに、先に私がモデル化して述べた法との融合があってはじめて、政治権力は規範的権威を得ることができる。だがこのモデルでの再構成は、正義の資源として機能しうるかぎりでのみ法は正統化の力を保持する、ということも示している。政治権力が常設の強制手段を実力の資源として常備しておくのと同様、法もまた、正義の資源として恒常的に存在していなければならない。しかし法の源泉は、国家理性によって法が恣意的に処理される場合には枯渇してしまう。

法システムの実定化がすでに最盛期を迎えていた十七・十八世紀のヨーロッパでは、理性法の理論家たちは、マックス・ヴェーバーが合法的支配として説明した典型例に直面していることを自覚していた。そうした状況下では、法治国家の理念は、確立された法秩序そのものに内在する矛盾を暴露する権力批判としての意味をもっていた。すなわち、規範的に正統化されないにもかかわらず、最も強い貫徹能力をもつ利害を特権化することが、合法的支配の形式によって隠蔽されかねない、というのである。この点で理性法は、事実的に主張されうる、国家的に組織化されたあらゆる支配の組織形式としての法と、正当化された制定法の権威にもとづく同じ支配的秩序の正統性条件としての法、これらの間の矛盾を明らかにする。伝統的社会においては、事実的に確立された法と、正統的なものと主張される法との間には、以下の筋書きが十二分に充足されるかぎりにおいて、説得力のある連関が作りだされることができた。

承認された宗教的世界像を背景として、法はまず聖なる基礎を手中に収めた。この通常は神学的法律家により管理され解釈された法は、救済秩序あるいは自然的世界秩序を具体化する構成要素として広く承認され、それ自体としては人間による処分権限の及ばないものとされた。政治的支配権を有する者ですら、最高裁判官を兼ねるというその属性のゆえに、そうした自然法に服従することになっていた。支配者により官僚制的に制定された、前近代的意味での「実定」法は、(裁判官としての権限により媒介された)支配者の正統性、所与の法秩序についての支配者の解釈、慣習によってその権威を支える。ここでは、伝承のもつ権威によって慣習法が保証される。しかし、近代への移行とともに、拘束力ある宗教的世界像が信念という主観的な力に分解され、法がその形而上学的威厳と不可侵性を喪失すると、たちまちそうした前近代的構造は根本的に変化することになった。

契約的理解を施された法はポスト慣習的な理性道徳から分離し、「自然的理性」以外の規範にさえ拘束されることなく、司法・行政をプログラム化する政治的立法者の議決に依存するようになった。したがって道具的に解された権力と道具化された法との循環過程には、正統化という要因が欠落したままである。理性法はこれを実践理性への立ち戻りによって埋めようとした。否、埋めざるをえなかったのである。法と政治の進化的に大きな意味をもつ複合体が、国家的に組織化された社会への移行を可能にしたのだが、このような複合体の構築条件は、政治的な権力がもはやそれ自体として正統的な法によって正統化されえなくなればなるほど、侵蝕されることになった。理性が、枯渇しつつある正義の宗教的資源の代りになるとされた。しかし理性法ですら、超実定法により正統化された支配権力という伝来の構成にドグマーティッシュに束縛され続けていた。つまり理性法は法と権力の始源的な対立関係という観念を克服してはいなかったのである。聖なる法の天蓋が崩れ落ち、政治的に制定された法および道具的に利用可能な権力という二本の柱が廃墟に残された。その結果、自分自身を正統化する聖なる法に代わり、権力保持者として観念された政治的立法者にふたたび真の権威を取り戻してくれる代替物が、理性にもとづいて見いだされるとされたのであった。

以上とはまったく別のパースペクティヴが、政治的自律の討議理論的概念によって開かれる。この概念は、正統的な法の産出のために市民のコミュニケイション的自由がなにゆえ動員されねばならないかを説明する。その説明によれば、立法は他の類型の権力——つまりコミュニケイション的権力——の形成に依存する。ハンナ・アーレントはこの権力のことを、本来誰も「所有する」ことのできない権力だと述べている。「権力は、人びとが共同で行為するときに彼らの間に発生する。彼らが散り散りに別れてしまうと、たちまちこの権力は消滅してしまう。」[☆12] このモデルによれば、法とコミュニケイション的権力は「多くの者が公共的に同意した意見」[☆13]にひとしく起源を有している。政治的自律の討議倫理学的解釈によれば、政治的権力の概念にどうしても区別を設けざるをえない。法それ自身が正統化されるための正義の資源が枯渇すべきではないとすれば、国家行政の法形式により構築された権力は、法制定的なコミュニケイション的権力を基礎としなければならない。だが、このハンナ・アーレントによりドグマーティッシュに導入された概念は、より詳細な分析を必要とする。

これまでわれわれは、解放されたコミュニケイション的自由の公共的使用を、合理的な意見形成・意思形成を可能にする認知的側面からのみ考察してきた。すなわち、関係する主題、発言、情報、根拠にかんする自由な論議は、適正手続き的に生じる結論に対して合理性の推定を根拠づけるとされる。しかし、討議により産みだされ間主観的に共有された確信は、同時に動機づけの力をもつ。たとえこの力がよき根拠のもつ弱い動機づけの力しか発揮できないとしても、この局面下では、コミュニケイション的自由の公共的使用は、権力の潜勢力の発生母体のように見える。このことは、単純な発話行為の提示に対するイエス／ノーの態度決定モデルにもとづいて説明することができる。共通の確信は、発話者と聞き手との発話行為によって惹起された妥当要求の間主観的相互承認を通じて産みだされたり、強化されるにすぎないが、このような共通の確信は、行為にとって重要な義務の暗黙の承認を意味する。そのかぎりでそうした共通の確信は、新しい社会的事実を作りだす。いまや市民のコミュニケイション的自由が正統的な法の産出のために動員されることで、そうした発語内的義務は濃密化され、行政的権力的地位の保持者が考慮せざるをえない潜勢力となるのである。

このような権力の根本現象は、ハンナ・アーレントの場合はマックス・ヴェーバーと異なり、社会的関係の内部で抵抗者に抗って自己の意思を押し通す可能性ではなく、強制なきコミュニケイションにおいて形成される共通意思の潜勢力である。アーレントは「権力［Macht］」を「暴力［Gewalt］」に対立させて使っている。つまり、了解に向けられたコミュニケイションの合意を目指す力を、他人の意思を自己の目的のために道具化する能力に対立させているのである。「権力は、行為したり何かをする人間の能力から生ずるだけではなく、他者と結びつき、他者と協調して行為する人間の能力からも生ずる。[☆14]」そうしたコミュニケイション的権力は、歪められていない公共性においてのみ形成されるのであり、歪曲されていないコミュニケイションの無傷の間主観性の構造から産みだされうる。意見形成・意思形成は、「あらゆる点で自分の理性を公共的に使用する」各人の解放されたコミュニケイション的自由を用いることで、「拡大された思惟様式」の産出力を活性化させるのだが、このような意見形成・意思形成の場においてこそ、コミュニケイション的権力は成立するのである。なんとなれば、この「拡大された思惟様式」の特徴とは、「他者の現実の判断ではなくむしろたんに可能的な判断に照らして自己の判断を下し、すべての他者の立場に自分を置く[☆15]」という点にあるからである。

ハンナ・アーレントは政治権力のことを、自己の利害を貫徹させたり集合的目標を実現するための潜勢力だとか、集合的拘束力をもつ決定を下す行政権力だとは考えておらず、正統的な法を創造し、制度を創設することで表現される正統化の力だと考えている。そうした力は、政治的自由を保護する秩序、政治的自由を内外から脅かす抑圧への抵抗、そしてなにより「新しい制度と制定法を創出する」[☆16]自由を確立するための行為に現れる。この力がもっとも純粋なかたちで際立つのは次の瞬間である。すなわち、革命家たちがまだ誰のものでもない権力を握った瞬間。あるいは、受動的抵抗を決断した国民が外国の戦車に素手で立ち向かう瞬間。あるいは、確信をもつ少数派が既存の制定法の正統性に疑問を提起し、市民的不服従を実施する瞬間。あるいは、「行為することそのものの喜び」が抵抗運動のなかで爆発した瞬間。ハンナ・アーレントがさまざまな歴史的現象のなかに嗅ぎつけ、また彼女にとってアメリカ独立革命において憲法制定を促す力として理解されたものとは、つねに、コミュニケイション的権力と正統的な法の産出との緊密な結合という同一の現象だったのである。

「権力［Macht］」と「暴力［Gewalt］」という基本概念を対比するなら、理性法の構成とは異なり、「権力」が法に結びついている。理性法の伝統においては、自然状態から社会状態への移行の特徴は、契約締結の当事者が各個人の物理的力に由来する自由を放棄することにあるとされる。契約締結の当事者は、分散した無秩序な暴力の潜勢力を独占し、制定法によって制限された主観的自由の規律化的貫徹のために用いられる国家的暴力［Staatsgewalt］に、自分の無制限の行為自由を委譲するのである。この場合、暴力の放棄によって成立した法は、権力と同一視された暴力の制御のために役立つ。アーレントによる権力と暴力の区別は、この対立を解消する。法は本来、正統的な法を産出するコミュニケイション的権力と結びついている。それにともない、自分自身を正統化する自然法という枯渇した正義の資源に代わるもの――たんなる事実的な暴力が正統的な権力を備えた支配的暴力としての権威を得るための源泉――を見つけるという古典的課題は消失する。その代りにハンナ・アーレントは、統合された市民がコミュニケイション的権力を形成することでいかにして正統的な法を制定するのか、またそうした市民が法制定の実践、つまり他ならぬ政治的自律の行使それ自体をいかにして法的に保障するのか、こうしたことを明らかにしなければならない。このような法制定と権力形成の概念上の緊密な結びつきは、右の問いに解答を与える権利の体系がなにゆえ同時に実定法として出現しなければならないのか、そして、市民たちの意思形成に先立つ道徳的妥当性や自然法的妥当性はなにゆえそれ自体としてもはや要求されてはならないのか、これらのことを回顧的にいま一度明らかにする。

しかしわれわれは、コミュニケイション的権力の概念によって、政治権力の生成だけを把握するのであり、すでに構築された権力の行政的使用つまり権力行使の過程を把握するのではない。同様にこの概念は、行政権力を自由に使用する地位をめぐる闘争を説明するのでもない。権力の使用や権力の獲得・保持をめぐる競争は権力のコミュニケイションによる形成と刷新に依拠する、とアーレントは強調する。権力集中と権力競合の現象だけを扱う社会学理論に対しては、彼女は正当にも、政治的支配は自己の権力資源を恣意的に拡大することはできないと批判している。コミュニケイション的に産出された権力は、さまざまな組織が争って手に入れようとし、官職保持者の業務の基礎となるが、そのいずれによっても産出することのできない、希少な財なのである。「政治的団体を凝集させるものとは当該団体に潜在する権力であり、政治的共同体を破壊するものとは権力の喪失であり、最終的には権力の無化である。この出来事それ自体は捉え難い。なぜなら、緊急の場合に無傷のまま動員するために蓄積されうる暴力の手段とは異なり、潜在的権力はそもそも、これが現実化されるその度合いに応じてのみ実在するにすぎないから。……言葉と行為が互いに不可分に結びついて出現するならば、つまり言葉が空虚ではなく、行為が暴力的に抑圧されていないならば、つねにわれわれは現実化された権力と関わらねばならない。[☆17]」いまや言葉と行為の一致が、支配の正統性の基準となるわけである。だがそうした一致は、コミュニケイション的権力が行政権力の形態で制裁機能・組織化機能・執行機能——これらは、先に見たように、権利の体系が依拠し前提する機能である——を引きうける前の段階でとらねばならない別の集積状態を、いまだ明らかにするものではない。

コミュニケイション的権力の概念によって、政治的権力の概念に区別を設けることが必要になる。政治は、政治的に自律的に行為するために対話する者たちの実践と全体として一致することはできない。政治的自律の行使は共通意思の討議による形成を意味するのであって、共通意思に由来する制定法の執行までをも意味するわけではない。つまり政治的なものの概念は、政治システムへの接近をめぐる競争における行政権力の使用にまでは拡大される。権力コードの構築は、集合的拘束力をもつ決定を下す権限を通じて行政システムが制御されるということを意味する。それゆえ私は、コミュニケイション的権力を行政権力へと転化させる媒体として法を解釈することを提案したい。なぜなら、コミュニケイション的権力の行政権力への転換は、制定法というライセンスにもとづく権力委譲を意味するからである。法治国家の理念は、権力コードによって制御される行政システムを、法を制定するコミュニケイション的権力によって拘束し、社会的権力の作用つまり特権化された利害の事実的貫徹力から解放せよという要請として、一般に解釈される。行政権力は、自ら自己を再生産するのではなく、コミュニケイション的権力の変換にもとづくことではじめて再生されうる。最終的には、法治国家が規律すべきこのような変形は、権力コードそのものに抵触することはなく、したがって行政システムの自己制御の論理に干渉するものではない。社会学的に見れば、法治国家の理念は、貨幣・行政権力・連帯という全体社会的統合のための三つの権力の均衡を産みだす政治的側面だけを、強調するにすぎない。

私は法治国家の原理に立ち入る前に、コミュニケイション的権力が形成されるための条件を述べておかねばならない。そのさい私は、民主的立法者の意見形成・意思形成の構造を規定する問題提起の論理から出発することにしたい。

II　コミュニケイション的権力と正統的な法制定

（1）政治的参加権は、政策と制定法にかんする議決を目的とする公共的な意見形成・意思形成の法的制度化をねらいとする。この制度化は、ここで見るように、討議原理を二重の観点から用いるコミュニケイション形式で実施されるべきである。討議原理は第一に認知的意味をもつ。すなわち、追求されている成果が合理的承認可能性の推定をもつように、発言と主題、根拠と情報を選別する。つまり民主的手続きが法の正統性を根拠づけるべきである。だが第二に、政治的公共圏と議会における意見形成・意思形成の討議的性格は、ハンナ・アーレントの意味で「非暴力的」でありコミュニケイション的自由の産出力を発揮させる了解関係を作りだすという、実践的意味をも有する。無傷の間主観性の構造からのみ、共通の確信のコミュニケイション的権力は生みだされる。最終的には、討議による法制定とコミュニケイション的権力形成とのこの結合は、コミュニケイション的行為における根拠がまさに動機をも形づくることにより説明される。だがこうした結合が必要なのはなにより、法という手段で共同生活を規律しようとする具体的共同体においては、道徳的責任能力をもつ諸個人の理想化された共同体において可能であるのと同一の基準で、行動期待の規範化の問題を集合的目標設定の問題から分離することはできないからである。政治的問題は道徳的問題とは区別されるのである。

道徳とは異なり、法は相互行為の連関一般を規律するのではなく、特定の歴史的条件のもとで社会的環境を形成する法共同体の自己組織化の媒体としてはたらく。その結果、具体的内容と目的論的観点が法に取り込まれる。道徳的規則は、全員の等しい利害に含まれるものを用いてまさに一般的な意思を表現するが、法規則は、特定の法共同体の構成員の個別的意思をも表現する。そして道徳的に自由な意思は、各人により合理的に承認されうることだけを述べるがゆえにある程度潜在的でありつづけるが、法共同体の政治的意思は、なるほど道徳的洞察と調和すべきではあるが、所与の利害状況と実践的に選択された目的についての間主観的に共有された生活形式の表現でもある。法の媒体において、行動様式の規範化がいわば集合的目標設定に対して開かれているということは、政治的問題設定の本性から生ずる。つまり、政治的意思形成にとって有意味な根拠の幅は拡大される――道徳的根拠に倫理的根拠と語用論的根拠が付加されるのである。この点で意見形成よりも意思形成の方が重要な意味をもつ。

　規律を要する事柄がますます具体的となり、法の形態がますます具体的となればなるほど、根拠づけられた規範の承認可能性には、歴史的生活形式の自己理解、競合する諸集団の利害調整、複数の目標を候補とする経験にもとづいた選択といったものも表現されるようになる。これらの意思的要素とともに法内容に入りこむ目的論的観点は、社会が集合的目標の追求を国家に集中すればするほどより強固なものとなる。というのも、そうであればあるほど、立法は、国家の拡大された機能領域と増大する組織化作用をプログラムしなければならないから。自由主義的モデルにおいては一般に集合的目標の追求が（主観的権利の貫徹のみをおこなう）国家権力から市場メカニズムと自由な連帯的結合に移し替えられるが、[☆18] このような自由主義モデルにおいてすら、法は税制立法と軍事的安全保障の目的論的観点を免れることはできない。他方で、集合的目標の考慮は法形式を――したがって法の固有の機能を――破壊してはならない。集合的目標の考慮は、法を政治に解消させることであってはならない。そうでなければ、近代法の純然たる特徴をなす事実性と妥当性の緊張関係は消滅せざるをえないことになる。法が――制度主義的モデルにおけるように――所与たる「具体的秩序」をそのまま表現するとすれば、正統性は、模写された実質的人倫の実定性と同一視されることになってしまう。[☆19] それにもかかわらず、道徳的規則よりも具体的な法の形態は、（a）内容、（b）法規範の妥当意味、（c）立法の態様、にかかわる。

（a）道徳理論の義務論的想定は、そもそも道徳的命令を目的論的解釈から切り離すものである。つまりこの想定は、特定の財のもつ追求に価する性格の表現だけを道徳的当為の意味に見ようとするなら誤解が生じる、ということを強調する。われわれが道徳的命令に従う「べき」なのは、われわれが道徳的命令を正しいと認識するからであり、特定の目的の実現を確信するからではない——その目的が仮に、最高の個人的幸福であっても集合的な福祉であっても同様である。正義の問題は、間人格的紛争で争われる要求にかかわる。こうした要求を、われわれは妥当《ギュルティッヒ》な規範に照らして非党派的に評価することができる。こうした規範そのものはさらに、全員にとって何が等しく善いかを吟味する一般化テストに合格しなければならない。「真」が確言的命題の妥当《ギュルティッヒカイト》性を表わす述語であるように、「正」は、道徳的命令を表現する一般的な規範的命題の妥当《ギュルティッヒカイト》性を表わす述語である。それゆえ、正義とは他のもろもろの価値のなかのひとつの価値なのではない。価値はつねに他の価値と競合する。価値は、特定の個人や集団が特定の状況下でいかなる財を追求するのか、あるいは実施するのか、ということを示す。価値はそうした個人や集団のパースペクティヴからのみ、一時的に序列化されうる。つまり価値は相対的な妥当性を要求するのであるが、正義は絶対的な妥当要求を主張する。道徳的命令は個々全員に対する妥当性を要求する。道徳的規範も価値や利害を具体化するが、それは、そのときどきの対象との関連で一般化可能である価値や利害にかぎられる。こうした普遍性要求は、道徳的命令が目的論的に解釈される、つまり特定の価値や利害を相対的に尊重することにもとづいて解釈される、ということを否定する。

さてしかし、法規範の根拠づけと適用においては、集合的目標および財とのそうした関係が重要視される。つまり法規範は、道徳規範と同等の抽象度をもつのではない。☆20 法規範は一般に、すべての人間にとって何が等しく善いかを語るものではない。法規範は、具体的法共同体における市民の生活連関を規律する。その場合、繰り返し生ずる類型的な行為紛争を正義の観点から規律することだけが重要なのではない。規律が必要なのは、実践理性の道徳的使用を求める問題にはかぎられない。法という媒体は、集合的目標の組織的追求と集合的財の保証を必要とする問題状況についても要求される。それゆえ、根拠づけ討議と適用討議は、実践理性の語用論的使用に対しても開かれているのみならず、なにより実践理性の倫理的－政治的使用に対して開かれていなければならない。理性的な集合的意思形成が具体的な法プログラムを作成しようとすると、そうした意思形成はたちまち正義の討議の枠を超えてしまい、自己了解と利害の均等化の問題を考慮しなければならなくなる。

もちろん、こうした根拠づけの枠が拡大されるとしても、権利の体系が道徳と法の間に作りだす構造的な類似性が損なわれるわけではない。たんなる立法も、憲法に規定された権利の体系の具体化として理解されねばならない。道徳的規則も制定法も、いずれも少なくとも二重の意味で「一般的」である。まずこれらは不特定多数の名宛人に向けられる点で、いかなる例外も認めず、その適用にあたってはいっさいの特権や差別を排除する。これは法適用の平等に当てはまる。道徳規範は万人に向けられるが、法規範は法共同体の構成員だけを名宛人とする。しかしこのことだけでは、制定法の内容的「一般性」にそれ自体として別の意味を付与することにはならない。理想的には、制定法もまた、すべての関与者の等しい利害を考慮して問題を規律し、そのかぎりにおいて一般化可能な利害を表現する。それでもやはり、法におけるすべての利害の等しい考慮には、道徳におけるそれとは違った点がある。

法の内容的平等は、正義だけにかかわるわけではない。というのも、制定法により規律される対象は、道徳的な正義を問題にしうるほどの抽象化を許さない場合がしばしばあるからである。法の対象は、共通のアイデンティティの問題ではないにせよ具体的な生活形式の問いが発生するなかで、集合的目標と財にかかわる。その場合、何が全員にとって等しく善いのかが明らかにされねばならないだけではない。誰がそのときどきの関係者であるのか、その関係者はどのような生活をしたいと考えているのか、こうしたことも明らかにされねばならないのである。彼らが強い価値観にもとづいて目標を選ぶと、彼らには、その目標をどうすれば最もうまく達成しうるのかという問題が立ちはだかることになる。つまり正義問題の領域は、自己了解の問題と合理的な手段選択の問題――そしていうまでもなく、一般化は許されないが妥協の必要な利害の調整という問題、これらによって拡大される。制定法がこうしたすべての問題の中心的地位を考慮して理性的な合意を表現する場合にはじめて、実質的に平等な取扱いという意味で、制定法は内容的に一般的である。

法の内容的平等が善き制定法の規範的基準をなすには、次のような条件が必要である。すなわち善き制定法が、法的安定性の観点から見て、「行為の社会的行為過程を確実精妙に制御するための手段として」用いられるだけでは足りない。そうした善き制定法は、間主観的に共有された生活形式の理性的形成という観点から見て、「民主的な政治的意思決定を転換するための法的行為形式として」、あるいはさらに、「右の二つの機能にもとづいた、個人的自由の領域と処分の領域を保障する手段として」議決されるかぎりにおいて、規範的規準をなす。[☆21] だが法の内容的平等が、このような複合的な規定によって定義されるとすれば、制定法の当為妥当性の意味もまた、正義の基準によってのみ測定される道徳的規則の正しさの意味と一致することにはならない。

(b) 法的妥当性の次元においては、法規範が貫徹されるがゆえに、妥当《ギュルティッヒカイト》性や合理的承認可能性の要素は、社会的妥当性や承認の要素と結びついている。法的妥当性は、布告の発語内的意味をもつ。すなわち、公布された規範が十分に正統化され、事実的に承認されることを国家の権威が宣言するのである。だがここでの脈絡で重要なのは、妥当《ギュルティッヒカイト》性の意味や法の正統性をより詳しく明らかにすることである。

道徳的‐実践的問題の合理的決定を可能にする論証規則は普遍化原則に立脚しており、それゆえ、討議理論的解釈によれば道徳規範は純粋に認知的な妥当要求をともなう。法規範もまた、その制限された妥当領域を別とすれば、道徳規範と一致する、つまり道徳規範と衝突しない、という自負をもつ。しかしこの場合、道徳的根拠は十分な選択性をもたない。法規範が道徳的根拠によるのみならず、語用論的根拠と倫理的‐政治的根拠によっても正当化されえ、場合によっては公正な妥協という結果で終わりうるとしても、法規範は妥当《ギュルティッヒ》である。法規範の根拠づけにあたっては、全面的に実践理性が用いられねばならない。しかしながら、そうした広範な根拠はコンテクストに依存しており、相対的な妥当性しかもたない。集合的自己理解は、所与の生活形式の地平の内部でのみ確実であるにすぎない。どの戦略を選択するかは、設定された目的との関連でのみ合理的であるにすぎない。妥協は、所与の利害状況との関連でのみ公正たりうるにすぎない。これに相応する根拠は、法共同体の歴史的で文化的な特質にもとづくアイデンティティにかかわるものもあれば、構成員の価値志向・目標・利害状況にかかわるものもある。理性的な集合的意思形成の経過における態度と動機が論拠にもとづいて変更されることが前提されているにせよ、既存のコンテクストの事実性が度外視されることはない。もし度外視するようなことがあれば、倫理的・語用論的討議であれ妥協であれ、その基盤を失うことになってしまう。法共同体のこのような意思の事実的基盤との関係を有しているからこそ、意思的要素が、（社会的義務ではなく）法規範の妥当性《ギュルティッヒカイト》の意味に入り込む。法的妥当性《ギュルティッヒカイト》の要素を示す「正統性」という術語は、当為妥当性の次元における「道徳性」との違いを表わす。妥当《ギュルティッヒ》な道徳的規範は、討議理論的に解された正当［gerecht］の意味で「正しい［richtig］」。たしかに妥当《ギュルティッヒ》な法規範は道徳規範と調和する。しかし妥当《ギュルティッヒ》な法規範はそれだけではなく、法共同体の真の自己理解、つまり共有された価値と利害の公正な考慮および戦略と手段の目的合理的な選択を表現するという意味で、「正統的［legitim］」である。

（c）目的論的要素は、法律的妥当性の内容や意味に含まれているだけではなく、立法過程の偶然性にも含まれている。言語能力と行為能力をもつ主体の理性に適った共同生活全般を規律する道徳規範は、たしかに「発見」されるだけではなく、同時に構成されるものである。[☆22] だが、われわれが具体的な生活形式を理性的に形成するために必要な法規範については、構成というモメントが道徳規範よりも際立つ。規範が特定の生活形式と生活状態をねらいとすればするほど、それだけいっそう、洞察という受動的モメントの重要性は低下し、計画や形成という能動的モメントが重要性を増す。道徳規則を正当化する根拠があってはじめて、合理的に動機づけられた合意が成立する。それに対して、法規範の根拠づけは、合理的に動機づけられた同意に役立つ。われわれは、ある場合には、自分たちがいかなる義務を有しているかを確信しているし、またある場合には、いかなる義務を担い、引き受けるべきだったかを確信している。ロールズは、このようなコンテクストにおいては、自然的義務〔natürliche Pflichte, natural duties〕とわれわれが自由意思により引き受ける選択的義務〔Verbindlichkeit, obligation〕とを区別している。選択的義務は「自由意思による行為によって成立する……さらに（その）内容はつねに制度や慣行により固定され、それらの規則によって、何を為すべきかが規定されている。」これに対して自然的義務が備えている特徴とは、制度的諸関係とは無関係に人間の間で妥当する、ということである。つまり、平等な道徳的主体たる万人にとって妥当するのである。☆23」

　個人の意思にとって道徳的自律を意味する自己立法の理念は、集合的意思形成にとっては政治的自律という意味を有するが、その理由は、討議原理が異なる次元の行為規範に適用可能であり、権利の体系によって自ら法的形態をとる、ということだけにかぎられない。法形態は、道徳的自己立法から政治的自己立法を区別するだけではなく、自己決定する意思のアイデンティティを先行的に確定する生活形式、目標と利害状況の偶然性をも、やはり道徳的自己立法から区別する。道徳的善意思はいわば実践理性と一致するが、他方、理性的に根拠づけられた政治的意思は、根拠それ自身が偶然的なコンテクストにもとづいて相対的にのみ妥当するため、偶然性をはらむことになる。このような理由から、政治的立法者によって討議的に追求される、コミュニケイション的権力の形態をとる確信の共通性は、そうした根拠にもとづいて表明される。

（2）法制定過程における意思的モメントがこのように相対的に重視されるわけであるが、このことは、政治的立法者の意見形成・意思形成に入り込んでいる、非‐道徳的問題設定の論理および非‐道徳的根拠のコンテクスト依存性によって説明することができる。もしわれわれが、自己決定実践の討議的性格を保障するコミュニケイション形式を見つけだそうとするのであれば、その認知的側面に注目し、立法過程で取りあげられる当該問題提起を同定しておかなければならない。

マルティン・クリーレは討議理論の有効性を次の点に見ている。「討議理論は、討議というものにあらかじめ前提されているもの、つまり討議規則が維持されることで生まれる理性の可能性を意識させてくれる。またこの意識化の作用は政治的機能をも有する。それは議論の国家的形式——つまり民主的立憲国家——を、その哲学的基礎を原理的に否定する政治的理論から擁護する。[☆24]」論証のための理想化をおこなう諸前提が「政治的実践のなかでは作りだされえない」としても、クリーレの考えるところでは、「そうした思想を前提してはじめて、政治的論証と法律学的論証は有意味」なのである。[☆25] このような制約とともに、クリーレは、討議の論理が法治国家的に制度化された手続きと短絡的に結びつけられてはならない、と指摘している。討議倫理や曖昧な討議概念を民主的過程に直接的に適用すると矛盾が生じる。そしてこの矛盾は懐疑論者たちに、法と政治の討議理論の構想をはじめから批判するための手がかりを提供する。[☆26] それゆえ、討議概念を詳細に解明しておくことが必要である。

討議原理によれば一般に、あらゆる種類の行為規範の妥当性《ギュルティッヒカイト》は、関与者として「合理的討議」に参加する者たちの同意に依存する。無制限な範囲の名宛人の間でのたんなる相互行為を規律する行動規範に討議原理が適用されると、そのかぎりで、特定の類型の討議、つまり道徳的論証の形式に対応した問いが生じる。法形式で表現されうる行為規範に討議原理が適用される場合には、多様な種類の政治的問題提起が可能となる。この問題提起の論理から、多様な討議類型と交渉形式が生ずる。

ある集団が、共同で克服されねばならない特定の問題に直面した場合、あるいは、合意によって解決されねばならない行為紛争が発生した場合、こうした場合にその集団は、「われわれは何をなすべきか」という問いに答えなければならない。こうした問いの合理的取扱いには、集合的目標の追跡についてと同様共同生活の規範的規律について、根拠づけられた議決を生みだす意見形成・意思形成が不可欠である。前者の場合には、集団は、目標志向的な行為能力をもつ擬似主体として理解される。後者の場合には、集団は、いかなる行動であれば正統的に互いに期待することができるか合意している個々人の共同体として理解される。さて法コードと権力コードが整えられると、審議と決定は、政治的意見形成・意思形成の分化した形態をとるようになる。一方で、審議し決定を下す集団は、集団のために行為する部局や機関から、つまり議決されたプログラムを適用し実施する能力をもつ部局や機関から、区別される。他方で、社会構成員の集団は、解釈を要し具体化されるべき権利の体系の内部で国家市民として自律を行使する法仲間の集団へと転化する。法は、紛争を規律する規範に特定の形式を付与するだけではない。法が、集合的目標を実現するために特定の制限を課すのである。法の言語に翻訳されたプログラムは、それ自身として制定法の形式をとる(たとえば措置法、個別法、制御法［Steuerungsgesetze］、操縦法［Lenkungsgesetze］の形式)か、現行法に接続されるか、である。政策と制定法にかんする審議においては、「われわれは何をなすべきか」という基本問題は、規律を要する素材の態様に応じて区別される。取り扱われる問題が確定され、それを解決するための視点が確定されていないかぎり、「べき」という表現の意味は明確にはならない。そうした視点を私は、語用論的、倫理的、道徳的、それぞれの問題提起を手がかりとして明らかにしようと思う。関係者は、合目的性、善、正の視点から、それぞれ違ったかたちで実践理性を使用する。それに応じて異なるタイプの討議が成立するのだが、ここではその大枠を示すにとどめざるをえない。[☆27]

語用論的問いとは、所与の目標と選好について、その目標の実現のために適切な手段を求める行為者のパースペクティヴから生ずる。目標そのものも問題となりうる。この場合、重要なのはもはや目的合理的な手段の選択だけではなく、すでに承認された価値に照らして目標を合理的に衡量することなのである。行為者の意思はこの場合にもなお、利害と価値志向によって束縛されており、手段選択や目標設定で何を選ぶかということとの関連でのみ、広範な選択が許されるにすぎない。技術や行為選択についての根拠づけられた選択には、行為者が観察や予測を基に、効率性や他の決定規則の観点下でなされうる比較と衡量が適切である。目標の価値志向的衡量と手段の目的合理的衡量とは、価値選好と目標設定に従って原因とその効果を関連づけ、どれを選択すればよいかを仮説的指示として示す。こうした行為指示は、条件的命令法という意味論的形式をとる。こうした行為指示はその妥当性《ギュルティッヒカイト》を最終的に、それが依拠する経験的知識から得ている。つまりそうした行為指示は、語用論的討議において根拠づけられる。この討議において決定的に重要なのは、経験的知識を所与の選好と措定された目的に関係づけ、選択された決定の効果（それは通常は不確実のまま生起する）をその根底にある公理に従って判断する、論証なのである。

もちろん、志向の対象となる価値そのものが問題視されるとなれば、「われわれは何をなすべきか」という問いは、目的合理性の地平では扱えなくなる。互いに競合する選好は、討議の次元では解決されえない利益対立を表わすことも珍しくない。だが場合によっては、問題となっている利害状況と価値志向が、共同体の間主観的に共有された生活形式とあまりに密着しているために、重大な価値決定が、漠然とした集合的自己理解に抵触することがある。倫理的—政治的問いは、自分たちがいかなる生活形式を共有しているのか、いかなる理想にもとづいて共同生活を構想すべきなのか、といった生活上の重要問題について答えを求める構成員のパースペクティヴから、発せられる。私は誰なのか、私は誰でありたいのか、いかなる生活様式が私にとって善いのか、といった単数形で設定される倫理的‐実存的問いは、複数形でも言い替えられる——ただしその意味は変化する。☆28 ある集団のアイデンティティは、その構成員が「われわれが」と強調して言いうる状況に関連している。つまりこのアイデンティティは、けっして拡大された自我のアイデンティティのことではなく、それに取って代わるものである。自分が生まれ落ちた伝統と生活形式を選択的に継続形成することによって、そうした伝統や生活形式をわれわれがいかにして修得するのか、このことが、そうした文化的伝承のなかで自分が何者であるかを——つまり、われわれが市民として誰であるか、また誰でありたいかを——決定する。重大な価値決定は、歴史的共同体の政治的‐文化的自己理解から生じるとともに、それとともに変化する。こうした自己理解を解明するのが、それぞれ固有の伝統を批判的に摂取し、そうすることで真正の生活志向と価値信念の間主観的確認に寄与する解釈学なのである。☆29

倫理的な問いは治療的助言によって答えられる。それは、意識化されつつしかも批判的に、つまり選別的に修得された生活形式を再構成することに依拠する。そうした倫理的な問いは、アイデンティティの母体となる伝統の描写という記述的要素を、そうした由来に対する態度によって正当化される模範的生活様式の構想という規範的要素に結びつける。こうした助言のもつ命令的意味は当為として理解される。それは、主観的な目的や選好に依存するのではなく、長期的な観点から、また全体として、いかなる行為様式が「われわれにとって善い」かを語る。そのような助言が根拠づけを得るためになされるのが倫理的討議である。この討議において決定的に重要なのは、歴史的に伝承された生活形式の自己理解の解明にもとづき、このコンテクストを踏まえつつ、真正の生活実践というわれわれにとっての絶対的目標によって価値決定を評価する、そうした論拠である。

ここまでわれわれは、理性的な政治的意思形成の過程を二つの側面から考察してきた。この過程での審議は、一方では、集合的目標の精密化と衡量、そうした目標の達成にふさわしい行為戦略の構築と選択、に寄与するが、他方でまた、目標設定と目標実現という課題を生みだす価値志向の次元そのものもまた、伝統の習得による自己了解それ自体によって理性的意思形成の過程に組み込まれうる。語用論的討議においては、われわれは自分が何を欲しているかを知っているという前提のもとで、行為戦略の合目的性を吟味する。倫理的-政治的討議においては、われわれは自分が本来何を欲しているかをいまだ知らないという前提のもとで、価値の相互関係を確認する。この種の討議においては、プログラムは、それが合目的的であり、全体としてわれわれにとって善いと見なされるかぎりにおいて、根拠づけられる。だが十分な根拠づけのためには、さらに別の側面を考慮しなければならない——正義という側面がそれである。われわれがあるプログラムを欲し、承認すべきかどうかは、それにもとづく実践が全員にとって平等に善であるかどうか、によって決定される。これによって、「われわれは何を為すべきか」という問いの意味は、さらにもう一度変化することになる。

道徳的問いの場合には、目標志向的な協力によって問題を解決する目的論的観点は後退し、その代りに、共同生活が全員の平等な利害のもとでいかに規律されるかを吟味する規範的観点が前面に現れる。規範は、比較可能ないくつかの状況において万人に順守されることを全員が望みうる場合にはじめて、正当である。道徳的命令は、定言命法や絶対的命法の意味論的形式をとる。こうした命法の命令的意味は、主観的目的と選好にも、あるいは善き生活様式や誤りなき生活様式というわれわれにとっての絶対的目標にも、無関係な当為として理解される。この場合、人がなす「べき」こととは、その実践が正当であるという意味をもつ。そうした義務は道徳的討議において根拠づけられる。この討議で決定的に重要なのは、議論の対象となった規範に具体化されている利害が完全に一般化可能であることを示す論拠である。こうした道徳的討議では、特定の集団の自民族中心主義的パースペクティヴが、無制限のコミュニケイション共同体の包括的パースペクティヴへと拡大される。この無制限なコミュニケイション共同体では、構成員全員が各自の置かれている状況と世界理解・自己理解にわが身を置き換えてものを考え、共同で（G・H・ミードの意味での）理想的役割受任を遂行するのである。

普遍化原則によれば、討議の参加者は争いの対象となっている規範について、この規範がすべての関与者による熟慮された同意を得られるのかどうか、予見可能な典型的個別事例にもとづいて吟味しなければならない。道徳規則はこのテストを、一般的で、完全にコンテクストを離れたかたちでのみ満たすにすぎない。それゆえ道徳規則は、事情というものを考慮することなく、条件節であらかじめ考慮されている標準的な状況にのみ、適用されうるにすぎない。しかし根拠づけの討議においては、未来の個別事例をすべてあらかじめ考慮して整理しておくなどということは不可能なのだから、規範の適用では、独自の論拠によって説明をおこなわねばならない。そうした適用討議においては、判断の非党派性は普遍化原則ではなく適切性の原理を通じて作用する。このようなクラウス・ギュンターの理論については、裁判官の判決実務を分析するさいに再論することにしたい。

（3）さて、討議的に構造化された、政治的立法者の意見形成・意思形成においては、法制定はコミュニケイション的権力の形成と結びついている。この結びつきは、論証論理に依拠した過程モデル、つまり語用論的問題提起から出発し、妥協形成と倫理的討議への分解を経て道徳的問題の解明へといたり、最終的に法律学的規範コントロールによって終わるモデルによって、明らかにすることができる。この順序で、理性と意思の相互関係が変化してゆく。「べし」の発語内的意味は、技術的もしくは戦略的指示から出発し、治療的助言を経て道徳的命令へと変化するのであり、それにつれて、そのときどきの命令が向けられる意思の概念もまた変化する。

所与の目的と価値に関係づけられる語用論的指示としての「べし」は、仮設的に前提された利害状況と価値志向にもとづいて賢明な決定を下す、行為者の選択意思に向けられる。それらの指示そのものは、さまざまな行為の選択肢の間での合理的選択を根拠づける語用論的討議にとっては、あくまで外部のものにすぎない。それゆえ語用論的指示の妥当性《ギュルティッヒカイト》は、行為指示が事実的に受容され順守されるかどうかとは無関係である。理性と意思の間、実践的熟慮と結果の承認との間には、なんら討議内在的な関係は存在していない。

われわれ一人ひとりの善き生というテロスに関係づけられる、治療的助言としての当為は、真正の生活様式を確認しようとする集団の決断力に向けられる。そうした自己了解過程においては、討議の参加者としての役割と歴史的共同体の構成員としての役割が重なり合う。この場合、目的合理的に構想された行為戦略とは異なり、歴史的由来と妥当性はもはや分離されえない。倫理的‐政治的討議によって促される洞察は、解釈学的に解明される集団自己理解とともに、集団のアイデンティティをも変化させる。すなわち、重大な価値決定の根拠づけをおこなうことで、洞察により決断が導きだされる。というのも、この場合、論証は真正の生活様式の追求に結びつく。他方で、そのような解釈学的に解明された決断には、批判的に習得された伝統のもとでの生活形式の肯定も表現される。倫理的討議においては、理性と意思は相互に相手を規定しあう。というのも倫理的討議は、そこにおいて主題化されるコンテクストを離れては存在しえないからである。論証の参加者はその解釈学的自己理解にかんしては、彼らが事実的に存在する生活形式に背くことは不可能なのである。

以上に対して、道徳的討議への参加は、偶然的に存在するいっさいの規範的コンテクストの放棄を要求する。道徳的討議は、生活世界の自明性との断絶、とりわけそのつど主題化された行為規範とその妥当要求に対する仮説的態度を要求するコミュニケイション前提のもとにある。道徳的命令の定言的当為は、全員が何を欲しうるかについての洞察にもとづいて合理的に決定する行為者の自律的意思に向けられる。選択意思や決断力とは異なり、こうした意思は、偶然的な利害と価値志向、あるいはさらに文化的生活形式やアイデンティティの基礎となる伝統など、これらの他律的傾向性の影響を免れる。カントの用語によれば、自律的意思には遍く実践理性が行き渡っている。自律的意思が理性に内在化されている、とも言いうる。しかし、自律的意思はその合理性と引き換えに代償を支払っている。というのも、行為がなされる社会的世界においては、この自律的意思は、自己決定するための合理的動機の弱い力によってのみ貫徹されうるからである。しかしながら、動機づけにおけるこうした弱点は、政治的立法者の審議が法的に制度化されることで埋め合わされる。

つまり、規律を必要とする事柄について、語用論的、倫理的、道徳的、いずれの側面が問題になるかに応じて、理性と意思の相互関係が変化する。このような相互関係を手がかりとすることで、共通の政治的意思の討議的形成が前提とする問題が明らかになる。政治的問いとは、政治的立法者が議決しようとする集合的目標の価値志向的選択および戦略の目的合理的衡量の語用論的形式をとる、と便宜上想定してみよう。すると、意思形成過程のモデルはまず、適用と執行に依拠せざるをえない一般的プログラムの語用論的根拠づけを出発点とすることになる。この根拠づけにはまず第一に、正しい状況解釈と、解決されるべき問題の適切な記述が必要である。つまり、重要かつ信頼に足る情報の供給、さらに正しく、場合によってはこうした情報を理論に従って処理すること、等が必要である。意見形成・意思形成のこのような第一段階においては、確実な専門的知識が不可欠である。もちろん専門的知識といえども、誤りを犯すこともあるし、必ずしも価値中立的でないこともある、つまり争いの余地のあることもある。異なる二つの鑑定意見による政治的評価というものには、はじめから、それぞれの選好にもとづく視点が大きな影響を与える。そうした選好には利害状況と価値志向が表現されており、それらは第二段階において明らかに相互に競合する。第二段階においては、合意された記述、予測、行為の選択肢にもとづいて、問題を解決するためのさまざまな解決案のなかから決定が下される。その場合、問題となっている価値志向そのものが討議に付されるのであり、それによって討議の次元の転換が必要になる。語用論的討議は、ありうべきプログラムの構築と結果の評価だけを対象とするにすぎない。意思は、提案において仮説的に前提された目標と価値を承認する場合にのみ、その提案を受諾するにすぎないのであり、語用論的討議は、そのような意思の理性的定式化を対象としない。

われわれのモデルは理想的な事例を前提としているのだが、そうした理想的な事例では、議論が根拠をもって継続されるべき地平が決定される。決定がいかになされるかは、規律を必要とする事柄そのものをさらに解明するためにどのような観点を選ぶかで変わってくる。三つの選択肢が考えられる。道徳的に重要な問題提起が直接対象となる場合——たとえば、堕胎や時効の構成要件といった刑法上の問題、特定の証拠採集方法の禁止のような刑事訴訟法上の問題、あるいは、社会的富の分配や生活・生命にかんするさまざまなチャンスにかかわるような、社会政策、税法、教育制度や保健制度の組織化の問題、といったものが挙げられよう——、このような場合には、憲法のレベルで解釈され具体化された権利体系という枠組みのなかで、争われている利害と価値志向を一般化テストにかける、というかたちで討議がおこなわれる。これに対して、倫理的な意味を含む問題提起が問われる場合——たとえば、環境保護や動物保護、交通計画や都市建設といったエコロジー問題、あるいは入国政策、文化的・民族的少数者の保護といった問題、一般的には政治文化の問題、といったものが挙げられよう——、これらの場合には、争われている利害と価値志向を超えて、自己了解過程という経路を通りつつ、共通生活形式に潜む深層の確信の一致を再帰的に意識化する、というかたちで討議がおこなわれる。

だが複合的社会においては、理想的な条件下においてすらいずれの選択肢もとりえないことが珍しくない。とりわけ、一般化可能な利害や特定の価値の明白な優位が根拠づけられず、すべての提案された規律が多様な利害にさまざまなかたちで抵触することが明らかな場合は、つねにそうなのである。このような場合に唯一残されているのは、交渉という選択肢であるが、しかしこれには、成果志向的に行為する当事者が協力しあう用意が不可欠である。[☆30] 自然発生的な、あるいは規制されていない交渉は妥協を作りだすが、そうした妥協は三つの条件下で承認されうる。すなわち妥協は、(a) 全員にとってないよりあるほうが有利であり、(b) 協同関係とは無関係な便乗者、および (c) 協同関係から利益を得るのではなく、むしろ損害を被る被搾取者を除外する、といった取決めを提供する。交渉過程は合理的討議とは異なり、社会的権力関係が中立化されえない状況に適している。そのような交渉において目標とされる妥協は、対立する利害を調整するための協約を含む。合理的に動機づけられた合意がすべての当事者が同一の点で納得した根拠に支えられるのに対して、妥協は多様な当事者によって、それぞれに異なる根拠にもとづいて承認されうる。交渉において討議原理が間接的にであれ有効性をもちえないのであれば、合理的意思形成のための討議の一連の流れは、妥協という異物によって途切れることにならざるをえないであろう。

直接的には、つまり交渉そのものの内部では、そのようなことはありえない。というのも、当事者がさまざまな威嚇と約束を用いつつ相互行為に交渉的権力をもちこみ、その結果そうした交渉的権力が、共通して使用される言語から発語内的拘束エネルギーを奪い去り、言語の使用を発語媒介的効果の戦略的追求に制限しうるからである。「交渉するとは、相手を屈服させ自分の要求に従わせるためにコミュニケイションに参加することである。そのために、交渉の当事者は、話し合いの場の外で実地に移されねばならない威嚇や約束に依拠する。交渉力の源は、『よりよい論拠の力』ではなく、物的資源、マン・パワー、等々である。交渉過程で成立した協約は信用に足るという自負をともなうが、それは、威嚇と約束が実際に実行されるであろうということを、交渉者は相手に信じさせようとしなければならない、ということを意味する。[☆31]」それゆえ、強制なき合意を保障すべき討議原理は間接的に、つまり公正の観点から交渉を規制する手続きを通じて、その力を発揮しうるにとどまる。したがって、当事者間の対等性を損なう交渉的権力は、当事者間での平等な配分を通じて制御されるべきである。交渉に参加する平等なチャンスをすべての利害関係者に保証し、交渉の間、相互に影響力を行使する平等なチャンスを付与する、したがって一般的にはすべての関連する利害の貫徹のための平等なチャンスを提供する、そうした手続きに従って妥協による決着がなされるかぎりにおいて、達成された同意は公正であるという根拠づけられた推定が成り立つ。

そのような手続きは、関係者おのおのの利害の平等な考慮を、権力保持者間での適正手続き的な同意として定

理性的な政治的意思形成の過程モデル

語用論的討議

↙　↓　↘

手続き的に規制された交渉　↓　倫理的―政治的討議

↘　↓　↙

道徳的討議

↓

法律的討議

義するのであり、討議参加者間での了解の問題として定義するのではない。後者の場合は、討議参加者は、論拠の正しさを互いに確信しあうために、批判可能な妥当要求に態度決定をおこなうコミュニケイション的自由を使用する。しかし規範的に考察すれば、公正な妥協形成は独自の基盤を有していない。なぜなら、実際に達成された妥協が公正の推定を得られる手続き的条件は、道徳的討議によって正当化されねばならないからである。そのうえ、交渉が許容され不可欠とされるのは、一般化可能な利害ではなく個別的利害が重要な場合であるが、このことはさらに道徳的討議においてのみ吟味されうる。[☆32] つまり公正な交渉は、討議原理を破壊するのではなく、むしろこれを前提する。

　妥協形成は道徳的討議の代りにはなりえないのだから、政治的意思形成は妥協形成に還元されない。場合によっては、このことは倫理的‐政治的討議にも当てはまる。なぜなら、この討議の結論は、道徳的原則と少なくとも両立しうるものでなければならないから。たとえば原理主義的自己理解というものは、非‐平等的な規制を優先させるような価値決定を特権化するであろう。しかしながら、ポスト形而上学的思考の条件下では、倫理的‐政治的討議は、すべての構成員の平等な利害を考慮した結論を作りだす。そうして、討議により得られたり決着されたりするプログラムと、道徳的にも正当化されうるものとの一致が可能になり、そうすることで討議原理の一貫した考慮が保障される。この理性的な政治的意思形成は、過程モデルのかたちで、互いに複雑に結合された討議と交渉の網の目として描きだされる。少なくともその相互の移行関係は、次のような連絡路で結びついている。

政治的意思形成は、法の言語により定式化されねばならない政策と制定法にかんする議決を目的とする。このため最終的に、新しいプログラムが既存の法システムと整合的であるかどうかを検証する規範コントロールが必要になる。なぜなら、政治的立法者は制定法プログラムの根拠づけのためにのみ法制定権限を使用することが許されるが、この制定法プログラムは、これが直接解釈したり具体化しないかぎりで権利の体系と合致し、妥当な制定法の体系に接続されるからである。このような法律的観点のもとでは、立法者によるすべての議決は首尾一貫性の審査に服さなくてはならない。なぜなら、法の統一性はそもそも法的安定性の諸根拠によって維持されねばならないから。のちに明らかになるように、発達した法治国家ではそのうえ、立法者による規範コントロールがさらに裁判所による審査に服することがありうる。つまり、可決された制定法の合憲性を裁判所がコントロールするのである。[☆33]

III　法治国家の諸原理と権力分立の論理

（1）以上の予備的考察を受けて、公権力の法治国家的組織化のための諸原理を討議理論の観点から根拠づけるために、これまでの論証のさまざまな論点を整理することにしたい。法と政治権力が相互に構築しあう関係にあることから、法を権力の戦略的行使のために道具化する潜在的可能性を生みだし、恒久化させるようなかたちで、法と政治権力の間の連関が作りだされる。逆に、法治国家の理念は公権力の組織化を要求するが、この組織化は、法形式によって組織化された政治的支配が、それ自体として正統的に制定された法によって正統化されることを要求する。たしかに法コードと権力コードは、おのおのが自己の機能を満たすために、つねに互いに補充しあう関係にある。しかしこのような交換的関係は、すでに見たように、コミュニケイション的権力の形成と連動した正統的な法制定があってはじめて可能になる。ここから政治権力の概念が明確なかたちをとることになる。公的行政システムが掌握するのは、コミュニケイション的権力により繰り返し再生される必要のある権力である。それゆえ法は、行政過程を制御する権力コードを構築するだけではなく、同時にコミュニケイション的権力から行政権力への転換のための媒体をも形成する。それゆえ、法治国家の理念が展開されるのに必要な原理とは、正統的な法がコミュニケイション的権力から生みだされ、さらにこのコミュニケイション的権力が正統的に制定された法を通じて行政権力へと転換されること、これを可能にする原理なのである。

政治的立法者の討議的に構造化された意見形成・意思形成は、「われわれは何をなすべきか」という問いが多様な観点から理性的に答えられるコミュニケイション形式で実施されるのであり、それゆえ、私は、先に過程モデルとして簡潔に説明した討議と交渉の相互関係の法的制度化というパースペクティヴから、法治国家の諸原理を論じてみたいと思う。

すべての国家権力は国民に由来するという国民主権の原理では、民主的意思形成への平等な機会を保障する主観的権利は、制度化された国家市民の自己決定実践の客観的法による保障と一致する。この国民主権の原理は、権利の体系と民主的法治国家の構造とを結ぶ蝶番である。（a）国民主権原理の討議理論的解釈から、（b）独立した司法によって保障される包括的な個人の権利保護の原理、（c）行政ならびに裁判所と議会による行政へのコントロールが制定法に適合していなければならないという原理、（d）社会的権力が選別されずに、つまりコミュニケイション的権力形成の関門をくぐらずに、行政権力へと転化されることを阻止する国家と社会の分離の原理、これらの原理を導くことができる。

（a）について。討議理論的解釈によれば、国民主権原理は、すべての政治的権力が国家市民のコミュニケイション的権力から導かれる、ということを意味する。政治的支配の行使は、討議的に構造化された意見形成・意思形成によって国家市民が作りだす制定法に従って実施され、またそうした制定法により正統化される。この実践は、これを問題解決過程と考えるならば、正統化する力を、政治的問題の理性的取扱いを保障する民主的手続きから得ている。適正手続き的に得られた結論の合理的承認可能性は、すべての有意義な問い、主題、発言が語られ、最適な情報と根拠を基に討議と交渉を通じて処理されることを理想的に保証する、網の目をなすコミュニケイション形式の制度化から生ずる。特定の手続きとコミュニケイション的条件のこのような法的制度化こそは、平等なコミュニケイション的自由の効果的な使用と同時に、実践理性の語用論的、倫理的、道徳的使用ないしは利害の公正な均等化を促すのである。

　国民主権の原理は、直接的に権力の側面からも考察することができる。この場合、国民主権の原理によれば、立法の権限は、共通の確信というコミュニケイション的権力を自分自身から生みだしうる国家市民の全体へ移し変えられねばならない。さて一方では、政策と制定法にかんする根拠づけと拘束力をともなう決定には、直接顔を付き合わせながらの審議と議決が必要である。しかし他方で、そうした直接的で端的な相互行為の次元で、すべての国家市民が共通に実施される実践のために「結合」できるわけではない。そこで代案として考えられたのが、協議と議決をおこなう代表たちの集会を制度化する議会制原理である。このような議会の仕組みと作業様式は、その課題分担の論理にもとづく観点から規律されねばならない。したがって、選挙制度、議員の身分（不逮捕特権、支持母体の利害による拘束の有無、党派の形成）、議会の議決方式（多数決原理、繰り返される読会《どっかい》）、作業の組織化（委員会の設置）といったことが、根本的な意味をもつ問題を投げかける。こうした手続き問題においては、一方では語用論的、倫理的、道徳的討議に不可欠なコミュニケイション前提が、他方では公正な交渉のための条件が、十分に充足されなければならず、こうした討議原理にもとづく規制が重要な意味をもつのである。

そうした討議の論理からさらに政治的多元主義の原理が生じるとともに、議会における意見形成・意思形成を政党の協力のもとで、すべての国家市民に対して開かれた政治的公共圏におけるインフォーマルな意見形成によって補完する必要性が生じる。カント以後では、誰よりもジョン・ステュアート・ミルとジョン・デューイが、公開性の原理と、十分な情報にもとづいた世論が議会のコントロールのために果たすべき役割を分析したことが特筆される。[☆34] なにより、自律的公共圏の保障の原理と政党の競争の原則が、議会主義原理とともに国民主権原理を産みだす。そうした原理に必要なのは、公共的アリーナを討議によって構造化することである。そこでは、匿名の互いに関連しあうもろもろのコミュニケイション循環が、単純な相互行為の具体的な地平から切り離される。政治的意思形成を準備しこれに影響を及ぼすインフォーマルな意思形成は、議決にもとづいてプログラム化され、集合した者たちの審議の、制度化にともなう強制力から解放されている。こうしたアリーナは、意見、妥当要求、態度決定の自由な形成のために保障すべき枠組みとの関連において、たしかに基本法による保護を受けねばならないが、議会のように組織化されることはできない。

（b）国家市民の政治的コミュニケイションは、たしかに公共的利害にかかわるいっさいの事柄を対象とする。しかしそうした政治的コミュニケイションは、最終的に、立法権をもつ議会の議決に影響を及ぼすことを目指すのである。政治的意思形成の目的は立法なのである。なんとなれば、第一に、市民が相互に承認した権利の体系とは、なによりただ制定法を通じてのみ解釈され、具体化されるからである。第二に、全体のための部分として行為しなければならない組織化された国家権力は、制定法を通じてのみプログラム化され、運営されうるからである。根本的に国家市民の全体に帰属する立法権限は、民主的手続きに則って制定法の根拠づけをおこなう議会により実現される。制定法は、個人の法的要求の基礎をなす。この個人の法的要求は、行政機関の執行を必要としない制定法であれ、必要とする制定法であれ、制定法を個別事例に適用することから生ずる。こうした法的要求の提訴可能性から導かれるのが、裁判手続きの保障であり、そして、包括的な個人の権利保護の保障という原理なのである。

もちろん、立法と法適用の権限を、制度的にも人的にも互いに独立した二つの異なる国家権力に分配することは、自明のことではない。古代アテネなどはほんの一例にすぎないが、国民集会もしくは議会は裁判機能も有していた。たしかに、ドグマーティクによる法の整序と法律学の学問化が裁判官の決定実務の専門化をもたらしたため、実際的な理由から、司法権と立法権との分離が当然生じることになった。だが規範的かつ法システム的な見地からすれば、それとは別の根拠の方が決定的な意味をもっている。第一に、規範の根拠づけと規範の適用との論証論理的な違いは、根拠づけ討議と適用討議それぞれのコミュニケイション的形式に反映されるのであり、それらは法的に違ったかたちで制度化されねばならない。法律的適用討議においては、妥当《ギュルティッヒ》だと前提された規範のうちどの規範が、重要なメルクマールを用いてできるだけ完全に記述される所与の状況に適切であるか、ということが決定されねばならない。この討議類型は、当事者（あるいは司法官僚）が法共同体の非党派的に判断する代表者たる裁判官に事例の紛争点を陳述するという役割分担、さらに、原理的に無制限な法的公共圏を前に裁判所が判断を根拠づけるための権限の配分、といったものを要求する。これに対して、根拠づけの討議には原則として関係者のみが存在する。第二に、司法は判決の実現――つまり法の執行――のために、国家機構の実力手段を必要とし、そのかぎりで行政権力を自ら使用することができる。このような理由から、司法は立法とは区別され、自己プログラム化は否定されねばならない。こうして、妥当する法による司法の拘束という原理が生ずる。

さらにまた、独立した司法は法的安定性と裁判官の判決の合理的承認可能性とを同時に保証するように法を適用する必要があるが、こうした司法における課題の専門化、役割の明確化、身分保証といった原理が、司法的基本権と関連した権利保護の原理から導かれる。☆35

（c）について。行政の制定法適合性の原理［das Prinzip der Gesetzmäßigkeit der Verwaltung］によってはじめて、権力分立の中心的意味が明らかになる。☆35a 規範の根拠づけと規範の適用という論証論理的分業から生じる機能的分化とは異なり、分割された国家権力の構築によって表現される制度的分化は、次の目的をもつ。つまり、行政権力が国家市民により共同で産出されたコミュニケイション的権力によってのみ行政権力が再生産されるようなかたちで、行政権力の使用を民主的に制定された法に拘束しよう、というのである。このような権力にかんする観点から、執行権の機能を使用せざるをえない、司法の制定法への拘束をわれわれはすでに考察した。だがこれと同一の観点から、なにより立法権力と制定法の留保のもとにある執行権との関係までもが説明される。制定法の留保は、制定法に抵触する命令、条例、規定、措置は無効である、という効果を生む。民主的手続きによって正統化された制定法の優位が認知的に意味するのは、行政は、それが下す決定の基礎にある諸前提そのものには手を触れることはできない、ということなのである。それは実際には行政権力は法制定過程（および裁判）には干渉してはならない、ということを意味する。

行政権力が適切な討議の制度化を可能にするかぎりにおいてのみ、立法者と司法による行政権力の使用は問題ない。行政権力が法制定および法適用の整備と組織化のために使われることになると、行政権力はある種の可能化条件として作用することになる。逆に行政が行政以外の機能をもつようになると、立法と司法の過程は制限的条件に服することになる。そのような干渉は、法制定および法律学における討議のコミュニケイション前提を侵害し、制定法と判決の合理的承認可能性のみを根拠づけるための合理的論証のみにより制御される了解過程を破壊する。それゆえ、法的命令の公布を執行権に譲渡するには、特殊な行政法的規範化を必要とする。とりわけ行政法には、内政における恣意の禁止の原理が徹底されねばならない。☆36

制定法を執行する権力の構築は、その他にも効果を有する。すなわち、平等な主観的行為自由の権利から生まれた各種の自由権は、私的自律を有する法的主体の、国家機構に対する自由主義的防御権という補充的意味をも有している。市民がまず市民相互の水平的な次元で相互に承認した権利は、執行権力が構築されたのちには、市民と国家の関係という垂直的次元にまで拡大されねばならない。こうした狭義の「自由主義的」基本権は、歴史的に見れば、人権宣言の核心をなすものである。このような基本権を基に――当初は理性法的な根拠づけによって――権利の体系が作りだされた。☆37 同様の関連を示しているのが、議会による行政コントロールの構築ならびに行政裁判システムである。これら二つは、事後的コントロールを通じて、立法者による事前コントロールを補完する。原則として、作為の行政行為や不作為の行政行為は、取消訴訟もしくは義務づけ訴訟の対象とされうる。それだけではなく、執行権（もしくは第三者）による基本権の侵害を受けた個々の法主体（団体も含めて）には、憲法異議の訴えという手段が憲法裁判制度により与えられる。

（d）について。ドイツ国家法の伝統においては、国家と社会の分離の原理は、具体主義的には自由主義的法治国家の意味で解釈されてきた。だが一般的には、この原理は、国家市民として政治的参加権およびコミュニケイションの権利を使用する平等な機会を万人に保障するという、社会的自律の法的保障を言い表わしている。このような原則に対応するのは、けっして市民的法治国家のモデルだけというわけではない。市民的法治国家は、外交・内政における安全保障だけをおこない、それ以外のすべての機能を、国家的規制から全面的に解放された自己制御的な経済社会に委ねるのであり、そのさい、正義に適った生活関係については、私法的に保証された個人

の自律を通じて、その主観的な目的設定および選好判断の自由な競合を基に自生的に作りだされることが期待されている。☆38

抽象的理解としては、このような国家と社会の分離の原理から市民社会《ツィヴィールゲゼルシャフト》、つまり階級構造を十分に克服した連帯的結合の諸関係と政治文化を要求する。この点で、社会的権力と民主主義との関係が問題になるが、この問題についてはのちにあらためて立ち戻る。このような市民社会《ツィヴィールゲゼルシャフト》は、社会的権力が国家市民的自律の行使を可能にし制限しないかぎりで活性化するように、社会的権力地位およびこれに起因する権力的潜勢力の行使を受けとめて中立化しなければならない。私は「社会的権力」という表現を、社会的関係において他者の抵抗に抗ってでも自己の利害を貫徹するうえでの、行為者の可能性を示す尺度として用いる。社会的権力は、行政権力とは異なるかたちではあるが、コミュニケイション的権力の形成を可能にし、あるいは制限することができる。第一に、社会的権力を行使しうるとは、形式的に平等な行為自由ないしコミュニケイション的自由の自律的実現のために不可欠な実質的諸条件が満たされている、ということを意味する。たとえば政治的交渉においては、関与する当事者たちはその威嚇や約束に社会的権力を通じて確実性を与えうるのでなければならない。第二に、社会的権力を行使することによって、国家市民的平等権の使用よりも自己の利害の優位を確保する政治的過程に対して、影響力を行使するチャンスが生まれる。たとえば、このような介入的手法によって、企業、組織、団体は、直接行政への作用というかたちであれ、間接的に政治的公共圏への制御的干渉というかたちであれ、いずれにせよ社会的権力を政治的権力に転用することができる。☆39

行政権力への社会的権力の直接的な逆影響は阻止されねばならないという原理は、組織にかかわる次元では、選挙人と議員に対する政治的官職保有者の民主的責任という原則として表現される。議員は定期的に新たに選挙し直されねばならない。個々の決定に対する政府と個々の大臣の責任およびその指示に従う官僚の責任を明らかにするために、議会の統制権とリコール権が設けられている。

国家権力は中立的権力［pouvoir neutre］として社会的諸勢力を越えた高みに位置するという理念は、つねにイデオロギーであった。☆40 市民社会《ツィヴィールゲゼルシャフト》から生起する政治的過程もまた、社会構造に依拠する権力的潜勢力（さまざまな団体の権力、政党の資金獲得方式）に対して、自律という基準を獲得しなければならない。この自律という基準は、行政システムが、執行権力の役割においてであれ、制裁権力としてであれ、もろもろの党派のひとつに成り下がることを防ぐために不可欠である。たとえば、国家がコーポラティズム的構造の一員となることで、正統的に制定された法の実施による政治的正義の実現という要求を放棄するという危険がありえよう。刑法における最近の諸傾向（たとえば刑事手続きにおける交渉）☆41に鑑みても、国家と社会の分離の原理はやはり変わらぬアクチュアリティを有している。

ここまで（（a）〜（d）において）論じてきた法治国家の諸原理は体系的に結合しており、その根底にはただひとつの理念がある。すなわち、最終的に法治国家の組織化は、権利の体系によって自由で平等な法仲間の連帯的結合として構築されたところの、共同体の政治的に自律的な自己組織化のために機能しなければならない、というのである。法治国家の諸制度は、社会的に自律的な国家市民が政治的自律を効果的に行使することを保証するとされ、しかもそのやり方には二つある。第一に、理性的に形成された意思のコミュニケイション的権力が成立し、制定法プログラムとして拘束力を与えられて明文化される。第二に、コミュニケイション的権力は、制定法プログラムの理性的適用と行政による執行を通じて社会全体を循環し――期待の安定化および集合的目標の実現を通じて――社会統合の力を発揮することができる。法治国家の組織化によって権利の体系は憲法秩序として分化し、そうすることで、法媒体は、コミュニケイション的に構造化された生活世界の社会統合の弱い力を増幅する変換器としてはたらくことができる。私は二つの点を強調しておきたい。第一に、法治国家はコミュニケイション的自由の公共的使用を制度化する(2)。第二に、法治国家はコミュニケイション的権力の行政権力への転換を規定する(3)。

(2)各類型の討議と交渉はそれぞれの問題設定に応じて、理性的な政治的意思形成に対して異なる論証論理的役割を果たす。討議と交渉は、それぞれに対応するコミュニケイション形式において実現される。そして、政治的参加権の行使に対する国家市民の要求が保障されるべき場合には、コミュニケイション形式は法的に制度化されねばならない。社会集団の構成員がいついかなる機会にいかなる行動を互いに要求してよいかが明らかなように、制度化の概念は規範的に期待された行動に直接関係づけられる。しかしまた、特定の課題を解決するためにいかなる規則に従って協同作業が展開されるべきかを確定する手続きも、制度化されうる。たとえば、手続き規範は契約締結、団体の創設、自治体の議決といったものを規律する。議会審議や賃金交渉も、手続き法的規範に則ることで可能になる。

交渉は特殊なコミュニケイション形式を有する。しかし、交渉の場合のコミュニケイションの外的形式は、なんら論証の内的形式とは対応していない。この場合の手続きは、ありうべき妥協の公正を保障しなければならず、とりわけ参加の権限、代表者の選挙、代表期間の構成を規律する。つまり場合に応じてこの手続きは、交渉の遂行、回数、交渉機関といった事柄、あるいは主題と発言の態様、制裁の適切さ、等々を対象とする。これらの問題および類似の諸問題は、論拠のやりとりが自己の選好を極力合理的に追求することを目的としているなかで、すべての関連ある諸利益が等しく考慮され、すべての当事者が平等な権力を付与されている、という観点のもとで規律される。妥協手続きは、非対称的な権力構造と不平等に配分された威嚇潜勢力が交渉のゆくえに予断を与える危険を予防しなければならない。さらには、妥協手続きが道徳的問いや倫理的問いに適用されて、これらの問いが知らないうちに、あるいは暗黙のうちに、戦略的な問いに転換されることにも危険が潜んでいる。この種の交渉システムの制度化がどれほど困難であるにせよ、つねに妥協手続きとは、戦略的相互行為の規律と関連する。そうした手続きから、討議によって規律される手続き類型が区別される——たとえば裁判手続きのように。

裁判手続きの場合、法律的手続きはまったく別の種類の「手続き」、すなわち固有の論理に従う論証過程と結びついている。そこで、訴訟規則が論証それ自体を規範化することなく、いかにして法律的適用討議を可能にし制度化しているのか、裁判手続きのモデルを用いてさらに詳しく解明しなければならない。訴訟規則は、さまざまな論証がなされるべき活動範囲を定義し、保護し、構造化する。裁判官の決定実践は、その比較的高度な合理性にもとづいて、二つの手続き類型の相互浸透にかんする十分に分析された実例を提供する——制度化をおこなう法的手続きと、内的構造からして法的制度化とは無関係な論証過程との結合の実例だ、というわけである。このような手続きの結合を用いることで、法の宇宙がいわば内側から論証のために解放され、しかもそうした論証を通じて、一方での論証ゲームの中断、他方での法コードの破壊、いずれをも避けつつ、語用論的、倫理的、道徳的諸根拠が法の言語へと入り込む。討議を法的手続きに組みこむことは、たしかに討議の内的論理を侵害するものではないが、しかし手続き形式での制度化は、特定の時間的、社会的、内容的な制限を討議に課すことになる。たとえば手続き規範は、論証により制御される意見形成・意思形成の過程について、それへの参加、そこでの役割の配分、扱われるテーマの種類、その経過といったものを規律する。こうして、法制定および法適用の討議は、特定の場所、特定の時間に即して社会的に期待されうるかたちをとるのであり、そのために法という手段が再帰的に使用されるのである。

論証の一般的コミュニケイション前提は、理想化的内実を有するのであり、そのためせいぜい近似的に満たされるにすぎない。だが手続きから独立した基準がなければ、非常に高度なコミュニケイション前提がそのつど十分に充足されたかどうかは、参加者自身のパースペクティヴから判断されうるにすぎないことになってしまう。

そもそものために、一度根拠づけられた見解であっても、新たに登場した情報と根拠に照らして修正される可能性がある。法的手続きは、期限をもち、明確で、拘束力のある決定を保障することにより、こうした可謬主義に対処する。すなわち、法的手続きにおいては、手続き規範が遵守されているかどうかが観察者のパースペクティヴから制御される。そうすることで、適正手続き的に追求される結論の、法コードに由来する社会的拘束力が、内在的にのみ保証された合理性、つまり論証の形式により保証された手続き的合理性に、取って代わる。こうした法的制度化は、討議とその不完全な手続き的合理性に対して、ロールズも言うように、擬似純粋手続き的正義を無理に結びつけるという意味をも有する。このようにすることで、論証の論理は停滞することなく、法的効力をもつ決定の産出に寄与することになる。

複数の裁判官を擁する法廷、議会ないしもろもろの自治組織では、多数決規則に従って決定が下される。この多数決規則こそは、審議過程の手続き法的規律という重要な局面を表わす好例である。多数派の下した決定は継続されるべき議論のひとつの区切りにすぎず、いわば討議による意見形成の暫定的な結論にすぎないという点で、多数決規則は真理の探求と内的な関連を有する。しかし多数決が成立しうるには、争いの対象がその質に応じて相応の討議のコミュニケイション前提にもとづいて解明されるということが、前提されなければならない。すなわち、そうした場合にのみ多数派の決定の内容は、制度的決定強制との関連では中断されるが原理的には再開可能である論証の、合理的に動機づけられるが可謬的でもある結論として考察される。自分たちも将来よりよい論拠によって多数派となり、下された決定を変更するチャンスがあることを前提としてのみ、敗北した少数派は多数派の権限を了承するのであり、このような解釈にもとづくことで、覆すことのできない結論を作りだす多数派の決定に対する異議というものが成立するのである。したがって、たとえば、最終審裁判所の判決の判決理由に付される少数派の反対意見は、類似の事案が将来生じた場合、そのときの裁判官団の多数派が採用しうるかもしれない論拠を添えておく、という意味がある。[42] もちろん、討議的に処理される事項問題（人事問題の場合にはそのまま当てはめることはできないが）での多数決がもつ正当化の力は、多数派と少数派が入れ替わりうることそれ自体とは無関係である。[43] むしろこの入れ替わりの可能性は、多数決規則が、可謬的決定の正しさの推定を根拠づける論証過程から正統化の力を取り去らないための、不可欠の条件である。ところでまた、問題ごとに、多数決の決定基準を決めておくのが適切である。一般的に多数派の決定は、基本権による少数派保護によって制約される。というのも、国家市民は自らの政治的自律を行使するにあたり、自律を構築する礎となる権利の体系に違反してはならないからである。[44] 妥協の場合には、多数決規則は別の役割を果たす。つまり交渉においては、利害調整の結果、所与の権力配分が顕在化するのである。[45]

民主的手続きは、理性的な政治的意思形成に不可欠のコミュニケイション形式を制度化したものであるが、同時に多様なコミュニケイション条件をも考慮しなければならない。立法は、了解過程と交渉実践の複雑な相互関係のなかで実施される。そのさい語用論的討議と法律的討議――われわれの過程モデルの入口と出口[46]――は、ある程度、専門家の仕事と理解されている。そうした情報の流通と処理の組織化を別とすれば、利害の公正な調整、倫理的自己了解、規律の道徳的根拠づけといったものが、議会審議の理性的特徴にとって重要である。政治的意見形成・意思形成は、具体的な課題にかんしてわれわれが何をなしうるかという語用論的問いを超えて、なにより次の三つの問いを明らかにしなければならない。すなわち、われわれはいかにして競合するもろもろの選好を調和させることができるのかという、妥協形成の根本にある問い。われわれは誰であるのか、われわれは真摯に誰でありたいと考えているのか、という倫理的-政治的問い。われわれはいかにして正義に適ったかたちで行為すべきであるのか、という道徳的-実践的問い。利害を比較衡量する交渉においては集約された全体意思が、解釈学的な自己了解的討議においては真正な全体意思が、道徳的な根拠づけ討議と適用討議では自律的全体意思が、それぞれ形成される。これらの交渉と討議では、それぞれ異なる種類の論拠が決定的な意味をもつ、ということに注意しなければならない。それに応じて、それぞれの論証が遂行されるコミュニケイション形式も異なったものとなる。一見したところでは、これらすべてのコミュニケイション形式は、類似した、つまり相等しい表層構造を示している。しかし詳しく観察してみれば、それぞれ異なる条件の充足を必要とする深層構造が認められる。この点は、代表制の理解に対して、一般的には議会と世論の関係に対して、個々それぞれのコミュニケイション形式がもたらす帰結によって、示すことができる。

議員は通常、自由で平等な秘密選挙で選ばれる。妥協の交渉の委任を受けた代表者たちへの権限委譲にかんして、秘密選挙の手続きは直接納得できる意味をもつ。というのは、公正に規律された交渉実践への参加は、すべての関与者の均等な代表を必要とするから。つまりそうした参加は、すべての関連する利害と価値志向が交渉過程のなかで同等の重みをもって主張されうる、ということを保障するはずなのである。たとえば賃金闘争の場合であれば委任は狭く限定されるが、議会での交渉がもっぱら利害調整という観点のもとで観察される場合には、国民代表からの委任はかなり不確定なものになる。なぜなら、国民代表を選ぶ一般的な国政選挙というものは、広範な利害を束ねたり、価値を一般化することを実地に移すものだから。政治というものが、選挙により委任を受けた議員たちによる現実的利害の調整にすぎないとすれば、委任に拘束力があるのかないのか、あるいは、国民意思は仮説的なものか経験的なものかという古典的な討議は、接点が見失われてしまう。

経験的な国民意思と仮説的な国民意思との違いがはっきり見えてくるのは、政治的過程に影響を及ぼすさまざまな選好が、たんなる所与のものではなく、論拠のやりとりの対象となりえ、討議により変更されうる要求である、と考えられるときである。[☆47] 政治的な意見形成・意思形成に内在する論理によってはじめて、代表制の意味を変える理性的な理由が見いだされる。代表者として討議に参加するために議員が選ばれたとするならば、選挙はけっして、意思の力を委譲するという意味をもつわけがない。代表による討議は、そのコミュニケイション前提からして自由な参加を本来的に要求するはずなのであるが、このような自由な参加と独特の緊張関係を作りだすところに、代表制議会の社会的齟齬がある。

倫理的-政治的討議は、集団の解釈学的自己了解のためのコミュニケイション前提を充足しなければならない。この討議は、真正な自己理解を可能にし、アイデンティティの構想を批判したり促進したりする。集合的自己確認がうまく成就されることで生まれる合意《コンセンス》は、交渉による妥協のような同意の現れでもないし、あるいは、事実問題や正義問題について討議により得られる合意《アインフェアシュテントニス》のような、もっぱら合理的に動機づけられた確信でもない。この意味での合意《コンセンス》には、次の二つのもの、すなわち自己認識と生活形式に対する決断が現れる。そのためには、関係者を真正の経験および利害との連関から引き離すことなく抑圧から保護する、システムに侵食されていないコミュニケイションという条件が充足されねばならない。自己了解討議には、アイデンティティを形成する固有の文化的伝統を、恐怖から解放されており、再帰的で学習する用意のある態度によって扱う、ということが必要である。この脈絡で重要なのはとりわけ、自己確認の過程には、これに無関係な者はありえない、ということである。そもそもイエス／ノーの態度決定は他人には任せられないものだからである。すべての構成員が、必ずしも同じかたちではないにせよ、討議に参加することができなければならない。原則として全員が、すべての重要な言明について、イエスもしくはノーという態度決定をおこなう平等な機会を与えられねばならない。それゆえ、こうした討議は、技術的な理由から代表により実施されざるをえないものではあるが、代表モデルによって解釈されてはならない。むしろこのような討議は、全体的組織化の不可能な公共圏に対して、社会全体のコミュニケイション循環の組織化された中心点ないしは焦点をなすのである。それ自体として討議的に構造化された公共圏から、つまり権力が稀薄で、より草の根に近い、多元主義的な公共圏から流入してくるさまざまな刺激、すなわち主題、発言、情報、根拠を、この討議がうまくすくいあげ、敏感に反応し、引き受けることができる場合にのみ、代表により実施される討議は、すべての構成員の平等な参加という条件を満たすことができる。

同様の帰結は、そのもとでおのおの関係者が自分以外のすべての他の関係者のパースペクティヴをとることのできるような、道徳的討議のコミュニケイション前提から生ずる。道徳的論証に参加する者は、よりよい論拠のもつ合理的に動機づけられた力だけを活性化させる、公共的で、一般に利用可能で、外的・内的暴力から解放された了解実践の語用論的諸前提が十二分に充足されていること、このことを前提できるのでなければならない。こうしたコミュニケイション形式が実現されえないとすれば、道徳的根拠づけ討議を代表により実施することが通例とならざるをえない。しかしこのことは、代表により遂行される根拠づけ討議のために整備される議会の構成と性格が負担を軽減されるということを意味するものではない。むしろこの場合、代表が意味するものとは、議員の選挙にあたって、周縁的グループの自己理解と世界理解に配慮しつつ、できるだけ幅広い解釈パースペクティヴが採られるように考慮する、ということにすぎない。倫理的‐政治的問いの場合とは異なり、道徳的解釈の場合は、関係する可能性のある人たちの範囲は、本来の集団の構成員にかぎられるものではない。さまざまな政策と制定法を厳密な一般化テストにかけるための道徳的観点は、まさに、情報の流通、組織化されていない世論の問題提起の圧力と促進力に、制度化された審議が無条件に開かれていることを要請する。同時にこの道徳的観点は、あらゆる具体的な法共同体の限界を超越しており、具体的法共同体と隣合わせの民族中心主義とは距離をとる。

利害の政治的調整には、妥協形成という課題を委ねられた議員の選挙が必要である。その選挙の方式は、所与の利害状況と選好を公正に代表し集約することに配慮しなければならない。これに対して、集合的な自己了解と道徳的根拠づけには、代表により実施される討議への参加者の選挙が必要である。選挙の方式は、人的判断を通じてすべての重要な解釈パースペクティヴを包含することを保障しなければならない。さらに、一般的な政治的コミュニケイションのインフォーマルな循環過程に対して、制度化されてはいるが、公開性の規定のもとで風通しのよい政治的意見形成・意思形成を開いておくことを求める強固な規範的根拠が、自己了解的討議と正義にかんする討議の論理から生じる。この場合、法治国家原理の討議の枠内では、公共圏の規範的概念の憲法的意味を明確にすることが重要である。[☆48] 国家的立法権力の形式で組織化された政治的意思形成は、もし自律的公共圏という自生的源泉に栓をし、あるいは、自由にやりとりされている主題、発言、情報、根拠の流通から平等に構築された前国家的領域を隔絶してしまうならば、固有の理性的機能の市民社会《ツィヴィールゲゼルシャフト》的基盤を破壊してしまうことになる。議会は、ある意味で主体なき公共的意見を踏まえて活動すべきである。もっとも、そうした公共的意見は真空のなかで形成されるわけではなく、リベラルな政治文化を背景にして形成されるのだが。市民が自由で平等な法仲間の連帯的結合を結成しうる条件を権利の体系が表わすとすれば、国民の政治的文化には、生活連関のもつ歴史的コンテクストのなかで国民が権利の体系をどのように直観的に理解しているかが表現される。もし法治国家の諸原理が、動機と心情とに結びつくようなかたちで国民国家の歴史のコンテクストのなかに位置づけられるならば、そうした法治国家の諸原理は、自由で平等な者たちの連帯的結合の実現という動態的に解されたプロジェクトの推進力にのみなりうる。[☆49]

このようなコミュニケイション・モデルには、民主主義を代表制と国民投票制に結びつける古典的観点とは異なるかたちで、議会と公共圏との関係が示されている。「意思ハ理性ヲ代表スル［Stat pro ratione voluntas］」という原則に従い、国民投票の理論は、そのときどきの一般的利害を表現する仮説的国民意思が存在し、それは民主的自己決定という条件下では経験的国民意思とほぼ一致する、という意思主義的想定を前提する。これに対して、代表理論は、「真理デハナク権威ガ法ヲ創ル［Auctoritas non veritas facit legem］」というホッブズの金言によってもたらされた転倒にもとづいて、仮説的な公共の福祉は経験的国民意思とは別次元にある代表制的議会の協議でのみ究明されうる、という合理主義的想定を前提する。カール・シュミットはこれら二つの見解を、市民的議会主義の理念型的再構成によって、独自のやり方で統合した。彼は、同質的なものと想定された経験的国民意思の国民投票の力を、議会の討議による意見形成・意思形成が生育するための根だと捉えている。「市民的法治国家の議会は……政治的意見の公共的討議がなされる場である。多数派と少数派、与党と野党が、論拠と反対論拠を挙げて正しい議決を探求する。議会が国民的教養と理性を代表し、そこに国民の全体的英知が集結しているかぎりにおいて、真の討議が成立しうる。つまり、公共的主張と反論のなかで『一般意思』としての国民の真の全体意思が成立しうる。国民自身は討議することはできない。……国民はただ喝采し、選挙し、提示された問いに諾否を述べるだけにすぎない。」ここから議会主義の根本思想が生まれてくる。「議会とは、ナツィオン全体そのものを代表するのであり、このような性質のゆえに、公共的討議と公共的議決において制定法、つまり国家的生活全体を規定し規律するための、理性的かつ正当で一般的な規範を公布する。[☆50]」

　奇妙なことに、この箇所でカール・シュミットは、自分のテーゼとは相容れないマルクスの有名な言葉を根拠にしている。というのも、いうまでもなくマルクスは、初期自由主義が公共的討議を議会のために留保しようとはしなかったことを知っていたから。「議会制は討議を糧としているのだから、どうして討議を禁じるということがありえようか？　……演壇での論争は、記者連中の論争を呼び起こす。議会での討論クラブは、サロンと飲み屋での討論クラブに取って代わられる。……議会制はいっさいを多数派の決定に委ねるのであり、議会の外の多数派も決定したがらないはずはない。もし貴方が国家の最高機関においてバイオリンを演奏するならば、多数派がそのもとで踊る以外のことがどうして期待されるであろうか。[☆51]」それゆえE・フレンケルはカール・シュミットに対して経験的論拠だけではなく、法治国家的に構想された政治過程についての自由主義理論という枠組みを用いて、討議による意見形成・意思形成はけっして議会にかぎられるものではないと反論することができたのだった。むしろコミュニケイション循環は、政治的公共圏、政党と政治団体、議会と政府といった多様な地平において相互に関連しあい、双方向に流れを形づくるのである。[☆52]

このような思想はたしかに、実体としての国民代表という具体主義的観念から解放されたコミュニケイション・モデルにおいてはじめて展開される。むしろ、このモデルは、制度化された意見形成・意思形成と、文化的に動員された公共圏でのインフォーマルな意見形成との結合を、構造主義的に理解する。このような結合は、国民の同質性と国民意思の同一性によって可能になるのではないし、根底にある同質的な一般的利害をただ発見するだけの能力をもつにすぎない理性の同一性によって可能になるのでもない。[☆53] このような討議理論的見解は、古典的な見解にまっこうから対立する。コミュニケイション的に流動化した国家市民の主権が、自律的公共圏に由来しつつも民主的手続きと政治的責任をともなう立法議会の議決によって具体化される公共的討議の権力というかたちで行使されるとすれば、確信と利害の多元主義は抑圧されることなく解放され、妥協におけるのと同様に変更可能な多数派の決定として承認される。つまりこの場合、完全に手続き主義化された理性の統一性とは、公共的コミュニケイションの討議的構造に還元されるのである。このような理性の統一性は、可謬主義的留保とアナキズム的に解放されたコミュニケイション的自由に立脚していない合意については、非強制的性格と正統化の力を認めない。このように自由の開放された状態には、もはや民主的手続きそのもの――つまりすでに権利の体系との関連でその意義を明らかにした手続き――以外にはなんら支点というものは存在しないのである。

（3）古典的な権力分立は、国家機能の分化によって説明される。すなわち、立法権は一般的プログラムを根拠づけて可決し、司法権はそうした制定法を基にして行為紛争を解決する。他方で行政権は制定法を執行する権限をもつ。ただしそれは、制定されるだけではなく執行を必要とする制定法である。司法権は妥当する法を法として取り扱う。つまり、個別事例についてそのつど何が法であり不法であるかを権威的に決定することで、行動期待の安定化という規範的観点に従う。妥当する法によって、政策に制定法の形式が与えられ、集合的目標の行政的実現が制御されるかぎりにおいて、行政権による執行はそうした妥当する法の目的論的内実を取り扱う。論証論理的分業という観点からすれば、法律的討議は規範の適用を目的とするが、しかしその一方で、行政活動の合理性は語用論的討議により保障される。

そうした語用論的討議は、所与の状況下（有限の資源、期間、承認への抵抗、その他の制限、といったものの考慮）において、立法府によりあらかじめ示された価値と目標を実現するのに適した技術と戦略の選択を対象とする。「行政とは、偶然的なもろもろの事実の世界のなかで、あらかじめ設定された価値を実現する過程のことである。行政を正統化する理念とは、正確さと効率性である。行政官は、特定の目的を達成するための道具となるような行為を発見し、これに着手しなければならない。もちろんそのさい、いかなる個別的な目標や目的であれ、よき生への集合的要求を消尽させないということを忘れてはならない。行政は、費用対効果の見地から割り当てられた仕事をこなさなければならない。価値は特定化されており、行政は事実だけを対象とする——具体的もしくは歴史的に言えば『世界はどのようなものであるのか』、可能性の問題としては『そうした世界ではいかなる行為が、設定された目標との一致を引き起こすだろうか』、と問うわけである。この種の疑問に答えることは、精神を事実探求的な姿勢へ転換することを意味する。そうしたことを効率的におこなうには、一般に分業とヒエラルキー的コントロール、要するに官僚制が必要である。……たしかに、設定された一般的政策による拘束、ヒエラルキー的権威による構築、手続き主義的規制様式による実施、道具的合理性の範型とほぼ合致するような修正、このような特徴をもつ決定を公務員が下すということは、自由主義的な自律の可能性の維持ならびに民主的参加にとって格別の意味をもつ。」[☆54] 論証論理的に根拠づけられた機能的権力分立から、行政に対して課題の確定がなされる。その例とされているのは、法案を作成する省庁官僚制でもなければ、ドイツ市町村法による自治体でもなく、両者の中間をなす、「もっぱら行政内容を実現し、予算にもとづく」行政という類型である。たしかに、このような機能の専門的充足ということは、民主的法治国家における行政の重要な正統化構成要素ではある。だが行政の正統化はそれだけでは十分とは言えない。

というのは、権力論の観点から見ると、機能的分離が同時に民主的立法の優位と行政権力のコミュニケイション的権力への再結合を保証することによってはじめて、権力分立の論理が生ずるからである。政治的に自律的な市民が正統的に制定する法が政治的権力循環の方向性を定める場合にはじめて、市民は、自分たちが私的主体として従う法の作者として、自らを認めることができる。たとえば、政府のレベルで言えば、有権者による普通選挙を通じて選出された指導者たちへの権限付与は、そうした役割を果たす。だがなにより、議会と裁判所のコントロールに従う行政の制定法適合性の原理こそは、そうした意味をもっている。このコントロールは行政の活動の二つの側面にかかわる。すなわち、一方では制定法の執行という専門職的性質にかかわり、他方では執行の制定法適合性、そして制定法の留保を行政的干渉に対して保障する規範的権限の遵守にかかわる。専門家が専門的知見にもとづいて課題を解決することの合理性は、執行機関のパターナリスティックな自己権限付与と自己プログラム化を防ぐことはできない。[☆55] むしろ権力分立の論理が求めるのは、行政が課題の極力専門的な解決の権限を与えられるにせよ、それは自由に規定できない諸前提のもとでのことにすぎないこと、これである。つまり、執行権がなしうるのは、制定法の枠内での行政権力の使用だけなのである。

このような制定法による行政の拘束は、他の種類の権力制限メカニズムと取り違えてはならない。連邦として構造化された行政における権力の地域的・機能的分割、あるいは特定行政と一般行政への執行権の区別は、「チェック・アンド・バランス」という理想——すでに実施されている機能的な権力分立内部での権力分割——に従っている。このような行政権力の分割は、権力分立の論理と間接的に結びついているにすぎない。つまり、行政機構の内的脱中心化が、行政を総じて外的コントロールに開く遅延・妨害・抑制の効果をもつかぎりにおいて、結びついているにすぎない。

法が規範的には正統化の源泉であり、支配のための組織化の事実的手段であってはならないとすれば、行政権力は、コミュニケイション的に産出される権力にふたたび結合されていなければならないことになる。このように、目標を実現する行政権力を法産出的コミュニケイション的権力に再結合することは、機能的権力分立を通じて実施することができる。なぜなら、民主的法治国家の課題は、政治権力をたんに平等に分割することだけではなく、合理化を通じてその暴力的形態を剝奪することにもあるから。自然発生的な政治的暴力の法的馴化は、その実質において制御不可能な偶然的意思力の規律化として捉えられてはならない。むしろこの馴化はそうした実質を解消し、法共同体の政治的に自律的な自己組織化だけを表わす「制定法の支配」というかたちをとる。自己決定というルソーとカントの理念を用いる理性法の眼目は、実践理性と主権的意思の一致である。この一致によって、政治的支配の行使は国家市民の政治的自律の行使に還元され、政治的支配から自然発生的なものいっさいが取り除かれることになる。

このような理由によって、市民的法治国家の理性法的構成においては制定法概念が基幹的な構成要素をなす。制定法が、討議と公共圏を特徴とする手続きを通じて国民代表の同意によって妥当性を獲得する一般的規範として解されるとすれば、このような制定法においては、二つのモメント——間主観的に形成された意思の力と正統化のための手続きの理性——が統合される。この場合、民主的制定法の特徴とは、「法的決定の内容的任意性とその手続き的諸前提の非任意性との結合」[☆56]である。制定法が合致しなければならない法的諸原理ではなく、民主的成立過程こそが、制定法に正義を保証する。「制定法の正義は、それが成立する特殊な手続きによって保障される。[☆57]」立法に対する憲法の優位は、このことに完全に合致している。というのは、権利の体系を解釈し具体化する憲法が規定しているのは、「侵害不可能な立法過程の諸原理と諸条件に他ならない[☆58]」からである。

しかしながら、自由主義的な権力分立論はこのような制定法概念の限定的解釈に立脚している。この権力分立論によれば、制定法の特徴は、意味論的には抽象的－一般的規範命題の形式に求められるのであり、行政による執行が一般的規範内容の状況に応じた具体化だけに厳格に限定されている場合には、行政の制定法適合性の原理は充足されていると見なされる。このような解釈によれば、制定法の正統性は民主的手続きではなく、その文法形式に由来することになる。意味論的縮約には、権力分立の包摂論理的解釈が必要になる。包摂論理的解釈によるならば、立法府の憲法への拘束、そして執行府の制定法への拘束は、そのときどきの一般的規範内容に特殊的規範内容を外延論理的に包摂することに依拠することになろう。つまりたんなる制定法が憲法に包摂されるのと同じように、措置、条例、命令もまた制定法に包摂されねばならない。このように権力分立の論理は、包摂関係によって操作されるのである。この簡潔にしてエレガントな説明は、今日まで説得力があるように考えられてきたが、異論も投げかけられている。それは権力分立の論理よりも、むしろその自由主義的解釈の方に向けられた異論である。

というのは、制定法が条件プログラムの形式を喪失し、目的プログラムの形態をとるようになればなるほど、古典的な権力分立図式は維持されえなくなるからである。実質化された制定法もまた通常は、固有名詞を用いず、不特定多数の名宛人に向けられた一般的規範のかたちをとる。だがこうした制定法が規定するのは、行政に広汎な裁量を認める一般条項と不確定な法概念や措置に類似した具体的な目標設定なのである。国家的介入主義の発展によって実質化された法領域がますます拡大されてきたため、計画的・給付的・積極的な行政の作用は、一般的で十分明確な規範を対象とする、規範的な問いから解放された技術的執行だけでは済まなくなっている。このような発展は、ドイツ連邦共和国で十分に明らかにされ、何度も議論の対象となってきたものであるが、[☆59] アメリカ合州国やその他のこれに比肩する諸国にも同様に当てはまる。「水質法、空気の質にかんする法律、製造物責任法、雇用保障法、自動車安全法、毒物安全法といった法令に従って、より新しい行政部門に対して、公衆の衛生・治安の必要性と、雇用・生産の多様化・景気の必要性とを比較衡量するよう議会が要求しているとすれば、官僚たちが、技術的権限もしくは専門的権限の限界を超える選択を重視せざるをえないのは明らかであるように見える。かくして、競合する社会的諸価値から選択をなす行政裁量は……伝導ベルトを……つまり行政的正統性のモデルを、解体してゆくことになる。[☆60]」

しかしながら、この種の異論は次のことを指摘しているにすぎない。つまり、行政の制定法適合性の原理は、一般的制定法の執行という伝導ベルト・モデルでは十分抽象的に捉えられない、しかも二つの点においてそうである、と。すなわち第一に、法治国家の諸原理は、なんらかの歴史的法秩序となんらかの制度化の具体的形式とは無関係に導入されなければならない。これまで私が論じてきたこのような地平においては、ただ不可欠の制度化一般のみが論じられており、所与の政治的諸制度における諸原理の現実化は論じられていなかった。相異なる国家権力を構築し、その機能を抽象的に分離しただけでは、それに対応する多数の組織の分化を意味するものではない。そのため、社会国家的官僚制の拡大された裁量範囲に対する反応が生じた。つまり、許されざる自己プログラム形成の危険を避けるために、新たな参加形式と討議構造が行政それ自身の決定過程のなかに取り入れられることになったのである。関与するクライエントは、官庁に対して新たな手続き的権利を与えられる。「新たな決定基準や優先順位を行政に与えるよりもむしろ、公聴がなされたのちにはじめて決定が下される、あるいは、伝統的に行政過程では扱われなかった利害によって証拠が示される、こうしたことを裁判所は要求した。こうした技術のすべてが、関係する当事者の行政過程への参加を拡大し、強化し、再定義するという傾向をもっていた。[☆61]」たしかに、行政過程に裁判形式での公聴手続きやその他の参加形式を採用することで、マショーが過剰侵害［overintrusion］および過小保護［underprotection］と呼ぶ新たな危険が生じた。だがこの批判もまた、権力分立の論理から借用された規範的基準に立脚している。

しかしながら、諸原理は十分抽象的に定式化されねばならず、しかもそれは、その制度化による多様な諸形式と無関係だというだけではない。権力分立の論理が立脚する一般的規範の意味論的概念は、あまりに多くを先取りしすぎている。権力分立を採用した法治国家の構成において制定法が果たす蝶番の機能は、意味論的観点からだけでは、十分に説明することはできない。むしろ、立法者の意思が形成される討議と交渉、あるいは制定法が正統化されるための根拠の潜勢力にこそ、目を向けなければならない。討議理論の観点からすると、立法・司法・行政の機能は、それぞれのコミュニケイション形式とそれに応じた根拠の潜勢力に従い区別することができる。制定法は、民主的手続きに従って成立し、非党派的に判断する裁判所により保障された権利保護を根拠づけ、立法府の議決や裁判所の判決を支える規範的根拠を執行機関たる行政から奪い去ることで、コミュニケイション的権力の行政権力への転換を規律するのである。こうした規範的根拠は、そのなかで立法府と司法府が規範の根拠づけおよび規範の適用という作業を分担するひとつの空間に含まれている。語用論的討議だけをおこなう行政は、まさにこの空間においては、自発的に何もしてはならない。と同時にそうした行政は、経験的に得られた自己の目的合理的な決定の根底に据えられるべき規範的諸前提を、この空間から得る。

論証論理的に考えれば、立法機関、法適用機関、法執行機関の間での権限分割は、異なる種類の根拠に対する利用可能性の配分、そして根拠の取扱いの態様を決めるコミュニケイション形式のそれぞれへの割り振り、を前提している。公正な交渉の結果により構築された根拠も含め、規範的で語用論的な根拠の無制限な利用をなしうるのは、政治的立法者のみである。もっともそれは、規範の根拠づけのパースペクティヴに拘束された民主的手続きの枠内でのことにすぎない。司法は、制定法規範に集約された根拠を恣意的に取り扱うことはできない。だがその同じ根拠も、仮にこれが、矛盾のない決定を目指す法適用討議において法システム全体の首尾一貫性の見地から使用される場合には、別の役割を果たす。また行政は立法府と司法府とは異なり、規範的根拠の構成的・再構成的取扱いは許されない。あらかじめ与えられた規範によって集合的目標の追求は制定された諸前提に拘束され、行政の活動は目的合理性の地平だけに限定される。あらかじめ与えられた規範によって、官庁には技術と行為戦略を選択する権限が与えられる。ただしその場合——私法上の主体とは異なり——自己の利害や選好を追求しないという留保が付加される。

「立法」「司法」「行政」という言い方は、あまりに具体的にすぎ、そのため特定の制度化形式をはじめから喚起することになり、偏った理解を呼び起こしてしまう。このような理解は、先に立法、適用、執行それぞれの機能の討議理論的規定を明らかにしたさいの抽象化の地平を欠いている。多様な種類の根拠の自由な使用そして相応のコミュニケイション形式の割り振りという抽象的観点のもとではじめて、権力分立の論理から生じる諸原則の制度化のための具体的形式が評価される。たとえば、少なくとも暗黙のうちに法の継続形成と制定法の適用という性格をもつ課題の組織的解決を、目的プログラムの執行が行政に迫るようになればなるほど、伝統的な行政構造が有してきた正統化のための基礎では太刀打ちできなくなってしまう。その場合には、権力分立の論理は変化した構造のなかで実現されねばならない——たとえば相応の参加形式とコミュニケイション形式の整備、あるいは、裁判形式的かつ議会主義的な手続き、つまり妥協形成の手続きの導入、等々。[☆62] この点については、最終章で詳しく論じることにする。

第五章　法の不確定性と裁判の合理性

われわれは、理性法の問題設定にならいつつ、権利の体系と法治国家の原理を明らかにしてきた。そのさい、契約理論の想定から討議理論へのパースペクティヴへの転換をこころみたが、それはまだ抽象的地平の変化を意味するものではない。ドイツ連邦共和国ないしはアメリカ合州国を何度か引き合いにだしながら法システムを説明したのであるが、そこでは、たしかに法治国家原理と基本権が抽象的に規定されはしたものの、しかしそれらはいずれも歴史上の憲法と政治システムにのみ見いだされうる、ということを明らかにしたにすぎない。法治国家原理と基本権は、具体的法秩序――つまり憲法における文化的シンボリズムの地平、政治的諸制度および諸過程の憲法的現実における行為システムの地平――において解釈され具体化される。これは、国際的な視角にもとづく比較国家法および比較政治学の研究対象である。だがこれらは本書の研究テーマではなく、間接的に関連するにすぎない。具体的な法秩序は、同一の権利と原理を異なるかたちで実現する多様な具現化様式を表わすだけではない。そこには、多様な法パラダイムも反映される。所与の当該社会に実際に見られるコンテクストにおいて権利の体系と法治国家の原理がどのように実現されうるかという問いにかんする、法共同体の範例的見解こそ、私がパラダイムという言葉で理解するものである。

法治国家原理と基本権は、自らに規範的に帰属する機能を所与の社会的コンテクストにおいて果たすことができるには、どのような手法で把握され取り扱われなければならないのか。法パラダイムは同時代の社会モデルを援用してこのことを明らかにする。「法の社会モデル」（ヴィーアッカー）は、いわば法システムの暗黙の社会理論、つまり法システムが社会的環境について作りだす像を示す。その場合に法パラダイムが示すのは、そうした社会モデルの枠内で、基本権と法治国家原理がどのように理解されねばならないか、そしてそれらがどのように実現されうるのか、ということである。近代法史において最も重要な意味をもち、今日でもなお相互に競合する二つの法パラダイムといえば、市民的形式法と社会国家的実質法のパラダイムである。私は法と政治の討議理論的解釈をおこなうことで、これら二つの法パラダイムを止揚する第三の法パラダイムに明確なかたちを与えることを試みたい。二十世紀末葉の社会国家的大衆民主主義において成立した法システムには手続き主義的な法理解が適切である、というのが私の出発点である。しかし私は、法パラダイムについて詳しく論ずる前に、この第五章と次の第六章において、先に権利の体系と法治国家原理を討議理論的に解釈することで法哲学的観点から準備しておいた考え方を、今度は法理論的観点から、つまり狭義の法システムとの関連から、明らかにしておきたいと思う。

近代の法システムについては、二つの意味を区別するのが適切である。行為システムとしての法は、法規範により規律される相互行為の全体を意味する。この広義の場合としては、たとえばルーマンが、行動期待の安定化に特殊化した社会的部分システムとして法を定義しているのが挙げられる。法は、法との関係で成立するすべての社会的コミュニケイションによって作られている。[☆1] 狭義の法システムは、これとは区別される。狭義の法システムは、法を志向するだけではなく、新たな法を生産し、これを法として再生産することを目的とするすべての相互行為を意味する。この意味での法システムの制度化には、法の制定・適用・執行の権限を構築し付与する二次規則の形態による法の自己適用が、必要である。そうした制定・適用・執行の機能に応じて、立法・司法・行政の国家の「三権」が区別されることになる。

経験的観察によれば、たしかに、先進諸国のようなタイプの社会での法の生産・再生産には、それぞれ複数の機能を同時に果たす多様な諸制度が関与している。民主的法治国家では、政治的立法が中心的機能と見なされる。今日では、この政治的立法に関与するのは政党、有権者、議会、政府だけではない。裁判所と行政による、法の継続形成作用をもつ決定実務もまた、自分自身をプログラム化するかぎりにおいて関与するのである。制定法の適用機能は、さまざまな審級の裁判所により、法ドグマーティクと法公共圏の枠内で実現されるだけではなく、暗黙のうちに行政によっても実現される。制定法の執行機能は、政府と行政のみならず、間接的には裁判所によっても行使される。さらにはこうした法の機能の一部は、国家機関から半官半民の団体や私的団体にも委譲されている。

私は、法的に規範化された行為システムを広義の法システムに含めて考えたい。すなわち、再帰的法により構築された、法的行為を私的自律にもとづいて産出する核心領域が、実質的法規範により制御される行為過程から、その内部において明確に区別される行為システム、これを法システムに含めるのである。それ以外にも、形式的に組織化され、法形式で構築された相互行為領域と、根本的に法外部の制度により規律され、たんに法的な装いを与えられているにすぎない相互行為領域との相違が考慮される。経済や国家機構のような形式的に組織化された領域では、すべての相互行為が法の規律の対象となり、また行為者のパースペクティヴからも法に関連づけられている。その一方で、家族や学校といった領域では、紛争事例が生じたときにはじめて法はその姿を現し、行為者に意識されることになる。☆2

このような指摘で、狭義の法システムのだいたいの位置づけには十分であろう。第一に、まずは分析のこの次元において、法の討議理論が裏づけを与えられねばならない。哲学的正義論とは異なり、法理論は具体的法秩序の内部だけにかかわる。法理論はそれが利用するデータを、妥当する法から、つまり制定法と判例、法学説、立法の政治的コンテクスト、歴史上の法源、等々から獲得する。とりわけ法理論は哲学とは異なり、法と政治権力の内的連関から生じる局面、なによりも、正統的な権力の国家的行使の法的承認という問題を、等閑に付すことはできない。[☆3] 第二に、法理論は、裁判官のパースペクティヴの特権化という点で法ドグマーティクと共通している。このことは、狭義の法システム内部での裁判の機能的地位によって説明される。すべての法的コミュニケイションは提訴可能な請求を不可欠とするのだから、裁判手続きこそは、法システムを分析するための究極の源泉である。このような考察パースペクティヴの選択は、分析を裁判の領域に限定するという趣旨ではなく、たんに方法論を確定したということにすぎない。法理論は内容的に、広義の法システムだけではなく、立法と行政、つまり法の産出・再生産に再帰的にかかわるすべての部分システムも同じように考察の対象とする。法理論が法ドグマーティクと異なっている点は、法秩序全体にかんする理論を提供することを試みる、という点にある。そのさい法理論は、政治的立法者、行政、法仲間（クライエントでもあり国家市民でもある）の役割を、すでに確立された固有の説明パースペクティヴ、つまり法律専門家のパースペクティヴに取り込むことによって、裁判官以外の参加者のパースペクティヴをも考慮する。[☆4] このような考え方には、ロナルド・ドゥウォーキンによる、社会の純一性を全体として保障する媒体としての法という概念によって示されているように、法仲間の集合的自己理解がまだ視野に入っている。それにもかかわらず、法理論とはなによりまず、裁判の理論であり、法律的討議の理論なのである。

法に内在する事実性と妥当性の緊張関係は、裁判の内部では、法的安定性の原理と正しい判決を下す必要性との緊張関係として現れる。私はまず最初に、裁判の合理性についてそれぞれ異なる説明を提示する四つの代表的な見解を取りあげたい（I）。とくに大きく取りあげるのはロナルド・ドゥウォーキンの見解である。彼の見解は、裁判官の判決実践の合理性の想定を、妥当する法の合理的再構成の次元に投影するものである。彼は自らの提起する理論によって理想的な要求を展開しており、このことが活発な論議を呼び起こすこととなった（II）。ドゥウォーキンの裁判官中心主義的な見解に対するF・マイケルマンの批判は、間主観的構造をもつ法律的討議の理論という方向を示している。この連関においては、法律的討議は道徳的（適用）討議の特殊事例として把握されねばならない、というテーゼが主張されているが、しかしながらそれでは、司法と立法の複雑な関係を正しく把握できるものではない（III）。

I　解釈学、リアリズム、実証主義

（1）正義論は、純粋に規範的な考察としておこなわれ、よく秩序づけられた社会の諸原理の正当化をこころみるさいに、既存の諸制度と諸伝承を捨象するがゆえに、いかにして理念が現実と関係づけられうるかという問題を避けて通るわけにはゆかない。この場合、すでに完全に構築されてしまった理論にとって付随問題として発生する事柄が、妥当する法の領域内を扱う法理論にとって出発点の問題となる。われわれは先に、事実性と妥当性の緊張関係がどのようにして法そのもののカテゴリーに組み込まれ、法的妥当性の二つの次元に顕在化するのか、ということを見た。すなわち、一方で、妥当する法は、国家的に強制されうる行動期待の貫徹を保障し、それによって法的安定性を保障する。他方で、法制定および法適用の合理的手続きは、そうして安定化された行動期待の正統性を保証する——そうした規範は、法的服従に値するのであり、どのような時であっても、制定法への敬意にもとづいて遵守されうるべきなのである。裁判官の判決実務のレベルでは、こうした二つの保障が同時に確保される。相争う要求が法的な請求へと変形され、裁判への訴えという経路によって拘束力ある決定が下されるだけでは、十分ではない。下された判決は、法秩序の社会統合的機能と法の正統性要求を充足するために、無矛盾的決定と合理的承認可能性という条件を同時に満たさなければならない。この二つの条件は必ずしも両立しないので、裁判官の判決実務において二つの規準原則が両立されることが不可欠である。

一方において、法的安定性の原理は、既存の法秩序の枠内で無矛盾的に下された決定を要求する。その場合、妥当する法とは、立法者・司法による過去の決定や慣習法の伝統の膨大な蓄積の産物である。法のこのような制度的歴史が、現在のあらゆる決定実践の背景をなす。法の実定性には、このような歴史的成立連関によるさまざまな偶然性も反映される。他方において、法秩序の正統性要求が求める決定とは、過去の類似した事例の取扱いおよび妥当している規則システムと一致するだけではなく、そもそも本質的に、合理的決定として法仲間により承認されうるよう、理性的に根拠づけられたものでなければならない。裁判官の判決は、現実の事例について未来を考慮しつつ現在の時点で下されるのであり、正統的な規則と原則に照らして妥当《ギュルティッヒカイト》性を要求する。そのかぎりで、判決の根拠づけは、それが成立する連関のさまざまな偶然性から解放されていなければならない。歴史から体系性へのこのようなパースペクティヴの転換は、所与の前提に依拠した判決の内的正当化から、そうした前提そのものの外的正当化への移行というかたちではっきりと遂行される。[☆5] 制定法と同様に、裁判官の判決もまた、「歴史の産物であると同時に道徳の産物でもある。個人が市民社会のなかで何を所有するのが正当かということは、実務によっても、その政治的諸制度の正義によっても、決めることができる。[☆6]」

偶然的に成立した法の適用は、それが法的安定性と正当性を保障するには、いかにして内的に矛盾のないかたちで実施され、外的に合理的に根拠づけられうるのか。要するに裁判の合理性問題とはこの点にかかわっている。妥当する法を超実定的基準に服従させる自然法の選択肢がもはや取りえないとすれば、法理論のこのような中心問題の解決のために残されている選択肢としては、周知の三つの見解がまず取りあげられねばならない。すなわち、（a）法律学的解釈学の見解、（b）リアリズムの見解、（c）法実証主義の見解、がそれである。

（a）法律学的解釈学の功績は、事例を関連する規則に包摂するという伝来の法的決定モデルに対して、いかなる規則であってもそれ自身の適用を規律することはできないという、アリストテレスの洞察をあらためて強調した点にある。☆7 規則に合致した事態というものは、それに適用された規範の諸概念によって記述されることではじめて成立するのであるが、その一方で、その規範の意味は、通例、その規則に関連する事態に規範が適用されることではじめて構築されるのである。規範は、規範そのものにとって重要な観点のもとでつねに選択的にのみ、複雑な生活世界の状況を「捉える」のであるが、その一方で、その規範により構築された事態は、一般的規範の曖昧な意味内容を完全に表現するわけではなく、それ自体として選択的に表現するにすぎない。こうした循環的な説明は、あらゆる法理論が解明しなければならない方法論的問題の特質をよく表わしている。

解釈学は、そうした問題に対して、法解釈の手続きモデルを提案する。解釈が開始されるときには、価値判断をともなう前理解がすでに存在しており、この前理解が規範と事態の間に先行的な関係を作りだすことで、そのうえでさらに他の関連づけのための地平を開く、というのである。この最初は漠然としている前理解に導かれつつ、規範と事態が相互に具体化しあい、あるいは相互に構築しあうことによって、次第にこの前理解が精密化されてゆく。☆8 解釈学は、理性を歴史的伝承の諸連関にコンテクスト主義的に組み込むことによって裁判の合理性問題を解決するのであり、この点において、法理論の内部で独自の地位を占めている。こうした見解によれば、裁判官の前理解は、倫理的伝統連関のトポスによって形づくられている。この裁判官の前理解が、歴史的に維持されてきた諸原理に照らして規範と事態の関連づけを制御する。最終的に判決の合理性は、「いまだ規範として濃密化されていない倫理の基準」、つまり「制定法に先立って存在する法的賢慮」によって検証されること、これなのである。☆9 法理論に応用された解釈学は、裁判官の判決の正統性要求を固持している。理解の循環過程がもつ不確定性は、原理と関連することで少しずつ縮減されてゆく。しかしこの原理は、裁判官自身がたまたまその生を享けた法形式と生活形式の影響作用史によってのみ正統化されうるにすぎない。

（b）しかしもちろんのこと、多様な信念の力と利害が互いに競合する多元的社会においては、解釈により継続形成される支配的エートスへ回帰したからといって、法律的決定の効力について説得力のある基盤が得られるわけではない。歴史的に裏づけられたトポスとされるものであっても、他の立場からはイデオロギーや純然たる偏見でしかないのである。リアリズム法学はこのような事実に注目する学派である。この学派は、解釈学的方法の記述的価値については否定しないものの、解釈過程を制御する前理解に対して別の評価を与えたのである。裁判官の判決実践の選択作用には、経験的分析によってはじめて解明されうるような、法の外部にある諸要素が決定的な影響を与える。裁判官が判決のさいの判断枠をどのように利用するかということは、そうした外的要因によって決まるのである。この外的要因は、裁判官の判決を歴史的・心理的・社会学的に予言する、ということを可能にする。こうした立場が、法に対する懐疑的な結論を導くのは明らかである。裁判官にまつわる利害状況、社会化過程、階級帰属性、政治的立場、人格構造、あるいはイデオロギー的伝統、権力関係、法システム内外での経済その他の要因によって、裁判手続きの結論が説明されればされるほど、もはや判決実践は、手続きの選択性、事例、法的基礎によって内的に規定されるものではなくなってしまう。法律的解釈学の視点によりあらかじめ柔軟化された、つまり伝統への関連づけにより相対化された法の固有の論理は、法適用過程の「リアリスティック」な記述のなかで、いまや完全に消滅してしまうのである[☆10]。

リーガル・リアリズム、自由法学派、利益法学の立場からすると、構造的指標を用いたのでは、もはや法と政治を明確に区別することはできない。だが、法律的決定過程が政治的権力過程に類似したものとして記述されうるとすれば、十分に明確な規範のシステムにもとづいて矛盾なき決定により法的安定性を保障せよという要請は、その意味を失ってしまう。現在の決定が裁判官の裁量に委ねられ、そのため過去の法産出は現在の決定に対する支配力を失う。いずれにせよ法の正統性の自負が満たされるとすれば、それは、裁判官が政治家と同様に、自分が理性的だと考える価値志向にもとづいて決定を未来志向的に下すことによってである、ということになる。その場合、法は、理性的な政策目標、つまり功利主義的もしくは福祉経済的に根拠づけられた政策目標のために使用されうる行動制御の道具と見なされる。☆11 すべての（あるいはほとんどの）事例は、妥当する法にもとづいて、矛盾なくかつ正しく決定されうるとする手続き関係者の理想主義的観念に対して、リアリズム学派は観察者のパースペクティヴから仮借ない批判を浴びせかける。他方で、裁判官の判決実践は、理想化をおこなう想定がなければほとんど機能しえない。法的安定性の保障をあからさまに撤回するということは、裁判が行動期待の安定化という法の機能を充足することを最終的に放棄しなければならないことを意味する。関係する専門家の法に対する徹底的な懐疑的意識と法システムの機能的能力がいかにして両立しうるかということを、リアリズム学派は説明することができない。

（c）これに対して、法実証主義は期待の安定化機能を考慮しようとするが、しかしその一方で、法的決定の正統性を倫理的伝承という不確かな権威に依拠させねばならない、とは考えない。リアリズム学派とは反対に、ハンス・ケルゼンやH・L・A・ハートといった理論家は、規則に拘束された判決の無矛盾性を可能にし、法を政治から独立させるべき規則システムのもつ、法規の規範的な固有の論理ならびに体系的構造というものを強調している。彼らは解釈学の立場をとる論者とは反対に、法の外部の原理が侵入することを遮る法システムの完結性と自律性を強調する。したがって合理性問題の解決は、すべての超実定的な妥当基礎を捨象し、狭く把握された制度史を優位させることで得られる。いかなる規範がそのときどきにおいて妥当する法に属するかを決定するための根本規則と認識規則が、明確な帰属を可能にする。

こうした自律的法システムは、第一次の行動を決定する規則、第二次の自己関係的に規範を産出する規則、とに区別されるのであるが、このようなシステムを前提するとすれば、法規定の妥当性《ギルティッヒカイト》の基準となるのは、法的に規定された法制定手続きを踏まえているかどうかだけである。法制定手続きの合法性による正統化は、規範の内容の合理的根拠づけよりも、その由来、つまり実定化もしくは議決の具体的過程の優位をとくに尊重する。すなわち、規則が妥当《ギュルティッヒ》であるのは、それが、権限ある機関により適正に公布されるからである。法秩序の正統化全体は、事柄の発端部分、つまり自身については合理的正当化能力をもつことなしにいっさいを正統化する根本規則や認識規則に移動する。つまりそうした規則は、歴史的生活形式の一部として事実的によく慣れ親しんだものであり、いわば慣習的なものとして受容されなければならない。ハートはこのことを、ヴィトゲンシュタインの言語ゲームの概念を用いて明らかにしている。言語ゲームの文法と同様に認識規則もまた、外部からは事実として記述されるものの、関係者自身には文化的自明性として「想定され、有効なものとして承認される」[☆12]実践に、その根をもつのである。

法の妥当性を法の生成過程と結びつけることによって可能になるのは、合理性問題の非対称的な解決だけである。理性や道徳は、ある意味で歴史に従属することになる。それゆえ、裁判官の判決実践の実証主義的解釈の帰結は、法的安定性の保障が正当性の保障を凌駕する、というものになる。このような法的安定性の優位は、いわゆる「難事件」（ハード・ケース）を実証主義がどのように扱うか、ということによって示される。そうした難事件には、不可避の選択的決定の適切性がいかに正当化されうるのか、という解釈学的根本問題がとりわけはっきりと示される。実証主義はこの問題を過小評価し、そうした問題の帰結を、日常言語的表現につきものの曖昧さの徴候として分析する。ハートは、法規範の解釈の必要性を自然言語の原則的に開かれた構造に由来するものと説明し、決断主義的な推論に行きついている。妥当する法が事態の精確な確定を十分なしえない以上、裁判官はまさに自己の裁量によって決定を下さなければならない。裁判官は裁量の枠を法律的に根拠づけられえない選好によって満たすのであり、場合によっては、もはや法の権威に立脚しない道徳的基準によって判決の内容を決めるのである。

(2) ロナルド・ドゥウォーキンの権利論は、リアリズム、実証主義、解釈学それぞれによって示された解決策の難点を避けるとともに、裁判官の判決実践が法的安定性と合理的承認可能性という二つの要求をどのようにして同時に満たしうるかということを、義務論的に構想された権利概念を想定することで明らかにする試みとして理解することができる。リアリズムに対しては、ドゥウォーキンは、法的安定性を十分に保障し、規則に拘束された矛盾なき判決が、不可欠であるとともに可能であると強調している。実証主義に対しては、彼は、承認された諸原理に照らして内容的に正統化された(そして形式的に手続き的に正統化されただけではない)、「唯一正しい」判決が不可欠であるとともに可能であると説いている。しかし、原理によって規定された前理解との解釈学的関連は、規範的内実をもつ権威的伝統の歴史的影響力に裁判官を引き渡してしまうものではない、とされる。むしろ解釈学的循環によって、裁判官は、実践理性の痕跡が残された法の制度史を批判的に習得することを義務づけられる。裁判は、誰にいかなる「政治的」権利が帰属するかを決定する。ドゥウォーキンはこの「政治的」権利のことを、実定的妥当性をもつと同時に正義の観点から承認に値する権利として理解している。

そうした権利が「存在する」というテーゼは、歴史的に具体化された、いわば歴史を貫く実践理性というものを念頭に置いている。この実践理性は道徳的観点においてその効果を発揮し、万人に対する平等な配慮と尊重を要求する根本規範というかたちで表現される。ドゥウォーキンのこの根本規範は、万人に対して等しい主観的行為自由が与えられるとするカントの法原理とロールズの第一原理に一致する。もっともドゥウォーキンはロールズに対して、原初状態における当事者がロールズのいう第一原理に同意しうるのは、平等な配慮と尊重への基本権が原初状態への当事者の参加をあらかじめ規律する、つまり合理的同意そのものの条件となるからにすぎない、と指摘している。ドゥウォーキンにおいては、この根本規範はそれ以上根拠づけることのできない「自然法」の地位を有している。それは、「計画を立て、正義を実施する能力をもつ人間である以上、すべての男女が所有する」とされる。[☆13] この見解は、自然法的実質をもつことを避けつつ、基本権そのものの義務論的意味を解明したものとして理解されねばならない。このような妥当性の意味は、制度的に拘束力をもつ権利、もしくは「政治的」権利を表わしており、個人的権利要求に絶対性という性格を賦与する。つまりドゥウォーキンは主観的権利というものを、個人が自己の正当な要求を集合的目標設定による詐害から保護する「切り札」として、解している。「権利は必ずしもすべての社会的目標によって制約されるわけではないというのが、権利の定義から導かれる結論である。要するに、法が集合的目標一般に対して明確な防壁としての意義を一般にもたないのであれば、いかなる政策的目標であれ、それを法と認めることはできない、と断定することができる。[☆14]」必ずしもすべての主観的権利が絶対的に妥当するわけではないが、しかしあらゆる権利は、集合的目標を実現するにあたり、費用–効用–計算に対して、最終的に万人に対する平等な尊重の原理によって正当化される限界を設けるのである。

ドゥウォーキンの権利論が依拠する前提とは、実定法は不可避的に道徳的内実を取り入れるのだから、裁判には道徳的観点が重要なはたらきをする、というものである。道徳的根拠もまた立法の民主的手続き——と妥協形成のための公正な諸条件——を通じて法に入り込む、ということを前提する法の討議理論にとっては、ドゥウォーキンの前提はなんら驚くに値しない。[☆14a] だがそれにもかかわらず、そうした前提には説明が必要である。なぜなら、法の道徳的内実というものは、それが法コードに翻訳されることで法形式に特有の意味変化を被るからである。

法の道徳的内実にかんする補論——道徳的内実の法律的意味および、幅広いヴァリエーションをもつその特殊な重要性は、行動を規範化する第一次規則の領域でもっともはっきりと示される。B・ペータースの分類提案に従い、そうした非‐手続き的規則を、一方での抑止的ないし回復的な命令・禁止と、他方での「報酬」と再配分とに区別するならば、[☆15] 道徳的内実はじつに幅広いヴァリエーションをもつことになる。道徳的内実が最も薄められて最小となるのは、法規範について、規範内容とは無関係に、法的遵守が一般的に期待される場合である。道徳的内実が相対的な重みをもつことの徴候は、制定法への違反に対する法仲間の反応の強さである――それには、法仲間の側からの非公式の批判や非難もあれば、裁判によって下される制裁もある。（犯罪からたんなる秩序違反にまでいたる）刑罰の分類は、刑法の構成要件と民法の構成要件（これらが賠償請求を根拠づける）の区別と同様に、道徳的内実の法ドグマーティクにおける位置づけとして解釈できる。謀殺、故殺、傷害、不法監禁、窃盗等の刑法上の基本的な構成要件は、道徳的に非難されるべきものとされるが、その一方で、発生した損害の現状回復を命ずる判決は、通常は行為の非難を喚起させるものであって、行為者を貶めることを喚起させるものではない。

これと事情が異なっているのが、補助金、報酬、細分化された税等、行為に応じて配分される報奨もしくはコストへの対応であり、あるいは、社会国家的基準に従って行為とは無関係に保障される、所得の再配分や給付への対応である。課税対象の変更、財源の変更、再配分、公益の提供という政策をとる法は、道徳に対して中立的なかたちで、なによりもまず費用‐効用‐計算への志向、あるいはたんなる「需要」を見込める受け手に対して向けられる。立法者により意図された行動制御の失敗は、「非難可能」ではない。このことは、「報酬［Preise］」の制御や財の配分様式を内容とする法規範の妥当性の意味がある程度脱道徳化されている、ということを意味する。もちろん、そのように法規範が必ずしも道徳的内実をもたないとはかぎらないし、あるいは道徳的内実をもたないことが普通だというわけでもない。――なぜなら、法規範とは、道徳的に正当化された制定法プログラムの構成要素なのだから。立法者が適切な政策を評価するために用いる道徳的基準が、そうした政策が実施されるための形式を備えた法の内容には行きわたっている。したがって、ドゥウォーキンが原理の論拠と区別する目標設定の論拠は、徹底して道徳的含意をもつ。

高度な道徳的内容をもつ規則とほとんど脱道徳化された規則との間には、さまざまな中間的な手続き規範がある。たとえば、商工会議所や医師会などの団体、大学、職業団体などの半公的な組織に特定の権限を付与する規範がそれである。そうした権限の行使（たとえば、労働争議の実施、妥協交渉、組織規則の制定など）に必要なのは、手続きと形式規定である。それは場合によっては、情報提供義務や注意義務、不当な闘争手段の禁止など、道徳的に重要な行為にかかわることもある。さらに私法では「信義誠実」や故意によらない権利侵害行為に対する責任が問題になる。注目すべきことに、そうした形式規定と手続き規定は、デュルケムが契約の非契約的基礎によって解明したものの道徳的実質を、完全に示すものでもなければ、法形式へと取り入れうるものでもない。このことはとりわけ、法規範の産出と適用の権限を指導するのではないにせよ、少なくともそれに付随すべき道徳的判断能力に当てはまる。この解釈は、私法の中心領域の権限付与規範については問題がないわけではないかもしれない。だがそれは、法制定と組織化の国家上の権限が、賃金契約の当事者や経営体組織法に則って選ばれた監査役会の構成員など、名目上「私人」であるにすぎない担い手に委ねられている領域を考えれば、ある程度の説得力をもつ。

もちろん道徳は、正しい法の基準という役割を果たしつつ、立法者の政治的意思形成と公共圏の政治的コミュニケイションにおいて最も重要な地位を占める。法における道徳についての前述の例も、道徳的内実が法コードに翻訳され、別の妥当性の様式を付与されることを述べたにすぎない。法と道徳の内容の分化は、ポスト慣習的な根拠づけ水準にあり、現代の世界観的多元主義の前提下ではもはや後戻り不可能なのだから、法と道徳の間で相互に内容が重なるとしても、そうした両者の分化になんら変化をもたらすものではない。言語の違いが維持されつづけるかぎりにおいて、道徳的内実の法への移動は、法の直接的な道徳化を意味するものではない。ドゥォーキンは、裁判官の判決の外的正当化のために利用される原理の論拠について語るさい、ほとんどの場合は、討議原理の法コードへの適用により生ずる法原則を考えている。権利の体系と法治国家の諸原理は、たしかに実践理性に由来するが、しかしなにより、実践理性が民主主義原理においてとる特殊な形態に由来する。基本権および法治国家の諸原理の道徳的内実は、法の根本規範と道徳の根本規範が同一の討議原理を基礎としており内容的に重なっている、ということからも説明される。

(3)ドゥウォーキン自身が法と道徳の関係をどのように把握しているにせよ、彼の権利論は法律的妥当要求の義務論的理解を要求するものである。法律的解釈学は、伝承されたエートスという歴史的に保持されたトポスへ回帰する循環に取り込まれるが、彼は義務論的理解を要求することでこうした循環を断ち切るのである。ドゥウォーキンは解釈学的な着想に構成主義的な転換を施した。(a)法実証主義への批判、とりわけその中立性テーゼへの批判ならびに(b)自律的-完結的法システムの想定への批判にもとづいて、(c)彼は構成主義的解釈の方法論的諸観念を論じている。

(a)まず第一に、ドゥウォーキンは、法制定手続きの純然たる合法性による法の正統化というテーゼに異論を投げかける。法律的討議が道徳と政治から独立しているのは、道徳的原則も政治的目標設定も法の中立的言語に翻訳され、法コードに接続されねばならない、という意味でのことにすぎない。だがこのような法コードの統一性の背後には、正統的な法の複雑な妥当性意味が潜んでいる。つまりそうした妥当性意味は、原則の決定にさいしてなにゆえ法外的根拠、つまり語用論的、倫理的、道徳的な考えが法的討議において許容され、法的論拠として使用されうるのか、これを説明する。

アングロサクソン法、とくにアメリカ法の有名な先例を用いて、ドゥウォーキンは、裁判官が、政治的目標設定および道徳的原則という背景を体系的に引き合いにだすことで、いかにして不確定な法状況を克服するのか、ということを分析している。裁判官は、目標設定の論拠と原則の論拠を法律学的に処理することで、十分に根拠づけられた判決を下すにいたる。そうした外的正当化が可能であるのは、妥当な法そのものが目的論的内実と道徳的原則をはじめから含有しており、とりわけ政治的立法者の決定根拠を同化吸収しているからである。こうした決定はいわば、最高裁判所の原則判断によってふたたび現れることがある。たしかに、裁判官の判決実務では原理の論拠が目標設定の論拠よりも優先される。つまり、目標設定の論拠は本来は立法過程において作成され、立法過程を通じて法律的討議に取り入れられる。裁判の目的は、期待を安定させる法規範を適用することである。つまり裁判は、立法による目標設定を原理に照らしつつ尊重する。なぜなら、「原理の論拠は、決定が個人もしくは集団の確定された権利を尊重したり保障することを示すことによって、政治的決定を正当化する」[☆16]からである。もちろん、政治的目標設定もまた、通常はあらかじめ原理と権利によって根拠づけられている。しかし、権利の体系を志向する原則の論拠だけが、個別事例の決定と法秩序全体の規範的実質全体との内的連関を維持することができる。

(b) 第二に、ドゥウォーキンは、「規則」と「原理」の区別を援用することで、ハートが自律性テーゼの根底に据えた法概念の難点を説明している。規則とは、遺言状作成のための形式的規定のように、具体的で、あらかじめ適用のために特殊化された規範のことである。これに対し、原理とは、一般的で、つねに解釈を必要とする法原則(たとえば人間の尊厳、平等原則等)を表わす。規則(規範)であれ、原則(原理)であれ、これらはいずれも、その当為妥当性が義務づけという性格を表現する命令(禁止、許可)である。こうした規則の類型的区別は、規範と目標設定の区別と混同してはならない。原理は規則と同様に目的論的構造をもたない。原理は――

通常の方法論における「財の衡量」が示唆するような——最適化の命令として理解してはならない。それでは原理から義務論的妥当性の意味が失われてしまうからである。[☆17] 規則と原理はいずれも等しく判決の根拠づけにおける論拠としてはたらくが、それぞれがもつ論証論理上の地位は異なっている。というのは、規則はつねに、一定の状況を適用の条件として特定した「もし～ならば」という構成要件を有しているが、原理は、特殊化されていない妥当要求をともなっていたり、その適用領域において、非常に一般的で、いずれにせよ解釈を必要とする諸条件によって制限されたりするから。ここから、ドゥウォーキンの強調する、規則と原理それぞれにおいて抵触が生じた場合の特徴的な違いが説明される。規則どうしの抵触を解決するには、例外条項を新たに設けるか、それとも抵触する規則の一方を無効と宣言するか、どちらかしかない。そうしたオール・オア・ナッシングの決定は、原理どうしの抵触の場合は必要ない。もちろんそのつど適用すべき原理が優先されはするのだが、だからといって、それ以外の残りの原理が妥当性を失うわけではない。決定の必要な事例のそれぞれに応じて、ある原理が他の原理に優先するにすぎない。原理どうしの間では、場合に応じて、妥当性を損なうことなく序列化がなされるのである。

このように考えると、実証主義は誤った自律性テーゼを提出していることになる。なぜなら、実証主義によれば、法は適用のために特殊化された規則の完結したシステムであり、規則どうしが抵触した場合には、裁判官の裁量によるオール・オア・ナッシングの決定が必要である、という理解になるからである。しかしながら、このような原理なき規則システムとしての法というこの一元的観念が行きつく先は、規則の抵触からは、決断主義的にのみ除去される法状態の不確定性が産みだされる、というものである。だが原理——そして原理に照らしての規範適用の高次の正当化——が認められ、法律的討議の通常の構成要素として承認されるやただちに、法システムの完結性および規則抵触の解消不可能性という二つの難点は除去される。

（c）ドゥウォーキンは、裁判官の判決実践において原理の論拠と目標設定の論拠が果たす役割を分析し、法システムそのものにおける高次の規範の層を発見することによって、実定化された法が依拠するポスト伝統的な根拠づけ水準を捉えている。近代法が聖なる基礎から解放され、法を取り巻く宗教的・形而上学的コンテクストから離脱したからといって、実証主義が想定したように、法が偶然的性質を帯びるようになるわけではない。あるいは、リアリズム学派が想定したように、法は固有の内的構造をもたない媒体として政治的支配の目標設定の言いなりになるわけでもない。むしろ、権利の義務論的妥当意味によって説かれる処分不可能性のモメントは、「唯一正しい」決定の理性的で原理に定位した究明という次元を指し示している。そうした原理は、法律的解釈学が想定したのとは異なり、たんに歴史的に維持されてきたトポスとして倫理的共同体の伝承連関から取りだされうるものではなく、そのため解釈実践は慣れ親しんだ法的伝統とは別種の手がかりを必要とする。そうした実践理性の手がかりを明らかにするために、ドゥウォーキンは、方法論的には構成的な解釈手続きを用い、内容的には、そのときどきに妥当する法を合理的に再構成し概念化する法理論を要請している。

科学史におけると同様、法システムの制度史においても、内的に把握可能な側面は外的局面から区別される。内的パースペクティヴに立脚すると、理解可能な問題提起をおこなうことで、歴史的に所与の論証に対して批判的態度をとることになる。そのさい無益なこころみは生産的なこころみから区別され、また同時代の証拠に照らして、行き詰まりと誤解が学習過程と暫定的解決から区別される。もちろん、どのようなパラダイムを根底に据えるかに応じて、回顧にもとづく再構成もまた変わってくる。しかし、パラダイムの選択は恣意的なものではなく、自由な選択の不可能な解釈学的初期条件に依存している。パラダイムに付随する前理解とは、修正不可能ではない。前理解は、解釈の過程そのものにおいて吟味され、修正される。もちろん、再構成の前提となった構想は、科学のそれであれ法のそれであれ、最後の局面にいたるまで、その先行的な方向づけの力を失いはしない。

つまり再構成の前提となる構想は中立的ではない。それゆえそうした構想は、科学の本質や法の本質を把握する最良のモデルであることが理論的に正当化されねばならない。

ドゥウォーキンのモデルは、規則と原理により構築された実定法が、討議による裁判を通じて、すべての法仲間に平等な配慮と尊厳を保障する承認関係の純一性を確実なものとするというものであるが、こうした彼のモデルはまさに前記の構想としての意味をもつ。彼はガダマーに対する筆者の批判への参照を求めつつ[☆18]、批判的解釈学の作業過程を、あるパラダイムや「目的」と関連づけて理解過程の合理性を明らかにする「構成的解釈」として特徴づけている。「構成的解釈は、対象や実践が属するとされる形態やジャンルの最善の例を作りだすために、そうした対象や実践に目的を与えることを課題とする。……したがって、すべての解釈はその対象を、想定されたなんらかの企ての一例としてできるだけ最善のものにしようとするのであり、さらにまた、異なる企ては価値や成功の基準も必然的に異なってくるため、コンテクストが異なれば解釈も異なる形式をとるようになる、と言えるであろう[☆19]」こうした構成的解釈の手続きを援用することにより[☆20]、「理論」にもとづいて根拠づけをおこない、いわゆる「法の不確定性」を補正することができるのであり、したがって、あらゆる裁判官は本質的に、あらゆる事例において、理想的に妥当《ギュルティッヒ》な判決を獲得することができる、というのである。そしてここに言う理論とは、妥当する法が、整序された一群の諸原理によって正当化され、したがって、法そのものの多かれ少なかれ範例的な具体化として示されうるように、そのつど所与の法秩序を合理的に再構成するとされるのである。

II　ドゥウォーキンの権利の理論

（1）裁判官の判決実践は、法的安定性の原理の実現と法の正統性要求の充足とをいかにして同時に実現するのか。ドゥウォーキンは、とくに難事件において、合理的に再構成された妥当する法の首尾一貫した連関によって個々の判決を根拠づけることを許容する、高度な理論によってこの問題を解決できないか、と考えている。首尾一貫性とは、言明の妥当性《ギュルティッヒカイト》を測る基準である。この基準は、論理的導出により保証される分析的真理よりは弱いが、無矛盾性の基準よりは強い。言明どうしの間での首尾一貫性は、（トゥールミンの意味での）実質的論拠によって、つまり、論証参加者の間に合理的に動機づけられた合意を導きだすための、語用論的性質を備えた根拠によって、作りだされる。[☆22]

法律的討議では、典型的な形としては、規則の抵触のさいに、原理に照らしてそのつど適切な規範の選択を正当化する規範的論拠が重要な意味をもつ。こうした原理は、その明確な義務論的内実のおかげで恣意的な制定や廃止による偶然性を免れるのであるが、こうした理由によっても、ドゥウォーキンはそれらの原理に関心を抱いている。たとえば、基本権と法治国家の諸原理が解釈され具体化されたり、あるいはその他の道徳的内実が実定法に入り込み、その結果「法的制度の公布により立脚点が与えられた」場合には、法規定の変更はその規範的本質に触れるものであってはならない。「この種の原理が『非難』されたり『廃止』されたりすることを語るのは、ほとんど意味がない。[☆23]」たしかに原理は、存在論化された道徳的事実のようなものとして取り扱ってはならない。しかし、そうした原理は、法律的討議において使用される根拠づけの資源が内的正当化を超えてその前提そのものを根拠づけるためになにゆえ十分なのか、これを説明する論証論理的な地位を、その義務論的な正当化の力によって得ているのである。[☆24]

ドゥウォーキンによれば、法原理ならびにそうした法原理と調和する立法者の政治的目標設定は、妥当する法が規範的に正当化されたものと見なしうるまで、妥当する法の全体を再構成するための論証手段を提供する。ドゥウォーキンが提唱しているのは、法理論の構築であって、正義論の構築ではない。その課題が追求するのは、正義原理により根拠づけられた社会秩序を哲学的に構成することではない。そうではなく、すべての個別事例にかんする判決が具体的な法秩序にとって首尾一貫した構成要素として適合するよう、その法秩序が本質的な要素について正当化されうるための妥当《ギュルティッヒ》な原理と目標設定を発見すること、これなのである。こうした理想的な課題を担いうるのは、ドゥウォーキンもそう承知しているのだが、ヘラクレスの強大な力に匹敵するような知的能力をもつ裁判官だけである。「ヘラクレスのような裁判官」こそが、理想的な知の二つの構成要素を自在に用いることができる。すなわち、そうした裁判官は、正当化に必要なすべての妥当《ギュルティッヒ》な原理と目標設定を承知しており、さらに同時に、所与の妥当する法の諸要素を論証の糸によって縦横に結びつけることで完全な見通しをもつことができる、というのである。これら二つの要素はいずれも、理論構成に限界を設ける。ヘラクレスがその超人的な論証能力を振るう範囲とは、一方では、原理と目標設定の優先順位を変更する可能性によって規定され、他方では、実定法の全体を批判的に吟味し、「誤り」を訂正する必要性によって規定されている。そのうえこのヘラクレスは、「公正がそう要求するのと同じように」、関連する法システムの制度史を「正当化する」首尾一貫した一群の原理を発見しなければならない。

しかし、継続的な学習過程の成果であるような正しい法システムのみが、こうしたやり方で完全に正当化されうる、とされている。「つまり、制度史の正当化が、その歴史の特定部分が誤りにもとづくことを証明することができるように、ヘラクレスはあらゆる場合へ自らの理論を拡張しなければならない。[☆25]」その一方で、ヘラクレスは、妥当する法を再構成［***re*konstruieren**］する理論家の役割を、立法者の構成的［***kon*struieren**］な役割と同一視してはならない。しかし法秩序のすべての諸要素が、必ずしも同一レベルの拘束力をもつわけではない。そうした諸要素は、さまざまな基準で吟味・訂正をともなう評価の対象となりうる。憲法の基本的原理から、憲法上の個別規範、たんなる制定法、慣習法を経て原則の決定、注釈、その他の法源にいたるまで、成立連関に含まれる偶然性は増大し、それにともない、回顧的に修正される評価の範囲も拡大する。たとえば、もろもろの先例が現在の決定に対して多様な重要性を付与される観点というものをドゥウォーキンは説得力あるかたちで論じており、その結果、ヘラクレスは「制度史の特定部分を考慮しないですむのである」[☆26]。そのような再構成的な手続きを用いる法理論が十分に選択的であってはじめて、いかなる要求を当事者が既存の法秩序の枠内で主張してよいか、換言すれば、当事者にいかなる権利が客観的に付与されるのか、これを明らかにする正しい判決をそのつど精確に作りだすことができる、というのである。ヘラクレス裁判官の理論は、合理的に再構成された過去の判決を現在の合理的承認可能性の要求と融和させる、つまり歴史を正義と融和させるものである。この理論は、「裁判官の独創性と制度史との緊張関係」を解消するのであり、「……裁判官は、眼前の当事者に新しい判決を下さねばならないが、その政治的権利は、過去の政治的決定と矛盾するのではなく、それを反映するのである。」[☆27]

（2）そのような法理論は、法秩序の実定性と訴え可能な要求の正統性とを調和させ、そうすることで、法的妥当性それ自身にはらまれる事実性と妥当性の緊張関係を処理するとされているが、こうした法理論の要請には、強い理想化が影響を及ぼしている。この理論は、その作者としてヘラクレスを欠くことができない。この皮肉な条件は、理論が充足すべき理想的諸要求を隠しはしない。そのためドゥウォーキンの提案は、さまざまな論争を引き起こした。この論争の中心となったのは次の問題であった。すなわち、もし近代的裁判に内在するテロスを裁判官が正しく評価するつもりならば、われわれは理想的諸要求を、裁判官が志向しなければならない統制的理念の表現として理解することができるのか――それとも、そうした理想的諸要求は、裁判官による判決過程を誤った理想によって評価しているのか、と。

（a）いわゆるクリティカル・リーガル・スタディーズ・ムーブメント（CLS）は、リーガル・リアリズムの問題提起を取りあげているが、法批判研究を社会科学的観察者に委ねるのではなく、ドゥウォーキンと同じように、裁判官自身という参加者のパースペクティヴから取りあげている。[☆28] リアリズムの論者たちは、法理論の三つのドグマを揺さぶった。すなわち、権利が実在するという想定。新たに生起した事例は、妥当する法との合致によって無矛盾的に決定されうるという想定。そして、裁判官の判断は、通常であれば合理的に決定される、つまり制定法、先例、通説等によって十分に決定されるという想定。ドゥウォーキンの法理論はこれら三つの想定に対して、むしろ説得力ある構成主義的解釈を与える。処分不可能な権利の義務論的意味は、権利が政治的目標設定と集合的財にたいする「防壁としての意義」を形づくるという点に、示されている。権利は、法理論的に導かれた論証においてのみ十分に明確なかたちを与えられる。その場合、妥当する法の若干の諸要素、とりわけ過去の最高裁の判決が誤りである、ということが回顧的に明らかになることもある。原理により正当化された実定法だけが、「唯一正しい」判決を可能にする。しかしCLSの視点からすれば、理論的背景へのこうした回帰こそが、現代の合理主義をあらためてリアリズムの批判にさらすことになるのである。

生身の存在としての裁判官はヘラクレスという理想像にはるかに及ばないのだから、日常作業のなかでこの理想像を志向するのが適切だとする考えは、実際のところは、利害状況、政治的態度、イデオロギー的偏見、その他の外的要因によって判決実践が決定されることを確認したいという希望を満たすことにしかならない。裁判官は原理と目標設定を選択し、それにもとづいて自己の法理論を構成することによって、法理論にもとづき判決を「合理化する」、つまり、自らが法の客観的な不確定性を処理するために用いた前理解を隠蔽する。[☆29]

こうした問題に対して、ドゥウォーキンであれば、いずれにせよ背後に追いやられた前提を開示することで答えることができるであろう。判決が法状態よりもむしろ法の外部にある諸要因によって説明されることを、批判者たちが説得力のある事例研究にもとづいて事実的に証明しうるかぎりにおいて、こうした事実は既存の実務とは対立する。だが、批判者たちが想定しているのとは違い、法の内的な不確定性は、法それ自身の構造に起因するのではなく、一方では、裁判官が最良の理論を展開するための能力不足に、他方では、いずれにせよ包括的な合理的再構成の不可能な法秩序の制度史に、起因するのである。構成的解釈は、具体的な法秩序が生みだされる歴史のなかに、たとえ断片的であれ「実在する理性」のかけらが沈殿しているその度合いに応じてのみ、成果を挙げることができる。ドゥウォーキンはアメリカ人として、二世紀以上にわたる憲法の継続的発展というものを拠りどころとしている。すなわち、彼は自由主義者《リベラール》として、むしろ楽観主義的な立場をとりがちであり、アメリカの法発展のなかにもっぱら学習過程のみを発見している。しかしながら、こうした信頼を共有しない者、あるいは別の政治的・法史的コンテクストのなかにある者であっても、妥当する法そのもののなかに合理的再構成のための歴史的な手がかりが存在するかぎり、ヘラクレスとして具現化された統制的理念を捨て去るには及ばない。

ドゥウォーキンは「純一性」の概念を用いることで、すべての近代的法秩序は法治国家の理念を不可欠とし、実践理性が制度史にむしろ弱い痕跡を残しているとしても、批判的解釈学に確固とした役割を保証する、ということを説明しようとしている。「純一性」という原則でドゥウォーキンが言い表わしているのは、連帯した法仲間が自由で平等な存在として相互に承認しあうような共同体の政治的理想である。それは、社会の諸実践および諸制度における万人の平等な尊重および万人の平等な配慮という根本規範を実現するよう、立法と司法のみならず国家市民に対しても義務づける原理なのである。「この原理が主張するのは次のことである。すなわち、国民は、彼らが、けっして政治的妥協によって成立する規則ではなく、共通の原理によって統治されていることを承認する、という強いかたちで自分たちの運命が絡み合っていることを承認する場合にのみ、真正の政治的共同体の構成員である。[30]」政治的共同体それ自体が構築されるとすれば、創設という憲法制定行為は、私的自律と公的自律を保証する権利の体系を市民が承認することを意味する。と同時に、そうした市民は、政治的過程への共同の参加を相互に要求する。この政治的過程のことをドゥウォーキンは次のように記している。「それは、どのような原理を共同体がシステムとして受け入れるべきかについて討論するための場である。」理論的に指導された裁判の理想的要求には、ある国の憲法（もしくはその等価物）に裁判官が見いだす、統制的理念が映しだされる。「原理による連帯的結合が、そのまま自動的に正当な共同体となるわけではない。平等な配慮についての把握が不完全であるかもしれないし、あるいは市民の権利や他国の市民の権利を侵害するかもしれない。……しかし、原理のモデルこそは、採用すべき正義と公正について意見が一致しない国民にとって可能ないかなる他の共同体モデルよりも、真の共同体の諸条件を充足する。[31]」

このような批判の第一ラウンドに対する解答によって、ヘラクレス理論に組みこまれた理想化の淵源となっているのは、判決により解決されるべき合理性問題を直接目的とするのではなく、憲法的現実に含意された、法治国家的秩序の規範的自己理解に起因する統制的理念であることが分かるのである。裁判官に課せられる義務は、妥当する法を全体として原理により正当化する理論に照らして個々の事例を決定せよというものだが、このような義務は、憲法制定行為により裏づけられた市民の先行的義務、つまり、市民が正義原理を志向し、自由で平等な連帯的結合の構成員としてお互いを尊重することにより、自らの共同生活の純一性を維持せよという義務、の反映である。もちろん、こうした政治的理想それ自体は誤った理想化を表現することがないわけではない。憲法実務はこの点、じつにひどく自分自身について誤解することがあり、解決されようのない課題を制度に課すこともある。

（b）第二ラウンドでは、批判者たちは、ドゥウォーキンが実現不可能なプログラムをヘラクレスに託していることを証明しようとしている。たとえばダンカン・ケネディは、周知の事例研究において、私法および民事訴訟のアメリカでの発展が二つの矛盾した原理を基礎としていることを示そうとした。一方では、個人の契約的自律の原理が、したがって目的合理的に行為する人びとの規律された競争という自由主義的社会像が作用しており、他方では、相互的に義務を課す契約関係における信頼保護の原則が、したがって相互の配慮と連帯《ゾリダリテート》にもとづく連帯的結合《アソツィアツィオーン》という前者とは対照的な像が、作用しているというのである。☆32 CLSの主要な論客たちは、これらおよび類似の諸研究の結論を一般化して、妥当する法は概して相互に対立する原理と目標設定に立脚している、というテーゼを立てた。したがって、合理的再構成の試みはどのようなものも失敗に終わる、ということになる。「とどのつまり、この徹底した不確定性テーゼが語っているのは、規則システムとしての法が有する構造とは、平等な取扱いを、換言すれば、正義を保障する理想化された判決実践が、いかなるものであれ存在しえないような構造である、ということなのである。☆33」

このような批判に対してドゥウォーキンは、次のような一連のコメントで応戦している。すなわち、批判者たちは、原理が個別事例において抵触している場合と原理そのものが矛盾している場合とのはっきりした違いを見落としている。見落としていないというのであれば、彼らは次のことに留意しなければならなかったはずである。つまり、彼らは、拙速に一般化された歴史的考察を規則懐疑主義的結論によって締めくくっているが、まさにそうした終着点こそ、ヘラクレスの理論的奮闘が開始される出発点なのである。クラウス・ギュンターは、根拠づけ討議と適用討議という論証論理的区別に拠りつつ、こうしたドゥウォーキンの指摘を精密に展開している。

現代の裁判に典型的な事例では、適用のために特定された規則だけではなく、原理が重要な役割を果たしているが、このことを前提するならば、なぜ抵触が必ずといってよいほど発生し、しかもそれにもかかわらず、法体系そのものの深層の首尾一貫性の欠如を暴露することにならないのか、このことが容易にわかるのである。条件節で適用の条件が非常に細かく特定されており、そのため少数の典型的でごく限定された標準的な状況にのみ適用することの許される（そして解釈学的な困難をともなわずに適用可能である）規範は別として、すべての妥当する規範は、いわば本来的に不確定なのである。ドゥウォーキンが「規則」と呼び、抵触の場合にオール・オア・ナッシングの決定を必要とする規範は、例外をなす。この種の抵触する規則が、同一の適用事例のために、矛盾してはいるが同等の妥当性を主張する規定を提供する場合には、法システムの首尾一貫性は実際に危機に瀕することになる。それ以外のすべての規範——このことは、法システム全体の正統化の基盤となるべき基本権と法治国家の諸原理だけに当てはまるわけではないのだが——は、状況との関連という点でやはり不確定であり、個別事例において追加的な関係づけを必要とする。そうした規範はいちおう適用可能であり、したがって、適用討議において、そして適用討議においてはじめて、それらの規範が、根拠づけ過程ではいまだ予見されていない具体的な状況にはたして適用可能であるのか、あるいは、その妥当性《ギュルティッヒカイト》とは無関係に、他の「適切な」規範の影に退かねばならないのか、ということが吟味されねばならない。ある妥当《ギュルティッヒ》な規範が、決定を必要とする事例において唯一適切な規範であることがはっきりしてはじめて、その規範は、自らが正しいと主張しうる単独の判決を根拠づける。ある規範がいちおう妥当するということは、その規範が非党派的に根拠づけられていることを意味するにすぎない。その非党派的な適用によってはじめて、事例の妥当《ギュルティッヒ》な判決が可能になるのである。規範の妥当性《ギュルティッヒカイト》とは、いまだそれだけでは、個別事例における正義を保証するわけではない。

規範の非党派的な適用により埋められる欠缺《けんけつ》は、規範の非党派的な根拠づけのさいに、通常は未来の状況の予見不可能性のゆえに生じざるをえないようなそれである。[☆35] 適用討議において問題なのは、規範の妥当性ではなく状況との適切な関係である。規範というものは、生活世界に由来する個別事例の特定の側面だけを対象とするのだから、争われている事例の状況解釈にとってどのような事態の記述が有意味であるのか、そして、事態にかんするできるだけ多くの有意味な指標によって把握された状況にとって、いちおう妥当《ギュルティッヒ》な規範のいずれが適切であるのか、こうしたことが検討されねばならない。「そのさい、討議の参加者が、まずは状況の完全な記述を、次いですべてのいちおう適用可能な一群の規範を、有しているのか、それとも、そうした状況の記述そのものが、適用可能だと考えられる規範の前理解に依存しているにすぎないのか……と問うことは意味がない。参加者は、適用記述のすべての有意味な指標を適用可能な規範に関連づけてはじめて、適用状況のなかでいちおう適用可能な規範がいかなる規範と抵触しうるのか、知るのである。[☆36]」このような規範の解釈学的な適用過程は、状況記述と一般的規範の具体化との相互的な結合として捉えられている。最終的に決定的な役割を果たすのは、状況解釈の構成要素である事態の記述と、規範の記述的要素つまり適用条件を確定する事態の記述とが等しい意味をもつこと、これなのである。K・ギュンターは、この複合的な連関をわかりやすいかたちでまとめて、ある単独の判断の正当化は、完全な状況解釈にもとづいてそのつど有意味であるような、判断に関連する一群のすべての規範的根拠によって支えられねばならない、と述べている。[☆37]

　解釈過程において比較考量される規範どうしの「抵触」から、規範システムそのものに「矛盾」が内在するという結論を導くならば、それは、根拠づけの局面下で正当化される規範の「妥当性」と適用の局面下で吟味される規範の「適切性」とを混同していることになるだろう。所与の事例への適用のいちおうの候補である規範どうしの競合がもつきわめて方法論的な意味というものは、論証論理的に説明可能な、妥当《ギュルティッヒ》な規範の不確定性から、むしろ明らかになる。「抵触する規範もしくは競合する意味の候補は、具体的な状況のなかではじめて明確な関係を互いにもつことになるのだから、規範の抵触は、妥当要求の衝突として再構成されうるものではない。根拠づけの討議は、まさに、抵触問題の状況依存性というこの属性を捨象しなければならない。……他のどのような規範、どのような意味の候補がはたして適用可能であるのか、われわれはこのことをそのときどきの状況においてはじめて知るのである。[38]」

（c）もちろん、ギュンターのこの洗練された提案によれば、法システムの理想的に正当化された首尾一貫性の意味は変わってしまう。たしかにギュンターの提唱する法理論は、妥当する法があらゆる新たな適用状況のために正しい判決を可能にするよう、そのような妥当する法を合理的に再構成するという課題を扱っていることには変わりがない。しかしいまや法理論は、そのときどきの適用討議において事例との関係で序列化される、柔軟な一群の原理と目標設定を示すにすぎない。妥当《ギュルティッヒ》な規範どうしの関係は、判決を必要とする事例の有意味な諸指標の相互関係に応じて変化する。このようなかたちで、妥当《ギュルティッヒ》ではあるがいちおう適用可能であるだけの規範が根拠づけと適用の分業を前提とするために生じる不確定性は、利用可能な一群の諸原理のもつ自由度に反映される。そしてこのような諸原理は、当該の場合に適切な規範が状況と一義的に確定された関係をもつことによってはじめて、明確なかたちでの規範どうしの関係を形づくる。「妥当《ギュルティッヒ》な規範が、ある状況下で適用可能な他のすべての規範により首尾一貫した補完を必要とするならば、規範のもつ意味は状況によって変化する。つまり、われわれは歴史に依存している。というのも歴史こそは、一群の妥当《ギュルティッヒ》なすべての規範をそのつど別様に解釈することを我々に強いる予見不可能な状況を産みだすから。[39]」

法の首尾一貫性理論は、理論そのものが不確定になるという犠牲を払うことによってのみ、妥当する法の矛盾的構造に由来するとされる不確定性を避けることができる。だがそうした理論は、法的安定性を保証すべき判決実践を指導することができるだろうか？ すでに首尾一貫性理論にかんするドゥウォーキンの見解には、過去の判決の合理的再構成は場合によっては過去の判決を修正する必要性を生じさせ、しかもこのことは妥当する法の遡及的解釈を意味するのではないか、という批判がなげかけられている。この「波及効果論［ripple effect argument］[40]」は、まさにドゥウォーキンの首尾一貫性理論に対するギュンターの解釈に当てはまる。つまり、規則システムは、場合によっては、さらにより首尾一貫した解釈によって引き起こされた「波動」に巻き込まれる、というのである。新たに登場した事例の思いがけない側面は、理論そのものを歴史の渦に引き込むように見える。そこから、歴史的変動の圧力に対して行動期待を安定化させる防波堤として法が存在するにもかかわらず、政治的立法者こそが、適合能力を発揮して歴史的過程に対応しなければならない、という批判が生じてくる。

このような異論への第一の答えとしては、法的安定性の理念を問題視する、というものがありえよう。実証主義的理解が想定するように、「規則」つまり事後的に組み込まれた適用手続きをともなう規範だけで成り立っているのではない法システムは、条件プログラムが提供しうるのと同一水準の判決の予見可能性を保障することはできない。たとえばL・フラーがその合理的内実を分析したような[☆41]古典的な法的安定性の理念は規則構造を不可欠とするが、そのような構造は、複合的で自己関係的で、規則・原理・目標設定により構成された法システムでは、もはや対応することはできない。それゆえ、一義的条件にもとづく行動期待の知に依拠する法的安定性というものは、それ自身、場合によっては他の原理と比較衡量されねばならないひとつの原理を表わすのである。このように説く法理論はそれと引き換えに、法的安定性を別の次元で保障しつつ「唯一正しい」判決を可能にする。手続き的権利はすべての法的人格に公正な手続きへの要求を保障するのであり、それは結果の安定性ではなく、関連する事実問題と法的問題の討議による解明を保障する。すなわち、手続きにおいては、恣意的な根拠ではなく有意味な根拠だけが裁判官の判決にとって重要であるということを、関与者は期待することができる。妥当する法を理想的に首尾一貫した規範システムとして解するならば、この手続きに依存した法的安定性は、万人に対して彼ら・彼女らに帰属する権利を保障することによって、自身の純一性を考慮し原理を志向する法共同体の期待を充足することができる。

第二に、遡及的効果の問題に対する解答としては、次のような提案がある。[☆42]優先されるべき規範に照らしてある事例に判決を下すということが、すべての有意味な諸事情を考慮しつつ、妥当《ギュルティッヒ》な規範の体系が適切なかたちで十二分に利用されているということを意味しているとしよう。そして、優先されるべき諸関係が新たな状況の発生とともに変化しうる以上、そうした規範の体系がつねに動揺しているとしよう。このような場合、こうした高度な理念を志向することは、通常、専門化された司法にとっても能力を超えた負担となる。それゆえ実際には、こうした課題のもつ複合性は、そのときどきに支配的な法パラダイムの理解を通じて縮減されることになっている。パラダイムが理想の代わりをする、というわけである。「そうしたパラダイムにおいては、われわれがいま、ここで妥当《ギュルティッヒ》だと考える規範が序列化される。そうした序列はまさに、ありうべき適用状況との関係なしには構成されえないのだから、こうしたパラダイムは、特定の状況を一般化した記述を含むことになる。われわれは通常、典型的で予見可能な抵触事例を解決する場合、かなり強固に体系化された序列を引き合いにだす。そうした序列は、われわれのそのときどきの状況評価およびそれに対応するいちおうの道徳的判断の組み込まれた背景的コンテクストを形づくる。それ以外の文化的志向を示す知といっしょになって、パラダイムは、われわれが存在している生活形式を形成している。[☆43]」こうした法イデオロギーの歴史上の実例として、市民的形式法および社会国家的に実質化された法それぞれの社会モデルが挙げられる。前者は市場に参加する私的取引主体の主観的権利を中心に成立したものであり、後者は福祉国家行政のクライアントの社会的給付請求を中心に成立したものである。このようなパラダイムのおかげで、いちおう適用可能であるにすぎない膨大かつ無秩序な諸原理を、できるだけ完全に把握された状況の有意味な指標に直接・無媒介に結びつけるという過重な課題から、ヘラクレスは解放されるのである。この場合、専門法律家が他の法仲間と共有する法パラダイムが背景的理解を決定するのであれば、それだけ当事者にとっても手続きの結果は予測可能なものになる。

　しかし皮肉なことに、一方で法理論への理想的要求を緩和し、他方で最もイデオロギー化しやすい要素というものが、まさに法的安定性を増強させるのである。新たな状況解釈、そして新たな歴史的経験にもとづく権利と原理についての別の解釈、これらを体系的に排除すればするほど、パラダイムはイデオロギーとして固定されてしまう。その例はのちにあらためて論究することにしたい。「閉鎖的」パラダイムは、専門的で裁判により制度化された解釈独占を通じてそれ自身によって安定化し、自己の基準に従って内的にのみ修正されうるのであるが、このようなパラダイムというものは、法に対するリアリズム的懐疑があらためて暴露した方法的異論にもさらされる。すなわち、妥当する法について要求される理想的首尾一貫性とは反対に、ある固定した法パラダイムの内部での首尾一貫した事例解釈は、根本的に不明確でありつづける。というのも、そうした解釈は、同一の事例についてなされた、別の法パラダイムによる首尾一貫した解釈と競合するからである。そもそもこのような理由からして、再帰的となったもろもろの法パラダイムが互いに他に対して自らを開き、そのつど動員された状況解釈の多様性に対して維持されうる地平を、手続き主義的法理解は示さなければならないのである。この問題には最終章でもう一度立ち戻る。

Ⅲ　法律的討議の理論

（１）理想的法理論とは、法治国家的に構築された共同体の権利と義務、制度史、政治的構造を裁判官が最も適切に解釈するためのものであるが、ここまでは、こうした法理論の意味と実効性に対する異論を論じてきた。そしてこの異論は、この法理論が個別的な作者――ヘラクレスをモデルとするそのときどきの裁判官――をもつ、ということを前提していたのであった。しかし、ドゥウォーキンがこのような批判に対して与えた、あるいは与えることができたはずの解答は、そうしたモノローグ的な立場を維持できるかどうか疑問を呼び起こす。なぜなら、裁判官が妥当する法を合理的に再構成するための純一性の観点とは、憲法の創設行為および憲法制定過程に参加する国家市民の実践から、政治的立法者とともに裁判をたんに借用したにすぎない、法治国家的理念の帰結であるから。ドゥウォーキンは、一方では裁判官のもろもろの義務が正統化される国家市民のパースペクティヴ、他方では、認識的特権を要求し、自分の解釈が他の解釈と異なる場合には最終的に自分自身だけを信用する裁判官のパースペクティヴ、このふたつの間で揺れ動いている。「われわれは裁判官に、原理による連帯的結合によってともに結ばれているものとしてわれわれを扱うことを要求する。そして、そのさいこのことが、裁判官の間での信念の同一性に依存するものではない、ということを求める。……裁判官たちの意見が、少なくとも細部において一致しない場合でも、われわれの根拠は維持される。なぜなら、意見の不一致が生じた場合でも、おのおのの裁判官は自分自身の意見を通そうとすることによって、われわれの連帯的結合のもつ原理にもとづく性格をさらに確定し強化するからである。」[44]この一節には、裁判官というものは、その専門的な知識と能力によってと同様に、その人格的な徳によって、国民の代わりに法共同体の純一性を保障する権能を顕著に有している、という前提がある。さらには、個々の裁判官が自己の理論によって「唯一正しい」判決を得られると主観的に確信しているために、裁判実践は、原理を志向する市民の自律的社会化を保障するものとされている。「裁判官は共同体に対して純一性――自治――を代表するが、共同体の純一性を代表するわけではない。」[45]

　しかしまさにこの純一性の観点こそは、モノローグ的になされる理論構築の孤独からヘラクレスを解放してくれるはずのものなのである。パーソンズと同様にドゥウォーキンも、法を社会的統合の手段として解釈している。つまり、非常に抽象化された形式ではあるが、連帯によって結ばれた共同体の自己理解を維持しつづけることを可能にする媒体として、社会的統合を解釈している。具体的な生活形式においてコミュニケイション的行為を通じて生みだされる相互承認の諸関係は、複合的な社会においては、法を通じてのみ抽象的に一般化される。「純一性を政治にとって中心的なものとする原理の共同体は……連帯的義務の一般的なクラスに政治的義務を含ませるものだ、と私は主張した。……純一性に対する一般的コミットメントは、各自の全員に対する配慮の表現なのである。[46]」しかし、法形式として抽象化された相互承認関係へと具体的承認関係を拡大するためのメカニズムとして、コミュニケイション的行為の反省形式、つまりあらゆる参加者に他の参加者のパースペクティヴをとることを要求する論証実践は、有用である。主観的行為自由の平等な権利は平等なコミュニケイション的自由の権利によって根拠づけられるとドゥウォーキンは考えているが、このとき、彼自身、法的に保障された純一性の原理という手続き的核心を認識しているのである。[47]このことから次のような帰結が導かれる。つまり、徳と真理に対する特権化された認識能力を特徴とする裁判官の人格的理想ではなく、「憲法解釈者の開かれた社会[48]」という政治的理想に、法理論に対する理想的諸要求を根づかせる、という帰結である。

ギュンターにならって複合性を縮減する法パラダイムが必要だと考えるのであれば、そのようなモノローグ的な考え方はもはやまったく維持しえない。というのも、そうしたパラダイムによる法そのものについての前理解は、この前理解がすべての法仲間によって間主観的に共有され、法共同体のアイデンティティにとって構築的な自己理解を表現している場合にはじめて、理論的に導出された判決過程の不確定性を限定し、十分な法的安定性を保障しうるにすぎないから。このことは、さまざまなパラダイムの間での、討議により規律された競争をはじめから考慮する手続き主義的法理解にもある程度まで当てはまる。この理由から、そうした背景的理解はイデオロギーではないのかという疑念を無力化するための共同の努力が不可欠なのである。個々の裁判官は、その構成的解釈を原則として、国家市民の公共的コミュニケイションにより担われる共同の企てとして構想しなければならない。このような意味でF・マイケルマンは、ドゥウォーキンの裁判官の判決過程にかんするモノローグ的構想を批判するのである。「欠けているのは対話である。ヘラクレスは……独立自存なのである。彼はあまりに英雄的すぎる。彼による物語的構成はモノローグ的である。彼は書物による以外は誰ともかかわりをもたない。彼には出会いがない。彼は他者と遭遇することがない。したがって彼を目覚めさせるものは何もない。彼の経験と見解の必然的な孤立を脅かす対話の力というものは存在しない。ヘラクレスはたしかにれっきとした人ではあるかもしれない。だがけっして誰もそんなものになれはしない。ドゥウォーキンは、上訴裁判官のきわめて一般的で印象深い制度的特徴と目されるもの、つまり多元性を無視することによって、上訴裁判官を美化してしまっているのだ。[☆49]」

この一節はそもそも、一方で高度な理論構成の可謬性をも考慮しなければならないが、他方で裁判官の判決過程の専門的性格を無視してはならないという、ディレンマからの最も簡便な脱出口を指摘している。ヘラクレスというものが実在するとすれば、彼は自らを法律専門家の解釈共同体の一部として把握し、自分の解釈を、専門家により承認された標準的な解釈実践に準拠させなければならない、ということになるだろう。「素材（たとえば言葉、歴史、意図、結論）に認められる意味や重要性を特定する規則、そしてまた、基本概念を定義し、解釈がなされるための手続き的環境を整備する規則、これら一連の規則によって彼は規律されるのである。[☆50]」このような提案に関連して、オーウェン・フィスはなにより、非党派的裁判の役割と実践にとって構築的であり、司法の独立、主観的裁量の制限、紛争当事者の純一性の尊重、判決の文書による根拠づけと作成、判決の中立性、等々を保障する手続き原理と解釈公理を展開しようと考えている。専門家の間で維持されるスタンダードは、判決の間主観的追検証可能性と客観性を保障する、というのである。

しかしながら、このような規則の地位には問題がないわけではない。一方では、こうした規則は、裁判官の判決実践の手続き的正当化のためにはたらき、そのかぎりで法律的判断の妥当性《ギュルティッヒカイト》を根拠づける。しかし他方で、手続き原理と解釈公理そのものの妥当性《ギュルティッヒカイト》は、合理性と法治国家的諸原理に拘束された専門家文化の恒常的実践と伝承を指摘することで説明される。「法解釈とは、法の支配へのコミットメントにより維持されてきた解釈共同体から権威を付与された規則によって、規定されるのである。[☆51]」だが観察者のパースペクティヴから見れば、そうしたスタンダードは、自分で自分を正統化する職業倫理的な規則システムとしての地位を有するにすぎない。そもそも同一の法文化の枠内ですら、さまざまな対抗文化が正しいスタンダードの選択をめぐって互いに鎬《しのぎ》を削るものである。妥当性を根拠づける手続き的原則を妥当《ギュルティッヒ》なものとして承認するためには、内的パースペクティヴからすれば、同質的ではない職業身分の事実的自己正統化は十分ではない。適正手続き的な判決実践の成果の妥当性《ギュルティッヒカイト》を保証する手続き原理は、内的根拠づけを必要とする。それに比べれば、手続き法的に実定化された規律への回帰では十分とはいえない。というのは、手続き法的規定に疑いなく内在する合理性とは、その客観的解釈がそもそも困難であるような、解釈を要する妥当する法の構成要素であるから。法ドグマーティクではなく法理論の手法によって解釈実践を再構成することによってのみ、このような循環から脱出することができる。ドゥウォーキンの独在論的法理論への批判は、この同じ地平でさらに展開されたうえで、法律的論証理論の形態で手続き原理を根拠づけなければならない。これまでヘラクレスに向けられてきた理想的諸要求の負担は、いまやこの手続き原理によって引き受けられることになるのである。

(2) こうした課題を引き受ける論証理論は、法律的討議の論理的‐意味論的な手法だけに立脚するわけではない。[☆52] たしかに論理的‐意味論的な手法によって、論理的推論の規則、意味論的規則、論証規則の解明がなされる。しかし、論証規則においては、トゥールミンにより検討された論証的に重要な次元転換のための規則が重要な意味をもつのであり、そのかぎりにおいて、この次元転換には語用論的把握がはじめから不可欠である。[☆53] 論拠とは、確言的もしくは統制的な発話行為によって喚起される妥当要求に討議条件のもとで応諾し、そうすることによって、論証参加者に、相応の記述的言明もしくは規範的言明を妥当《ギュルティッヒ》なものとして合理的に承認させる、そうした根拠のことである。論拠の役割と構造を明らかにする論証理論は、論証ゲームをただ産出の面からのみ観察し、せいぜい、法律的判断の内的正当化を超えた次元の論証を根拠づけるための出発点を提供するにすぎない。先に見たように、ドゥウォーキンは、判決の諸前提の外的正当化のために、個々の裁判官の独在論的奮闘を過剰に要求する包括的理論を求めている。それゆえ、ドゥウォーキンの説くような理論における理想的諸要求は、理論形成の協同的手続きへの理想的諸要求に、つまり、唯一正しい決定という統制的理想と事実的判決実践の可謬性とを等しく考慮する法律的討議に、置き代えられはしないだろうか、という問いを喚起することになる。この問題は、裁判官の判断の合理的承認可能性を論拠の質のみならず論証過程の構造に依存させる法の討議理論によって、たしかに解決されはしないものの、真剣に取り扱われることはできる。法の討議理論は手続き的合理性の強い概念に依拠するが、この概念によれば、判断の妥当性《ギュルティッヒカイト》にとって構築的である諸属性は、論拠の構造と言明結合の論理的‐意味論的次元のみならず、根拠づけ過程そのものの語用論的次元においても探求されるのである。

いずれにしろ、規範的判断の正しさは真理の対応説では説明できない。なぜなら権利とは、事実として実体化してはならない社会的構成物だから。「正しさ」とは、よき根拠により支えられた合理的な承認可能性を意味する。たしかに、判断の妥当性《ギュルティッヒカイト》は、その妥当条件が充足されることによって定義される。しかし、妥当条件が充足されているかどうかは、理想的直観によって得られる経験的証拠と事実を直接引き合いにだすことによってではなく、ただ討議によってのみ明らかにされる——まさに論証的に実施される根拠づけによって明らかにされるのである。実質的根拠は、論理的推論関係（前提の内実を明らかにするだけであり不十分である）や明白な証拠（単独の知覚判断を超えて自由に用いうるわけではなく、また単独の判断の場合ですら、自由に用いうるわけではない）がそうであるのと同様の意味で、「絶対的に妥当する［zwingend］」わけではない。それゆえ、ありうべき実質的根拠の連鎖には「自然の」終着点というものが存在しない。新しい情報とよりよい根拠がもちだされることは、なおさら否定されえない。それまで問題ないものとされてきた背景想定の枠内で、もろもろの根拠がひとつの首尾一貫した全体をなすにいたり、争われている妥当要求の承認可能性について強制なき合意が成立する場合にはじめて、実際のところ、われわれは都合のよい諸条件のもとで論証を打ち切る。「合理的に動機づけられた」合意という表現は、このような事実性の残滓を考慮している。つまり、根拠とは、非心理学的な意味で論証参加者に肯定的な態度をとるよう「動かす」力のことなのである。事実性という残存している要素を払拭するには、根拠の連鎖は、たんに事実的に完結するだけでは不十分と言わねばならないであろう。むしろ内的な完結は、理想化によってのみ達せられる。もっともそれは、もろもろの根拠が体系的に関連しあい互いに支えあうような理論によって、論拠の連鎖が循環を形づくるというものであるかもしれない――これは、かつて形而上学の体系概念が提供すると考えられたものである。あるいはそれは、論拠の連鎖が一直線に理想的限界値――パースがファイナル・オピニオンとして定義した消尽点☆54――に接近するというものであるかもしれない。

ポスト形而上学的思考の諸条件のもとでは、完結した理論という絶対主義的理想はもはや説得力をもたないのであり、それゆえ、「唯一正しい」判決という統制的理念は、なおも強い理論を用いたのではもはや解明されえないのである。ヘラクレスに課せられた法理論というものを考えるにしても、それは、さしあたり首尾一貫した諸根拠の暫定的に構成された秩序にとどまらざるをえないであろうし、批判にさらされ続けることを免れるわけにはいかないであろう。他方で、極限へと収束する無限の論証過程という理念を用いるのであれば、この過程が、少なくとも長期的には一定の方向で進展し、学習過程の累積的進歩を可能にするための諸条件を、特定化しておく必要がある。この語用論的な手続き条件は、ある時点の特定の主題のために用いられうる重要なすべての根拠と情報が完全に活用されること、つまり、それらに内在する合理的な動機の力を発揮させることができること、このことを理想的には保証する。論拠の概念は、本質的に語用論的性質をもつ。何が「よき根拠」であるかは、論証ゲームの内部でそれが果たす役割、つまり、争われている妥当要求が受容されてよいか否かという問題を決定するために、論証ゲームの規則に従ってその根拠が提供する貢献、によって示される。さらに、論拠どうしの規律された競争という語用論的次元にまで拡大された手続き的合理性の概念においては、よき根拠に付随する合理的動機づけの潜勢力がはじめて発揮されるような議論状況のもつ、妥当性を間接的に構築する属性が、根拠の意味論的属性を補完することを可能とする。個々の実質的根拠のもつ純然たる説得のための力は、一方では、論拠により生みだされる原理的につねに不完全な効果との間に合理性の格差を有し、また他方では、「唯一正しい」決定の要求の絶対性との間に合理性の格差を有するが、これらの格差は、共同的な真理探求の論証手続きを用いることで解消される。[☆55]

われわれが互いに何かについて説得しあおうとすれば、抑圧と不平等を排する発話状況の理想的諸条件に十分近似していると想定される実践というものに、直感的につねに依拠しようとするものである――つまり、この理想的な発話状況においては、発話者とその相手が問題視された妥当要求を主題化するとともに、行為と経験の圧力から解放されつつ、発話者によって擁護された妥当要求が正しいかどうかを、根拠にもとづいて、そして根拠にもとづいてのみ、仮説的態度によって検討するのである。こうした論証実践と結びついている根底的な直観は、最良の情報と根拠にもとづきつつ、よりよい論拠をめぐって強制をともなわないが規律を受けた競争をおこなうなかで、争われている言明について普遍的聴衆の同意を得るという、意図を有している。規範と価値判断の根拠づけのために、討議原理がなにゆえにこの種の実践を必要とするのか、これは容易に理解できる。規範と価値がすべての関与者の合理的に動機づけられた同意を得られるかどうかは、間主観的に拡大された一人称複数のパースペクティヴからのみ、つまり、すべての参加者の世界理解と自己理解を強制なしにかつ損なうことなく考慮するパースペクティヴから、判断される。そのような共同で実施され、一般化された理想的役割受任に好適なのが、論証実践なのである。論証実践はコミュニケイション的行為の反省形式として、いわば社会存在論的に、すべての参加者のパースペクティヴの完全な交換可能性によって成り立っている。そしてこのパースペクティヴの交換可能性こそは、審議する集合体のもつ、高い次元での間主観性を解放するものなのである。こうすることで、ヘーゲルの具体的一般者は、実体的なもののいっさいを取り除いたコミュニケイション的構造へと昇華されることになる。

根拠づけの討議とは異なるかたちで、規範適用の問題は関係者の世界理解と自己理解にかかわる。適用討議においては、あらかじめ妥当《ギュルティッヒ》なものと想定された規範がそのまま、関与する可能性のあるすべての者の利害に関係づけられる。しかし、当該事例にいかなる規範が適しているかが問題となる場合は、規範との関係づけは、直接関係する当事者の利害の影に隠れてしまう。その代りに、加害者と被害者の異なる自己理解と世界理解に左右される状況解釈が前面に現れる。このような多様な状況解釈から、あらかじめ規範的に特定化されたひとつの事態記述が作りだされねばならないが、その記述は、知覚された事柄の解釈上の差異というものを無視できない。したがってやはり重要なのは、異なる解釈パースペクティヴを、その差異を維持したまま結合させることである。根拠づけ討議においては、妥当《ギュルティッヒ》なものとして想定される規範の背後に一般的なパースペクティヴ構造が成立したが、もちろんのこと適用討議においても、個々の参加者のパースペクティヴは同時に、この一般的なパースペクティヴ構造との関連を維持していなければならない。したがって、首尾一貫した規範システムに照らして実施される個別事例の解釈は、討議のコミュニケイション形式に依拠するのであるが、そうした討議を社会存在論的に把握するならば、関係者のパースペクティヴと、不偏不党の裁判官によって代表される直接参加しない法仲間のパースペクティヴとが相互に移行しあう、ということになる。さらにこうした事情によって、なにゆえ、構成的解釈に不可欠の首尾一貫性の概念について純粋に意味論的な特徴づけが不可能であり、論証の語用論的諸前提に依拠しなければならないのか、ということが説明される。

（3）この問題に関連する文献を見ると、二つの相補的な経路が目につく。第一のそれは、法律的決定の根拠づけの具体的問題から法律的討議の理論へと上昇する経路である。だが私はここではこの点には立ち入らない。☆56 第二の経路は、逆に上から下へと下降する経路である。ロベルト・アレクシーは、合理的討議一般の手続き条件の分析をまず出発点としている。「理性規則」は、時間的、社会的、内容的次元において企てられねばならない理想化を活用する——無限の時間、無制限な範囲の参加者、強制の完全な排除、がそれである。合理的討議において、われわれは次のようなコミュニケイション的条件を想定する。すなわち、第一に、論証について合理的な動機によらない中断を防止する、第二に、論証への普遍的で平等な接近ないしは機会平等的で対等な参加を通じて、主題選択の自由ならびに最良の情報と根拠の考慮を保証する、第三に、よりよい論拠のもつ強制は別として、了解過程に外部から作用したり、了解過程そのものに起因するいっさいの強制を排除し、そうすることで共同の真理探究以外のいっさいの動機を中立化する、という条件である。☆57 アレクシーは道徳的-実践的討議に対して、根拠づけ規則として、カント的一般化原理の一形態を導入している。☆58 この普遍化原則からは、これが論証そのものの理想化的諸前提にその基礎を有していることが看取される。真摯に論証実践に参加しようとする者は、語用論的諸前提を踏まえなければならない。つまり、そうした者は理想的役割受任を引き受けることで、いっさいの発言を自分以外のすべての潜在的参加者のパースペクティヴから解釈し、評価しなければならない。このようにすれば、平等な配慮と尊重というドゥウォーキンの根本規範は、いわば討議倫理的に捉えなおすことができるわけである。

ドゥウォーキンと義務論的法理解を共有し、アールニオ、アレクシー、ギュンターといった論客の論証理論的考察に従うならば、二つのテーゼが承認されよう。第一に、法律的討議とは、妥当する法の密閉された閉鎖的空間のなかを、外部との関係を断ち切って徘徊するようなものではなく、異なる由来をもつ論拠、とりわけ、立法過程において主張され、法規範の正統性要求において集約された語用論的、倫理的、道徳的諸根拠に対しても、開かれていなければならない。第二に、法律的決定の正しさは最終的に、非党派的判断形成を可能にする、論証のコミュニケイション前提を満たしているかどうかによって判断される。この点で、十分に考え抜かれた討議倫理のモデルにもとづいて法の討議理論を展開することが、考えられるであろう。しかし、道徳的–実践的規範討議の発見的優位が認められるからといって、さらには法規則は道徳規範に抵触してはならないという要請が成立するからといって、法律的討議が道徳的論証の一部と解されてよいということには必ずしもならない。アレクシーによって提唱された「特殊事例テーゼ」（当初は根拠づけの討議と適用の討議をはっきり区別していなかった）[59]には、多数の批判が浴びせかけられたのである。

（a）裁判における当事者の訴訟行為が服する特殊的諸制約は、訴訟というものをそもそも合理的討議の規準によって評価することを認めないように見える。当事者は共同の真理探求を義務づけられているわけではなく、「合意可能な論拠を戦略的に巧妙な隠れ蓑にして」[60]、手続きの結果として都合のよい結論を得ることにその関心は向けられているのである。このような批判に対しては、すべての訴訟関係者は、いかなる動機に導かれているにせよ、裁判官のパースペクティヴからの非党派的判決発見を目指す討議に貢献することができる、という反論が説得力をもつ。このような裁判官のパースペクティヴのみが、判決の根拠づけにとって構築的なのである。[61]

（b）これよりも問題なのが、討議手続きの不確定性である。唯一正しい決定を必ず導出するために、論証の手続き条件そのものは十分選択的ではない、というのである。[☆61] この批判が討議理論一般に向けられているかぎりにおいて、これはここでの論究の対象にはならない。[☆62] 私は法律的討議の不確定性への批判だけを扱いたい。アレクシーは法律的討議を、妥当する法に拘束された道徳的‐実践的討議の一部として特徴づけている。そうして彼は、一般的な討議規則を、周知の法律的解釈実践の規準を本質的に受け入れている特殊的規則と論拠形式によって補完している。不確定性テーゼを無効とするには、実践から抽出され、方法論において体系化された手続き原理と解釈公理が、道徳的‐実践的討議の一般的手続き条件を、妥当する法への拘束を考慮してたんに特殊化しただけにすぎないこと、このことをアレクシーは示さなければならないはずである。このような主張をなすには、それぞれの討議形式において用いられる規則と論拠形式の構造的類似性を簡潔に指摘するだけでは、不十分である。[☆64]

（c）討議によって根拠づけられた法律的決定が、妥当《ギュルティッヒ》な道徳的判断と同じ意味で「正しい」ものではありえないことを、アレクシーははっきり認識している。「法律的討議のもつ理性性は、つねに制定法によって決められた範囲内のものであり、立法の理性性に相関している。法律的決定の無制限な理性性というものがあるとすれば、それは立法の理性性を前提とすることになろう。[☆65]」この前提が充足されないかぎりで、アレクシーが想定している法と道徳の一致もまた、思わぬ帰結を生むことになる。それは、法律的決定の正しさを相対化するのみならず、それ自体として疑問視することになるのである。妥当要求は二元コード化されてしまい、それ以外の柔軟なかたちでの判断は認められなくなる。「なぜなら、非理性的な制定法と相関した論証の理性性は、量的に理性性が少ないということではなく、むしろ、合理的な実践的討議の規則に従って発見された決定の実質的理性性とは質的に別ものなのである。[☆66]」こうした批判を避けるには、ドゥウォーキンとともに、妥当する法の合理的再構成という課題を扱わなければならない。個別事例に対する法律的決定は、それが首尾一貫した法システムに適合している場合にのみ、正しいと言いうるのである。

(d) K・ギュンターはこの首尾一貫性の規範的概念を取りあげている。すでに見たように、彼は道徳的-実践的討議の内部で根拠づけの側面と適用の側面を区別し、道徳的適用討議の特殊事例として法律的論証を把握している。そうすることで、法律的討議は根拠づけの問題から解放される。「唯一適切な」判断はその正当性を、政治的立法者の議決によって成立した規範のもつ、前提された妥当性《ギュルティッヒカイト》から獲得する。もちろん裁判官は、妥当《ギュルティッヒ》なものとしてあらかじめ与えられた規範の再構成的評価を無視することはできない。なぜなら、裁判官が規範の抵触を解決することができるのは、「すべての妥当《ギュルティッヒ》な規範が最終的に、あらゆる適用状況のために正しい解答を導きださせてくれる理想的な首尾一貫したシステムをなす」[☆67]という想定があるからである。この反事実的想定がその発見的価値を失わずにすむには、妥当する法の世界のなかで、実在する理性の一部がこの想定に合致するということが必要である。このような前提のもとでは——たとえ断片的であるにせよ——民主的法治国家の政治的立法において理性がはじめから作用しているはずだということになるが、そうした理性がカントの道徳的に立法する理性と一致するのであれば、偶然性を充満させた妥当な法秩序の合理的再構成などというものはほとんど信用ならない、ということになる。だがこの政治的立法者は、道徳的根拠によってのみ支えられているのでもなければ、それを第一の支えとしているわけでもなく、別の種類の根拠によっても支えられているのである。

手続き的理論を基礎に据えるのであれば、法規範の正統性の基準となるのは、政治的立法の民主的手続きの理性性である。すでに示したように、この手続きは、道徳的論証の手続きよりも複雑である。なぜなら制定法の正統性は、道徳的判断の正当性によって測られるだけではなく、なによりも情報の利用可能性・説得力・重要性・選択、情報処理の生産性、状況解釈と問題設定の適切性、選択決定の合理性、強い評価の真正性、そしてとりわけ達成された妥協の公正性、等々、によっても測られるからである。いずれにせよ規範の適用の論理が問題になる以上、たしかに法律的討議は道徳的適用討議を模範として考察することができる。だが法規範の方がより複雑な程度の妥当性を有するのだから、法律的決定の正当性を道徳的判断の妥当性《ギュルティッヒカイト》と同一視し、そのかぎりで法律的討議を道徳的（適用）討議の特殊事例として解するなどということは、許されないのである。実務において維持されてきた法律的手続き原理と解釈公理は、方法論において基準化されているが、そうした手続き原理と解釈公理が十分に討議理論に組み込まれるには、立法過程が実施されるところの、論証・交渉・政治的コミュニケイションのネットワークが、これまで以上に徹底的に分析されなければならない。☆68

（4）こうした異なる二つの形態をもつ見解として説明される特殊事例テーゼは、発見的観点からはたしかに説得力を有している。しかし、このテーゼはいずれにせよ、道徳への法の従属という自然法の含意から完全に解放されていないため、誤解を招く。このテーゼは、ポスト慣習的根拠づけ水準で生起した、法と道徳の対等な分化を十分に考慮すると、たちまち崩壊してしまう。その場合、すでに見たように、討議原理は十分に抽象的に把握されねばならないが、その一方で道徳原理と民主主義原理は、なにより多様な種類の行為規範を考慮しつつ討議原理を特殊化することで生じる。そうした行為規範は、前者の場合は、その場に居合せた個人の間でのインフォーマルで単純な相互行為を規制するし、後者の場合は、権利の担い手とされる法的人格どうしの相互行為関係を規制する。これに応じて、討議原理により前提されている合理的討議は、一方では道徳的論証として立ち現れ、他方では、法形式で制度化され、道徳的問題を法規範を考慮して取り扱わねばならない政治的討議・法律的討議として立ち現れる。法仲間の私的自律と公的自律を同時に保証する権利の体系は、民主的立法手続きならびに非党派的な法適用手続きにおいて、解釈され具体化される。このような概念戦略上の転換から、二つの帰結が生ずる。

第一に、制定法の根拠づけと適用のためにそれぞれ特殊化された討議が、道徳的根拠づけ討議および適用討議の特殊事例として事後的に導入されねばならない、ということは回避される。法律的討議はもはや、外延論理による限定というかたちで道徳的内容から区別される必要はない。法律的討議とは、妥当する法への拘束にもとづいて道徳的命令や許可の一部だけを扱う道徳的討議の特殊事例にすぎない、ということは成り立たない。法律的討議はむしろ本来的に、民主的に制定された法に関係しているのであり、法ドグマーティクにおける反省作業を別とすれば、それ自身として法的に制度化されている。第二に、法律的討議は、法規範に関連するだけではなく、そのコミュニケイション形式そのものによって法システムに組み込まれている、ということが明らかになる。というのも、合理的討議のもつ高度なコミュニケイション前提がごく近似的にしか充足されえないことで生じる可謬性と決定の不確実性は、立法の場合に民主的手続きがそうするのと同様、法適用の場合には裁判手続き規定がその埋め合わせをしてくれるからである。

法の正統性と実定性との緊張関係は、裁判の場合、内容的には、正しいと同時に矛盾なき判決の形成の問題として処理される。だがこの同じ緊張関係が、裁判官の判決実践そのものの語用論的地平では別のかたちをとって現れる。というのも、論証手続きへの理想的諸要求は、事実的規制要求により喚起される諸制約と調和しなければならないからである。そもそも裁判の権限を創造するだけではなく、法律的討議を裁判手続きの構成要素として整えるために、ふたたび法は組織規範のかたちで自分自身に適用されねばならない。裁判手続き規定は裁判官の判決実践を制度化しているのだが、そこでは、判決および判決の根拠づけが、とくにそれだけのためにプログラム化された論証ゲームの結果として理解されるというかたちをとっている。ふたたび法的手続きが論証手続きと結びつくのであり、そのさい、法律的討議の手続き法にもとづく制度化は、論証論理の内実に干渉するものであってはならない。手続き法は、規範的−法的な論証それ自体を規律するのではなく、適用討議の論理に服する解放されたコミュニケイション過程の制度的枠組みを、時間的、社会的、内容的な観点から保証するのである。

私はこのことを、ドイツの民事訴訟法および刑事訴訟法との関係で簡単に説明しておきたい。☆69

第一に、手続き過程の時間的、社会的制限について。制定法上は手続きの時間的限界は存在していないにもかかわらず、さまざまな期限によって、係争中の紛争が（とくに控訴審と上告審の審級手続きにおいて）速やかに取り扱われ、法的効力をともなって判決が下されるよう、配慮されている。さらに手続きにおける社会的役割分担は、検察側と弁護側（刑事訴訟）、原告と被告（民事訴訟）、それぞれの側に対等に配分される。そのさい裁判所は、審理がおこなわれる間、さまざまなやり方で――積極的に証拠を示したり、中立的な観察をおこなうことで――不偏不党の第三者としての役割を果たすことができる。証拠調べの間、訴訟関係者に課される立証責任は、程度の差はあれ明確に規定されている。立証手続きそのものが――とくに刑事訴訟よりも民事訴訟においては――自己の利益を追求する当事者間での競争として、ある種の闘争に他ならない。刑事訴訟においては、裁判所は「真実の探求のため、職権上の証拠調べを、判決にとって重要なすべての構成要件と証明手段へと拡大しなければならない」（刑事訴訟法第二四四条第二項）にもかかわらず、証拠調べが共同の真理探求のために討議的に一貫して構造化されるというかたちで、手続き参加の役割が定義されているわけではない。しかしアングロサクソンの陪審手続きと同様に、事態の構築にとって有意味なできるだけすべての事実が語られうるように、戦略的行為の可能性を保証する組織化もなされている。そうした事実というものを、裁判所は、自らの権限である証拠判断と法的評価の基礎とするのである。

手続き全体の核心は、手続き過程が服する内容的諸制限の面で示される。すなわち、そうした諸制限のおかげで、適用討議において根拠の自由なやりとりをおこなう親密な空間が制度的に保証されるのである。本訴の開始までに踏まれるべき手続きによって訴訟物が定義され、そうすることで、手続きは、明確に限定された事案だけを対象とすることができる。事実問題と権利問題の分離の方法論的前提のもとでは、当事者間での相互行為として演じられる証拠調べは、事実の確定および証明手段の確保のために役立つ。法規範と事態の間での、あるいは多様な解釈の可能性と事実関係との間での、循環関係があるにもかかわらず、法的評価というものは主題として取りあげられることはない。興味深いことに、それに引き続いて、裁判所はいずれの訴訟過程においても、証拠の評価と法的評価を「内的に」おこなう。つまり特別な手続きを用いないのである。「証明された」あるいは「真実だと見なされた」事実が規範的に評価されるための法律的討議が、内容的観点からも手続き法に立脚していると言えるには、裁判所がその判断を手続き関係者と公共圏に「提示し」「根拠づける」ことが不可欠である。根拠づけは構成要件と判決理由から成り立つ。「主文の判決理由には、裁判所は、判決が事実的および法的観点において依拠する衡量の簡潔な要約を付す（第三一三条第三項）。そこには法解釈の結論とともに証拠に対する評価も示される。[☆70]」つまり手続き規定は、許容される根拠であれ論証の進行であれ、これらを規範化するためのものではない。手続き規定は法律的討議のゲーム空間を保証するのであり、そうした法律的討議は、たんにその結果においてのみ、手続きの対象となるにすぎない。そしてその結果は、上訴手続きによって再検証されうる。

法の制度化された自己反省は個人の権利保護にあたって、個別事例の正義ならびに法適用と法の継続形成の統一性という二重の観点を考慮する。「上訴の目的は、なにより、当事者の利益のために、正しくそれゆえ正義に適った判決を、すでに下された判決の再検証を通じて下すこと、この点にある。そのうえ、こうした再検証の可能性のゆえに、裁判所は入念な根拠づけを怠ることはできない。しかし上訴の目的はそれに尽きるわけではない。むしろ効果的な上訴システムのもつ一般的利益も存在する。自力救済の禁止が実効性を有するには、正しい判決を得られる確実な保証が当事者に与えられていなければならない。さらに、上級審、最終的に最高裁へと裁判を集約する上訴制度は、必然的な法の統一化と継続形成をもたらす。この公共的利益は、個々の上訴においては、同一の役割を果たすものではなく、控訴よりも上告により強く当てはまる。[☆71]」法の統一化という公共的利益は、裁判の論理に独特の特徴を際立たせるものである。裁判所は、法秩序の首尾一貫性を維持しつつ、あらゆる個別事例に判決を下さなければならないのである。

まとめとして次のように述べておきたい。訴訟規定は、事実的経過だけを扱う証拠調べを相対的に強く規律するのであり、そのさい当事者には、法に対して、限定された戦略的態度だけが許される。その一方で、裁判での法律的討議は、手続き法によってはまったく規定されず、判決の作成は裁判官の専門的能力にもっぱら委ねられる。「証拠調べの結果を基に、裁判所は、弁論全体から作りだされた自由な確信にもとづいて決定する。」（刑事訴訟法第二六一条）法律的討議は、本来の手続きから除外されることで、外的な影響を受けずにすむことになっている。

第六章　司法と立法　憲法裁判の役割と正統性について

われわれは、ドゥウォーキンの法理論を手がかりとしつつ、主として裁判の合理性問題を論じてきた。そのさい、裁判による判決は、法的安定性と合理的承認可能性という二つの基準を同時に充たすとされた。ドゥウォーキンの提案は、妥当する法を理論に導かれた構成的解釈によって扱うためのものであったが、このような提案が手続き主義的解釈を通じて擁護されたのである。つまり、理論形成にさいしてなされる理想化の要求は、法律的討議に不可欠な語用論的諸前提の理想化的内実に移し換えられた。だが、司法が立法の権限に干渉することなしに（また行政の厳格な制定法への拘束を掘り崩すことなしに）、そのような構成的手続きに立脚する解釈実践がいかにして法治国家的権力分立の枠内で作動しうるのかという問題は、まだ解決されていない。

裁判官の判決実践は法と制定法に拘束されるのだから、裁判の合理性は、妥当する法の正統性に依拠している。さらに、そうした裁判の合理性は立法過程の合理性に依存しているが、立法過程は、法治国家的な権力分立の諸条件のもとでは、法適用機関を意のままに使用することはできない。そこで、憲法の観点からすると政治的討議と立法実践が法ドグマーティクの重要な主題になる。だが法律的討議を対象とする法理論は、これら二つをなにより裁判のパースペクティヴから解明する。それゆえ——ここでこのあとも維持され続けることになる——法理論のパースペクティヴから司法と立法の問題ある関係を考察しようとするならば、憲法裁判権こそは、制度的に把握可能な方法論的手がかりとして適切である。憲法裁判制度の存在は自明ではない。そのような制度は、多くの法治国家的秩序では存在していない。そして——本書で扱いうるドイツ連邦共和国とアメリカ合州国のように——憲法裁判制度が存在している国であっても、憲法秩序の権限構造におけるその地位とその判決の正統性には争いがある。激しい論争それ自体が、少なくとも憲法理論的に十分に区別されうる諸機能の制度的集合体から惹起される解明の必要性を、表わしている。

さて議論のなかでは多様な論点が関連しあっているが、私はそのうちの三つをとくに強調したい。たしかに、憲法裁判への批判はつねに民主的立法者と司法の権限配分に関連しており、そのかぎりでは、この批判は権力分立原理をめぐる争いということになる。だがこの問題は、さまざまな局面から多様なかたちで取り扱うことができるのであって、私は次のような三つの局面を取りあげたい。第一にとりあげるのはパラダイムをめぐる争いである。もっともこの点については最終章でもう一度取りあげる。第二に前章で論じた方法論的解明をさらに継続する。第三に、次章では、政治過程の討議理論的理解にかんする民主主義理論の観点からの論争を取り扱うが、そのための予備的考察をおこなう。

第一の局面では、憲法裁判所の判決実務への批判——とくにドイツ連邦共和国で説かれるそれ——は、古典的権力分立図式に対する特定の解釈、つまり自由主義的解釈に立脚している。この解釈によれば、自由主義的法治国家が干渉国家・福祉国家へと発展することによって、憲法裁判所にはこれと競合する立法の課題が課されることになり、そのため、事実的には不可避ではあるにせよ、規範的には問題のある機能拡大が司法に生じてしまう（Ⅰ）。第二の局面では、法の不確定性にかんする議論は、連邦憲法裁判所の価値にもとづく裁判を念頭に置いておこなわれている。連邦憲法裁判所は原理への志向と財の衡量を同一視する方法論的自己理解を作りあげてきたが、ここではそのような自己理解が批判の対象となる（Ⅱ）。第三の局面のもとでは、とくにアメリカ合州国においてそうであるが、憲法裁判の役割は、立法の民主的手続きを保護することにある、と考えられている。そのさい重要なのは、政治過程全体の共和主義的理解、つまり非道具的理解を再評価することである（III）。

I　自由主義的法パラダイムの解体

（1）憲法裁判所は、通常、複数の機能を同時に満たしている。憲法の解釈問題に権威的に決定を下し、そのかぎりで法秩序の首尾一貫性を維持するという課題には多様な権限が集約されているが、このようにひとつの制度的枠組みに多様な権限が集中するのは、憲法理論的見地からすれば必ずしも必要なことではない。連邦憲法裁判所を例にとれば、三つの権限領域が区別される。すなわち、機関紛争（連邦と州《ラント》の間での紛争を含む）、法規範の合憲性の統制（以下ではなにより制定法が関心の対象となる）、憲法異議。憲法異議を判断する権限ならびに具体的規範統制の権限（具体的な問題との関連で適用されるべき規範の合憲性について決定を求める審級裁判所が手続きを停止する場合のための権限）は、権力分立の観点から見ればさしたる問題はない。これら二つの場合については、憲法裁判所は法の統一化という意味で機能している。これらの手続き様式において制定法を無効［（訳注）wichtig を nichtig の誤植と解する］とする権限を別とすれば、憲法裁判所は、いずれにせよヒエラルキー構造をもつ裁判システムにおいて、連邦最高裁判所とともに最上位の反省機能すなわち自己統制の課題を担っている。同様のかたちで、最上位の執行権としての政府には、行政の自己統制の課題が課せられる。広義の機関紛争について憲法裁判所が決定を下すことについては、より問題があるかもしれない。しかしこの権限は国家機能の分離に触れるものではあるが、共働すべき国家諸機関間の紛争に不可欠の憲法技術上の要請によって十分に正当化されるものである。この場合、裁判所は議会と政府の拒否を排して自らの決定を貫徹するための強制手段を有しているわけではなく、最終的には、権力分立の原理が裁判実務によって侵害されることにはならない。憲法裁判所と民主的に正統化された立法者との競合は、なにより抽象的規範統制の領域で先鋭に現れる。そのさい、議会で可決された制定法は憲法に合致するのか、権利の体系の首尾一貫した具体化に少なくとも抵触しないのか、裁判所による再検証に耐えるのか、といった問題が発生する。これらは、当該制定法が公布されるまでの間に、議会が解決しなければならない問題である。議会によるこうした決定の再検証を、裁判形式で組織化された立法者の自己統制の形態、たとえば専門法律家を含めて設置された院内委員会として制度化してはどうかという考えは、たしかに検討するに値する。このようなかたちで自己の決定に対する自己反省の内部化が実現すれば、立法者は審議の間、はじめから憲法原理の規範的内実を念頭に置いておかなければならない、という利点が生ずることになろう。だが議会に十分な余力がないために、道徳的・倫理的問題が交渉可能な問題に、つまり妥協可能な問題に転換されてしまうならば、そうした規範的内実は失われてしまう。このように考えると、議会の権限にとどまるとされる自己関係的な規範統制手続きを制度的に分立化させるほうが、立法過程の合理性の強化には有益だということになろう。そのうえ、権力分立は、行政がコミュニケイション的に産出された権力から遊離しないことを第一義とするというのが、われわれの分析の前提なのだから、制度的な分立化こそが適切であると言えよう。

討議理論の観点からすると、権力分立の論理には、国家権力どうしの結合には非対称的な関係がなければならない、ということになる。すなわち、執行権は、規範的根拠の自由な利用を立法と司法により拒否され、活動にあたっては議会および裁判所の統制に服する。その一方で、立法と司法が執行権により監督されるという逆の関係はありえないのである。それゆえ、かつてカール・シュミットがそうしたように、憲法裁判所の代りに帝国大統領を、つまり執行権の最高責任者を「憲法の番人」に祭りあげようとする者は、民主的法治国家における権力分立の意味を転倒させていることになる。[☆1] 論証理論的に根拠づけられた権力分立の論理からすれば、立法は、司法と同様のかたちで自己再帰的に具体化され、自己の活動に対する自己統制の権限を付与される。裁判所が法適用作業のさいに用いる規範的根拠が、理性的だと想定されうる制定法の根拠づけを経たものなのかどうかということの再検証は、そもそも立法者の権限の範囲ではない。その一方で、いわゆる抽象的規範統制が立法者の機能に属する点については、争う余地はない。それゆえ、この機能を、裁判形式手続きとして具体化されうる立法者の自己統制の第二審級に留保することは、けっして不自然ではない。こうした権限を憲法裁判所に委ねるには、少なくとも複合的な根拠づけが必要である。なぜなら、「基本権にかんする討議は、立法手続きにおいて下される決定に拘束されるのではなく、そうした手続きに先行するものであるから。これが意味するのは、基本権にかんする討議においては、一般的な法律的論証にとって最も重要な拘束要因、つまりたいていの場合相対的に具体的なたんなる制定法のことであるが、これが対象とならないということである。その代わりに、非常に抽象的で、曖昧で、イデオロギー化しやすい基本権規定が対象となる。[☆2]」アレクシーはこの「基本権にかんする討議」を憲法裁判のすべての領域に関係づけている。法的効力をもつ制定法の妥当性《ギュルティッヒカイト》が、たとえ部分的であるにせよ明示的に取り消されるのは、抽象的規範統制の場合に最も明瞭に生ずる。

カール・シュミットとの論争において、ハンス・ケルゼンは断固として憲法裁判の制度化を支持したが、それには——当時の状況からして当然の——政治的理由だけではなく、法理論的な理由もあった。カール・シュミットの疑念とは、「一般的規則は相互に参照しあうにすぎず、互いに包摂しあったり、適用しあったり」するものではないのだから、抽象的規範統制が規範適用の問題であり、したがって裁判官の判決実践の本来の作業であるとは言えないのではないか、というものであった。規範と事実との関係が存在していない、というわけである。[☆3] これに対してケルゼンが示した答えは、抽象的規範統制の対象となるのは、問題となっている制定法の内容ではなく、その制定法の成立過程の合憲性なのだ、というものにすぎない。「制定法の合憲性を決定するさいに憲法規範に包摂されるべき事実とは、規範ではなく……、規範の産出である。」[☆4] これはのちにあらためて考察するが、規範統制全般に対して手続き主義的解釈を施すことができるとすれば、ケルゼンのこの論拠はたしかに決定的な意味をもつことになろう。だがこの決定的に重要な論拠は、あくまで法政策的地平にある。「まさに憲法違反の最も重要な事例においては、議会と政府は紛争当事者なのであるから、この紛争に決定を下すためには、第三の機関を引き合いにだすことが適切である。すなわち、この対立の外部にあって、自らは、憲法が本質的に議会と政府に委ねている権力の行使に関与しない第三の機関が、それである。だがこの機関がそのために、それ自身としても権力を与えられることは避けられない。しかし、憲法統制の機能に内在する他ならぬこの権力をひとつの機関に与えるのか、それとも、議会と政府という二つの権力機関の一方に規範統制を委ねることによってその権力をさらに強化するのか、この違いはきわめて大きなものである。[☆5]」

立法府の活動に直接かかわるこうした憲法解釈の適切な制度化という問題をどう考えるにせよ、最終審の有する憲法裁判権による憲法の具体化は、法の明確化と首尾一貫した法秩序の実現に寄与する。

基本権にかんする討議においては、すでに議会で可決された制定法の事後的統制ではなく、妥当する法の適用が問題となる場合であっても、憲法裁判所は——そしてその他の裁判所も——かかわりをもつ。個別事例において複数の基本権が抵触しているのであれ、あるいは、ある基本権に照らしてたんなる制定法が他の基本権と抵触しているのであれ、いずれにせよきわめて多くの事例において、そして裁判のあらゆるレヴェルにおいて、ドゥウォーキンの言う個別事例の構成的解釈を必要とする原理が重要な役割を果たしている。もちろん、憲法裁判所が扱いうるのは抵触事例だけである。憲法裁判所の決定はほとんどつねに、原則決定という性格をもつ。それゆえ憲法裁判権においてこそ——他の上級審にどれほどそうした傾向が見られるとしても——、すでに明らかにした例の「法の不確定性」の問題が増強され、先鋭化される。連邦憲法裁判所はこの問題について（一九七三年二月一四日の判決において）基本法第二〇条第三項との関係で積極的な姿勢を明確にした。「法とは成文法の全体と一致するものではない。事情によっては、国家権力の実定的制定規定とは別に、法を超えた法が存在する。それは、意味の全体性としての憲法適合的法秩序にその源泉をもち、成文法に対する矯正基準として作用しうる。そうした法を発見し、決定によって実現することは、裁判の課題である。[☆6]」さらに続けて言うには、いずれにせよ正しい解釈は「発見される」、つまり「合理的論証」によって獲得される、ということになる。だが、「創造的法発見」による法の継続形成機能を憲法裁判所に認めるその他の文言は、裁判所の問題ある自己理解を明らかにしている。この点に対してK・ヘッセは、前章での考察に合致するかたちで正当化された冷静な指摘をおこなっている。「たしかに憲法裁判権による決定は、創造的法形成というモメントを有する。しかし、すべての解釈が創造的な性質を有するのである。解釈とは、それが憲法上の問題への解答を提供する場合であっても、憲法に付きものの、規範の広大な不確定部分を対象とする場合であっても、解釈であることに変わりはない。そうした規範の具体化には、もっと詳細に規定された法規範を具体化する場合よりも大きな困難をともなうことにはなる。しかし、いずれの場合であれ、構造的に同種類の解釈過程が問題になっている点では、なんら異なってはいないのである。[☆7]」このような観点からすれば、連邦憲法裁判所の広範な権限は必ずしも権力分立の論理を危くすることにはならない、ということになる。

（2）批判者たちは、まず方法論的検討に依拠するのではなく、歴史的パースペクティヴに立脚することで、議会から憲法裁判所への重心移動という法治国家的に憂慮すべき現象を、法システム全体の発展から明らかにしている。政治的な全体的法秩序は、もはや包括的な個人の権利保護だけを保障するのではなく、社会福祉と市民の安全に配慮し、それゆえ、社会的な制約による地位の下落やもろもろのリスクのためのある種の賠償保障を引き受ける。E・W・ベッケンフェルデ、E・デニンガー、D・グリムといった論客たち[☆8]は、そうした政治的な全体的法秩序の憲法状態を、国家と社会の分離という理念型的モデルを初期条件としつつ対比的に論じている。国家と社会の分離という自由主義的モデルに従えば、憲法はかつて、個人が私的自治にもとづいて自らの幸福と利益を追求する経済社会の脱国家的領域を、公共の福祉を追求する国家的領域から分離させた、ということになる――「いずれにせよ、個人の福祉の領域と公共の福祉の領域を、両者を包括する内容的理念にもとづいて融合させることは、憲法の機能とはされなかったのである。[☆9]」国家の課題と目標は、政治にもっぱら委ねられていた。つまり自由主義的見解によれば、国家の課題と目標は、憲法的規範化の対象ではなかった。そこから、国家に対する防禦権としての基本権という理解も生まれてくる。そうした基本権は、市民からなされる国家への不作為要求を根拠づけるにすぎず、それゆえ基本権は「直接的に」妥当する。これは、裁判が相対的に明確なかたちで条件づけられている、ということを意味する。立法者もまた見通しやすい法状態を作りだした。つまり、公的秩序を保障すること、経済的自由の濫用を防止すること、国家行政の干渉可能性と政策作成の枠を一般的で抽象的な制定法によって精密に限界づけること、こうしたことだけを立法者はおこなうことができたのである。

このような自由主義的モデルにおいて、司法と行政を制定法によって厳格に拘束することから古典的な権力分立図式が生まれてきたのであり、それは、絶対主義的国家権力の恣意を法治国家的に規律化するものとされた。複数の国家機関への権限の配分は、集合的決定を時間軸に置き換えることで説明することができる。すなわち、裁判官の判決実践は、過去を志向する行為として説明できる。それは、妥当する法として具体化された政治的立法者の決定に拘束されるからである。他方、立法者は、未来の行為を拘束する未来志向的な決定を下す。そして行政は現在存在しているアクチュアルな問題を解決しなければならない。このようなモデルには、民主的法治国家の憲法は、国家と市民の間に生じかねない危険、つまり権力を独占した行政機構と丸腰の私人との関係に生じかねない危険を、なによりまず回避しなければならない、という前提がある。これに対して、私人間での水平的関係、とりわけ国家市民の共同実践を構成する間主観的諸関係は、自由主義的権力図式のための構造形成的な力をなんらもつものではない。回帰的に閉じた規則システムとしての法という実証主義的法観念は、主として、以上のような見解に対応している。

　社会国家の実質化された法秩序は、明確に規定された条件プログラムによってのみ成り立っているのでもなければ、これを主としているわけでもなく、むしろ政治的目標設定をともない、法適用においては原理による根拠づけを用いる。こうした社会国家の法秩序は、前記のような自由主義的モデルを基準とするならば、憲法構造の歪曲、それどころか退廃のように見えてしまう。法と道徳にかんする実証主義的な分離テーゼに従えば、法の実質化は「再道徳化」を意味する。それは、法律的論証が道徳的原則の論拠と政治的目標設定の論拠に開かれていればいるほど、政治的立法者の命令に対する司法の直接的拘束を解除してしまう。法秩序に広く浸透した原則規範は、個々の事例についての、規則システム全体に関連づけられ、コンテクストに敏感な構成的解釈を必要とする。憲法全体を考慮した規範適用の「状況関連性」は、形式化されていない行為領域では、コミュニケイション的に行為する主体の自由と責任を強化するかもしれない。しかし法システムの内部では、そうした状況関連性は、司法権の増大と裁判官の決定可能性の拡大を意味する。それは、市民の自律性を犠牲にすることで、古典的法治国家の規範的構造のバランスを崩しかねないものである。[☆10] つまり、原則規範を志向することによって、裁判は、法秩序の制度史に向けられた本来の視線を、主として、現在と未来の問題に向けなければならない。一方では、インゲボルク・マウスが危惧しているように、司法は、立法権限の民主的正当化についてなんら寄与しないにもかかわらず、そうした立法権限に干渉することになる。他方で、司法は、国家機構の自律性に合致した柔軟な法構造を助長し、固定化することになる——そしてその結果、法の民主的正統化は司法の側からも形骸化してしまう。

ベッケンフェルデ、デニンガー、マウスといった鋭敏な批判者たちは、連邦憲法裁判所の判決から暗黙の基本権ドグマーティクを解読してみせている。それによれば、このドグマーティクにおいては、権利の体系は、私的自治にもとづく個別的決定を通じて自生的に自己を再生産する解放された経済社会を基盤として想定したのではもはや保障されえないのであり、再帰的に制御し、インフラの整備、リスクの規制、制御、最適化、保障をおこなう国家の保障的作用によって実現されなければならない、という事実が考慮されている。とりわけ、部分システムの水平方向の分化と緊密な相互結合をともなう複合的社会では、基本権の保護作用は、もはや行政権力だけに関係づけられるのではなく、もろもろの有力組織の社会的権力にも関係づけられる。さらに基本権の保護は、もはや消極的に、干渉への抵抗としてのみ理解されるのではなく、積極的保障作用への要求をも根拠づける。それゆえ、連邦憲法裁判所はその判決のなかで、その規範的内実が規則システム全体を構造化する全体的法秩序の原理として、基本権を位置づけているのである。こうした姿勢を踏まえつつ、ドイツの基本権ドグマーティクは、なおもその「本質的内容」が不可侵とされる基本権とたんなる制定法との「相互関係」を取り扱っているわけである。たとえば次のものがそれである。すなわち、絶対的に妥当する主観的－公共的権利に対しても当てはまる「基本権の内在的制約」、基本権のすべての法領域への「拡大適用」ならびに私人相互の水平的権利・義務への「第三者効」、根本的秩序原理としての基本権の客観法的性格から導かれる、国家による行為指示・保護義務・予防義務、「基本権の動態的保護」、基本権の内実のうちの主観的権利の側面と客観法的側面との手続き的結合。

私はここでは、細かな議論に立ち入ることはできない。[☆11] だがはっきり言えるのは、憲法裁判に映しだされた基本権の概念的把握にはある転換が見られる、ということである――すなわち、もともと自由を保障し介入行政の適法性を保障する防御権であったものが、主観的自由権の内実を、基本概念としては不明確なかたちで、構造形成的で徹底的な影響力をもつ原則規範の客観法的内実として取り入れる法秩序の根本的原理へと、転換したのである。こうした転換に応ずるかたちで、方法論的観点のもとでは一連の「憲法上の鍵概念」（デニンガー）が作りだされた。すなわち、相当性の原理、実施可能性の留保、直接妥当する基本権に対する第三者の基本権による制約、組織化と手続きによる基本権保護、等々。これらの鍵概念は、抵触事例において、さまざまな規範を「憲法の統一性」に照らして相関させるためのものである。「これらの相関的鍵概念を個別事例および特定問題から導出することで、連邦憲法裁判所は――明確化されるべき限界の枠内で――基本法という憲法の『開かれた』構造を承認し、強調している。[☆12]」このような判決実務そのものから生まれてきた鍵概念は、部分的には、ドゥウォーキンによって主張されたところの、合理的に再構成された法秩序全体を基にした、個別事例の構成的解釈の操作を反映する手続き原則として、理解することができる。デニンガーは細部については厳しい批判を加えながらも、全体としては肯定的な評価を与えている。『『鍵概念』を導出することにより、連邦憲法裁判所は、成文憲法上の『古典的』法概念と並んで非常に有益な道具を作りだした。その概念的構造と複合性の水準は、対象となる問題の構造、とりわけミクロレベル（個人の行為のレベル）とマクロレベル（システムのレベル）の媒介を必要とする問題の構造に適しているように見える。……一方的に法を維持する国家的固定化を避けたり、一方的に社会国家的計画による固定化を避けたり、といったことを可能とする相関的構造を、こうした概念はもっている。このような水準においては、行政法による『給付』と『再配分』をおこなう社会国家と、財産関係を保障する法治国家を包括的な憲法的カテゴリーにおいて結びつけることが可能となる。[☆13]」

（3）連邦憲法裁判所の裁判について同様の記述と診断をおこなっているにもかかわらず、まったく異なる評価を下しているのは、ベッケンフェルデである。デニンガーは連邦憲法裁判所の個々の判決を基に、自由主義の意味における合法的支配から「法的に承認された正統性」への、懸念すべき移行となりかねない傾向を看て取っているが、これに対して、ベッケンフェルデはそこに不可避のディレンマを見ている。彼の考えでは、自由主義的な法理解を復活させることが不可能である以上、議会を中心とした立法国家から憲法裁判所を中心とした司法国家への移行はもはや阻止できない。ここにいう「司法」とは、超実定的な法に依拠する権力という前近代的な意味でのそれである。そうした権力は、最高裁判官としての権能をあわせもつ政治的支配者に帰属するものであり、したがって法制定と法適用の法治国家的分離が成立する以前に見られたものである。「基本権の客観法的原則としての効果が示唆しているものとは——類型論的に言えば——議会による法形成と憲法裁判所による法形成の並列関係であり、相互の近似的性格である。議会による法形成は、本来的な法制定から具体化へと下降するのであり、憲法裁判所による法形成は、解釈による法適用から法創造的な具体化へと上昇する。……そのかぎりで、立法と司法とのかつての質的差異はなくなってしまった。立法と司法はいずれも、具体化の形式において法形成を促すのであり、この点で両者は競合するのである。この競合関係においては、立法府が先手を取ったが、憲法裁判所が優位な立場にある。……そこで問題になるのが、憲法裁判所の民主的正統化の問題である。[☆14]」ベッケンフェルデの信ずるところによれば、法治国家の諸原理は、私的法人格が国家に対してもつ、直接的に妥当する主観的行為自由という自由主義的基本権理解とのみ合致しうるのであり、そうではない場合は、司法と立法の機能的分離、したがって法治国家の民主的実質を維持することはできないのである。「国民により選ばれた議会の法形成に対する決定的機能を信じ、憲法裁判所を中心とした司法国家に都合のよい憲法構造への転換がますます進むのを回避したいと考える者は、——裁判によって提訴可能な——基本権は、国家権力に対する主観的自由権にすぎず、同時に法の全領域のための（拘束力ある）客観的な原則規範たりうるものではない、という考えをあくまで維持しなければならない。[☆15]」

　しかしながら、このような見解が不可避のディレンマとなるのは、国家と社会の分離という自由主義的モデルを規範的に強調する場合にかぎられる。だがその場合、憲法的討議におけるこのモデルの地位は誤解されている。

自由主義的法パラダイムは、歴史的な前提状況を単純化して記述したものではないのであって、額面通りに受け取ってはならない。というのも、このパラダイムが語ろうとしているのは、法治国家の諸原理が自由主義的経済社会の仮説的に想定された諸条件のもとでいかにして実現されうるか、ということであるから。このモデルを支えているのは、古典的な政治経済学の社会理論的想定なのであるが、それはすでにマルクスの批判により揺さぶられ、西側のポスト工業的先進社会ではもはや当てはまらなくなっている。言い換えれば、法治国家の諸原理は、コンテクストと結びついた歴史的解釈のひとつだと受け取ってはならないのである。ベッケンフェルデ自身は、国家に対する防御権としての基本権の解釈をカント的法概念と比較するさい、この違いを意識している。カントによるならば、各自の自由と全員の平等な主観的自由との両立可能性を保証すべきものは、自由主義的法パラダイムにおいては、国家に対する私的自律の保障へと切り詰められている。それ（防御権として解釈された基本権）において、自由の一般的法則に従って可能だとされるのは、一般的にある者と他の者との一致ではなく、ただ個々の市民の自由と国家の自由との一致だけである。[☆16]」カントの法原理に従えば、社会国家的法パラダイムこそは、権利の体系につねにすでに含まれている、主観的自由権の客観法的核心をふたたび際立たせる。つまりこのパラダイムとともに、「裁判所による基本権保護は、私人の衝突する自由領域・自由権的要求を画定し、調整する課題へとますます転換することになる。[☆17]」

権利の討議理論的理解に照らすと、国家に対する防御権の二次的な性格が明らかになる。つまり、国家権力の構築があってはじめて、平等な主観的自由の権利は、国家的執行権と当初水平的に社会化された法仲間の関係へも転用される。自由意思により連帯した法仲間の政治的に自律的な共同決定から生まれた権利は、なにより、相互承認の対称的関係にもとづく間主観的意味だけをもつ。個々人はこの権利を相互に承認しあうことによって、自由であると同時に平等な権利主体の地位を獲得する。この本来は間主観的な意味が、政治権力（もちろんこれが法コードの構築のために暗黙のうちに前提されている）の法制化の問題との関連で、主観的権利としての面と客観法的な面とに分かれるのである。だが、基本権の規定から客観法的な側面が分離されることは、法にかんする特定のパラダイムによる理解そのものに起因する。さらにこのことは、特定の歴史的状況にかんする、社会理論の手法による把握にもとづいて説明される。つまりそうした歴史的状況では、自由主義的市民層が自らの利害状況を勘案しつつ、法治国家の諸原理がいかに実現されうるかを判断しなければならなかったのである。こうした問題にとって自由主義パラダイムは、ベッケンフェルデも注意している変化した歴史状況のもと、別の解答を必要としている。今日ではこの同じ問題は、当時、のちのちまで歴史的に大きな影響力をもちうる解決法だった。

だがしかし、その次に確立された社会国家的法パラダイムもまた、もはやまったく通用するものではない。だが、ベッケンフェルデが鋭く分析しているこの新たなパラダイムの難点は、古いパラダイムを復活させる十分な根拠となるものではない。[☆18] アメリカ合州国ではこの問題は、ニューディール時代の社会国家的プログラム、そして「偉大な社会」のヴィジョンにより規定された六〇年代と七〇年代の社会国家的要求の急激な拡大によって、司法に対して生じたのであるが、それはドイツの場合よりも冷静に受けとめられた。この「権利革命」は、法治国家の諸原理を新たな歴史的経験に照らして解釈しなおすための挑戦として理解された。そうしてたとえば、C・R・サンスティインは、社会国家的プログラムの部分的には非生産的な帰結から、いかにしてアメリカ的憲法原理が「規制的」国家の諸条件下で実現されうるかについて新たなコンセンサスが形成されねばならないという結論にのみ達している。

アメリカ合州国連邦最高裁判所の裁判を分析した成果として、彼は一連の「背景的根本規範」を指摘している。それは、法治国家的諸原理のパラダイム的解釈に変更を迫るものである。「不確定性が存在する場合には、裁判所が規制的制定法を構成することによって、（1）政治的な責任能力のない行為者は重要問題の決定を禁じられる、(2)集合的行為の問題が制定法によるプログラムを破壊しないようにする、(3)さまざまな規制的制定法が、可能なかぎり、首尾一貫した全体へと取りこまれる、(4)もはや古びてしまった制定法が、法、政策、事実の変化する発展に順応させられる、(5)実質的権利の手続き上の評価が厳密化される、(6)規制の複合的なシステム的効果が考慮される、そして一般的には、(7)制定法それ自身の目的に照らして、非合理性と不正が回避される……ということになる。[☆19]」サンスティンの主張は、憲法的鍵概念に対するデニンガーの説明と類似しているが、この主張は、ここでは二つの理由から私の関心を引く。第一に、その主張は、権利の体系の本来的でラディカル・デモクラシー的意味を見失っていない、パラダイム討議に対する模範的な見解である。「その数と種類の多さにもかかわらず、原理はある一般的目的によって統一化されている。その目的は、とりわけ、政府における協議を促す効果、協議が不在のときはそれに対する代替物を提供する効果、派閥代表の形成と自己利害的代表の形成を制限する効果、政治的平等を実現するために役立つ効果、である。[☆20]」第二に、彼の主張は、法治国家の諸原理とそのパラダイム的解釈との相違にかんする意識を表わしている。自由主義的基本権理解に立ち戻るというこころみは[☆21]、そうした相違を看過していることに由来すると考えられる。

自由主義的法パラダイムは、二十世紀の最初の三分の一までに、専門法律家の間に広く普及した背景的合意を示すものになっていたのであり、したがって、法適用のために、不動の解釈公理のコンテクストを用意するものになった。こうした事情から、その当時には、解釈を要する原理と議論の余地ある「鍵概念」へと立ち戻らなくても法は適用されうるかのような印象が作りだされた。だが実際のところは、原理によって正当化される法秩序は、構成的解釈、したがってサンスティンの言う「背景的根本規範」に依拠している。原則の決定は、制定法テクストの解釈の次元を越えており、そのかぎりで外的正当化を必要とする。「制定法のテクストは出発点ではあるが、それが認識の対象となるのは、その内容を与えるコンテクストと背景的規範が存在していればこそである。

通常は、コンテクストが問題視されることはなく、規範が広範に共有されているため、規範テクストだけが解釈の十分な基礎であるように見えるのである。しかし多くの場合、そうした規範との関連で、制定法テクストは不確定性を生みだす。つまり、あまりに意味が広すぎるかと思えば、あまりに意味が狭すぎたりするのである。そのような場合、裁判所はテクストとは別の論拠を探さなければならない。さまざまな種類のコンテクスト的な考慮をおこなうこと——立法史、制定法の目的、あれこれの見解のもつ実践的合理性——は、こうした状況においては、明らかに思慮深い補助手段になりうる。しかし、立法史はそれ自身としては不明確なものかもしれない——代表にもとづかない自己利益的集団の作品であるかもしれない——し、複数の人びとの間での目的をはっきりさせるという問題は、多くの場合、曖昧さ、ギャップ、広すぎる意味、狭すぎる意味といった一連の問題を生みだす。そうした場合には、裁判所はしばしば、明確な、もしくは競合する背景的規範を考慮しなければならない。[☆22]」

ところで以上の考察では、まだ次の問題が答えられないまま残っている。すなわち、政治的刺激による「法創造」は、権力分立の論理によれば民主的立法者の専権事項であるはずだが、右のような背景的規範への不可避の回帰によって、憲法裁判所がそうした政治的刺激による「法創造」への扉を開けはしないのか、という問題である。

II 規範対価値——憲法的司法の誤まった方法論的自己理解への批判

（1）連邦憲法裁判所の裁判の正統性に対する懸念は、パラダイム転換の考察に立脚しているだけではなく、方法論的想定とも関連している。アメリカ合州国におけるのとは異なり、ドイツ連邦共和国での批判は、連邦憲法裁判所それ自身により展開された「価値秩序論」、つまり裁判官の方法論的自己理解と関連している。この自己理解は、重要な先例の判決についてさまざまな問題を残した。「価値にもとづく司法」への正当な批判は、法治国家的に懸念すべき諸帰結に直接向けられる場合が多く、そのさい、誤った自己解釈の帰結だけを問うているにすぎないことは意識されていない。そうした批判は、権利を価値と同一視してはならないとする、構成的解釈の正しい理解のあり方を失念しているのである。

　連邦憲法裁判所はドイツ連邦共和国の基本法を、原理により構造化された規則システムとして理解するのではなく、むしろ実質的価値倫理学（たとえばマックス・シェーラーやニコライ・ハルトマンのそれ）に従いつつ、「具体的価値秩序」として理解している。連邦憲法裁判所の重要判例の根拠づけの文言と判決主文に見られるのと同じく、ベッケンフェルデも原理を価値としても把握している。「客観的原則規範」は「価値決定」に依拠する、というのである。I・マウス[☆23]と同様、彼もまた、R・アレクシーの提案に従いつつ、価値へと転換された原則を、未確定な射程をもつ最適化命令［Opimierungsgebote］として把握している。この解釈は、「財の比較衡量」という、法律家の間では常識であるが厳密ではない手法に近似している。原理が、最適に実現されるべき価値を決めるとすれば、そして、最適化命令の充足すべき水準が規範そのものからは明確にならないとすれば、そのような原理を適用するには、事実的に可能なものの枠組みを踏まえつつ、目標志向的な衡量を行なわねばならない。いかなる価値であれ、他の価値に対する絶対的優位をはじめから主張できるわけではないのだから、このような価値の衡量をおこなうことで、妥当する法の解釈は、事例に依拠して具体化を図る価値実現の営為へと転換される。「具体化とは、傾向や原理に従って確定されたものを創造的に実現する、ということである。そうしたものは、ふだんは明確な姿をとっておらず、それゆえなによりもまず、実施可能な規範として明確なかたちを整えることが不可欠である。ハンス・フーバーはかつて、——原則規範として理解された——基本権の包括的妥当性・解釈の余地・不確定性といったものから生ずる基本権の具体化の必要性は、解釈の必要性と混同されてはならない、と指摘したのだった。……要するに、こうした事例にもとづく立法は、憲法解釈としてそれが登場する場合には、憲法としての地位を有し、そのかぎりで憲法的立法を表わす、と言いうるのである。☆24」つまりベッケンフェルデは、連邦憲法裁判所の方法論的自己理解を真に受け、これを「価値の専制」というカール・シュミットのテーゼによって批判しているのだが、法原理を価値と同一視する前提こそが本来の問題であることを看過しているのである。

原理と高次の規範は、それ以外の規範を正当化することができるものであり、義務論的意味をもつ。これに対して、価値は目的論的意味をもつ。妥当《ギュルティッヒ》な規範はその名宛人に対して、等しく例外なしに、一般化された行為期待を満たす行為を要求する。ところが価値は、間主観的に共有された選好として理解されうる。価値が表わすのは、特定の共同体のなかで追求に値するものとされ、目標志向的行為により取得・実現されうる財を、優先されるべきものとして評価することである。規範は二元的な妥当要求によって表現されるのであり、妥当《ギュルティッヒ》であるか妥当《ギュルティッヒ》でないかのどちらかでしかない。規範的命題に対しては、確言的命題に対するのと同様に、「イエス」もしくは「ノー」によって態度決定する——でなければ判断を控えることになる。これに対して、価値は、ある特定の財が他の財よりも魅力的であることを示す優先関係を確定する。それゆえこの場合は、評価的命題に対して程度を加減して同意することができる。規範の当為妥当性は、無条件かつ普遍的な義務の絶対的意味をもつ。当為の内容は、全員にとって等しく善であれと要求する。価値に内在する魅力は、もろもろの文化と生活形式のなかで慣れ親しんだり受け入れられてきたさまざまな財の評価という、相対的意味をもつ。重大な価値決定や高い序列に置かれた選好は、一般的にわれわれにとって（あるいは私にとって）何が善であるかを語る。複数の規範が同一範囲の受け手に妥当性を要求する場合、そうした規範は互いに矛盾はしてはならない。すなわち、それらの規範は首尾一貫した連関を形成していなければならない、つまり体系を形成しなければならない。これに対して、複数の価値は優劣を争う。すなわち、もろもろの価値がある文化もしくは生活形式の枠内で間主観的承認を得るかぎりにおいて、それらは、柔軟で緊張をはらんだ相互関係を作りあげる。

つまり規範と価値は次の点で区別される。第一に、義務的行為にかかわるか、目的論的行為にかかわるか。第二に、妥当要求が二元的にコード化されているか、流動的にコード化されているか。第三に、絶対的拘束力を有しているか、それとも相対的拘束力を有しているか。第四に、規範システムが充足しなければならない基準によるか、価値システムが充足しなければならない基準によるか。このような論理的性質について規範と価値が異なっている以上、その適用についても深刻な違いが生まれてくることになる。

個別事例において、私は私の行為を規範と価値のいずれによって決めるのか。この問題は、いずれを選ぶかによって帰結される行為志向も異なってくる。所与の状況において私は何をなすべきかという問いは、いずれの場合を選ぶにせよ、他方とは異なるかたちで設問され、解答されることになる。規範に照らして決定されるのは、何がなすべきこととして命じられているか、である。価値の地平で決定されるのは、いかなる行動が推奨されるか、である。もちろん、いずれの場合でも適用問題は正しい行為の選択を要求する。しかし「正しい」のは、妥当《ギュルティッヒ》な規範のシステムを前提する場合には、全員にとって等しく善である行為である。これに対して、われわれの文化や生活形式に典型的な価値の序列との関係では、「正しい」のは、われわれにとって、全体的かつ長期的見地から善である行為である。実定化された法は、特定の法領域およびそれに応じて限定された範囲の受け手だけに妥当するため、法原理もしくは法的財では、こうした違いは見過ごされることが多い。だがこのような妥当領域の事実的限定を別とすれば、基本権は、ドゥウォーキンの意味で義務論的法原理として解釈されるのか、それともアレクシーの意味で最適化可能な法財として解釈されるのか、この違いに応じて異なる意味をもつ。基本権は規範としては、全員の等しい利害との関連で規律をおこなう。また基本権は価値としては、個別化された法共同体のアイデンティティと生活形式を表現する象徴的秩序を、他の価値との相互関係のなかで形成する。たしかに法には、目的論的内実も入り込んではいる。しかし、権利の体系により定義された法は、いわば、立法者の目標設定と価値志向を、規範的観点の厳格な優位によって自在に制御する。憲法を具体的価値秩序として捉えようとする者は、その特殊法的な性格を誤解している。つまり、基本権は法規範として、道徳的規則と同様に、義務づけ的行為規範のモデルに従って形成される――つまり、魅力的財に従って形成されるわけではないのである。

概念分析的な考察からすれば、規範と価値の術語上の区別が無意味になるのは、最高の価値ないし財に対して普遍的妥当性を要求するような理論においてだけである――たとえば、古典的な財倫理学のように。その存在論的性質によれば、財と価値は、それ自体として存在する存在者として捉えられる。そうした性質は、ポスト形而上学的思考の諸条件のもとでは、ほとんど擁護することはできない。現代のこの種の理論においては、普遍的だとされる価値や財は、人間の尊厳、連帯、自己実現、自律といった義務論的諸原理がそのなかに難なく認識されるような、そうした抽象的形式を受け入れている。[☆25] 基本権を基本価値として変形して把握するとは、権利を目的論的見地によって隠蔽することを意味する。それは、規範と価値が根拠づけ連関において異なる論証論理的役割を引き受けるという事情を覆い隠してしまう。それゆえ、ポスト形而上学的価値理論は、価値の個別性、価値と価値の間に生じる優先関係の変更可能性、諸価値の相互関係のたんなる地域的妥当性、といったものを考慮する。こうした価値理論は価値を、伝統と慣れ親しんだ文化的価値志向に還元するか、あるいは、価値選択における主観的・意識的性格を強調しようとする場合には、メタ選好および「高次の決意」にかんする実存的決断に還元す

るのである。[☆26]

同じ時期に生じたアメリカの憲法学者の議論では、基本権を一方では法原理として、他方では価値志向として把握する二つの立場の違いが、ドイツでの議論よりもはっきりとしたかたちで現れた。たとえばP・ブレストは議論の概観を試みた論文において、「権利の理論」と「道徳的慣例主義」の見解との対立を際立たせている。[☆27] J・H・エリーは、道徳と法を結合させる憲法裁判を批判するなかで、一方における超実定的権利・理性・中立的な手続き原則に回帰する義務論的基本権理解と、他方における伝統と慣れ親しんだコンセンサスとに関連した価値理論的見解、これら二つを区別している。[☆28]

たとえばマイケル・J・ペリーは、アメリカ合州国において、新アリストテレス主義タイプの価値秩序論を代表している。彼は憲法テクストを歴史的共同体の倫理的自己理解の創設文書であり表現であると解釈しており、そうすることによって、憲法の価値はそのときどきの国民過半数の支配的価値コンセンサスに由来すると見なす道徳的慣例主義から、経験主義的性質を取り去っている。憲法は聖書と同じで、その光のもとで共同体が自己の深き大志と真の利害を認識しうるような、そうした新たな理念を創出するものだ、というのである。「こうした観点からすれば、われわれの政治的生活は、他者との継続的な道徳的討議を含むのであり、それを用いることによって、われわれの実際の選好と対立するわれわれの本当の利害とは何なのか、そしてわれわれはどのようなプロジェクト、目標、理想によってどのような種類の人間であるべきなのか、こうした問題により洞察に富んだ解答を与えることができるのである。……協議による政治とは、自己認識の根本的な道具なのである。[☆29]」憲法裁判は、入れ替わり立ち替わり生起する歴史的挑発に対して憲法の始源的意味を創造的に活性化することで、その始源的意味を解釈学的に再生させるのであるが、こうした価値志向的な憲法裁判においてこそ、市民の倫理的‐政治的自己了解討議はその特徴を最もよく表わす。ドイツにおいてガダマーを継承した法律的解釈学がおこなったよりも、ペリーの方がより徹底して、預言者的教師としての役割を憲法裁判官に見ている。つまりそうした裁判官こそは、憲法創設者の聖なる言葉を解釈することによって、共同体の生活にとって構築的な伝承の連続性を保障する、というわけである。そのさい裁判官は、文言に拘泥してはならないし、多数派の確信に依存してもいけない。「憲法の条項を『解釈』するとは、主として、憲法の大志を再確認し、したがってその意味を妥当なものとすることである――そうした解釈は次のような問題に答えなければならない……すなわち、憲法の大志は当面の紛争にどのような意味をもつのか、その大志が承認されている場合、それは裁判所に何をなすよう要求できるのか、と。[30]」

このような価値にもとづく司法は実際、マウスとベッケンフェルデが連邦憲法裁判所の裁判との関連で分析しているような正統性問題を投げかける。そうした司法は、暗黙のうちに法制定をおこなうようなかたちで規範を具体化しているのであり、この種の具体化によって、憲法裁判は立法と競合する地位に置かれてしまうのである。ペリーは、基本権を義務論的法原則から目的論的法財へと解釈替えをおこなうことで、敢然とこうした帰結を引きだしている。基本権は客観的な価値秩序を形成し、司法と立法者をともに等しく、特定の生活形式のもつ実質的人倫によって拘束するのである。「司法審査とは、協議にもとづく、多数派に対抗するための制度である。[31]」

憲法裁判所が権威ある機関と見なされうるのは、それが憲法によって提供された実質的価値の実現という理念に従っているからである。抵触が生じた場合にすべての根拠が目標設定的論拠の性格を帯びうるとすれば、法規範および法原則の義務論的理解によって法律的討議に築かれていた防禦壁は崩壊してしまう。

個人の権利が財および価値へと変形されるやただちに、それらは個別事例のなかで、同じ地平において互いに優位を競わなければならない。つまり、本質的にあるひとつの価値はそれ以外の価値のおのおのと同様、個別独立的なものなのであって、その一方で、規範は一般化テストによって妥当性《ギュルティッヒカイト》を獲得する。デニンガーの言葉で言えば次のようになる。「価値とは価値によってのみ相対化されうる。だが、価値の優劣を決める作業は論理的な概念分析によったのでは不可能である。」[☆32]こうした理由からも、ドゥウォーキンは権利を、法律的討議において目標設定論拠に対抗するための「切り札」として把握するのである。たしかに、個別事例に決定を下すための具体的根拠づけ連関において、必ずしもあらゆる権利が、いっさいの集合的財に対抗して貫徹されるわけではない。しかし貫徹されない場合というのは、集合的目標の優位そのものが原理に照らして正当化される場合にかぎられる。妥当性の義務論的意味に立脚する場合には、規範と原則は一般的拘束力を主張することができ、特殊的な価値評価の主張をなすだけにとどまらない。それゆえ、そうした規範と原則は、価値よりも大きな正当化の力をもつ。価値は他の価値との序列を事例ごとに変更せざるをえない。そのための合理的基準が存在していない以上、価値の比較衡量は恣意的もしくは無反省的に、慣れ親しんだ基準や優先順位に従っておこなわれることになる。[☆33]

憲法裁判所が価値秩序論を採用しその判決実践の基礎とすればするほど、規範的論拠を犠牲にして機能主義的論拠が優位を占めるようになり、非合理的な判決の危険が増大する。連邦軍や司法の「機能的能力」、特定領域の「平和」、「平和および秩序を維持する組織的権力としての国家の安全性」、連邦友好的行為あるいは「連邦への忠誠」——これらの諸原理およびこれらに類似した諸原理は、たしかに、規範抵触が生じた場合に論拠が法律的討議にもちこまれるための観点である。だがこうした論拠が「ものを言う」のは、そうした目標と財を正当化するための法原理がそうするのと同じ限度にとどまる。最終的に、論証ゲームにおいて切り札となりうるのは、権利だけである。だがこの防護壁は、法原理と、財・目標・価値との反直観的同一視によって崩壊してしまう。「この場合には、憲法上の自由保障は、刑事司法の機能的性能、連邦軍の機能的能力、企業や全体経済の機能的能力など、その内容のみならず全体構造においても相互に対立する『諸原理』と競合する。……連邦憲法裁判所はこれらの共同的財を（他の財と同様に）、立法者がそのときどきの特定の状況下で自由権を制限することで実現せざるをえない、憲法の直接的要請として扱う。[☆34]」

これとは反対に、基本権がその義務論的意味において真剣に受け取られる場合には、基本権はそうした費用－効用－分析にはそぐわないものとなる。これは、「開かれた」規範にも当てはまる。それは、条件プログラムのように容易に同定されうる標準事例に関係づけられているのではなく、適用時に不確定性が発生することを見越して定式化され、明らかに方法論的「具体化」を必要とする規範である。こうした規範は、まさに適用討議において一義的な確定性を与えられる。他の法規定との衝突の場合に、競合する価値がそれぞれどの程度充足されるかについて、決定する必要はない。すでに示したように、むしろ課題とされるのは、いちおう適用可能な規範のなかから、いっさいの有意味な観点のもとで最大限解明された適用状況に最も適合する規範を見いだすこと、である。そのさい、その確定された規範と――それ以後の妥当性《ギュルティッヒカイト》がなくなるわけではないが――退けられた規範との間には、規則システムの首尾一貫性が全体として損なわれることがないように、有意味な連関が作りだされねばならない。競合する価値の場合は最適化命令としてそれぞれが異なる程度「充足」されるが、確定された規範と退けられた規範の相互関係はそれとは異なるのであり、「適切」な規範と「不適切」な規範というかたちをとる。そのさいの適切性の意味とは、妥当《ギュルティッヒ》な規範から導出された固有の判断の妥当性《ギュルティッヒカイト》のことに他ならず、このような判断によって、根本にある規範ははじめて「充足される」のである。

原理を志向する裁判は、いかなる要求といかなる行為が当該紛争において正しいかを判断しなければならない――財どうしの均衡関係や価値どうしの相互関係については判断しない。たしかに、もろもろの妥当《ギュルティッヒ》な規範は柔軟な関係構造体を形成しており、そこでの規範どうしの相互関係は事例ごとに変容しうる。だがこの変容は、あくまで首尾一貫性を保持したうえでのことにすぎない。つまり、その理念上あらゆる事例に対して正しい解決を可能にするそれ自体として調和したシステムにすべての規範を集約すること、これを保障する首尾一貫性は保持される。判断の法的妥当性が有するのは、命令の義務論的意味であって、所与の状況下にわれわれの願望の地平で達成可能なものの目的論的意味ではない。そのときどきにおいてわれわれにとって最善のものが、そのまま、全員にとって等しく善いものであるとはかぎらないのである。

(2) 憲法裁判権の正統性問題との関連では、こうした方法論的考察からすると、誤った自己理解とその実践的帰結は批判されるが、憲法異議の合理的決定の可能性そのものは批判される必要はない、ということになる。なぜなら法原理の解釈は、原則的に、たんなる規範(その適用が、明確に規定された状況に条件的にあらかじめプログラムされていないかぎりにおいて)の解釈と区別されないからである。いずれにおいても、その適用過程において、必ずしも合理性の欠如が発生するわけではない。構成的解釈の複合的な進展過程は、たしかに手続き法的に規範化されるものではない。だがその進展過程は、法的に制度化された適用討議の手続き的合理性の統制には服する。いずれにせよ、個別事例から出発する憲法裁判は、妥当《ギュルティッヒ》なものとして前提された(憲法)規範の適用だけをおこなう。それゆえ、規範適用討議と規範根拠づけ討議との区別は、司法と立法がそのつど正統的に扱いうる課題を論証論理的に区別する基準を提供する。

ヒエラルキー的な段階をもつ決定構造は、そのつどの決定手続きにとって基準となる正統化根拠が、より高い段階の権限の議決によってあらかじめ与えられていることを、保証するとされる。原理により導かれた裁判はそれ自体としては、必ずしもこのような決定構造を侵害するものではない。インゲボルグ・マウスは、権力分立の論理を、自己言及的に閉じた正統化過程の循環をあらかじめ断ち切るためのものだと解している。「決定過程のいかなる段階においてであれ、政治権力は、自らが制定した法によって正統化されうるものではない。立法者は、憲法の手続き的過程の尊重、そしてこの過程に先立つ現実の国民意思によって正統化されるのであって、立法者が自ら制定するたんなる制定法によって正統化されるわけではない。だが法適用機関はたんなる法により正統化される。そしてまさにそれゆえに、法適用機関はみずから法を制定してはならない。同時にこうした構造によって、決定の具体的な受け手は、法治国家的審級構造上、異なったレベルの無知を甘受せざるをえないことになる。……」[35] 憲法裁判所が政治的立法者と同様に「憲法の手続き的命令に」拘束されるという事情は、司法と立法者が競合すべき同一地位にあることを意味するのではない。憲法裁判所にとって、憲法から引きだされるべき正統化根拠は法適用のパースペクティヴからあらかじめ与えられている——それは、自己の政策を追求することにより、権利の体系を解釈し具体化する立法者のパースペクティヴからのものではない。憲法裁判所は、立法者が議決の正統化のために用いた一連の根拠を、妥当な法原理と調和する首尾一貫した個別事例の決定のために動員しうるよう、再検証するのである。しかし、そうした根拠が、権利の体系の裁判所による直接の解釈と具体化、つまり暗黙の立法のために用いられ、そうすることで憲法裁判所がそれらの根拠を自由に用いるなどということがあってはならないのである。

ある規範について、首尾一貫した適用、つまり憲法に合致した適用が不可能な場合には、当然、抽象的規範統制が問題となる。それは原則的に、立法者のパースペクティヴからなされねばならない。こうした規範統制は裁判官の審査権の枠内で行使され、規範の廃棄だけを帰結するものであって、立法者に対してなんらかの要請をするものではないが、この点において、ドイツ連邦共和国およびアメリカ合州国には、既存の制度的権限配分を肯定する語用論的・法政策的根拠が存在する。この場合、憲法裁判所が発揮する機能は、憲法の建築術および権力分立論理によれば、憲法裁判所への立法者の自己統制の委譲として把握されねばならないが、このような機能を裁判所が発揮することの民主的正統化の必要性は、憲法裁判所裁判官についての議会の任命や承認で十分だと言えるのか、こうしたことがさらに問題になる。

だが、権力分立の正しい制度化の問題がどのように評価されるにせよ、「基本権は国家権力に対抗するための主観的自由権にすぎず、法のすべての領域に対する拘束力ある客観的な原則規範ではない」[☆36]とする自由主義的国家観へ立ち戻ることは、必要でもなければ可能でもない。アメリカの憲法論議には、主観的権利と客観的法の対立は存在しない。すでに広く実現された社会国家的妥協の諸条件のもとでは、法治国家のみならず民主的法治国家、したがって法共同体の自己組織化の理念を固守することが意図されるようになったが、そこではもはや憲法は、まず国家と市民の関係を規律する枠組秩序として理解されるものではない。行政権力だけではなく、経済権力および社会的権力も法治国家的規律を必要とする。その一方で憲法は、文化的・社会的多元主義のもとでは、社会にアプリオリに特定の生活形式を付与する具体的全体秩序として把握することもできない。むしろ憲法とは、国家市民がその自己決定を実現するにあたり、共同的で、かつ成功を見込めるような、正しい（正確にはそれぞれにとってより正しい）生活関係を作りだすというプロジェクトを追求しうるための、政治的手続きを確定したものである。制定法の民主的成立の手続き条件だけが、制定された法の正統性を保障するのである。このような民主主義的背景理解を前提すると、憲法裁判所の権限にも、憲法裁判所は国民の私的自律と公的自律を可能にする権利の体系を保護すべきであるという、権力分立の法治国家的意図に合致した意味が付与される。複数の国家権力の分離と相互依存という古典的図式は、もはやそうした意図に合致していない。なぜなら、基本権の機能はもはや、自由主義的法パラダイムに内在する社会理論的想定に依拠してはいないから、つまり本質的に、国家機構の干渉から私的自律的な市民を保護することだけに限定されえないからである。私的自律は、経済的権力や社会的権力を握る立場の者たちによっても脅かされており、それ自体としては、いかなるやり方で、いかなる程度、市民が民主的国家市民のコミュニケイション的権利および参加権を効果的に主張しうるか、ということに左右される。それゆえ、憲法裁判所は争われている規範の内容を、なにより、民主的立法過程のコミュニケイション前提と手続き的諸条件とに関連させながら審査しなければならない。そのような手続き主義的憲法理解は、憲法裁判権の正統性問題に民主主義理論の見地からのアプローチを可能にしてくれる。この点において、アメリカでの論議はドイツのそれよりも生産的である。

たしかに、この問題にかんしてJ・H・エリーが提唱した構想は、裁判に懐疑的な立場からのものであり、道徳的もしくは倫理的な由来をもつ法原則への志向そのものから、裁判を切り離そうとするものである。エリーが出発点とするのは、アメリカの憲法はなにより組織化問題と手続き問題を規律するのであり、基本価値の実現と執行を対象とするのではない、ということである。彼の見解によれば、実質的規制ではなく形式的規制(平等の保障やデュー・プロセスなど)が憲法の核心をなす。「われわれの憲法はつねに、本質的に自由の保障に腐心してきた。……それに対応するための原理とは、広範に及ぶ一連の手続き的保障によって、そしてなおより入念な図式によって、重要な決定のさいに平等な基盤への接近という点で決定過程が全員に開かれていることを保障するようデザインされているのであり、決定作成者は、彼らの決定がもたらすすべての利害を考慮するよう義務づけられている。[37]」それゆえ、連邦最高裁が憲法遵守を監視するのであれば、民主的過程の正統化の効果を生みだす組織化規範と手続き規範をなにより重視しなければならない。この裁判所は、民主的法共同体が自分自身を組織化するための開放的な意見形成・意思形成の過程の「経路」が停滞しないよう、配慮しなければならない。「民主的過程における停滞の解消は、裁判所による審査の主要な課題である。[38]」

このパースペクティヴからすれば、民主的意思形成にとって構築的なコミュニケイション的権利と参加権こそが根幹的な地位にある。たとえば人種的・宗教的少数派、社会的周辺グループ、障害者、ホモセクシュアル、老人、若者等々を差別する恐れのある制定法は、内容的に平等原則に抵触するだけにとどまらない。こうした平等に扱われるべきもろもろの集団についての暗黙の不平等な分類を、エリーはむしろ手続き的観点から考察し、民主的手続き条件の阻害された政治過程の帰結として把握している。それゆえ、抽象的規範統制はなによりまず、制定法の民主的生成の諸条件に関係づけられる、とされる。民主的生成の諸条件とは、まずはマス・メディアにより支配されたコミュニケイション的構造、次いで、異論を開陳し、形式的に平等な参加権を効果的に主張する事実的チャンス、そして最後に、議会の地平、主題・根拠・問題の幅広さ、議会での審議で取り扱われ、議決された規範の根拠づけで考慮される価値と利害、これらにもとづいた、それぞれの重要な集団・利害状況・価値志向のすべての平等な代表、である。エリーは、専制的多数に対する自由主義的不信感に、手続きの見地から驚くべき転換を施した。彼は形式的に許容された多元主義の事実的諸制約を取りあげ、仮想的代表という古典的観念を用いることによって、技術的に代表されてはいるが実際は排除されたり、阻害されている少数派のために、機会平等的な参加を強く主張している。規範生成の審査とは、執行と立法の権力分割を対象とするのであり、しかもそれは、行政による制定法プログラムの執行だけではなく、権限を十分に利用せず行政に明け渡してしまう、立法者の許されざる消極的姿勢をも対象とする。「それゆえ裁判所は、現に実在する立法政策的命令に行政官僚が従うことだけではなく、そうした命令が制定されていることも、保障しなければならない。[☆39]」

エリーはこうした手続き的憲法理解によって、「司法的自己抑制」を根拠づけようとしている。彼の見解によれば、憲法裁判所が非党派性を維持しうるためには、その解釈の中身を道徳的価値判断によって満たすという企図を放棄しなければならない。エリーの懐疑は価値にもとづく司法だけではなく、ドゥウォーキンの構成的解釈の意味での原理志向的解釈にも等しく向けられている。エリーは自身の理論について原理の妥当性を前提し、徹底して規範的内実をもつ手続き原理への志向を裁判所に推奨しなければならないのだから、これは一貫性を欠いている。民主的手続きそのものの概念は、全員に対する平等な尊重という意味での正義原理によって支えられている。「その論拠とは、決定を作成する制度の基底的正義は、その影響を受ける全員が、哲学者のいわゆる道徳的普遍化可能性もしくは相互性によって十分に取り扱われているかどうかによって決められねばならない、ということである。[☆40]」しかし、だからといって、民主的意思形成の組織と手続きのもつ正統化の力を根拠づける原理が、その手続き的性質のゆえに十分熟知されえず、権利の実体的理論により補完されねばならない、ということにはならない。[☆41]だがそれによって、裁判懐疑的態度についての別の根拠が消失するわけではない。

エリーの懐疑は正当にも、憲法裁判権のパターナリズム的理解に向けられている。それは、権力闘争と感情的な多数派意見に左右される立法者の非合理性に対する、法律家の間で支配的な不信感から生まれてきた理解である。この見解によれば、憲法裁判所の法創造的判決活動は、政治からの隔たりと専門家討議の高度な合理性によって正当化される、ということになろう。「他の政府機関の推論方法は、基礎となる原理の整備にあたって明確な一貫性を要求することによって構築されているのではないし、その非党派的執行の制度的独立によって保障されているのでもない。[☆42]」実際には、法律的討議は比較的高度な合理性の推定を自負することができる。なぜなら、適用討議は規範適用の問題に特化したものであり、全体として当事者と非党派的な第三者という古典的役割分担の枠組みで制度化されているからである。だがこの同じ理由からして、法律的討議は、規範と目標設定の根拠づけを目的とし、すべての関与者の考慮を求める政治的討議に代替されうるものではない。それだけに、政治過程に内在する合理性は解明を必要とする。政治的意見形成・意思形成の手続き的正義という根幹的構想には民主主義理論は不可欠なのであるが、エリーの場合これは背景に押しやられており、それが認識されるかぎりでは、むしろ保守的な性質を与えられている。

Ⅲ　政治の自由主義的、共和主義的、手続き主義的理解における憲法裁判の役割

アメリカ合州国では、憲法学者たちの間での憲法裁判の正統性をめぐる論争は、法学方法論的観点よりも政治学的観点の方が勝っている。憲法裁判所と民主的立法者の分業についての討議では、とりわけ立法過程の評価、そして憲法がこの過程にどの程度の合理性を要求するかという問題、つまりこの合理性はそもそもどこに存在しうるのか、そして存在すべきなのか、という問題によって、論者たちの立場は分かれている。この問題は法理論の枠内では、たしかに経験的想定を背景としつつも、規範的観点、すなわちアメリカの憲法伝統において二つの権力の争いあう関係がどのように考察されてきたかという観点から、論じられている。

抽象的規範統制の課題との関連で、フランク・I・マイケルマンはエリーと同様に、憲法裁判所は、政治的立法に干渉し、議会により可決された規範を無効とする場合、国民の自己決定権から導かれた二次的権威に依拠しうるにすぎないことを前提している。この場合、憲法裁判所は、手続き的憲法理解を前提したうえで――いっさいの法制定権限の源泉としての――国民主権の援用を正当化する根拠のみを用いてよい、とされる。「もし共和主義的な憲法解釈の可能性が、国民による継続的な規範的討議による法の成立に依存するとすれば、憲法裁判官は、法を創造する国民活動の維持を手助けすることにより、そうした解釈の可能性を実現するということになる。共和主義的憲法学は、ローレンス・トライブの言う（そして批判もしているのだが）『手続き基底的』なそれであり、いわば、エリーのいわゆる……『代表制の再強化』としての司法審査の正統性に準拠したものなのである。」[☆43]だが、「共和制的」という形容の強勢的使用は、エリーの民主主義理解との距離を物語っている。マイケルマンは、アリストテレス[☆44]の『政治学』の伝統に依拠している。この伝統は、ローマの哲学とイタリア・ルネサンスの国家思想を経て、ルソーにおいて近代的自然法のかたちをとっただけではなく、ホッブズの論敵、ジェー

ムズ・ハリントンを通じて、ロック的リベラリズムの代替案としてアメリカでの憲法論議にも導入され、合州国創設者たちの民主主義理解にも刺激を与えた。[☆45] こうした共和主義的思想の潮流は、近代自然法のように法律学的な語彙を用いるのではなく、古典的な倫理学と政治学の言語を用いるのであり、J・G・A・ポーコックはこれを国家市民的ヒューマニズムとして整理している。[☆46]

ローマ法の諸概念は、近代においては、市民の消極的自由を定義するために役立った。それは、私人を除外し行政によって行使される政治的支配の干渉から、私人の財産と経済的取引を保障するためのものだった。その一方で、古典的な倫理学と修辞学の言語が示すのは、平等な権限にもとづいて参加する国家市民の積極的自由が実現されるような、政治的実践のあり方である。[☆47] 共和主義的な「政治」概念は、生命・自由・財産にかんして、私人たる市民に国家により保障された権利に関係づけられるのではなく、なにより、共同によって成り立ち、自分自身を統治する共同体の自由で平等な構成員として解されるような、公共の福祉を志向する国家市民の自己決定的実践に関係づけられる。この場合、法と制定法は、公共的な事柄への積極的参加という徳が広く実現されうるポリスの倫理的生活連関に比べて、二次的である。そうした国家市民の実践において、人間は、その類のテロスを実現することができる。[☆48] そこでマイケルマンは、アメリカの憲法創設者たちの論議、憲法テクストそのもの、[☆49] 現代の憲法裁判、[☆50] これらに共和主義の痕跡を探りだし、これを基に政治過程とその手続き的諸条件について規範的内実をもつ概念を明らかにしようとしている。彼は「共和主義」パラダイムといわゆる「自由主義」パラダイムの対立を設定し、そうすることによってこれらを憲法解釈の二つの伝統と解しつつも、憲法現実において互いに競合する二つの潮流であると特徴づけている。

両者の間の決定的相違は、民主的過程の役割の理解にある。「自由主義《リベラル》」——私はこの単純ではあるが、アメリカの議論ではよく知られた用語を用いる——の立場によれば、民主的過程は、国家を社会の利害という観点からプログラム化するという課題を果たす。この場合、国家は公的行政の機構として、社会は私人とその社会的労働の市場経済取引システムとして観念される。そのさい政治（市民の政治的意思形成という意味での政治）は、集合的目標のための政治的権力の行政的使用に特化した国家機構に対して、社会的な私的利害を集約し貫徹する機能をもつ。これに対して共和主義の立場によれば、政治とはそうした媒介的機能だけをおこなうのではない。つまり、政治はむしろ社会化過程全体を形づくるものである。「政治」とは倫理的生活連関の反省形式として把握される――つまり、いずれにせよ自然発生的連帯共同体の構成員がその相互依存性を十分に理解し、国家市民として、明確な相互承認と自由で平等な法仲間の連帯的結合との直接的関係を継続形成し具体化する、そのための媒体として把握されるのである。このような見解では、国家と社会の自由主義的関連は、重大な変化を被る。国家の高度な権力のヒエラルキー構造をもつ執行メカニズム、そして市場の脱中心化された規律メカニズムと並んで、つまり行政権力と個々人の自己利害と並んで、連帯と公共の福祉への志向が社会的統合の第三の源泉として登場するのである。したがって、水平的な次元の、了解もしくはコミュニケイション的に追求される合意に立脚した政治的意思形成が、発生論的に見ても規範的に見ても、優先されるべきである。国家市民の自己決定実践にとって、公的行政と市場に媒介された私的取引とは無関係な、自律的な市民社会《ツィヴィールゲゼルシャフト》的基礎が想定される。この基礎のおかげで、政治的コミュニケイションは、国家機構に吸収されたり、市場の構造に同化させられたりすることを免れる。こうした共和主義的概念においては、政治的公共圏およびその下部構造たる市民社会《ツィヴィールゲゼルシャフト》は戦略的な意味を獲得する。つまり、これらは国家市民の了解実践にその統合力と自律性を保証すべきである。[☆51] 現代の用語で言えば、政治的コミュニケイションを経済社会から脱カップリング化することによって、政治的意見形成・意思形成から生まれたコミュニケイション的権力への行政権力の再カップリング化が可能になる、ということになろう。これら対立する二つの立場から、政治過程の評価について次のような帰結を導くことができる。

（ａ）第一に、国家市民の概念に違いが生ずる。自由主義的見解によれば、主として、市民の地位は、国家および自分以外の市民に対して主張されうる消極的権利を尺度として規定される。市民は、制定法によって引かれた限界内部で私的利益を追求するさい、そうした消極的権利の担い手として国家の保護を受ける――さらに制定法による介入の留保を超過した国家的干渉に対する保護を受ける。この政治的権利は、その内部で法的人格が外的強制を免れる選択範囲を保障する主観的私権と同一の構造をもつのみならず、同一の意味をも有する。こうした権利は、国家市民が自らの私的利害を主張する可能性というものを付与するのだが、その結果、そうした私的利害は、投票・議会の構成・政府の形成を経て、行政に作用する政治的意思というかたちで最終的に集約される。このようにして国家市民としての役割を果たすことを通じて、国家権力が私人としての市民の利害を考慮しているかどうかを、市民がコントロールするのである。[☆52]共和主義的見解によれば、市民の地位は、私人と同様に要求しうる消極的自由をモデルとして規定することはできない。国家市民的権利、とくに政治的参加権とコミュニケイション的権利は、むしろ積極的自由である。これらの権利が保障するのは、外的強制からの自由ではなく、共通実践への参加の可能性である。そうした参加を行使することによって、市民は自らが欲する存在になりうる――つまり自由で平等な存在の共同体の、政治的に自律的な創造者となりうる――というわけである。そのかぎりで政治過程は、私権と前政治的自由を行使する点であらかじめ社会的自律性を獲得している市民による、国家活動の統制に寄与するだけではない。また、行政権力は自然発生的権力ではない、つまり所与のものではないのだから、政治過程は、国家と社会の間で蝶番のような機能を果たすわけではない。むしろ行政権力というものは、国家市民の自己決定実践においてコミュニケイション的に産出された権力から生みだされるのであり、公共的自由の制度化を通じてそうした自己決定実践を保護する点で正統化される。[☆53]国家の実在の正統性は、平等な主観的権利の保護にあるのではなく、いかなる目標と規範が全員の共通利害に適しているかを自由で平等な市民が了解しあうための、包括的な意見形成・意思形成の過程を保障することにある。したがって、共和主義的理解によれば、国家市民には、各自の固有の利害への志向以上のことが要求される。

（b）主観的私権の担い手としての法的人格の古典的概念にかんする論争を取りあげると、法そのものの概念をめぐる違いがはっきりする。自由主義的な立場からすれば、法秩序の意味とは、いかなる個人にいかなる権利が帰属するかを、法秩序は個別事例において確定することが許されている、という点にある。ところが共和主義的な立場からすると、主観的権利は、平等な権限をともない、自律的で、相互の尊重にもとづく共同生活の純一性を可能にすると同時に保障する客観的法秩序に由来する、ということになる。前者では、法秩序は主観的権利から出発して構築され、後者では、むしろその客観的内実のほうが優先される。このような二元的概念形成によったのでは、市民が相互に承認しあう、討議理論的に把握された権利の体系の間主観的内実は、捉えることができない。この場合、権利と義務の相互的尊重は、対等な承認関係において根拠づけられる。しかし、共和主義はこうした法概念とは近似している。というのも、こうした法概念は、個人の純一性とその主観的自由であれ、個々人が個人であると同時に構成員としても相互に承認しあう共同体の純一性であれ、いずれにも同等の重要性を認めるからである。共和主義は、制定法の正統性をその生成の民主的手続きに結びつけ、そうすることによって、国民の自己決定実践と制定法による非人格的支配との内的連関を保証する。「共和主義者にとって、権利とは究極的に、支配する政治的意思を維持するための決定に他ならない。他方で、自由主義者にとって権利とはつねに、超政治的な理性や啓示という『高次の法律』に根拠をもつ。……共和主義者の見地からすれば、共同体の目的、共通善とは、実質的には、次のような政治的目的の成功にある。つまり一連の（制定法よりもむしろ）権利を当該共同体の状況と習俗に適するように定義・確立・実施し、維持する、という目的である。これに対して自由主義者の見地からすれば、高次の法律にもとづく権利が超越論的構造を供給し、権力の必要な制限を提供するので

あり、その結果、多様で衝突する利害の多元的追求は可能なかぎり十分に促進されることになる。」[☆54]

積極的自由として解釈された選挙権は、政治的自己決定のために構築的意義をもつのみならず、平等な権利をもつ者の共同体への包含が、自律的発言と自己の態度決定への個人的権利とどのように関連しているかを、その構造上示唆するものである。それゆえ、そうした選挙権は権利そのもののパラダイムとなる。「われわれ全員が互いの市民権の承認を重視する、というのがその要求である。なぜなら（i）われわれの選択は共存による生存か分離による生存のどちらかであり、（ii）共存による生存とは、他の人びとにより留意されたところの、ある者の致命的利害を握ることについての、全員に対する相互保証にもとづくのであり、（iii）非常に多元化が進んだ現代アメリカ社会ではそうした保証を達成するには……誰もが投票をおこなえる政治の外観を少なくとも維持しなければならないからである。」[☆55] こうした構造は、政治的権利が構築する立法過程を通じてすべての権利に波及する。自由に選択された私的目標の追求についての私法上の権限であっても、全員の平等な利害を考慮して合意された戦略的行為の限界に従わねばならない。

（c）このように国家市民の役割と法について異なる把握が可能なのは、両者の間に、政治過程の性質について根本的な対立があるからに他ならない。自由主義の立場からすれば、政治とは主として、行政権力を自由に扱う地位をめぐる闘争である。公共圏および議会における政治的意見形成・意思形成は、権力的地位の維持・確保をめぐる、戦略的に行為する集合的行為者の競争により規定される。その成否を決めるのは、人物と綱領に対して投票により示される市民の賛意である。有権者は投票によって自分の選好を示す。選挙の結果は、成果志向的な市場参加者の選択行為と同一の構造をもつ。同様の成果志向的態度によって政党が追求する権力的地位の獲得が、選挙の結果を通じて可能になるのである。インプットとしての投票とアウトプットとしての権力には、戦略的行為という同一の範型が対応する。「協議とは反対に、戦略的相互行為は共同性よりも調整を目的としている。結局のところ、それは他人の利益をなんら考慮しないことを説く。その手段は、交渉であって議論ではない。その説得の手段は、要求でも根拠でもなく、サーヴィスや利益提供の状況に応じた提案である。投票や契約として形式的に整えられているか、それとも社会的態度という非公式なかたちでの実施にすぎないかはともかく、戦略的行為の結果というものは、根拠にもとづく集合的判断ではなく、さまざまな力の場におけるその集合体を表わす。[☆56]」

共和主義の立場からすれば、公共圏および議会での政治的意見形成・意思形成は、市場の取引過程の構造に従うのではなく、了解志向的な公共的コミュニケイションの独自の構造に従う。国家市民の自己決定実践という意味での政治にとって、パラダイムは市場ではなく、対話なのである。「対話のコンセプトは——おそらくはこれは理想化して言うべきであろうが——政治を規範的活動と見なす。それは政治を、価値の問題をめぐる争いとして捉え、たんなる選好の問題としては捉えない、ということである。すなわち政治を、意思の過程ではなく推論の過程として、力の過程ではなく説得の過程と見なすのであり、財をめぐる論証、もしくはいずれにせよ、人びとの社会的関係および社会的性質にかんする諸局面を秩序づける合意を、直接の目的とする。[☆57]」このような観点から見ると、政治的コミュニケイションにもとづいて討議により形成された多数派意見の形態をとるコミュニケイション的権力と、国家機構が用いる行政権力との間には、構造的な違いが存在する。国家的権力的地位をめぐって争う政党ですら、政治的討議の協議的スタイルと固有の論理には従わねばならない。「協議とは……社会的共同のためのある態度に関連している。つまり、自分自身の要求と同じように他人の要求にかんしても、根拠による説得に開かれている態度のことである。そうした協議の媒体とは、視点の十分に公正な交換である——参加者の発言も含まれる——……そこには、彼らの相互的で重要な利害にかんする彼ら自身の了解についての、そこでは、もしなんらかの投票がなされるとすれば、そうした投票は判断の合算を表わしている。[☆58]」それゆえ、政治的アリーナでの意見の争いが正統化の力をもつのは、それが権力的地位への接近を可能にするから、というだけではないのである。むしろ、継続的におこなわれる政治的討議は、政治的支配の行使のあり方にも拘束力をもつ。行政的権力は、民主的過程から生みだされた政策という基盤の上でのみ、そして制定法の限界においてのみ、行使されうるにすぎない。

(d) 政治にかんする共和主義的理解からすると、最終的には、制度化された意見形成・意思形成に正統化の力を付与する手続き条件の精密化が必要である。それは、政治過程が、理性的な結論を生みだすという推定を得るための諸条件に他ならない。市場競争をモデルとするような権力をめぐる競争は、最適な戦略の合理的選択をその特徴とする。政治過程においてせいぜい同等のものとして集約されるにすぎない前政治的価値と利害は、解消不能な多元的構造をもっており、そのため政治は理性の倫理的・道徳的使用を喪失する、ということになる。こうした理性に対する自由主義的懐疑は、政治的討議の力に対する共和主義的な信頼とは正反対のものである。政治的討議は、欲求解釈と価値志向だけではなく、前政治的自己理解と世界理解そのものまでをも主題化し、説得力をもって変更することができる。討議条件とは、自分以外の構成員のパースペクティヴもしくは他の全員のパースペクティヴをとるよう万人に対して要求するのであるが、こうした討議条件のもとでは、当初の態度決定に対して、合理的に動機づけられた変更が可能なのである。そのような討議による意見形成・意思形成過程の参加者として、国家市民は、政治的自己決定の権利を行使する。「多元性を前提とするならば、次の三つの事柄がそろう場合に、政治過程は、ある社会的規範を自らに与えた制定法であると確認することができる。すなわち(i) 政治過程への参加が、参加者の一部(ないしはすべて)にかんする重要な了解について、なんらかの修正もしくは調整を帰結すること。(ii) 次のような一連の規範的な社会的・手続き的諸条件が存在していること。すなわち、その諸条件の遵守、たとえばある者の了解についての対話による修正が、強制や干渉、ある者のアイデンティティや自由への暴力と受け取られたり経験されたりしない。（iii）そうした諸条件が、法の成立経路とされる過程において実際に維持されていること。[59]」

（2）以上で立法過程の協議的要素の「共和主義的」意義を明らかにしたことにして、ふたたび憲法裁判の正統性の問題に立ち戻ることにしたい。われわれは、エリーの手続き主義的な提案をより洗練させて把握することができよう。政治の共和主義的理解と言えば、権利の体系と国家市民の政治的自律性との内的連関を想起しなくてはならない。このパースペクティヴからすれば、憲法裁判所がその権限の枠内で追求しなければならないのは、法制定過程が、正統性を付与する協議政治の諸条件のもとで実施されること、これである。そのうえ協議政治は、政治的アリーナの高度なコミュニケイション前提に結びつけられるのだが、そうした政治的アリーナとは、議会において制度化された意思形成の領域だけにとどまらず、政治的公共圏、そして文化的コンテクストおよびその社会的基礎にまで及ぶのである。一方における、手続き法的に制度化され、決定のためにプログラム化された議会での意思形成、他方における、政治的コミュニケイションの非公式的循環による政治的意見形成、これら両者の共同作用があってはじめて、協議的自己決定実践が実現されうる。有意義な指摘、主題と発言、問題提起と提案といったものは、幅広いさまざまな意見のうち、体制寄りの中心部よりも周辺部から発せられる。「したがってその提案とは、法による政治的自由の追求には、他者、つまりこれまで除外されていた者を包含する『われわれの』（合州国最高裁の）恒常的努力が不可欠である、というものになる——これが実際に意味するのは、自己意識を覚醒させた社会集団の、それまでの声なき声を法律学を通じて言い表わす、ということである。[60]」

　立法の協議的様式と行政の制定法への準拠を脅かすという点では、私的社会的権力の特権化された影響であれ、独立した官僚制であれ、変わるところはない。しかしアメリカ合州国では、フェデラリストとアンチ・フェデラリストとの有名な論争以来、一般的利益を犠牲にしつつ国家機構を通じて私的目標を追求する利益集団の影響が、中心的な問題とされている。国家と社会の分離の原理に反するこれら社会的諸権力の専横に対する古典的戦線においては、刷新された共和主義もまた、憲法裁判の役割を協議的民主主義の番人として捉えている。「政治的権力の保有を理由に私的集団に負担を課したり利益を容認する考えを否定すること、このことによってアメリカの立憲体制は成り立っている。つまり、公的価値とは、政府の活動について要求されるのである。……この規範が……意味するのは、たとえば、たんなる利益集団の処遇を規定する制定法は詳細厳密に規定すべきだ、ということである。あるいはこの規範が意味するものとしては、裁判所は、政府における協議を促すような解釈戦略を採るべきだ、ということもある――たとえば、協議が欠けているように見える場合には、立法府や行政機関によって再考がなされるよう、裁判所は、憲法的に重要な利害や集団にかんする諸問題を差戻すのである。[☆61]」

C・R・サンスティンは、裁判所がこのような協議的政治の番人の役割を演ずることにより生ずる帰結のいくつかを論じている。合州国最高裁は、立法者が規制を要する対象の「理性的分析」を怠ったことを根拠としつつ、「差別的分類」のゆえに制定法を無効としたことがあるのだが、彼はこの場合の規範統制手続きを出発点としている。サンスティンはそのときの事例を一般化して「理性的分析の要求」を導いているが、これは、立法過程が討議の態様をもつことを意図する要求なのである。「必要とされるものは、代表者たちが協議をおこなおうとしたかどうかを評価するために立法府をさらに監視する法律学、である。[☆62]」そうした評価の基準は、意見形成・意思形成の討議的性格、とりわけ、公共的に主張可能な根拠と議会の交渉の枠内では主張されえない私的利害のうち、いずれが立法府の議決にとって決定的であったのか、という問題である。「こうしたアプローチのはっきりした特徴のひとつは、立法過程の帰結が二次的意味しかもたない、ということである。重要なことは、そうした帰結を産みだしたのが――私的権力により歪曲されていない――協議であったのかどうか、ということなのだ。[☆63]」

この見解に含まれる長所とは、裁判所は、正当化のための政治的根拠を自由に利用することはできないものの、仮定上の根拠を引き合いにだす必要がなく、事実的にあらかじめ規定された根拠に依拠することができる、というものである。立法者の議決が実際には不当な圧力の影響を受けている場合であっても、客観的根拠は制定法の正当化のために作用してしまうのではないか、という異論に対して、サンスティインは説得力のある反論で対応している。つまり市民自身にとって、市民がやむなく不利益を甘受せざるをえないような正統的な目標が、別の動機をもつプログラムの副産物にすぎないのか、それとも、正統性を根拠づける協議過程の結果として立法を規定しているのか、この違いは規範的に重要な意味をもつ、というのである。

憲法裁判所が立法の権限にどこまで介入してよいのかという問題について、共和主義的な政治理解からはあまり明確な答えを引きだすことはできない。サンスティインの観察によれば、合州国最高裁は「理性的分析の要求」を、立法府の議決よりも行政の問題ある措置に対してより強く主張している。このような自己抑制が根拠をもちうるのは、合理性の統制が、根拠づけ過程の様式と関連づけられるのではなく、たんなる修辞的口実にすぎない実質的根拠と関連づけられる場合である。合州国最高裁は、政治的立法者に対して、イデオロギー批判者の役を演じられるなどと思い上がってはならない。そうした仕草もやはり同様のイデオロギーの嫌疑をかけられるのであり、それ自体として、政治過程の外部でなんら中立的地位を占めるものではないのである。興味深いことに、共和主義は、たしかにラディカル・デモクラシーを期待させはするが、司法的自己抑制の弁護人となりうるわけではない。むしろ共和主義は、憲法裁判所の積極主義の支持者である。なぜなら、憲法裁判は、共和主義の理念と憲法的現実との間に横たわる隔たりを埋めるものとされるからである。協議的政治がアリストテレス的政治学の精神により新たに解釈しなおされるならば、この構想は、公共の福祉を志向する国家市民の徳に依拠するということになる。そしてこのような徳の必要性は、社会国家的大衆民主主義において実際に見られるような民主的過程を、道具主義的に歪曲された政治、「堕落した」政治という、生気のないかたちで捉えることになってしまう。

別とはいえ類似した連関において、ブルース・アッカーマンは、合州国最高裁を理念と現実の媒介者と位置づけることによって、事実性と妥当性のそうした外的緊張関係を処理している。彼は、クーンの提唱した科学発展の過程モデルに拠りつつ政治的革新の浮沈を捉えるという、興味深い提案をしている。新たなパラダイムへの突破によって「革命」が引き起こされる稀有な瞬間に「通常《ノーマル》の」科学的営為は途絶する。他方、官僚制的に独立化した政治的経営の通常《ノーマル》の過程は、自己の利害により操作され、戦略的に遂行される権力闘争という自由主義的説明に対応するが、このような過程にも、科学的営為と同様の「革命」による途絶が生じうる。歴史が加熱して「憲法政策的刺激の生起した瞬間」にのみ、「国民」は国家市民的私事中心主義の通常状態から抜けだして、官僚制にもっぱら委ねきっていた政策を自らの手中に取り戻し、未来志向的革新のために、一時的に、それまで予想されなかったような正統化基準を――たとえばニューディール時代のように――作りだす。[☆64] このような民主的自己決定の生気論的解釈は、長期の潜伏期間中に休眠している国民意思というものを、国民意思により選挙された代表者による制度化された立法と、対比させるものである。そうした潜伏期間のあいだ、連邦憲法裁判所の裁判官は、実際に停滞状態にあり、議会業務のルーティン化によって硬直化した自己決定実践の番人として、国民の自己決定権を代理として実現する、とされる。「最終的に裁判所は、国民の表明された意思の代表としてではなく、国民の不在の自己統治の代理であり証跡として現れる。[☆65]」したがって、実定的自由の担い手として憲法によって規定された国家市民自身が行使することのできない自由の、共和主義における最高責任者として、憲法裁判所はまさにパターナリズム的役割をふたたび演じることになる。これは、エリーが自らの手続き主義的憲法理解と対比する役割である。しかし、憲法裁判所のパターナリズムを回避しようとするマイケルマンも、同じようなやり方で理念と現実の懸隔を架橋している。「裁判所は、共和主義国家――つまり政治的に活動する国家市民

——が自己否定の政治に落ち込まないよう手を差し伸べる。現状においてすでに道徳的に完成していると自認し、そうすることで、彼ら自身の自己刷新能力の基となる多元性を拒絶する国民の自己閉鎖的傾向というものを、裁判所は防止するのである。[☆66]」

これは政治的実践の例外主義的説明であり、本来それがそうであるように、教育的代理人の必要性を示唆している。そのかぎりにおいてのみ、この教育的代理人はいわば摂政として、たとえば主権者が私的な事柄に逃げ込むと、従来の役割を越えて政治的公共圏にまで手を伸ばし、そこで適切な代役を演じるのである。共和主義的伝統はこうした例外主義を想起させる。なぜなら、共和主義的伝統は、市民の政治的実践を、はじめから統合されている共同体のエートスに結びつけるからである。正しい政治は、徳のある市民によってはじめて可能になる。こうした徳の必要性は、すでにルソーにおいて、公共の福祉を志向する国家市民と倫理的に過大な要求を課された私人との分裂をもたらした。つまり、政治的立法者の合意は、人びとの心情の倫理的合意によってあらかじめ保証される、というのである。「ルソーにとって、正統性の基礎は、根拠を衡量することにより意思形成する自由な個人ではなく、むしろつねにあらかじめ決意をしている個人、自己の選択をなした人間に、由来する。[☆67]」

これに対して討議理論的解釈は、民主的意思形成における正統化の力が、慣れ親しんだ倫理的確信の合致に由来するのではなく、審議の過程でよりよき根拠を承認するコミュニケイション前提と手続きに由来すること、このことを断固として主張する。討議理論は、国家市民の自律性という倫理的概念をもはや用いない。したがって、協議的政治の様式をもはや例外状況とみなす必要もない。そして、憲法裁判所が監督すべき民主的過程が例外状況として説明されないならば、手続き主義的憲法理解を採用した憲法裁判所は、限度を越えて正統化をおこなう必要はなく、法適用の——論証論理的に明確に規定された——権限の枠内で判断することができる。

このように規範的意義をもつ民主的過程が例外的なものであるという考え方は、マイケルマンが他の「共同体主義者」と同様に、国家市民の地位もしくは資格《シチズンシップ》を、法的にではなく倫理的に定義していることによって生じた。この古典的見解[68]によれば、政治的公共圏における市民は、集合体としての彼らにとってそのつど最適であるものを、一致して探求するのである。集合的善への努力をマイケルマンは、ロマン主義的な言いまわしを用いて、「構築的伝承」の解釈学的習得と言い換えている。間主観的に共有された生活形態へのたんなる帰属と先行的伝統連関の自覚によってのみ、なにゆえ、市民が眼前の問題の解決について――そしてそのつど「最良」の解決だとされうるものの基準について――合意することができるのか、このことが説明できるとされる。「説得力のある論拠と討議は、共同参加者としての互酬的自覚をもつ者たちによる意識的関与がなければ、考えられないものであるように思われる。つまりひとつの討議についての自覚ではなく、論拠と要求がそこから生じ、それなしではその意味を引きだすことのできない共通の過去の影響のもと、より包括的な共同生活についての自覚が必要なのである。[69]」たしかに、問題なしと想定される背景的合意の実質的人倫としての性格は、近代社会を特徴づける文化的・社会的多元主義の諸条件とうまく噛み合うものではない。

（3）憲法裁判所の積極主義と自己抑制をめぐる論議は、抽象的に論じられるものではない。憲法を、私的自律と公的自律の内的連関を強調する権利の体系の解釈およびその具体化として解するならば、民主的手続きならびに政治的意見形成・意思形成の討議的形式の貫徹が問題になっている場合には、積極的な憲法裁判は有害とは言えず、むしろ規範的に必要なことである。しかし、協議的政治の概念は、憲法裁判所をせっぱつまった状況につねに追い込むような、過剰な内実をもつものであってはならない。憲法裁判所は、未成年の王位継承者の代りをする摂政の役割を引き受けてはならない。政治化された法的公共圏における批判的視線――つまり「憲法解釈者の共同体」となった国家市民層のそれ[70]――のもとでは、憲法裁判所は、せいぜい保護者の役割を果たしうるにすぎない。こうした役割は楽天的な国法学者によって理想化されたが、このようなことが可能なのは、やはり過度に理想化された政治過程のために管理者を求めようとする場合にかぎられる。むしろこのような理想化は、協議的政治の概念とは必ずしも結びつかない、政治的討議の倫理的把握に由来する。そうした理想化は、論証論理的観点のもとではけっして要求されないし、間主観的想定を擁護するため不可欠というわけでもない。

　共同体主義者の見解によれば、民主主義の討議概念と、それが倫理的に統合された具体的共同体を引き合いにだすこととの間には、必然的な結びつきがある。というのも、国家市民の公共の福祉への志向がそもそもいかにして可能なのかという問題は、それ以外には説明することができない、とされるからである。[☆71] この論拠に従えば、個人というものは、他者と共同でなされる実践においてのみ、集合的生活形式への自己の帰属を、したがって対象化されえない所与の社会的連関への自己の帰属を、自覚することができる。「政治的行為、討議、紛争への現実の参加は、われわれが他者と遠く隔たりながらも彼らと関連を有していること、われわれが欲しているもの・なしていることが空間的・時間的に大きな尺度から見ても有意義であること、こうしたことを気づかせてくれる。[☆72]」この見解によれば、同一の伝承と類似の成長過程を通じてアイデンティティを獲得する他者との公共的交流によってのみ、個人は共通性と差異性について、つまり自分が誰であり、誰でありたいのかについて、確認することができる。このような集合的自己了解においては、自己中心的態度と自己利益偏重を克服するための動機も活発化する。すなわち、少数者の排除と抑圧は全員の疎外をもたらすという経験がそれである——要するに、逃れられない共同のコミュニケイション的連関からの排除は誰にとっても苦痛に感じられるという、「運命の因果性」の経験である。それゆえ、共同体主義の観点からすれば、集合的自己了解を目指しておこなわれる討議だけが、真の意味での政治的討議とされるのである。

　これらの根拠ないし類似した根拠は、政治的討議の憲法倫理的解釈において集約される。すでにペリーがそうしているように、マイケルマンも、本来の政治とは憲法創設という例外的行為を想起することだと——そしてこの創設行為を肯定的に反復することだと――解している。このような救済的手法には、歴史的に成立した共同体それぞれの独自の倫理的基礎を引き合いにだすことが不可欠である。「まず強調されるべきなのは……公的行為が討議による成立に由来することを想起することこそアメリカの憲法実務の不変の核心であること、これである。というのも、そうした想起こそは、自治および法への服従が国民にとって何を意味するかについてのアメリカ人の考え方を深く反映しており、また同時にそうした考え方に深く影響を与えているからである。[☆73]」つまりマイケルマンは、独立宣言二百周年の祝賀式典に表現されているようなシンボル的政治を、政治そのもののモデルと見なしている。そして、国民国家［Staatsbürgernation］の政治的統合にとって重要な儀式的行為と、政治的な日常の営みとの間に存在する落差を容認している。法媒体それ自体の内部で安定化されるはずの事実性と妥当性の緊張関係が、倫理的共和国の理想と恥ずべき憲法的現実との間で新たに姿を表わす、というわけである。しかしながらその場合でもなお、倫理的‐政治的論証の形式は創設時の政治と「堕落した」政治とのか細い架け橋をなす。政治的意思形成が倫理的討議として捉えられる場合には、政治的討議はつねに、ある目標を追求せずにはいられない。すなわち、具体的共同体の構成員としての国家市民にとって、その生活形式と伝統連関の地平でそのつど何が最良であるかを、明らかにしなければならないのである。R・バイナーは政治的判断を倫理的自己了解と同一視することを次のように要約して説明している。「すべての政治的判断は――少なくとも暗黙のうちには――、さまざまな可能性の所与のコンテクストにおいて追求されるべき共同体的生活形式についての判断である。判断する主体の共同性は、判断そのものにとって内的である、あるいは構築的であって、たんに偶然的であったり外的であったりするわけではない。……これは、われわれの相互関連形式に直接かかわる協議の目的から生ずる。……これをもっともうまく表現するとすれば、ここで重要なのは『私は何をなすべきか』『私はどのような態度をとるべきか』ではなく、『われわれはいかにしてともに在るべきなのか、そして、そうしたともに在ることの制度化とは何でなければならないか』なのだ、ということになろう。☆74」

しかしながら、政治的意見形成・意思形成を倫理的‐政治的自己了解へ還元してしまうことは、そもそも政治的意見形成・意思形成が最終目標とする立法過程の機能とは整合しない。たしかに目的論的内容は制定法のかたちをとりはするが、目的論的内容は集合的目標設定に尽きるものではない。制定法はその構造からして、市民がいかなる規範によってその共同生活を規律することを欲しているかという問いとかかわっている。関係者たちが次のような問いに答えを得たいと考えたとすれば、そのために必要な自己了解の道筋は、たしかに政治の重要な構成要素でもある。すなわち、自分たちは、ある特定の国民の一員として、地方自治体や国家の構成員として、地域の住民として、等々、どのようなものとして自己を理解するのか。自分たちはいかなる伝統を受け継いでいるのか。自分たちは、少数者や周辺グループとどのようにしてかかわるのか。要するに、自分たちは、いかなる態様の社会で生きたいと願うのか。これらの問いは、すでに見たように、道徳的問いに従属するものであり、語用論的問いと連関している。優位すべきは、いかにして対象が全員の等しい利害において規律されうるのか、という問いである。規範の制定は何よりもまず、正義の観点のもとでなされるのであり、何が全員にとって等しく善であるかを語る原理に従う。倫理的問題とは違って正義の問題は、特定の集団やその生活形式に関連づけられはしない。具体的法共同体の政治的に制定された法は、それが正統であるべき場合、その法共同体を越えて一般的妥当性を主張しうる道徳的原則と少なくとも一致しなければならない。

いずれにしろこうしたなかで、最も大きな枠組みをなすのが妥協である。文化的・社会的多元主義の諸条件のもとでは、政治的に重要な目標の背後に、共同体全体のアイデンティティにとって、つまり間主観的に共有された生活形式の全体にとって、構築的ではない利害や価値志向が潜んでいることは珍しくない。そうした利害と価値志向のおのおのは互いに対立し、合意を期待できるものではなく、調整を必要とするが、倫理的討議によってそれを得ることはできない――もっとも、調整により結論を得るにせよ、当該文化の合意された基本価値を侵害してはならないのは当然である。こうした利害の調整は、すでに見たように、権力と制裁の潜勢力に支えられた当事者間の妥協形成としておこなわれる。こうした態様の交渉はたしかに妥協の用意を前提する。つまり、ゲーム規則を尊重することによって、たとえ異なる理由からであるにせよ、すべての当事者にとって承認可能である結論に到達する意思というものを、前提する。しかしそうした妥協形成は、合理的で、権力を中立化し、戦略的行為を排除する討議という形式でおこなわれることはないのである。

立法実践の協議的様式が配慮すべきものとは、制定法の倫理的有効性だけではない。むしろ法規範の複合的な妥当要求は、一方では、戦略的に主張される個別的利害を公共の福祉と調和するよう配慮する要求として、他方では、普遍主義的正義原則を特定の価値観により特徴づけられた特定の生活形式の地平において実現する要求として、理解される。後者の普遍主義的正義原則は、すべての具体的生活形式を凌駕した、ある程度場所を選ばない道徳であるが、特定の法共同体に対して拘束力をもつものであり、それゆえ、了解志向的行為のインフォーマルなコンテクストだけではもはや十分に統合されえない抽象的行為領域においても、作用しうる。政治的討議の倫理的把握と比較すると、協議的政治という概念は、コミュニケイション形式、論拠、手続き法的制度化の多様性を考慮した場合にはじめて、経験との関連を得る。

法制定過程で導入され、妥当する法の正統性要求に合理的基礎を提供する多種多様な論拠の束は、法適用がおこなわれる裁判において、どのようなかたちでふたたび個々の論拠へと解体されるのか。われわれはこのことをすでに明らかにした。法律的討議では、法に内在する根拠と並んで、道徳的・倫理的根拠、経験的・語用論的根拠も使用される。法の民主的生成を法適用というもうひとつの側面から見てみるならば、協議的政治の症候群が解消され、詳細に説明されるような、そうした多様な諸局面があらためて顕在化する。立法にかかわる政治においては、情報収集と目的合理的な手段選択が、利害調整と妥協形成、倫理的自己了解と選好形成、道徳的根拠づけと法的首尾一貫性の審査、といったものと組み合わされて用いられる。そのさい、マイケルマンが対立する極として位置づけた二つの政治類型は、合理的なかたちで互いに重なり合う。それゆえマイケルマンとは違って、サンスティインはアメリカの憲法伝統の最初期の時点から、政治に対する共和主義的見解と自由主義的見解との対立を示す異なる二つの潮流をではなく、「マディソン的共和主義」と彼が呼ぶところの統合された構想を、再構成しているのである。

この構想は、立法過程の協議的様式を正統的な法制定の不可欠の条件として根拠づけるために、十分強力である。しかし、経験的理論との接続を保つにはあまりに脆弱である。「立法のための決定作成過程については多数の理論が存在する。ある理論によれば、議会の構成員たちは再選のみをもっぱら目的とするものだと想定すれば、立法時の大方の態度は説明されうる、ということになる。別の理論によれば、三つの優先的な配慮――立法過程への影響力の確保、公的政策の促進、再選の保証――は、原因をひとつに限定するいかなる理論よりも説得力をもつ、ということになる。経済学の文献には、ただ議員選出の圧力との関連によってのみ、立法行為を説明する努力が見られた。だがそうした解釈は、あまりに還元主義的であるとして批判された――立法過程の原因には大きな幅があるのだから、というわけである。一方の極には、利益集団の圧力が主に決定的であり、制定法の制定は競合する利害間での『取引』と見なされる場合がある。反対の極には、一般的に定義すれば、従来のいわゆる利益団体がほとんど、もしくはまったく、影響力をもちいえないような、立法者が協議的に行為する場合がある。結論が、圧力、協議、その他の要因からなる複合的根拠により導かれる場合には、右の両極点の間の広範な帯域のどこかの地点に、立法による決定は位置づけられる。だが、こうした連続した幅をもつ多様な地点のどこかに存在する多様な場合を区別することは、単純なテストでは不可能である。[☆75]」サンスティインは、立法のための政治について、現実主義的ではあるが、あまりに表面的な像を描いている。討議理論の観点のもとでは、「単純なテスト」は存在しないものの、経験的な次元が広く開かれているため、観察可能なコミュニケイションの流れが多様な問題設定に則って分析され、相応のコミュニケイション形式に従って再構成される。表面的には、語用論的・倫理的・道徳的それぞれの理性使用の間での、深層にある文法的相違は容易には認識されない。しかしそれは、マイケルマンが理念型的に対置している政治の諸形式が区別不可能なかたちで浸透しあう、ということを意味しているのではない。そのうえ、討議理論の手法によってなされた、所与のコミュニケイション諸類型についての再構成は、社会的権力と行政的権力の、公共的に正当化されえない効果に起因する相違を、明らかにすることを可能にする。

　共和主義が十分明確にすることができなかった、政治と倫理とのあるべき差異化は、法と政治の間主観的理解を、けっして危険に陥れるものではない。たしかに、協議的政治とは、それが広範に倫理的討議として作用するかぎりにおいて、特定の歴史的共同体の所与の伝承コンテクストと内的に重なり合ってはいる。市民が討議的論争によっていっそう結びつくための実質的人倫という紐帯を、政治は、ただ倫理的自己了解としてのみ意識するにすぎない。だが、政治的討議が一方では交渉を、他方では利害の道徳的一般化を対象とする場合には、民主的手続きはその正統化の力を、もはや前提された倫理的共同体の先行する合意から引きだすのではなく、自分自身から産みだすのでなければならない。そこから生ずる帰結は、共和主義的伝統の共同体主義的解釈を疑問に付すのであるが、その間主観的核心には抵触しないのである。マイケルマンが危惧しているのは、立法のための政治が、共同体を引き合いにだすにあたって共通の伝統へ回帰する可能性を失うとすれば、そうした政治の規範的意味は、ただ理性の超越的権威を引き合いにだすことによってのみ、維持されうるにすぎないのではないか、という点である。[☆76] しかしながら、実際のところは、首尾一貫した手続き主義的憲法理解は、民主的過程全体から理性的結論を産みだしうるとする推定を根拠づける手続き的諸条件の、本来的に理性的な性格に依拠している。理性は、そうしてはじめて、協議的政治の形式語用論的可能性の条件のもとで具体化されるのであり、政治的コミュニケイションの彼岸にある異質な権威として、協議的政治に対立する必要はない。

より抽象化されたかたちをとる討議モデルにおいても、了解可能性のもつ先行的構造の相互主観性へと個人を組み入れることは、やはり維持されている。だが同時に、個々の共同体の具体的伝統を超えた、理想的地平で包含されるべき潜在的コミュニケイション共同体を引き合いにだすことによって、関係者のイエス／ノーの態度決定は、たんに慣習的に社会化された言語使用と生活形式における先入見の実質的支配力を免れるのである。こうして、協議的政治の討議理論的理解に、超越的モメントが入り込むのであり、これはふたたび経験にもとづく批判を呼び起こすものではある。サンスティインは自己批判して言う。「その第一の批判は、代表者たちを強制的にマディソン・モデルに従わせることができると信ずるのはユートピアにすぎないのではないか、というものである。[☆77]」法理論の規範的な方向づけをもつ視角を用いることで、彼はこの異論を退けることはできる。だが、民主主義理論という別の視角から見たときにはじめて、討議理論的に解釈された協議的政治の概念に対する経験的に動機づけられた懸念は、その本当の力を発揮するのである。

原注

序言

☆1　W. Hassemer, Rechtsphilosophie, Rechtswissenschaft, Rechtspolitik, Archiv für Rechts- u. Sozialphilosophie, Beiheft 44, 1991, 130-143.

☆2　このテーマにかんして討議理論が提供しうる貢献については次を参照。K. Günther, Moglichkeiten einer diskursethischen Begrundung des Strafrechts, in: H. Jung et.al. (Hg.), Recht und Moral, Baden- Baden 1991, 205-217.

☆3　J. Habermas, Moralbewußtsein und kommunikatives Handeln, Frankfurt/Main 1983〔三島憲一・中野敏男・木前利秋訳『道徳意識とコミュニケーション行為』岩波書店、一九九一年／二〇〇〇年〕; ders., Erläuterungen zur Diskursethik, Frankfurt/Main 1991.

☆4　次のアーペルの研究も過度に規範主義的な立場に偏っているように見える。K. O. Apel, Diskursethik vor der Problematik von Recht und Politik, in: K. O. Apel, M. Kettner (Hg.), Zur Anwendung der Diskursethik in Politik, Recht und Wissenschaft, Frankfurt/Main 1992, 29-61

☆5　So immer wieder R. Bubner, zuletzt: Das sprachliche Medium der Politik, in: ders., Antike Themen und ihre moderne Verwandlung, Frankfurt/Main 1992, 188-202, hier 196ff.

☆6　O. Höffe, Politische Gerechtigkeit, Frankfurt/Main 1987, 193ff.〔北尾宏之・平石隆敏・望月俊孝訳『政治的正義』法政大学出版局、一九九四年〕

☆7　N. Luhmann, Beobachtungen der Moderne, Köln 1992.

☆8　J. Derrida, Gesetzeskraft. Der ?mystische Grund der Autorität?, Frankfurt/Main 1991.〔堅田研一訳『法の力』法政大学出版局、一九九九年〕

☆9　一九六二年になされた「自然法と革命」にかんする講演は次のものに所収。J. Habermas, Theorie und Praxis, Frankfurt/Main 1971, 89-127, hier 117f.〔細谷貞雄訳『理論と実践』未來社、一九七五年／一九九九年〕

☆10　K. Günther, Der Sinn für Angemessenheit, Frankfurt/Main, 1988; B. Peters, Rationalität, Recht und Gesellschaft, Frankfurt/Main 1991; I. Maus, Zur Aufklärung der Demokratietheorie, Frankfurt/Main 1992〔浜田義文・牧野英二監訳『啓蒙の民

主制理論』法政大学出版局、一九九九年〕; B, Peters, Die Integration moderner Gesellschaften (im Erscheinen); L. Wingert, Gemeinsinn und Moral (im Erscheinen); R. Forst, Kontexte der Gerechtigkeit (Manuskript, 1992).

第Ⅰ章

☆1　J. Habermas, Rekonstruktive vs. verstehende Sozialwissenschaften, in: ders., Moralbewußtsein und kommunikatives Handeln, Frankfurt/Main 1983, 29ff.〔三島憲一・中野敏男・木前利秋訳『道徳意識とコミュニケーション行為』岩波書店、一九九一年／二〇〇〇年〕

☆2　J. Habermas, Erläuterungen zur Diskursethik, Frankfurt/Main 1991(a).

☆3　N. Luhmann, Intersubjektivität oder Kommunikation, Archivo di Filosofia,Vol. LIV, 1986, 51 Fn. 28.

☆4　B. Peters, Rationalität, Recht und Gesellschaft, Frankfurt/Main 1991, 33ff.

☆5　本書第三章一三二頁以下（原著135ff.）を参照。

☆6　同様の形でフッサールは、生活世界の構築に伴なう妥当要求の基本的役割を考慮している。Vgl. J. Habermas, Vorlesungen zu einer sprachtheoretischen Grundlegung der Soziologie, in: ders., Vorstudien und Ergänzungen zur Theorie des kommunikativen Handelns, Frankfurt/Main 1984, bes. S. 35ff.〔森元孝・干川剛史訳『意識論から言語論へ：社会学の言語論的基礎に関する講義』マルジュ社、一九九〇年〕

☆7　G. Frege, Logische Untersuchungen, Göttingen 1966, 49.〔藤村龍雄訳『フレーゲ哲学論集』岩波書店、一九八八年／黒田亘・野本和幸編訳『哲学論集』（フレーゲ著作集第四巻）勁草書房、一九九九年〕

☆8　Vgl. E. Tugendhat, Einführung in die sprachanalytische Philosophie, Frankfurt/Main 1976, 35ff.

☆9　Frege (1986), 52.

☆10　J. Habermas, Charles S. Peirce über Kommunikation, in: ders., Texte und Kontexte, Frankfurt/Main 1991 (b), 9-33.

☆11　Ch. S. Peirce, Collected Papers〔上山春平・山下正男訳『論文集』（世界の名著第四八巻）中央公論社、一九六八年〕, Vol. 5, 311; vgl. auch K. -O. Apel, Der Denkweg von Charles S. Peirce, Frankfurt/Main 1975; J. E. McCarthy, Semiotic Idealism, Transactions of the Ch. S. Peirce Society, Vol. 20, 1984, 395ff.

☆12　J. Habermas, Zur Kritik der Bedeutungstheorie, in: ders., Nachmetaphysisches Denken, Frankfurt/Main 1988, 105ff.〔藤澤

賢一郎・忽那敬三訳『ポスト形而上学の思想』未來社、一九九〇年〕; vgl. A. Wellmer, Konsens als Telos sprachlicher Kommunikation?, in: H. J. Giegel (Hg.), Kommunikation und Konsens in modernen Gesellschaften, Frankfurt/Main 1992, 18-30.

☆13　J. Habermas (1981), Bd. 2, 182-232〔平井俊彦・河上倫逸・脇圭平他訳『コミュニケイション的行為の理論』(上・中・下) 未來社、一九八五〜一九八七年〕; ders., Handlungen, Sprechakte, sprachlich vermittelte Interaktionen und Lebenswelt, in: ders. (1988), 63-104.

☆14　J. Habermas, E. Husserl über Lebenswelt, Philosophie und Wissenschaft, in: ders. (1991b), 34-43.

☆15　A. Gehlen, Der Mensch, Bonn 1950〔平野具男訳『人間』法政大学出版局、一九八五年〕; ders., Urmensch und Spätkultur, Bonn 1956〔池井望訳『人間の原型と現代の文化』法政大学出版局、一九八七年〕.

☆16　Habermas (1981), Bd. 2, 79ff.

☆17　W. Benjamin, Der Surrealismus, Gesammelte Schriften, II, 3, 295ff.〔針生一郎編集解説『シュルレアリスム』(ヴァルター・ベンヤミン著作集第八巻) 晶文社、一九八一年〕

☆18　コミュニケイション的行為の基本概念は、間主観的に共有された言語の拘束力を通じていかにして社会統合が成立しうるかを説明する。この間主観的に共有された言語は、言語の拘束エネルギーを利用しようとする主体に語用論的制限を課し、彼らに対して、了解的合理性の公共的基準に従うために、成果志向的な自己中心的態度を改めるよう要求する。この見地からすれば、社会とは、コミュニケイション的行為を通じて再生産される、シンボル的に構造化された生活世界として立ち現れる。だがだからといって、生活世界にはまったく戦略的相互行為が存在するはずがない、というわけではない。しかし戦略的相互行為は、ホッブズやゲーム理論におけるのとは異なる意義をもつ。すなわち、戦略的相互行為はもはや、制度的秩序を産出するためのメカニズムとして捉えられていない。むしろ戦略的相互行為は、いわば別の地平であらかじめ構築された生活世界において場を得る。戦略的行為者といえども、そのつど、生活世界的背景を伴なっているというわけである。しかしこの生活世界的背景は、行為調整力という点では中立化されている。戦略的行為者にとって、所与の諸制度や自分以外の相互行為参加者はたんなる社会的事実として出現するにすぎず、それゆえ、生活世界的背景はなんら合意を促す作用を与えるものではない。そうした戦略的行為者は、観察者の客観化的態度をとりつつ他の相互行為参加者と第二人称の形で了解しあうことは、もはやできないのである。

☆18a　コミュニケイション的行為の理論に対するよくある批判は、近代社会において恒常化した不合意というこの前提を見誤っている。H. J. Giegel, Einleitung zu Giegel (1992), 7-17.

☆19　I. Kant, Einleitung in die Rechtslehre, Werke (Weischedel) Bd. IV, 338f.〔恒藤恭・船田享二訳『法律哲学』(カント著作集第

九巻）岩波書店、一九三三年／加藤新平・三島淑臣訳『人倫の形而上学〈法論〉』（世界の名著第三二巻）中央公論社、一九七二年〕

☆20　Ebd., 337.

☆21　Ebd., 324.

☆22　Ebd., 510f.

☆23　R. Dreier, Recht und Moral, in: ders., Recht-Moral-Ideologie, Frankfurt/Main 1981, 180ff., hier 194ff.

☆24　Dreier (1981), 198. ドライアーは、「道徳的［moralisch］」という意味で「倫理的［ethisch］」という用語を用いている。

☆25　以下の点については、Lutz Wingert による口頭での指摘に負うている。

☆26　H. Putnam, Vernunft, Wahrheit und Geschichte, Frankfurt/Main 1982.〔野本和幸他訳『理性・真理・歴史』法政大学出版局、一九九四年〕

☆27　R. Rorty, Solidarität oder Objektivität, Stuttgart 1988; これに対して批判的なのは H. Putnam, Why Reason can't be naturalized, Synthese 52 (1982), 1-23.

第二章

☆1　Vgl. Peters (1991), 136-166.

☆2　A. Ferguson, Versuch über die Geschichte der bürgerlichen Gesellschaft, Frankfurt/Main 1986.〔大道安次郎訳『市民社会史』白日書院、一九四八年［原著一七六七年版からの邦訳］／河出書房、一九五四年〕John Millar, Vom Ursprung des Unterschieds in den Rangordnungen und Ständen der Gesellschaft, Frankfurt/Main 1967.

☆3　C. B. Macpherson, Die politische Theorie des Besitzindividualismus, Frankfurt/Main 1973〔藤野渉他訳『所有的個人主義の政治理論』合同出版、一九八〇年〕; W. Euchner, Naturrecht und Politik bei John Locke, Frankfurt/Main 1979.

☆4　I. Fetscher, H. Münkler (Hg.), Pipers Handbuch politischer Ideen, Bd. 3, München 1985, Kap. VII, 353ff.

☆5　K. Löwith, Weltgeschichte und Heilsgeschehen, Stuttgart 1953.〔志太正三・長井和雄・山本新訳『世界史と救済史』創文社、一九六四年〕

☆6　S. Benhabib, Critique, Norm and Utopia, New York 1986.

☆7　W. Lepenies, Melancholie und Gesellschaft, Frankfurt/Main 1969.〔岩田行一・小竹澄栄訳『メランコリーと社会』法政大学

出版局、一九八七年〕

☆8　N. Luhmann, Ausdifferenzierung des Rechts, Frankfurt/Main 1981; ders., Legitimation durch Verfahren, Neuwied 1969.〔今井弘道訳『手続を通しての正統化』風行社、一九九〇年〕

☆9　G. Teubner, Recht als autopoietisches System, Frankfurt/Main 1989, 46.〔土方透・野崎和義訳『オートポイエーシス・システムとしての法』未來社、一九九四年〕

☆10　N. Luhmann, Normen in soziologischer Perspektive, Soziale Welt 20, 1969, 35.

☆11　N. Luhmann, Die soziologische Beobachtung des Rechts, Frankfurt/Main 1986, 33.〔土方透訳『法の社会学的観察』ミネルヴァ書房、二〇〇〇年〕

☆12　N. Luhmann, Juristische Argumentation, Manuskript 1991, 1. ルーマンの与えた解答はあまり説得力のあるものではない。その解答とはおおよそ次のようなものである。すなわち、「情報」が未知の事柄を明らかにするならば、そして「レドゥンダンツ」が既知の事柄の繰返しを表わすならば、コミュニケイションとは一般に、情報からレドゥンダンツへの継続的な転換として理解される。論証は反省の次元において同じはたらきをする。既存のレドゥンダンツの助けによって十分なレドゥンダンツを保証し、こうすることで流入する情報による変容圧力に対処するため、論証は根拠を用いる。したがって、時間の経過における決定の無矛盾性を保証するために、法律的論証は、新たな事例の変容圧力により発生する根拠づけの必要性を処理する。つまり、法律的論証は、利益衡量と結果志向的決定実践の認知的適合の必要性を、ドグマーティクという形で受け止めて対処する。だがこうした提案は納得できるものではない。なぜなら、妥当する法をドグマーティクによって維持することは、論証の制約によりなんら問題なくなされうるであろうから。根拠はレドゥンダンツ機能だけを有するのではなく、本来は二義的である。すなわち、根拠は、既存の知識の首尾一貫性を保証するだけではなく、新たなものを解釈しなおし、知のコンテクストを変更するのだから革新的でもある。それゆえ法律的原則決定も、ルーティンの決定としてきわめて大量の論証を必要とする。またその他、システム理論的考察法は、事実的な法的決定と正しい法的決定の区別を許容しないので、誤りを避け訂正をおこなう根拠づけの内的機能を説明することができない。

☆13　R. Mayntz, Steuerung, Steuerungsakteure, Steuerungsinstrumente, H. 70, Hi-Mon, Gesamthochschule Siegen, 1986; vgl. dies. (Hg.), Implementation politischer Programme II, Opladen 1983.

☆14　R. Münch, Die sprachlose Systemtheorie, Zeitschrift für Rechtstheorie, 6, 1985; N. Luhmann, Einige Probleme mit >reflexivem< Recht, Zeitschrift für Rechtstheorie, 6, 1985; vgl. auch G. Teubner (Hg.), Autopoietic Law: A New Approach to Law and Society, Berlin 1988.

☆15　G. Teubner, Die Episteme des Rechts, in: D. Grimm (Hg.), Wachsende Staatsaufgaben-sinkende Steuerungsfähigkeit des Rechts, Baden-Baden 1990, 126.

☆16　Teubner, (1989), 109.

☆17　Ebd., 107.

☆18　Ebd., 108.

☆19　Teubner (1990), 27.（強調はハーバーマス）

☆20　Teubner (1989), 109.

☆21　Vgl. J. Habermas, Handlungen, Sprechakte, sprachlich vermittelte Interaktionen und Lebenswelt, in: Habermas (1988), 98ff.

☆22　システム理論のパースペクティヴから見ると、この社会全体での循環が、機能システムに遅れをとった道徳の原始的地位を表わす。Vgl. N. Luhmann, Ethik als Reflexionstheorie der Moral, in: ders., Gesellschaftsstruktur und Semantik, Bd. III, Frankfurt/Main 1990, 358-448.

☆23　A. E. Buchanan, Marx und Justice, London 1982; P. Koslowski, Gesellschaft und Staat, Stuttgart 1982, Kap. 6, 242-292.

☆23 a　以下の叙述については次を参照。K. Baynes, The Normative Grounds of Social Criticism, Kant, Rawls, and Habermas, Albany, New York, 1992.

☆24　J. Rawls, Theorie der Gerechtigkeit, Frankfurt/Main 1975.〔矢島鈞次監訳『正義論』紀伊國屋書店、一九七九年〕ここでは詳細には立ち入ることはできない。拙著の分析を参照されたい。J. Habermas (1991a), 125ff. und 203ff.

☆25　J. Rawls, Kantian Constructivism in Moral Theory, Journal of Philosophy, Vol. 77, 1980, 518.

☆26　J. Rawls, The Domain of the Political and Overlapping Consensus, Manuskript 1989, 1.

☆27　ロールズはこのことを「理性の負荷」について語っている。その後、一九七八年から一九八九年までの論文が集約されている。Rawls., Politischer Liberalismus, Ffm. 1992. Zu den Bürden der Vernunft vgl. S. 336-399.

☆28　J. Rawls, Justice as Fairness: Political not Metaphysical, Philosophical and Public Affairs, Vol. 14, 1985, 231.

☆29　R. Rorty, Der Vorrang der Demokratie vor der Philosophie, in: ders., Solidarität oder Objektivität, Stuttgart 1988, 101; さらに Political Theorie, Vol. 15, Nov. 1987, 538-580 におけるバーンスタインとローティの討論を参照のこと。

☆30　Rorty (1988), 91.

☆31　ローティの立場に対するアーペルの批判を参照。Zurück zur Normalität?, in: ders., Diskurs und Verantwortung,

Frankfurt/Main 1988, 412ff.

☆32　R. Dworkin, Foundations of Liberal Equality. The Tanner Lectures on Human Values, Vol. VIII, 1990, 2f. ロールズのポスト形而上学的正義構想にかんして彼は次のように付け加えている。「正義の構想は、共同体のなかで人びとが保持する多様な倫理的立場から独立かつ中立に構築された場合には、中立的でない同様の構想に比べて、共同体の全員によってより承認を得やすいと思われる。もし政治家たちが、本当に広範に合意された政府の基礎として作用しうるなんらかの政治理論のために、できるだけ賢明な論拠を確保しようとするのであれば、われわれはそうした根拠のための政治的構想を追求するかもしれない。……しかし合意による約束よりも、正義の理論のほうがより多くを提供してくれる。必要なのは揺るぎない確実性である。つまり自由主義者《リベラル》の主張はこうである。すなわち、自由主義《リベラル》原理が万人に承認されうるものであるにせよ、そうなる以前にすでに、政治的決定は自由主義《リベラル》原理にもとづいてなされるのだ、と。」(ebd., 17) Vgl. auch R. Dworkin, Liberal Community, Calif. Law Rev. 77 (1989), 479-589, hier 561ff.

☆33　Vgl. J. Habermas, Zum pragmatischen, ethischen und moralischen Gebrauch der praktischen Vernunft, in: Habermas (1991a), 100-118.

☆34　Vgl. Peters (1991), 35ff.

☆35　M. Weber, Wirtschaft und Gesellschaft, Köln 1956, 22.〔清水幾太郎訳『社会学の根本概念』岩波書店、一九七二年／阿閉吉男・内藤莞爾訳『社会学の基礎概念』恒星社厚生閣、一九八七年〕

☆36　M. Weber, Über einige Kategorien der verstehenden Soziologie〔林道義訳『理解社会学のカテゴリー』岩波書店、一九六八年／海老原明夫・中野敏男訳『理解社会学のカテゴリー』未來社、一九九〇年〕in: ders., Methodologische Schriften, Frankfurt/Main 1968, 196f.

☆37　Weber (1956), 22f.

☆38　Weber (1968), 181.

☆39　M. Weber, Rechtssoziologie (hg. v. J. Winckelmann), Neuwied 1960, 53.〔小野木常編訳『法社会学』日本評論新社、一九五八～五九年／世良晃志郎訳『法社会学』創文社、一九七四年〕

☆40　K. Eder, Die Entstehung staatlich organisierter Gesellschaften, Frankfurt/Main 1976; ders., Geschichte als Lernprozeß? Frankfurt/Main 1985.

☆41　L. Kohlberg, Essays on Moral Development, San Francisco 1981.

☆42　W. Schluchter, Die Entwicklung des okzidentalen Rationalismus, Tübingen 1979, 148〔嘉目克彦訳『近代合理主義の成立』未

來社、一九八七年〕; vgl. auch Schluchters »Beiträge zur Werttheorie«, in: ders., Religion und Lebensführung, Frankfurt/Main 1988, Bd. 1, 165ff.〔嘉目克彦訳『信念倫理と責任倫理』（W・シュルフター著作集第四巻）風行社、一九九六年〕討議倫理へのシュルフターの批判に対する私のコメントは次を見よ。J. Habermas, Die nachholende Revolution, Frankfurt/Main 1990, 131ff.〔三島憲一・山本尤・木前利秋・大貫敦子訳『遅ればせの革命』岩波書店、一九九二年〕
☆43　N. Luhmann, Rechtssoziologie, Köln 1983, 210.〔村上淳一・六本佳平訳『法社会学』岩波書店、一九七七年〔原著一九七二年版からの邦訳〕〕
☆44　Weber (1964), 26.
☆45　J. Habermas (1981), Bd. 1, 355ff.
☆46　Vgl. U. Wesel, Frühformen des Rechts in vorstaatlichen Gesellschaften, Frankfurt/Main 1985.
☆47　T. Parsons, The System of Modern Societies, Englewood Cliffs 1971.〔井門富二夫訳『近代社会の体系』至誠堂、一九七七年〕
☆48　Parsons (1971), 118f.
☆49　Parsons (1971), 97. すでにデュルケムにとってこうした連関は重要であった。なぜなら、彼は民主主義を「反省の支配形式」として捉え、「市民と国家の間に恒常的コミュニケイションが成立する」点によって特徴づけているから（E. Durkheim, Physik der Sitten und des Rechts, Frankfurt/Main 1991, 131〔宮島喬・川喜多喬訳『社会学講義：習俗と法の物理学』みすず書房、一九七四年〔原著一九五〇／一九六九年版からの邦訳〕〕）。民主主義の成熟状態は、公共的コミュニケイションの水準によって測定される。「このパースペクティヴからすれば、民主主義とは、社会が自分自身の最も純粋な意識を得られる政治体制のように見える。熟慮・反省・批判的精神の役割が公共的出来事の規律にとって重要性を増せば増すほど、国民はより民主的である。逆に、無意識的なもの、意識されざる慣習、つまり吟味を受けつけない偏見の重みが増せば増すほど、国民は民主的ではない。」（S. 128）
☆50　T. H. Marshall, Citizenship and Social Class〔岩崎信彦・中村健吾訳『シティズンシップと社会的階級』法律文化社、一九九三年〕, in: ders., Class, Citizenship and Social Development, Westport, Conn. 1973.
☆51　A. Giddens, Profiles and Critiques in Social Theory, London 1982, 171.
☆52　B. S. Turner, Citizenship and Capitalism, London 1986.
☆53　M. Barbalet, Citizenship, Stratford, England 1988.
☆54　D. Held, Citizenship and Autonomy, in: ders., Political Theory and the Modern State, Oxford 1989, 214-242.
☆55　F. Ewald, L'Etat Providence, Paris 1986.

☆56　同様の異論に晒されているのが、パーソンズに依拠したリヒャルト・ミュンヒの理論である。彼は、部分システムの相互浸透という濃密な規範的性質をもつ概念を用いている。Vgl. R. Münch, Theorie des Handelns, Frankfurt/Main 1982; ders., Die Kultur der Moderne, Bd. 1 u. 2, Frankfurt/Main 1986.

☆57　Vgl. Habermas (1988), 95-104.

第三章

☆1　Rawls (1975), 81. H. Hart, Rawls on Liberty and its Priority, in: N. Daniels (Hg.), Reading Rawls, Oxford 1975, 230-252 の批判に対応するなかで、私にはそれがよいとは思えないのだが、ロールズはこの定式を次のような別の定式に取り換えている。「各人は、全員に対する諸自由の同様の体系と両立しうる平等な基本的自由の完全に十分な体系に対する平等な権利をもつ。」J. Rawls, The Basic Liberties and their Priorities, in: St. McMurrin (Hg.), The Tanner Lectures on Human Values 1982, Salt Lake City 1983, 5.

☆2　E. W. Böckenförde, Das Bild vom Menschen in der Perspektive der heutigen Rechtsordnung, in: ders., Recht, Freiheit, Staat, Frankfurt/Main 1991, 58-66.〔初宿正典編訳『現代国家と憲法・自由・民主制』風行社、一九九九年〕

☆3　F. C. v. Savigny, System des heutigen Römischen Rechts, Bd. 1, Berlin 1840, §4.〔小橋一郎訳『現代ローマ法体系』第一巻、成文堂、一九九三年〕

☆4　Ebd., §53.

☆5　G. F. Puchta, Cursus der Institutionen, Leipzig 1865, §4.

☆6　B. Windscheid, Lehrbuch des Pandektenrechts, Frankfurt/Main 1906, Bd. 2, §37. ここではレーゲルスベルガーの次の定義が肯定的に参照されている。「法秩序が、承認された目的つまり承認された利害の充足を関係者に委ね、そのために彼に法的権力を委ねる場合に、主観的権利が存在する。」

☆7　R. v. Ihering, Geist des römischen Rechts, Leipzig 1888, Teil III, 338.〔原田慶吉監修訳『ローマ法の精神』有斐閣、一九五〇年〕

☆8　L. Enneccerus, Allgemeiner Teil des Bürgerlichen Rechts, 15. Aufl., Tübingen 1959, §72.

☆9　H. Kelsen, Allgemeine Staatslehre, Bad Homburg 1968, 64.〔清宮四郎訳『一般国家学』岩波書店、一九三六年〔原著一九二

五年版から邦訳〕／〔改訳〕一九七一年〕

☆10 J. Schmidt, Zur Funktion der subjektiven Rechte, Archiv für Rechts- u. Sozialphilosophie, Bd. 57, 1971, 383-396.

☆11 B. Rüthers, Die unbegrenzte Auslegung, Frankfurt/Main 1973.

☆12 H. Coing, Zur Geschichte des Begriffs >subjektives Recht<, in: Coing et al., Das subjektive Recht und der Rechtsschutz der Persönlichkeit, 1959, 39ff., hier 22f.

☆13 L. Raiser, Der Stand der Lehre vom subjektiven Recht im Deutschen Zivilrecht (1961), in: ders., Die Aufgabe des Privatrechts, Frankfurt/Main 1977, 98ff., hier S. 115.

☆14 Ebd., 113.

☆15 本書第九章Iの（2）以下〔下巻所収〕（原著477ff.）を参照。

☆16 F. Michelman, Justification and the Justifiability of Law in a Contradictory World, Nomos, Vol. XVIII, 1986, 71ff., hier 91.

☆17 Hobbes, Lehre vom Bürger, Kap. 6; vgl. J. Habermas, Die klassische Lehre von der Politik in ihrem Verhältnis zur Sozialphilosophie, in: ders., Theorie und Praxis, Frankfurt/Main 1971, 48-88.〔細谷貞雄訳『理論と実践』未來社、一九七五年／一九九九年〕

☆18 Hobbes, Lehre, Kap.13, 3.

☆19 Hobbes, Leviathan, Neuwied 1966, 100, 131, 208.〔水田洋訳『リヴァイアサン』岩波書店、一九五四〜八五年〔原著一六五一年／一九〇四年版等から邦訳〕／〔改訳〕一九九二年〕

☆20 場合によってはO・ヘッフェもこのホッブズ的証明目標を追求している。彼にとって正義とは配分的な一般的正義、つまり全員にとって平等に利点のある自由への制限のことである。「全員にとって有利であるがゆえに、自然的正義はその貫徹のために、なんら道徳的心情を、つまり個人的正義を必要とはしない。自然的正義には、動機づけ原理としての自己利害で十分なのである……」(Höffe (1987), 407)。この見解は次においてより明瞭な形で叙述しなおされている。O. Höffe, Kategorische Rechtsprinzipien, Frankfurt/Main 1990; ders., Gerechtigkeit als Tausch? Baden-Baden 1991. これに対して批判的なのは K. Günther, Kann ein Volk von Teufeln Recht und Staat moralisch legitimieren?, in: Rechtshistorisches Journal, Heft 10, Frankfurt/Main 1991, 233-267.

☆21 Kant, Über den Gemeinspruch, Bd. VI, 143f.〔小倉志祥訳『理論と実践に関する俗言』（カント全集第一三巻）理想社、一九八八年／北尾宏之訳『理論と実践』（カント全集第一四巻）岩波書店、二〇〇〇年〕

☆22 Kant, Bd. VI, 144.

☆23　Ebd.

☆24　Kant, Bd. VI, 150.

☆25　これを言語分析の手法によって再構築したものとして E. Tugendhat, Selbstbewußtsein und Selbstbestimmung, Frankfurt/Main 1979.

☆26　J. Habermas, Geschichtsbewußtsein und posttraditionale Identität〔西川珠代訳「歴史意識とポスト・伝統的アイデンティティ」（河上倫逸編訳『法と正義のディスクルス』未來社、一九九九年）〕, in: ders., Eine Art Schadensabwicklung, Frankfurt/Main 1987, 271ff.

☆27　F. Michelman, Law's Republic, The Yale Law Journal, Vol. 97, 1499f.「私は――学術的な憲法理論、弁護士と裁判官の専門的実務、アメリカ人全体の一般的な政治的自己理解に見られるような――アメリカ的立憲主義を、政治的自由にかんする二つの前提に立脚するものと捉える。すなわち、第一に、アメリカ国民は、自分自身によって集合的に統治されるがゆえに政治的に自由であるという前提。第二に、アメリカ国民は、人ではなく法によって統治されるがゆえに政治的に自由であるという前提。私の考えでは、アメリカ的憲法討論への真摯で確実な参加によってすら、これら二つの信仰告白を却下することはまったく不可能である。これら二つの前提については、その問題ある相互関係が、したがってその意味が、終わりのない検討の対象となるにすぎない、と私は考える……。」

☆28　Kant, Über den Gemeinspruch, Bd. VI, 161.

☆29　J.-J. Rousseau, Contrat Social III, 1 deutsch: Staat und Gesellschaft, München 1959, 53.〔桑原武夫・前川貞次郎訳『社会契約論』岩波書店、一九五四年［原著一九一五年版等から邦訳］／作田啓一訳『社会契約論』（ルソー全集第五巻）白水社、一九七九年〕

☆30　J. Royce, The Spirit of Modern Philosophy, Boston 1892.

☆31　J. Habermas, Zum pragmatischen, ethischen und moralischen Gebrauch der praktischen Vernunft, in: ders. (1991a), 100-118.

☆32　Vgl. W. Rehg, Discourse and the Moral Point of View: Deriving a Dialogical Principle of Universalization, Inquiry 34, 1991, 27-48; ders., Insight and Solidarity, The Idea of a Discourse Ethics, Diss. phil., Northwestern University, Evanston 1991.

☆33　K. Günther, Der Sinn für Angemessenheit, Frankfurt/Main 1988; Habermas (1991a), 137-142. 本書第五章二五四頁以下（原著264ff.）参照。

☆34　この意味で A. Wellmer, Ethik und Dialog, Frankfurt/Main 1986 は、私的に適用されるべき道徳原理に、共同の政治的意思形成を規律する正義原理を対置している。O. Höffe (1987, 41) は、類似の仕方で道徳的観点を政治的正義の観点から区別しようとしている。

☆35 L. Wingert, Gemeinsinn und Moral (im Erscheinen).

☆35a この抽象化は自由保証機能をもつ。すなわち、法的人格の資格は、道徳的責任能力をもつと同時に倫理的に生活を営む具体的人格が自由に発達しうる領域を保護する。しかし、法的人格を選択意思の自由によって個人化された主観的権利の担い手に還元することは、主観的自由の法的保障が意識的かつ自立的な生活遂行のための領域を保証するかぎりにおいて、道徳的意味と倫理的意味をも獲得する。法とは、良心に従って行為し真正な生活を営もうとする、生活史的に個人化された人格の外観のための「防護マスク」(H・アーレント) なのである。この点については R. Forst, Kontexte der Gerechtigkeit (MS 1992).

☆36 H. Shue, Mediating Duties, Ethics 98, 1988, 687-704.

☆37 K. Günther, Die Freiheit der Stellungnahme als politisches Grundrecht, in: P. Koller u. a. (Hg.), Theoretische Grundlagen der Rechtspolitik, Archiv für Rechts-und Sozialphilosophie (ARSP), Beiheft 51, 1991, 58ff.

☆38 法概念の意味論的分析については次を参照。H. J. Koch, Die juristische Methode im Staatsrecht, Frankfurt/Main 1977, 29ff.

☆39 これは結論には問題があるが、A. Wellmer, Models of Freedom in the Modern World, The Philosophical Forum XXI, 1989/90, 227-252 の論証の正しい核心である。

第四章

☆1 E. W. Böckenförde, Entstehung und Wandel des Rechtsstaatsbegriffs, in: ders., Recht, Staat, Freiheit, Frankfurt/Main 1991, 143-169〔初宿正典編訳『現代国家と憲法・自由・民主制』風行社、一九九九年〕; I. Maus, Entwicklung und Funktionswandel der Theorie des bürgerlichen Rechtsstaats, in: dies., Rechtstheorie und Politische Theorie im Industriekapitalismus, München 1986, 11-82.〔河上倫逸監訳『産業資本主義の法と政治』法政大学出版局、二〇〇二年〕

☆2 M. Kriele, Einführung in die Staatslehre, Opladen 1980, 224ff.〔初宿正典他訳『平和・自由・正義：国家学入門』御茶の水書房、一九八九年〕

☆3 C. Langer, Reform nach Prinzipien. Zur politischen Theorie Immanuel Kants, Stuttgart 1986.

☆4 T. Parsons, R. F. Bales, E. Shils, Working Papers in the Theory of Action, New York 1953, 63ff.

☆5 Th. Raiser, Rechtssoziologie, Frankfurt/Main 1987, 275ff. und 292ff.; これについてはさらに H. Popitz, Die normative Konstruktion von Gesellschaft, Tübingen 1980.

☆6 T. Parsons, E. Shils, Toward a General Theory of Action, New York 1951〔永井道雄他訳『行為の総合理論をめざして』日本評論新社、一九六〇年〕.

☆7 Raiser (1987), 301ff.

☆8 Wesel (1985); L. Pospisil, Anthropologie des Rechts, München 1982.

☆9 以下については次を参照。K. Eder, Die Entstehung staatlich organisierter Gesellschaften, Frankfurt/Main 1976; J. Habermas, Zur Rekonstruktion des Historischen Materialismus, Frankfurt/Main 1976, 173ff.〔清水多吉監訳『史的唯物論の再構成』法政大学出版局、二〇〇〇年〕

☆10 パーソンズのコミュニケイション・メディアの理論については J. Habermas (1981), Bd. 2, 384ff.

☆11 この点でロン・フラーは、実定法に内在する道徳性が根拠づけられると考えている。L. Fuller, The Morality of Law, Chicago 1969〔稲垣良典訳『法と道徳』有斐閣、一九六八年〔原著一九六四年版からの邦訳〕〕; これについて R. G. Summers, Lon Fuller, Stanford 1984.

☆12 H. Arendt, Vita Activa, Stuttgart 1960, 194.〔志水速雄訳『人間の条件』中央公論社、一九七三年／筑摩書房、一九九四年〕; 以下については次を参照。J. Habermas, H. Arendts Begriff der Macht, in: ders., Philosophisch-politische Profile, 1981, 228-248.〔小牧治・村上隆夫訳『哲学的・政治的プロフィール』未來社、一九八四〜八六年〕

☆13 H. Arendt, Über die Revolution, München 1965, 96〔志水速雄訳『革命について』合同出版、一九六八年／筑摩書房、一九九五年〕.

☆14 H. Arendt, Macht und Gewalt, München 1970, 45.

☆15 Kants »Kritik der Urteilskraft«〔原佑訳『判断力批判』(カント全集第八巻) 理想社、一九六五年／牧野英二訳『判断力批判』(カント全集第八〜九巻) 岩波書店、一九九九〜二〇〇〇年〕, §40, B 158 を引き合いにだしつつ、H・アーレントは、権力・コミュニケイション的自由・討議・非党派性の内的連関を明らかにしている。Dies., Das Urteilen, Texte zu Kants Politischer Philosophie, München 1982, 17-103.〔ロナルド・ベイナー編・浜田義文監訳『カント政治哲学の講義』法政大学出版局、一九八七年〕

☆16 Arendt (1970), 42.

☆17 Arendt (1960), 193f.

☆18　F. A. von Hayek, Die Verfassung der Freiheit, Tübingen 1971〔気賀健三・古賀勝次郎訳『自由の条件』（ハイエク全集第五～七巻）春秋社、一九八六～八七年〕.

☆19　法社会学における人類学的見解については次を参照。H. Schelsky, Die Soziologen und das Recht, Opladen 1980; 法律学における具体的秩序思考については次を参照。C. Schmitt, Über drei Arten des rechtswissenschaftlichen Denkens, Hamburg 1934. シュミットについては次を参照。I. Maus, Bürgerliche Rechtstheorie und Faschismus, München 1980〔今井弘道・筏津安恕・住吉雅美訳『カール・シュミットの法思想――ブルジョア法とファシズムの間』風行社、一九九三年〕.

☆20　R. Dworkin, Principle, Policy, Procedure, in: ders., A Matter of Principle, Cambridge, Mass. 1985, 72-103.

☆21　E. Denninger, Verfassung und Gesetz, in: Kritische Vierteljahresschrift für Gesetzgebung und Rechtswissenschaft, 1986, 300f.

☆22　J. Rawls, Kantian Constructivism in Moral Theory, Journal of Philosophy, 1980, 515-572; dazu J. Habermas (1991a), 127ff.

☆23　J. Rawls (1975), 136.

☆24　Kriele (1979), 31.

☆25　Kriele (1979), 30.

☆26　H. Scheit, Wahrheit - Demokratie - Diskurs, Freiburg 1987, 370ff.

☆27　以下については次を参照。J. Habermas, Vom pragmatischen, ethischen und moralischen Gebrauch der praktischen Vernunft, in: ders. (1991a), 100-118.

☆28　R. Beiner, Political Judgement, London 1983〔浜田義文監訳『政治的判断力』法政大学出版局、一九八八年〕; E. Vollrath, Die Rekonstruktion der politischen Urteilskraft, Stuttgart 1977.

☆29　ガダマーの哲学的解釈学は、そのような自己了解過程の論理を明らかにしている。Gadamer, Wahrheit und Methode, Tübingen 1960〔轡田収他訳『真理と方法』法政大学出版局、一九八六年〕; マッキンタイアの分析は、倫理的－政治的諸問題をいっそう明確に対象としている。A. MacIntyre, Whose Justice? Which Rationality?, Notre Dame, Ind. 1988.

☆30　J. Elster (The Cement of Society, Cambridge, 1989, 50) は、交渉のきっかけを次のように定義する。「いくつかの共同関係が存在し、当事者たちの間で選好の衝突がある場合に、交渉は生ずる。」

☆31　J. Elster, Arguing and Bargaining, Manuskript 1991, 3.

☆32　J. Habermas, Legitimationsprobleme im Spätkapitalismus, Frankfurt/Main 1973, 153ff.〔細谷貞雄訳『晩期資本主義における

正統化の諸問題』岩波書店、一九七九年〕; ders., Die Utopie des guten Herrschers, in: ders., Kleine politische Schriften I-IV, Frankfurt/Main 1981, 44ff.

☆33　こうした事情は次のことを想起させる。すなわち、政治的意思形成の形式的構成要素である道徳的討議と倫理的討議は、それらの法形式での制度化という態様の点でのみ、道徳的日常討議と倫理的日常討議から区別されるだけではない。立法過程において法規範の根拠づけに流れこむ道徳的観点と倫理的観点は、法の正統性要求については作用するが、法の形式を破壊するわけではない。立法者の道徳的審議と倫理的審議の、法形式に則って導きだされた結論は、道徳的日常討議と倫理的日常討議の類似の帰結と比較すると、これらとは異なる意味、つまり特殊的に制限された意味をもつ。このことは倫理的討議の場合には明らかである。倫理的討議は、第一人称単数のパースペクティヴから実施される場合には、私の真正の生活実践という実存的問いとかかわる。この治療的助言は自然的人格に向けられるのであり、法的人格に向けられるのではない。特定の歴史的共同体であれ無制限のコミュニケイション共同体であれ、一人称複数のパースペクティヴから実施される日常討議も、各自の生活史のコンテクストのなかで個別化された自然的人格に向けられる推奨や命令を導きだす。これに対して、行動規範としての制定法は、選択意思の自由によってのみ個別化された、社会的に類型化された法的人格に向けられる。法規範の分析のさいに明らかにしたように、法関係は、規律を要する事柄の「外的側面」を対象とする。そこからたとえば、十戒の第五の命令と殺人罪にかんする刑法規定について、その道徳的内実の点では広範に一致しうるにもかかわらず、両者の間の相違が明らかにされる。

☆34　J・S・ミルについては次を参照。J. Hellesnes, Toleranz und Dissens, Zeitschrift für Philosophie 40 (1992), 245-255; J・デューイについてさしあたり次を参照。R. B. Westbrook, J. Dewey and American Democracy, Ithaca 1991.

☆35　Denninger, (1973), Bd. 1, 101ff.; K. Hesse, Grundzüge des Verfassungsrechts der Bundesrepublik Deutschland, Heidelberg 1990, 76ff. und 213ff.; Kriele (1975), 104ff.

☆35ａ　E. Schmidt - Assmann, Der Rechtsstaat, in: Handbuch des Staatsrechts, hg. v. J. Isensee und P. Kirchhoff, Bd. I, Heidelberg 1987, §24, 987-1043.

☆36　Ph. Kunig, Das Rechtsstaatsprinzip, Tübingen 1986, 312ff.

☆37　次の古典的研究を参照。R. Schnur (Hg.), Zur Geschichte der Erklärung der Menschenrechte, Darmstadt 1964.

☆38　D. Grimm, Recht und Staat in der bürgerlichen Gesellschaft, Frankfurt/Main 1974; E. W. Böckenförde (Hg.), Staat und Gesellschaft, Darmstadt 1976; D. Suhr, Staat — Gesellschaft — Verfassung, Der Staat 17 (1978), 369ff.; E. W. Böckenförde, Recht, Staat, Freiheit, Frankfurt/Main 1991〔初宿正典編訳『現代国家と憲法・自由・民主制』風行社、一九九九年〕.

☆39 次の拙著の序文を参照されたい。J. Habermas, Strukturwandel der Öffentlichkeit, Frankfurt/Main 1990, 11-50.〔細谷貞雄・山田正行訳『公共性の構造転換』未來社、一九九四年〕

☆40 とりわけカール・シュミット学派に広まったイデオロギーである。たとえば次を参照。W. Weber, Spannungen und Kräfte im westdeutschen Verfassungssystem, Stuttgart 1951; E. Forsthoff, Der Staat der Industriegesellschaft, München 1971.

☆41 私的申し合わせによって国家的刑事訴追に取って代えることについて次を参照。W. Naucke, Versuch über den aktuellen Stil des Rechts, Schriften der H. Ehlers — Akademie 19, 1985.

☆42 B. Guggenberger, C. Offe (Hg.), An den Grenzen der Mehrheitsdemokratie, Opladen 1984.

☆43 Ch. Glusy, Das Mehrheitsprinzip im demokratischen Staat, in: Guggenberger, Offe (1984), 61-82.

☆44 G. Frankenberg, U. Rödel, Von der Volkssouveränität zum Minderheitenschutz, Frankfurt/Main 1981.

☆45 H. J. Varain, Die Bedeutung des Mehrheitsprinzips, in: Guggenberger, Offe (1984), 56.「これらの多数派の多くは時限の同盟にすぎない。……しかしそのすべてについて、同盟の解消および新たな多数派との結合の可能性は開かれている。つまりそこでの多数決には、意思表現の柔軟な形式が見られた。」

☆46 前出二〇一頁（原著S. 207）を参照。

☆47 E. Fraenkel, Die repräsentative und plebiszitäre Komponente im demokratischen Verfassungsstaat, in: ders., Deutschland und die westlichen Demokratien, Frankfurt/Main 1990, 153-203.

☆48 J. Habermas, Volkssouveränität als Verfahren. Ein normativer Begriff der Öffentlichkeit. これについては本書補論の二〔下巻所収〕（原著S. 600-631）を見よ。

☆49 Ch. Taylor, The Liberal-Communitarian Debate, in: N. Rosenblum (Hg.), Liberalism and the Moral Life, Cambridge, Mass. 1989, 176ff.「国家市民のナツィオン」についてはJ. Habermas, Staatsbürgerschaft und nationale Identität を参照。これについては本書補論の三〔下巻所収〕（原著S. 600-632）を見よ。

☆50 C. Schmitt, Verfassungslehre, Berlin 1928, 315f.〔尾吹善人訳『憲法理論』創文社、一九七二年／阿部照哉・村上義弘訳『憲法論』みすず書房、一九七四年〕

☆51 K. Marx, Der 18. Brumaire des Louis Napoleon, Berlin 1953, 61.〔伊藤新一・北条元一訳『ルイ・ボナパルトのブリュメール十八日』岩波書店、一九五四年／村田陽一訳『ルイ・ボナパルトのブリュメール十八日』（マルクス＝エンゲルス全集第八巻）大月書店、一九六二年〕

☆52　E. Fraenkel, Parlament und öffentliche Meinung, in: Fraenkel (1991), 209.『事実上の代表』の理論と『一般意思』のユートピアはいずれにせよ、議会と公共的意見が互いに独立しているが分かち難く結びついた構成要素として相互依存しているという近代的理念から、懸け離れている……。」

☆53　C. Schmitt, Die geistesgeschichtliche Lage des heutigen Parlamentarismus, Berlin 1926〔稲葉素之訳『現代議会主義の精神史的地位』みすず書房、一九七二年／二〇〇〇年〕に対する私の批判については次を参照。J. Habermas, Die Schrecken der Autonomie, in: ders., Eine Art Schadensabwicklung, Frankfurt/Main 1987, 101-114.

☆54　J. L. Mashaw, Due Process in the Administrative State, New Haven 1985, 230.

☆55　この専門家中心の行政モデルについてはMashaw (1985), 19を参照。「専門的職能による職員の選抜によってと同様に、単純なタイプの問題につねに晒されつづけることによって、行政機関は、包括的問題を扱う裁判所と立法府がほとんど取得不可能な専門的知識をもつことができる。行政機関は、その作動の端緒において最終解決を引き起こすための必須の科学的知識や技術的専門知識をもたないにもかかわらず、行政の専門家モデルは、経験と研究が最終的に次第に健全な行政判断をもたらすであろう、と想像するのである。」

☆56　I. Maus, Zur Theorie der Institutionalisierung bei Kant, in: G. Göhler u. a. (Hg.), Politische Institutionen im gesellschaftlichen Umbruch, Opladen 1990, 358ff., hier 372.

☆57　Maus (1978), 15.

☆58　Maus (1990), 374f. カントにおける実質的自然法から手続き的自然法への移行については次も参照。I. Maus, Zur Aufklärung der Demokratietheorie, Frankfurt/Main 1992, 148ff.〔浜田義文・牧野英二監訳『啓蒙の民主制理論』法政大学出版局、一九九九年〕

☆59　I. Maus, Verrechtlichung, Entrechtlichung und der Funktionswandel von Institutionen, in: dies. (1986), 277-331.

☆60　Mashaw (1985), 22.

☆61　Mashaw (1985), 26f.

☆62　法治国家の原理とこれを組織的に実現する相応の形式を直線的に結びつけることは、地方自治体のような体制を考慮する場合には、はじめから不可能である。そうした地方自治体は、周知のように、古典的な権力分立図式に押し込められはしない。地方自治体を一般的国家行政へ組み入れることは、法律学的観点からすれば、「地方自治法が本質的に組織法であり、したがって国家の組織法と密接な相互関係をもつ」ことによってはじめて可能になる（D. Czybulka, Die Legitimation der öffentlichen Verwaltung, Heidelberg 1989, 195）。しかし機能的観点から考えると、草の根に近いレベルへ決定の包括的権限が分散されることによって、権力分立の論理と徹底して合致するもろもろの国家機能の組織的結合が可能になる。たしかに地方自治体は、立法の権限はもたないが、条例制定権をもつ。候補者と選挙民の関係の近しい普通選挙による正統化、意思形成の議会的形式、素人の名誉職的関与、等々によって、地方自治体の住民は政策プログラムと、行政参加（もしくは「組織化された関与的参加」）という他のモデルを超える包括的行政の過程に、比較的強い影響力をもつことができる。それにつれてますます国家と社会の分離の原理は貫徹されにくくなる。こうした組織化は、社会的権力をもつ個人や集団の行使する非公式の圧力の影響を受けやすい。地方自治体の例は、法治国家の諸原理が政治的制度の組織的次元や政治的過程に直接反映されるわけではないことを、教えてくれるにすぎない。古典的権力分立図式に合致しないすべての現象が、権力分立の論理そのものへの異論の根拠となるわけではない。

第五章

☆1　Luhmann, Ausdifferenzierung (1981), 35ff.

☆2　紛争勃発以前には、行為者には、自己の利害の保護を考慮して先鋭化された「法意識」は存在しない。

☆3　こうした観点の下でR・ドゥウォーキンは、lawとjustice、つまり制定法と正義とを区別している。「正義とは、道徳的権利と政治的権利の正しい理論もしくは最良の理論にかかわる。……制定法とは、過去についてのアクチュアルな政治的決定に含意されたり示唆されているがゆえに、国家の集合的力を使用したり控えたりするための正当化を提供する権利を、規定するものである。」(R. Dworkin, Law's Empire, Cambridge, Mass. 1986, 97〔小林公訳『法の帝国』未來社、一九九五年〕).

☆4　Vgl. R. Dreier, Was ist und wozu Allgemeine Rechtstheorie?, Tübingen 1975; N. MacCormik, Legal Reasoning and Legal Theory, Oxford 1978.

☆5　J. Wroblewski, Legal Syllogism and Rationality of Judicial Decision, Rechtstheorie 5, 1974.

☆6　R. Dworkin, Bürgerrechte ernstgenommen, Frankfurt/Main 1984, 153.

☆7　H. G. Gadamer, Wahrheit und Methode, Tübingen 1960.〔轡田収他訳『真理と方法』法政大学出版局、一九八六年〕

☆8　W. Hassemer, Juristische Hermeneutik, ARSP 72, 1986, 195ff.; vgl. auch U. Neumann, Juristische Argumentationslehre, Darmstadt 1986, 54ff.〔亀本洋他訳『法的議論の理論』法律文化社、一九九七年〕

☆9　J. Esser, Grundsatz und Norm in der richterlichen Fortbildung des Privatrechts, Tübingen 1964, 182〔米山隆訳『原則と規範』青山社、二〇〇〇年〕; ders., Vorverständnis und Methodenwahl in der Rechtsfindung, Kronberg 1972.

☆10 G. Ellscheid, W. Hassemer (Hg.), Interessenjurisprudenz, Darmstadt 1974.

☆11 アメリカの法リアリズムについては次を参照。R. S. Summers, Instrumentalism and American Legal Theory, Ithaca 1982.

☆12 「認識規則は、何が法であるかを確たる基準を用いて同定する場合に、裁判所・官吏・私人による、複合的ではあるが通常は調和ある実務としてのみ（実在する）。この認識規則の実在はこの種の事実から生ずる。」H. L. A. Hart, Der Begriff des Rechts, Frankfurt/Main 1973, 155.〔矢崎光圀監訳『法の概念』みすず書房、一九七六年〕

☆13 Dworkin (1984), 300.

☆14 Dworkin (1984), 162.

☆14a R. Alexy, Zur Kritik des Rechtspositivismus, in: R. Dreier (Hg.), Rechtspositivismus und Wertbezug des Rechts, Stuttgart 1990, 9-26; これと対照的なのが N. Hoerster, Verteidigung des Rechtspositivismus, Frankfurt/Main 1989.

☆15 Peters (1991), 278f.

☆16 Dworkin (1984), 146.

☆17 Vgl. R. Alexy, Theorie der Grundrechte, Baden-Baden 1985 und Frankfurt/Main 1986, 75ff. Zur Kritik K. Günther, Der Sinn für Angemessenheit, Frankfurt/Main 1988, 268ff.

☆18 Habermas (1981), Bd. 1, 188-196; vgl. auch: J. Habermas, Zur Logik der Sozialwissenschaften, Frankfurt/Main 1982, 271ff.〔清水多吉・木前利秋・波平恒男・西阪仰訳『社会科学の論理によせて』国文社、一九九一年〕

☆19 R. Dworkin, Law's Empire (1986), 52f.; dort auch Fußnote 2, 419f.

☆20 ドゥウォーキンの解釈概念とヨーロッパでの議論、とりわけガダマー、デリダ、私の見解との関係を論じた数少ない研究のひとつとして D. C. Hoy, Interpreting the Law: Hermeneutical and Poststructuralist Perspectives, Southern California Law Review 58, 1985, 135-176; ders., Dworkin's Constructive Optimism vs. Deconstructive Legal Nihilism, Law and Philosophy 6, 1987, 321-356.

☆21 Dworkin (1984), 122; vgl. ders., A Matter of Principle, Cambridge, Mass. 1985, Part Two.

☆22 St. Toulmin, Der Gebrauch von Argumenten, Kronberg 1975; St. Toulmin, R. Rieke, A. Janik, An Introduction to Reasoning, New York 1979.

☆23 Dworkin (1984), 82.

☆24 「私はただ次の見解を支持すると言っているにすぎない。すなわち、奴隷制のような個別的な社会的制度は、人びとがそれを不正だと考えるからとか、それを不正だとする慣習を有しているから不正なのではなく……奴隷制が不正だからなのである。そうした道徳的事実が存在するとすれば、すべての難解な事実が周知され規定されたのちに法命題について意見の不一致がなお法律家の間に残ったとしても、法命題が真であることは合理的に支持されることになろう」(R. Dworkin (1985), 138)。

☆25　Dworkin (1984), 206.

☆26　Dworkin (1984), 203.

☆27　Dworkin (1984), 153.

☆28　R. M. Unger, The Critical Legal Studies Movement, Cambridge, Mass. 1986; D. M. Trubek, J. P. Esser, Critical Empiricism and American Critical Legal Studies, in: Chr. Joerges, D. M. Trubek (Hg.), Critical Legal Thought: An American-German Debate, Baden-Baden, 1989; G. Minda, The Jurisprudential Movements of the 1980s, Ohio State Law Journal 50, 1989, 599-662; J. Boyle, The Politics of Reason: Critical Legal Theory and Local Social Thought, Pennsylvania Law Review 133, 1985, 685-780.

☆29　A. Altman, Legal Realism, Critical Legal Studies, and Dworkin, Philosophy and Public Affairs 15, 1986, 202-235.

☆30　Dworkin (1986), 211.

☆31　Dworkin (1986), 213f.

☆32　D. Kennedy, Form and Substance in Private Law Adjucation, Harvard Law Review 89, 1976, 168ff.

☆33　G. Frankenberg, Der Ernst im Recht, Kritische Justiz 20, 1987, 304, dort auch weitere Literatur.

☆34　Dworkin (1986), 271-275.

☆35　K. Günther, Ein normativer Begriff der Kohärenz. Für eine Theorie der juristischen Argumentation, Rechtstheorie 20, 1989, 168:「われわれが規範を『妥当《ギュルティッヒ》』だと承認する場合に個々のすべての適用状況を考慮するわけではないということは、この述語の日常言語的使用から明らかである。若干の状況では他の一般化可能な利害と抵触しかねないことがはっきりしているような規範ですら、われわれは『妥当《ギュルティッヒ》』だと認定する。したがってたとえば（このことは、適切な規範の妥当性についての討議においてもそのまま予見されうるのだが）、『約束は守られるべし』という規範が『緊急の場合には汝の隣人を救え』という規範に抵触することは、明らかである。この抵触が予見可能であるにもかかわらず、われわれはこれらの命令のいずれも無効だとは考えないし、討議をおこなうことで、抵触可能性のゆえに二つの規範のひとつだけが妥当《ギュルティッヒ》だとする結論が導かれるならば、むしろそのほうが奇妙だということになろう。」Vgl. auch J. Habermas (1991a), 137ff.

☆36　Günther (1989), 175.

☆37　K. Günther, Universalistische Normbegründung und Normanwendung, in: M. Herberger u. a. (Hg.), Generalisierung und

Individualisierung im Rechtsdenken, ARSP, Beiheft 45, 1991.

☆38　K. Günther, Der Sinn für Angemessenheit, Frankfurt/Main 1988, 300.

☆39　Günther (1989), 182.

☆40　K. J. Kress, Legal Reasoning and Coherence Theories: Dworkins Rights Thesis, Retroactivity, and the Linear Order of Decisions, University of California Law Review 72, 1984, 369-402.

☆41　R. S. Sumners, Lon Fuller, Standford 1984, 27ff. und 36ff.

☆42　この連関で私は，たとえば刑法における遡及効の禁止が裁判の不利益変更に拡大される場合のような制度的提案を無視している。Vgl. U. Neumann, Rückwirkungsverbot bei belastenden Rechtssprechungsänderungen der Strafgerichte?, in: Zeitschrift für die gesamte Staatswissenschaft 103 (1991), 331-356.

☆43　Günther (1989), 182, これについてはJ. Habermas, Der Philosoph als wahrer Rechtslehrer: Rudolf Wiethölter〔木前利秋訳「真の法理論家としての哲学者」（木前他訳『遅ればせの革命』岩波書店，一九九二年）〕, Kritische Justiz 22, 1989, 138-156.

☆44　Dworkin (1986), 264.（強調はハーバーマス）

☆45　F. Michelman, The Supreme Court 1985 Term, Foreword: Traces of Self-Government, Harvard Law Review 100, 1986, 72f.

☆46　Dworkin (1986), 216.

☆47　Dworkin (1984), 440; vgl. auch Günther (1988), 351ff.

☆48　同じタイトルの論文in: P. Häberle, Die Verfassung des Pluralismus, Frankfurt/Main 1980, 79-105を見よ。

☆49　Michelman (1986), 76; vgl. K. Günther, Hero-Politics in Modern Legal Times, Institute for Legal Studies, Madison Law School, Series 4, Madison, Wi. 1990.

☆50　O. Fiss, Objectivity and Interpretation, Stanford Law Review 34, 1982, 739-763.

☆51　Fiss (1982), 762.

☆52　A. J. Arnaud, R. Hilpinen, J. Wróblewski (Hg.), Juristische Logik und Irrationalität im Recht, Beiheft 8, Rechtstheorie, 1985.

☆53　St. Toulmin (1958); ders., R. Rieke, A. Janik, An Introduction to Reasoning, New York 1976.

☆54　K. O. Apel, Der Denkweg von Ch. S. Peirce, Frankfurt/Main 1975, 118ff.; ders., Sprache und Bedeutung, Wahrheit und normative Gültigkeit, Archivo di Filosofia 55, 1987, 51-88.

☆55　論証理論にかんする私の補論を参照せよ。Vgl. in: Habermas (1981), Bd. 1, 44-71.

☆56　アウリス・アールニオはまず、法的妥当性の二つの次元のひとつである正統性を、合理的承認可能性として把握している(Aulis Aarnio, The Rational as Reasonable, Dordrecht 1987, 43ff.)。彼はそこで多様な種類の法規範を論じており、これらの妥当な法のカテゴリー（61ff. und 78ff.）を序列化している。それらのカテゴリーは「情報の資源」である。次いでアールニオは、解釈を方向づけるために必要な討議規則を扱っている。それらの規則は「合理性の資源」をなす。ドゥウォーキンと同様に、彼は実質的根拠にとって不可欠な決定前提、つまり原理と目標設定（正しさの根拠と目標の根拠）の、外的正当化を重視している。しかしこのような原理の根拠づけのために、アールニオは、ドゥウォーキンのように包括的理論の構築ではなく、合理的討議の諸条件下での首尾一貫性だけを要求している。「正当化の過程は本質的に討議である。それは、賛成・反対、多様な論拠が示されることで実施される問答である。正当化が首尾一貫した一連の陳述によってなされ、そしてこの一連の陳述が（ある）基準（とりわけ妥当する法への拘束という基準）を満たすならば、名宛人は解釈を合理的に承認することができる。なんとなれば、法的推論の基準のみが正当化問題の首尾一貫性を保障するわけではないから。すべての根拠は合理的な形で使用されることも不可欠なのである。」(Aarnio（1987）、187)。善き根拠は、すべての有意味な意見が交わされるフォーラムにおいてはじめて、合理的な動機づけの力を発揮する。このフォーラムを、アールニオはペレルマンの「理想的聴衆」を援用して説明している。たしかに法律的討議にとっては、法共同体の限界により制約された個別的な理想的聴衆で十分である。この聴衆は、より善き論拠の強制なき強制によりイエス／ノーの態度決定をおこなう合理的人格からなる――しかしそれが可能になるのは、あらかじめ共有された具体的生活形式のコンテクストの内部でのことにすぎない。

☆57　R. Alexy, Theorie der juristichen Argumentation, Frankfurt/Main 1978, 3. Aufl. 1990. これはJ. Habermas, Wahrheitstheorien (1972), in: ders., Vorstudien und Ergänzungen zur Theorie des kommunikativen Handelns, Frankfurt/Main 1984, 127-183〔森元孝・千川剛史訳『意識論から言語論へ――社会学の言語論的基礎に関する講義』マルジュ社、一九九〇年〕を引き合いにだしている。

☆58　J. Habermas, Diskursethik ― Notizen zu einem Begründungsprogramm, in: ders. (1983), 53-126.

☆59　たしかにアレクシーは補充をこころみた後記において、妥当する法の理性性の局面を、根拠づけられていると想定される規範の正しい適用の局面から区別しているが、それに続けて、「裁判の判決に伴なう正当性の要求はこれら二つの局面を含む」と述べている。Alexy (1990), 433.

☆60　Neumann (1986), 85.

☆61　Alexy, Antwort auf einige Kritiker, in: Alexy (1990).

☆62　A. Kaufmann, Theorie der Gerechtigkeit, Frankfurt/Main 1984, 35ff.〔竹下賢監訳『正義と平和』ミネルヴァ書房、一九九〇

年〕; ders., Recht und Rationalität, in: Festschrift W. Maihofer, Frankfurt/Main 1986; ders., Rechtsphilosophie in der Nach-Neuzeit, Heidelberg 1990, 28ff. und 35ff.〔上田健二・竹下賢・永尾孝雄・西野基継編訳『法・人格・正義』昭和堂、一九九六年〕; vgl. auch die Referate von O. Weinberger und R. Alexy, in: W. Maihofer, G. Sprenger (Hg.), Praktische Vernunft und Theorien der Gerechtigkeit, Vorträge des 15. IVR-Weltkongresses in Göttingen Bd.1, Stuttgart 1993.

☆63　Vgl. Alexy, Probleme und Diskurstheorie, Zeitschrift für philosophische Forschung 43, 1989, 81-93; Habermas (1991a), 159-166.

☆64　Alexy (1990), 352f.

☆65　Alexy (1990), 351.

☆66　Neumann (1986), 90.

☆67　Günther (1989), 182.

☆68　そのかぎりで Alexy (1990), 352 に同意しなければならない。「こうした条件（立法の理性性）をも包含する法律的討議の理論を獲得するには、一般的な合理的実践的討議の理論は立法の理論へ、立法の理論は社会の規範的理論へ、拡大されねばならないであろう。」

☆69　以下の指摘はクラウス・ギュンターに負う。

☆70　P. Arens, Zivilprozeßrecht, 4. Aufl., München 1988, 219 Randnr. 338.

☆71　Arens (1988), 346f. Randnr. 381.

第六章

☆1　C. Schmitt, Der Hüter der Verfassung, Tübingen 1931.〔田中浩・原田武雄訳『大統領の独裁：［付］憲法の番人』未來社、一九七四年／川北洋太郎訳『憲法の番人』第一法規出版、一九八九年〕ケルゼンはその鋭い批判において、この提案がシュミットの「全体国家への転換」から首尾一貫して説明されることを指摘した。H. Kelsen, Wer soll der Hüter der Verfassung sein?, in: Die Justiz VI, 1931, 576-628.

☆2　R. Alexy, Theorie der Grundrechte, Baden- Baden 1985, 501.

☆3　Schmitt (1931), 42.

☆4 Kelsen (1931), 590.

☆5 Kelsen (1931), 609.

☆6 BVerGE 34, 269, S. 304.

☆7 Hesse (1990), 219.

☆8 E. W. Böckenförde (1991); E. Denninger, Der gebändigte Leviathan, Baden-Baden 1990; D. Grimm, Die Zukunft der Verfassung, Frankfurt/Nain 1991.

☆9 E. Denninger, Verfassungsrechtliche Schlüsselbegriffe, in: Denninger (1990), 159.

☆10 I. Maus, Die Trennung von Recht und Moral als Begrenzung des Rechts, Rechtstheorie 20, 1989, 191-210.

☆11 Hans Huber, Die Bedeutung der Grundrechte für die sozialen Beziehungen unter den Rechtsgenossen (1955), in: ders., Rechtstheorie, Verfassungsrecht, Völkerrecht, 1971, 157ff.; P. Häberle, Grundrechte im Leistungsstaat〔井上典之編訳『基本権論』信山社、一九九三年〕, in: Veröffentlichungen der Vereinigung der Deutschen Staatsrechtslehrer (VVDStRL) 30, 1972, 43-131; ders., (Hg.), Verfassungsgerichtsbarkeit, Darmstadt 1976; E. W. Böckenförde, Grundrechtstheorie und Grundrechtsinterpretation, in: Neue Juristische Wochenschrift 1974, 1529ff.; H. Ridder, Die soziale Ordnung des Grundgesetzes, Opladen 1975; U. K. Preuss, Die Internalisierung des Subjekts, Frankfurt/Main 1979.

☆12 Denninger (1990), 176.

☆13 Denninger (1990), 174f.

☆14 E. W. Böckenförde, Grundrechte als Grundsatznormen, in: Böckenförde (1991), 189ff.

☆15 Böckenförde (1991), 194. 連邦憲法裁判所の「左」の批判者たちも、類似の新形式主義的結論に辿りついている。Vgl. dazu D. Grimm, Reformalisierung des Rechtsstaats? Juristische Schulung, H. 10, 1980, 704-709.

☆16 Böckenförde (1991), 189.

☆17 Denninger (1990), 148.

☆18 E. W. Böckenförde, Die sozialen Grundrechte im Verfassungsgefüge, in: Böckenförde (1991), 146-158.

☆19 C. R. Sunstein, After the Rights Revolution, Cambridge, Mass. 1990, 170f.

☆20 Sunstein (1990), 171.

☆21 Vgl. D. Grimm, Rückkehr zum liberalen Grundrechtsverständnis?, in: Grimm (1991), 221-240.

☆22 Sunstein (1990), 157.
☆23 Maus (1989), 199.
☆24 Böckenförde (1991), 186f.
☆25 Ch. Taylor, Sources of the Self, Cambridge, Mass. 1989; vgl. Habermas (1991a), 176-185 における私の批判を参照されたい。
☆26 H. Frankfurt, Freedom of the Will and the Concept of the Person, in: ders., The Importance of what we know about, Cambridge, Mass. 1988, 11-25.
☆27 P. Brest, The Fundamental Rights Controversy, Yale Law Journal 90, 1981, 1063-1109.
☆28 J. H. Ely, Democracy and Distrust. A Theory of Judicial Review, Cambridge, Mass. 1980.〔佐藤幸治・松井茂記訳『民主主義と司法審査』成文堂、一九九〇年〕
☆29 M. J. Perry, Morality, Politics and Law, Oxford 1988, 152ff.
☆30 Perry (1988), 135f.
☆31 Perry (1988), 149.
☆32 Denninger (1990), 147.
☆33 いわゆる法的財にとって一義的に適用可能な基準は存在しないので、アレクシー（Alexy, 1985, 143-153）により提案された衡量のための経済主義的根拠づけモデルも役に立たない。Vgl. Günther (1988), 268ff.
☆34 Maus (1989), 197f.
☆35 Maus (1989), 208.
☆36 Böckenförde (1991), 194.
☆37 Ely (1980), 100.
☆38 Ely (1980), 117.
☆39 Ely (1980), 133.
☆40 D. A. J. Richards, Moral Philosophy and the Search for Fundamental Values in Constitutional Law, Ohio State Law Journal 42, 1981, 336; vgl. auch P. Brest (1981), 1092ff.
☆41 L. H. Tribe, The Puzzling Persistence of Process-Based Constitutional Theories, Yale Law Journal 89, 1980, 1063-1080.
☆42 Richards (1981), 336; vgl. auch Brest (1981), 1105ff.

☆43 Michelman, Law's Republic (1988), 1525.

☆44 J. G. A. Pocock, The Machiavellian Moment: Florentine Political Thought and the Atlantic Republican Tradition, Princeton 1975.

☆45 P. W. Kahn, Reason and Will in the Origins of American Constitutionalism, Yale Law Journal 98, 1989, 449-517.

☆46 J. G. A. Pocock, Virtues, Rights, and Manners, Political Theory 9, 1981, 353-368.

☆47 47「積極的」および「消極的」自由の概念について次を参照。Ch. Taylor, Was ist menschliches Handeln?, in: ders., Negative Freiheit? Frankfurt/Main 1988, 9ff.

☆48 J. Ritter, Metaphysik und Politik, Frankfurt/Main 1969.

☆49 F. I. Michelman, The Supreme Court 1985 Term, Foreword, Harvard Law Review 100, 1986, 4-77.

☆50 F. I. Michelman, Conceptions of Democracy in American Constitutional Argument: Voting Rights, Florida Law Review 41, 1989, 443-490.

☆51 Vgl. H. Arendt, Über die Revolution, München 1965〔志水速雄訳『革命について』合同出版、一九六八年／筑摩書房、一九九五年〕; dies., Macht und Gewalt, München 1970.

☆52 F. I. Michelman, Political Truth and the Rule of Law, Tel Aviv University Studies in Law 8, 1988, 283:「表向き共和主義者を標榜する者たちにより思い描かれた政治的社会は、私権保有者の社会、つまり個々の構成員の生命・自由・財産の保護を第一原理とする連帯的結合である。そうした社会では、前政治的利害に対する保護を与えることで、国家は正当化される。憲法の目的は、国家機構つまり政府が、その支配者や支援者の特定の利害に奉仕するのではなく、国民全体への保護の提供を保障する点にある。国家市民資格の機能は、憲法を作動させ、そうすることで保護のための行動を統治者に促すことにある。汝の政治的参加権――投票し発言する汝の権利、汝の見解が聞きとどけられ考慮される権利――のもつ、汝にとっての価値は、汝がシステムに影響力を行使するための手がかりを提供する点にある。というのも、この手がかりによって、汝の前政治的で個別的な権利とその他の利害が十分に考慮され保護されるようになるから。」

☆53 Michelman, Truth (1988), 284:「市民的憲法の見地からすれば、政治的社会とはなにより、権利保持者の社会ではなく、市民の社会、つまり公共的領域の創出と樹立を第一の原理とする連帯的結合のことである。そこでは国民がともに、社会的共生についての正しい協約、つまり彼らが共同で制定し共通善として了解した協約について、主張し根拠づけをおこなう。……したがって、公共的対話での根拠のやりとりによって、人びとが自治の意味での自由を獲得する公共的領域を確立し秩序づけることを目的とする点において、国家は正当化される。」

☆54 Michelman, Conceptions of Democracy (1989), 446f.

☆55 Michelman, Conceptions of Democracy (1989), 484.

☆56 F. I. Michelman, Conception of Democracy in American Constitutional Argument: The Case of Pornography Regulation, Tennessee Law Review 56, 1989, 293.

☆57 F. I. Michelman, Bringing the Law to Life, Cornell Law Review 74, 1989, 257.

☆58 Michelman, Pornography (1989), 293.

☆59 Michelman, Law's Republic (1988), 1526f.

☆60 Michelman, Law's Republic (1988), 1529. 彼は次のように続けている（同一五三一頁）。「市民権運動の教訓というものは、法を創出する政策・政治的自由の特権的もしくは第一のアリーナとしての、国家の最も可視的で公式な立法集会――連邦議会、州議会、大都市の議会――をあまりに重視しすぎると把握できない。私はこれらのアリーナが無意味だとか重要でないと言っているのではない。むしろ私が考えているのは次のような明白な点である。すなわち、国民の規範的に矛盾なき対話のほとんどは、選挙政策および立法政策の主要な公式チャンネルの外部で生ずること、そして、現代社会においてはそうした公式チャンネルは、自己修正の直接的経験、つまり対話による取決めを、ほとんどの市民に対しておそらくは提供することができないこと、これらである。そうした経験の多くは、おそらくはそのほとんどが、広義の公共的生活として周知の多様なアリーナにおいて、いくらかは名目上政治的に、いくらかはそうではない形で、生起する。つまり、次のものの内部や周囲で生じる出会いと紛争、相互行為と討論において生起するのである。タウン・ミーティングと地方自治体、市民団体とヴォランティア団体、社交やリクリエーションのためのクラブ、公私立の学校、あらゆる種類の組織における経営・監督・指導のグループ、仕事場と売り場、公共的催しや都市生活、等々……。市民社会全体における日々の出会いと相互行為において交わされ形成される社会的世界についての了解は、もちろん代表たちによるアリーナに伝達される。……そのさい（それらは）共和主義的自治と法を創出する政策にかんするもろもろの資源とチャンネルのひとつとして考慮されねばならない。」

☆61 Sunstein (1990), 164.

☆62 C. R. Sunstein, Interest Groups in American Public Law, Stanford Law Review 38, 1985, 59.

☆63 Sunstein (1985), 58.

☆64 B. Ackerman, The Storrs Lectures; Discovering the Constitution, Yale Law Review 93, 1984, 1013-1072. Vgl. auch: ders., We

the People, Cambridge, Mass. 1991.
☆65　Michelman, Foreword (1986), 65.
☆66　Michelman, Law's Republic (1988), 1532.
☆67　B. Manin, On Legitimacy and Political Deliberation, Political Theory 15, 1987, 347; 私のルソー批判について次を参照。J. Habermas, Strukturwandel der Öffentlichkeit (1962), 1990〔細谷貞雄・山田正行訳『公共性の構造転換』未來社、一九九四年〕, § 12. Vorwort S 38も参照のこと。
☆68　下巻の予備研究および補論の三（原著 632ff.）の J. Habermas, Staatsbürgerschaft und nationale Identität を参照されたい。
☆69　Michelman, Law's Republic (1988), 1513.
☆70　連邦共和国では、共同体主義者の共和主義的法思考は、ヘーベルレの基本権理解と一定の類似性を示している。P. Häberle, Verfassung als öffentlicher Prozeß, Frankfurt/Main 1978; vgl. auch A. Blankenagel, Tradition und Verfassung, Baden-Baden 1987.
☆71　政治的義務の意味を説明するためには、こうした共同体との関係が不可欠であると共同体主義者たちはやはり考えている。現在の利害を超えた義務の維持は、合意にもとづく財の交換――保護・安全のための自然的自由の交換――というモデルによっては根拠づけられえないので、彼らは契約モデルの代わりに、相互の約束という始源的行為を引き合いにだす。民主的選挙は、創出的約束に対する現時点における等価物である、とされる。つまりこうした行為によって後続世代は、創設世代のもつ、政治共同体にとって構築的な自己義務を刷新し強化する。「市民たちは、民主的共同体における選挙への参加によって政治的義務と政治的権威を集合的に創造しなければならない。」しかし、約束とは特定の個人どうしの間人格的関係を作りだすのだから、このような説明には、具体的共同体において形成されるような、間人格的関係の相互関連の網の目を引き合いにだす必要がある（C. Pateman, The Problem of Political Obligation, Oxford 1979, 174）。しかし、このやり方では他の政治的共同体に対する義務が正当化されえないことを度外視するにせよ、このモデルは、説明されねばならないことを暗黙のうちにはじめから前提している――つまり妥当な規範の義務づけの意味を前提している。このことは、約束の発話行為によって説明されうる。約束は、発語内的意味の確固とした規範的内実を発話者の自律によって得る。発話者は、自分の意思を拘束するとはどういうことか、はじめから知っていなければならない。しかしこの種の自律は、主体が行為をそもそも規範的期待によって方向づけうること、つまり義務にもとづいて行為しうることを、前提している。一方的な約束であれ、双方向での約束であれ、そうした行為は特定の内容をもつ義務を作りだすが、義務それ自体を妥当させる意味を作りだすわけではないのである。
☆72　H. Pitkin, Justice. On Relating Private and Public, Political Theory 9, 1981, 344.

☆73 Michelman, Law's Republic (1988), 1508.
☆74 R. Beiner, Political Judgment, Chicago 1983, 138.〔浜田義文監訳『政治的判断力』法政大学出版局、一九八八年〕
☆75 Sunstein (1985), 48f.
☆76 Michelman, Pornography (1989), 291f.
☆77 Sunstein (1985), 76.

●著者略歴

ユルゲン・ハーバーマス Jürgen Habermas

1929年6月18日、ドイツ・デュッセルドルフ生まれ。アドルノの助手として1956年よりフランクフルト社会研究所に着任するが、所長ホルクハイマーとの「微妙な」関係等により、1959年に同研究所を辞職。以後、ドイツ学術振興会の奨学金を受けて『公共性の構造転換』執筆に専念、法学者アーベントロートの斡旋により1961年、同書をハビリタツィオン（教授資格取得論文）としてマールブルク大学にて教授資格取得。ハイデルベルク大学教授を経て1964年よりフランクフルト大学教授。1971年よりスタルンベルクのマックス・プランク「科学＝技術世界の生活条件調査（社会科学）」研究所所長を務めた後、1983年より再びフランクフルト大学教授となり、1994年に退官、名誉教授。この間、1974年にシュトゥットガルト市よりヘーゲル賞、80年にフランクフルト市よりアドルノ賞、85年にミュンヘン市よりショル兄妹賞、87年にコペンハーゲン大学よりゾニング賞を受賞。また、1981年、85年、93年、97年に来日を果たし、京都・大阪・東京その他の地でシンポジウムが開催され（比較法制研究所等主催）、4度目の来日の際には、京都大学創立100周年記念式典にて特別講演。邦訳のある著書として、本書（上・下）の他、細谷・山田訳『公共性の構造転換』、河上・平井ほか訳『コミュニケイション的行為の理論』、奥山ほか訳『認識と関心』、細谷訳『理論と実践』、藤澤・忽那訳『ポスト形而上学の思想』、小牧・村上訳『哲学的・政治的プロフィール』、河上編訳『法と正義のディスクルス』、河上・小黒訳『未来としての過去』、日本でのシンポジウム記録集として、河上ほか編『［ハーバーマス・シンポジウム］法制化とコミュニケイション的行為』（以上、いずれも未來社）、等がある。

●訳者略歴

河上倫逸（かわかみ・りんいつ）

1945年　東京都生まれ

1974年　京都大学大学院博士課程中退。法学博士

現在、京都大学大学院法学研究科教授。

著書に『ドイツ市民思想と法理論』（1978年、創文社）、『法の文化社会史』（1989年、ミネルヴァ書房）、『巨人の肩の上で』（1990年、未來社）、訳書にエールリッヒ『法社会学の基礎理論』（1984年、みすず書房）、ハーバーマス『コミュニケイション的行為の理論』（1985年、未來社、共訳）、リーデル『市民社会の概念史』（1990年、以文社、共訳）、ヘッフェ『現代の実践哲学——倫理と政治』（2001年、風行社、監訳）、マウス『産業資本主義の法と政治』（2002年、法政大学出版局、監訳）他。

耳野健二（みみの・けんじ）

1966年　神戸市生まれ

1992年　京都大学法学研究科修士課程修了。

京都大学法学部助手、熊本大学教育学部助教授を経て、

現在、京都産業大学法学部教授。博士（法学）

著書に『ゆらぎの法律学』（河上倫逸編、共著、1997年、風行社）、『サヴィニーの法思考』（1998年、未來社）、論文に「〈関係〉を基礎とする法秩序——サヴィニー法体系論における法関係の意義」（『Historia Juris 比較法史研究——思想・制度・社会』第14号、2006年、未來社）、「学問によるパンデクテン体系の成立——一九世紀前半のドイツにおける法律学の近代化の一側面（一）〜（三・完）」（『産大法学』第40巻3・4号、第41巻1・2号）他、翻訳にJ・リュッケルト「『それは彼がバラを摘むことのできる野ではなかった……』のか？——1789年以後の法律学的－哲学的基礎論へのグスタフ＝フーゴーの寄与」（『Historia Juris 比較法史研究——思想・制度・社会』第16号、2008年、未來社）、他がある。

事実性と妥当性（上）
――法と民主的法治国家の討議理論にかんする研究

発行――――二〇〇二年一一月二五日　初版第一刷発行
二〇〇九年　二月二〇日　初版第三刷発行

定価――――（本体三八〇〇円＋税）

著　者――ユルゲン・ハーバーマス
訳　者――河上倫逸・耳野健二
発行者――西谷能英
発行所――株式会社　未來社
東京都文京区小石川三―七―二
振替〇〇一七〇―三―八七三八五
電話・代表（03）3814-5521
http://www.miraisha.co.jp/
Email:info@miraisha.co.jp

印刷・製本――萩原印刷

ISBN 978-4-624-01162-8　C0010

（消費税別）

ハーバーマス著／河上倫逸・耳野健二訳
事実性と妥当性（下）
〔法と民主的法治国家の討議理論にかんする研究〕法の政治的根拠とその社会実践の関係を解明したハーバーマス法哲学の集大成。市民的不服従と法治国家論の現代的再構築を問う。三八〇〇円

ハーバーマス著／細谷貞雄・山田正行訳
〔第2版〕公共性の構造転換
〔市民社会の一カテゴリーについての探究〕一九六二年原書刊行以後の、本書への評価や動向を跡づけた一九九〇年新版への序文を新たに増補した〈市民的公共性〉論の古典的名著。三八〇〇円

ハーバーマス著／河上倫逸・平井俊彦他訳
コミュニケイション的行為の理論（上）
フランクフルト学派の伝統を意欲的に継承し、現代の思想状況を社会学の手法により分析した大著。ヨーロッパの合理的思考の行く末をめぐって生活世界の問題を論じた著者の代表作。四八〇〇円

ハーバーマス著／藤澤賢一郎・岩倉正博他訳
コミュニケイション的行為の理論（中）
ヴィトゲンシュタインの「言語ゲーム」論と英米の言語分析哲学を吸収するなど、ウェーバーの近代合理主義論にコミュニケイション的行為合理性の観点から挑戦する中期の主著。四八〇〇円

ハーバーマス著／丸山高司・厚東洋輔訳
コミュニケイション的行為の理論（下）
ポスト・モダンの席捲する思想状況に、真の社会科学的思想を構築せんとする巨匠の強靱な思索の成果。道具的理性を批判しつつ、コミュニケイションを軸とした生活社会を考える。四八〇〇円

ハーバーマス著／奥山次良・八木橋貢・渡辺佑邦訳
認識と関心〔新装版〕
現代の代表的思想家ハーバーマスの中期の主著の一つ。哲学的・社会的認識と人間の関心の相関をカント、ヘーゲル、マルクスを批判しつつ社会理論として哲学的に体系づけた大著。五八〇〇円

ハーバーマス著／細谷貞雄訳
理論と実践〔新装版〕
〔社会哲学論集〕著者はアドルノ、ホルクハイマー亡きあとフランクフルト学派を代表する哲学者である。一九六〇年代前半の初期ハーバーマスの政治論、哲学論文等10篇を収録。四八〇〇円

ハーバーマス著／藤澤賢一郎・忽那敬三訳
ポスト形而上学の思想
現代の思想状況全般にコミットする巨人哲学者の果敢な論集であり、オースチン、サールらの言語行為論をつうじて〈形而上学以後〉の広大な問題圏を構成する仮借なきポレミーク。二八〇〇円

ハーバーマス著／小牧治・村上隆夫訳
哲学的・政治的プロフィール（上）
この巻には、ハイデッガー、ヤスパース、ゲーレン、プレスナー、ブロッホ、アドルノ、ミッチャーリッヒ、レーヴィット、アレント、アーベントロートを論じた思想的遍歴を収録。三五〇〇円

ハーバーマス著／小牧治・村上隆夫訳
哲学的・政治的プロフィール（下）
フランクフルト学派の系統につながる思想家ハーバーマスが近縁の代表的思想家――マルクーゼ、ベンヤミン、ショーレム、シュック、ガダマー、ホルクハイマー等を論じる論集。三五〇〇円

ハーバーマス著／河上倫逸編訳
法と正義のディスクルス
〔ハーバーマス京都講演集〕四度にわたる来日の折に、京都を中心に各地で行った講演を収録する。ポスト冷戦、グローバリゼーションの状況下での市民社会のヴィジョンを展開。一八〇〇円

ハーバーマス著／河上倫逸・小黒孝友訳
未来としての過去
〔ハーバーマスは語る〕ドイツ統一問題、湾岸戦争、ヨーロッパ政治の動向など五つのテーマをめぐって語り下ろされたドイツ現代思想の大御所による時評的な現代文明政治論。一八〇〇円

キャルホーン編／山本啓・新田滋訳
ハーバマスと公共圏
『公共性の構造転換』英語版出版を機に、民主政治、批判理論、フェミニズム、文化研究などの論客が、今日的な公共圏の理念と限界をめぐって議論を交わした。論考と討議を収録。三八〇〇円

河上倫逸著
巨人の肩の上で
〔法の社会理論と現代〕ドイツ近代法学を専攻する著者による〈法〉の社会理論の考察と、現代において〈法〉の具体的課題としてあらわれる脳死や入試問題にも対応する実践の書。二八〇〇円

矢代梓著
啓蒙のイロニー
〔ハーバーマスをめぐる論争史〕戦後ドイツ思想史を主導してきたユルゲン・ハーバーマスを軸に、彼がかかわった多様な論争を通じて現代ドイツ思想の射程を包括的に論じた力作。二六〇〇円

耳野健二著
サヴィニーの法思考
〔ドイツ近代法学における体系の概念〕カントとの対決を経て法学の体系を完成させた巨人サヴィニーの主要著作に現われる法哲学的思考と格闘する若き法哲学者の本格的な論考。五八〇〇円

法の帝国

ドゥウォーキン著／小林公訳

我々は皆〝法の帝国〟の臣民である。法の根拠と法の効力を統合し、多様な理論と事例を検討しながら純一性としての法を擁護して、法の一般理論を築きあげた記念碑的大著の完訳。六五〇〇円

理解社会学のカテゴリー

ウェーバー著／海老原明夫・中野敏男訳

ウェーバーの古典の一つである本書は、ウェーバー自身の広大な学問体系のまさに核心に触れるものであり、近年ドイツで進展したウェーバー研究の最新成果を踏えた新訳である。二二〇〇円

大統領の独裁

シュミット著／田中浩・原田武雄訳

〔付＝憲法の番人（一九二九年版）〕H・ヘラーに大統領独裁への道を掃き清めたと指弾されたシュミットの問題の書。ナチズム研究に不可欠な本書に訳者の周到な研究解説を付す。一八〇〇円